*Responsibility to Protect*

# Kölner Schriften zu Recht und Staat

Herausgegeben von
Prof. Dr. Hartmut Schiedermair und
Prof. Dr. Bernhard Kempen

Band 46

PETER LANG
Frankfurt am Main · Berlin · Bern · Bruxelles · New York · Oxford · Wien

ANNE RAUSCH

# *Responsibility to Protect*

## Eine juristische Betrachtung

PETER LANG
Internationaler Verlag der Wissenschaften

**Bibliografische Information der Deutschen Nationalbibliothek**
Die Deutsche Nationalbibliothek verzeichnet diese Publikation in der Deutschen Nationalbibliografie; detaillierte bibliografische Daten sind im Internet über http://dnb.d-nb.de abrufbar.

Zugl.: Köln, Univ., Diss., 2010

Umschlaggestaltung:
Olaf Gloeckler, Atelier Platen, Friedberg

Abbildung auf dem Umschlag:
Historisches Universitätssiegel der Universität zu Köln

Gedruckt auf alterungsbeständigem,
säurefreiem Papier.

D 38
ISSN 1433-0253
ISBN 978-3-631-60576-9



www.peterlang.de

Meinen Eltern
und meinem lieben Charlie

# Vorwort

Diese Arbeit wurde im Sommersemester 2010 von der Rechtswissenschaftlichen Fakultät der Universität zu Köln als Dissertation angenommen. Literatur wurde bis einschließlich Juli 2010 berücksichtigt.

Mein Dank gilt zunächst meinem Doktorvater Prof. Dr. Bernhard Kempen, der mir während der zweijährigen Bearbeitungszeit am Institut für Völkerrecht und ausländisches öffentliches Recht optimale Bedingungen für eine freie wissenschaftliche Entfaltung bot und zahlreiche wertvolle und richtungweisende Denkanstöße gab. Für die schnelle Anfertigung des Zweitgutachtens danke ich Prof. Dr. Burkhard Schöbener. Dem Kölner Gymnasial- und Stiftungsfonds danke für einen Druckkostenzuschuss und die Förderung während der Bearbeitung; dem Auswärtigen Amt der Bundesrepublik Deutschland danke ich für die Unterstützung in Form eines Druckkostenzuschusses.

Nennen möchte ich auch Junior-Prof. Dr. Jörn Griebel, D.E.S., Dr. Robert Heinsch, LL.M. und Jan Wetzel, LL.M., die meine Begeisterung für das Völkerrecht weckten und die meine Aufmerksamkeit bereits im Jahr 2004 auf die Problematik der Responsibility to Protect lenkten.

Außerdem möchte ich den Mitarbeiten des Instituts für Völkerrecht und ausländisches öffentliches Recht danken, insbesondere an die zahlreichen Diskussionen mit PD Dr. Andreas Funke und Dr. Kolja Naumann denke ich gerne zurück.

Für vielfältige und unbezahlbare Unterstützung danke ich Katharina Reiners, LL.M., Rebecca Rehberg, Benjamin Nitze, Jannika Jahn, Reinhold Mentzel, Karl Maria Reger und meinen Eltern.

Fragen, Kritik und Anregungen nehme ich gerne unter folgender E-Mail-Adresse entgegen: rausch.anne@uni-koeln.de

Washington, im September 2010
Anne Rausch

# Inhaltsverzeichnis

# Abkürzungsverzeichnis

| | |
|---|---|
| A | General Assembly (Offizielles Dokumentensymbol der Vereinten Nationen) |
| a. A. | anderer Ansicht |
| A/CN.4/ | vierte Kommission der Generalversammlung (International Law Commission; Offizielles Dokumentensymbol der Vereinten Nationen) |
| Abs. | Absatz |
| AHRLJ | African Human Rights Law Journal |
| AJIL | American Journal of International Law |
| AJPIL | Austrian Journal of Public and International Law |
| APuZ | Aus Politik und Zeitgeschichte |
| Art. | Artikel |
| ASIL | American Society of International Law |
| AU | African Union; Afrikanische Union |
| Aufl. | Auflage |
| AUILR | The American University International Law Review |
| AVR | Archiv des Völkerrechts |
| Bd. | Band |
| BDGVR | Berichte der Deutschen Gesellschaft für Völkerrecht |
| Begr. | Begründer |
| BGB | Bürgerliches Gesetzbuch |
| BGBl. | Bundesgesetzblatt |
| Bost Col ICLR | Boston College International and Comparative Law Review |
| BYIL | The British Year Book of International Law |
| bzw. | beziehungsweise |
| d. h. | das heißt |
| Dec. | Decision |
| DenverJILP | Denver Journal of International Law and Policy |
| ders. | derselbe |
| dies. | dieselbe; dieselben |

| | |
|---|---|
| ECOWAS | Economic Community of West African States |
| EGMR | Europäischer Gerichtshof für Menschenrecht |
| EIA | Ethics and International Affairs |
| EJIL | European Journal of International Law |
| EMRK | Europäische Menschenrechtskonvention |
| EPIL | The Max Planck Encyclopedia of Public International Law |
| f./ff. | folgende/folgenden |
| F.A.Z. | Frankfurter Allgemeine Zeitung |
| Fn. | Fußnote |
| FS | Festschrift |
| FW | Die Friedens-Warte |
| ggf. | gegebenenfalls |
| GYIL | German Yearbook of International Law |
| HarvHRJ | Harvard Human Rights Journal |
| Hrsg. | Herausgeber |
| i. e. | id est |
| i. V. m. | in Verbindung mit |
| IA | International Affairs |
| ICISS | International Commission on Intervention and State Sovereignty |
| ICJ | International Court of Justice |
| ICJ Rep. | Reports of the Judgments, Advisory Opinions and Orders of the International Court of Justice |
| ICLQ | International and Comparative Law Quarterly |
| IGH | Internationaler Gerichtshof |
| IJHR | The International Journal of Human Rights |
| IJHRL | Interdisciplinary Journal of Human Rights Law |
| IJIL | Indian Journal of International Law |
| ILC | International Law Commission |
| ILM | International Legal Materials |
| IOLR | International Organizations Law Review |
| IP | Internationale Politik |
| IPBPR | Internationaler Pakt über bürgerliche und politische Rechte |
| IPG | Internationale Politik und Gesellschaft |

| | |
|---|---|
| IPWSKR | Internationaler Pakt über wirtschaftliche, soziale und kulturelle Rechte |
| IRRC | International Review of the Red Cross |
| IStGH | Internationaler Strafgerichtshof |
| JILIR | Journal of International Law and International Relations |
| JöR | Jahrbuch des öffentlichen Rechts der Gegenwart |
| JZ | Juristenzeitung |
| Kap. | Kapitel |
| KJ | Kritische Justiz |
| L | Limited distribution (Offizielles Dokumentensymbol der Vereinten Nationen) |
| lit. | litera |
| m. w. N. | mit weiteren Nachweisen |
| MichJIL | Michigan Journal of International Law |
| NGO | Non-governmental Organization |
| NILR | Netherlands International Law Review |
| NJW | Neue Juristische Wochenschrift |
| NorJIL | Nordic Journal of International Law |
| Nr. | Nummer |
| NYIL | Netherlands Yearbook of International Law |
| ÖZöRV | Österreichische Zeitschrift für öffentliches Recht und Völkerrecht |
| PCIJ | Permanent Court of International Law |
| PV | Verbatim records of meetings (proces-verbaux) (Offizielles Dokumentensymbol der Vereinten Nationen) |
| RdC | Recueil de Cours de l'Académie de Droit International de la Haye |
| RES | Resolution (Offizielles Dokumentensymbol der Vereinten Nationen) |
| Rev | Revision (replacing texts previously issued) (Offizielles Dokumentensymbol der Vereinten Nationen) |
| Rn. | Randnummer |
| S | Security Council (Offizielles Dokumentensymbol der Vereinten Nationen) |
| S. | Seite |
| SAYIL | South African Yearbook of International Law |

| | |
|---|---|
| SG/SM/ | Press Conferences, Secretary-General (Offizielles Dokumentensymbol der Vereinten Nationen) |
| sog. | sogenannte, sogenannter, sogenanntes |
| SWP | Stiftung Wissenschaft und Politik |
| SZ | Süddeutsche Zeitung |
| TempleICLJ | Temple International and Comparative Law Journal |
| u. a. | unter anderem; und andere |
| UdSSR | Union der Sozialistischen Sowjetrepubliken |
| UK | United Kingdom |
| UN | United Nations |
| UNCIO | United Nations Conference on International Organization |
| UNTS | United Nations Treaty Series |
| UNYB | Max Planck Yearbook of United Nations Law |
| USA | United States of America |
| v. | versus |
| v. Verf. | von Verfasserin |
| vgl. | vergleiche |
| VJIL | Virginia Journal of International Law |
| VJTL | Vanderbilt Journal of Transnational Law |
| VN | Vereinte Nationen |
| WisILJ | Wisconsin International Law Journal |
| WTO | World Trade Organization |
| WVK | Wiener Übereinkommen über das Recht der Verträge |
| YBECHR | Yearbook of the European Convention on Human Rights |
| YLJ | The Yale Law Journal |
| ZaöRV | Zeitschrift für ausländisches öffentliches Recht und Völkerrecht |
| ZfP | Zeitschrift für Politik |
| ZLW | Zeitschrift für Luft- und Weltraumrecht |

# 1. Kapitel: Allgemeiner Hintergrund der Responsibility to Protect, methodische Herangehensweise und Gang der Untersuchung

Im September 2005 einigten sich die Staats- und Regierungschefs auf dem UN-Weltgipfel, die Zivilbevölkerung vor Völkermord, Kriegsverbrechen, ethnischen Säuberungen und Verbrechen gegen die Menschlichkeit schützen zu wollen. Zunächst erscheint es verwunderlich, dass die Verständigung auf derart fundamentale Grundsätze vom damaligen UN-Generalsekretär als ein historischer Durchbruch bezeichnet wurde.[1] Dies lässt sich jedoch anhand der ursprünglichen Zielsetzung des Völkerrechts erklären. Diese Zielsetzung sowie die hieraus folgenden Probleme werden im Folgenden als allgemeiner Hintergrund der *Responsibility to Protect* erläutert, bevor die methodische Herangehensweise der Arbeit sowie der Gang der Untersuchung dargestellt werden.

## A. Allgemeiner Hintergrund der Responsibility to Protect – Problemstellung

Ursprünglich stellte das Völkerrecht eine Rechtsordnung für den zwischenstaatlichen Verkehr dar. Die einzelnen Menschen als Individuen waren weitestgehend mediatisiert. Grundsätzlich gilt dies auch für die 1945 unter der Schirmherrschaft der Vereinten Nationen neubegründete Völkerrechtsordnung. Im Vordergrund steht die Integrität eines jeden Staates, die grundsätzlich unabhängig von den Verhältnissen im Inneren über das Gewalt- und Interventionsverbot geschützt wird.[2] Mit dem Ende des vergangenen Jahrhunderts haben sich die Konflikte jedoch von der internationalen vornehmlich auf die nationale Ebene verlagert. Es handelt sich nicht mehr um Kon-

---

1 So der ehemalige Generalsekretär KOFI ANNAN in einer Rede nach der Verabschiedung der Responsibility to Protect auf dem UN-Weltgipfel: Fifth, and most important, the Summit achieved an historic breakthrough on one issue above all -- the issue that has come to be known as the responsibility to protect“, UN-Pressemitteilung, SG/SM/10161, vom 12. Oktober 2005.

2 Siehe hierzu noch unten S. 88 f.; 146 ff.

flikte zwischen Staaten, sondern um Konflikte in den Staaten, in denen es häufig zu massiven Menschenrechtsverletzungen kommt.[3] Die geltende Völkerrechtsordnung bietet aufgrund ihrer zwischenstaatlichen Zielsetzung keine direkten Lösungen für derartige Konflikte. Fälle wie die humanitären Katastrophen in Somalia, Ruanda, Srebrenica, im Kosovo haben dies in drastischer Weise unter Beweis gestellt.

Allerdings ist das Individuum immer weiter in den Blickpunkt des internationalen Interesses gerückt. Dies kommt anhand mehrerer Entwicklungslinien des Völkerrechts zum Ausdruck. Zuförderst ist hier die Herausbildung des Menschenrechtsschutzes auf internationaler Ebene zu nennen. Beginnend mit der Allgemeinen Erklärung der Menschenrechte, die am 10. Dezember 1948 durch die Generalversammlung der Vereinten Nationen verabschiedet wurde, über die beiden UN-Menschenrechtspakte von 1966 und zahlreiche weitere Abkommen hat sich mittlerweile sowohl auf universeller als auch auf regionaler Ebene ein enges Netz völkerrechtlicher Regelungen zum Schutz der Menschenrechte herauskristallisiert.[4] Zu nennen sind auch die Herausbildung des Völkerstrafrechts,[5] die Ausweitung der Anwendung des humanitären Völkerrechts auf nicht-zwischenstaatliche Konflikte[6] sowie die Tendenz, Staatsoberhäuptern im Fall gravierender Menschenrechtsverletzungen den Immunitätsschutz zu verwehren.[7] Im völkerrechtlichen Schrifttum wird in diesem Zusammenhang von einer „Gewichtsverschiebung zwischen völkerrechtlichem Staats- und Individualschutz“[8] gesprochen beziehungsweise allgemein von der „Wiederentdeckung des Menschen im Völkerrecht“.[9] Die dargestellten Entwicklungslinien zeigen zwar, dass die Gemeinschaft der Staaten internationale Verbrechen nicht mehr folgenlos geschehen lassen will und es nicht mehr den Einzelstaaten allein überlassen sein soll, die Lebensbedingungen für ihre Bürger zu regeln. Dennoch bleibt die Umsetzung der internationalen Vorgaben allein vom Handlungswillen und Handlungsvermögen der Einzelstaaten abhängig. Wie humanitäre Notlagen im Rahmen der geltenden Völkerrechtsordnung gelöst werden können und welche Durchset-

---

3 Vgl. WEISS, Humanitarian Intervention, S. 61 ff.; EVANS, WisILJ 24 (2006), S. 703 (706); WITTIG, IP März 2006, S. 79 (84).

4 Siehe hierzu noch unten S. 73 f.

5 Siehe hierzu WERLE, Rn. 2 ff.

6 Vgl. KREß, NJW 1999, S. 3077 (3079 f.).

7 Vgl. KEMPEN/HILLGRUBER, Kap. 6 Rn. 31 ff.; KREß, NJW 1999, S. 3077 (3080).

8 KREß, NJW 1999, S. 3077 (3078).

9 FROWEIN, in: Müller-Graff/Roth (Hrsg.), S. 65 (65 ff.).

zungsmittel das Völkerrecht hierfür bereithält, bleibt daher eine der dringlichsten Fragen des internationalen Rechts. Es stellt sich die Frage, ob im Falle massiver Menschenrechtsverletzungen die Staatengemeinschaft nach dem gegenwärtigen Stand des Völkerrechts dazu berechtigt oder sogar dazu verpflichtet ist einzugreifen, oder ob sie durch völkerrechtliche Verbotsnormen, wie etwa das Interventions- und insbesondere das Gewaltverbot, an einem Eingreifen gehindert ist. Mit dieser Problematik haben sich bereits zahlreiche internationale Kommissionen beschäftigt; zu nennen sind hier etwa der Bericht des DANISH INSTITUTE OF INTERNATIONAL AFFAIRS aus dem Jahr 1999[10] sowie der des ADVISORY COUNCIL ON INTERNATIONAL AFFAIRS und des ADVISORY COMMITTEE ON ISSUES OF PUBLIC INTERNATIONAL LAW (Niederlande) von 2000,[11] sowie der ebenfalls im Jahr 2000 von Schweden und den USA initiierte Bericht der INDEPENDENT INTERNATIONAL COMMISSION ON KOSOVO.[12] Die größte Aufmerksamkeit fand jedoch das Konzept der *Responsibility to Protect*.[13] Begründet wurde dieses durch eine internationale Expertenkommission, die INTERNATIONAL COMMISSION ON INTERVENTION AND STATE SOVEREIGNTY (ICISS). In der Folgezeit wurde das Konzept in Berichten der UN-Generalsekretäre aufgegriffen und schließlich auf dem UN-Weltgipfel durch die Generalversammlung verabschiedet sowie durch den Sicherheitsrat bestätigt.

Das Konzept der *Responsibility to Protect* setzt sich mit den rechtlichen, politischen und moralischen Fragen der dargestellten Problematik auseinander. Im Kern handelt es sich um ein zweistufiges Konzept zum Schutz der Bevölkerung, welches auf einem gewandelten Souveränitätsverständnis beruht. Nach dem Konzept ist primär der jeweilige Staat, das heißt die Regierung des jeweiligen Staates, für den Schutz der eigenen Staatsangehörigen verantwortlich. Die Verantwortung der Staatengemeinschaft ist nur eine sekundäre. Nur in Fällen, in denen die jeweilige Regierung des Einzelstaates nicht willens oder nicht dazu in der Lage ist, ihrer Primärverantwortung nachzukommen, geht die Verantwortung auf die Staatengemeinschaft über.

---

10 Humanitarian Intervention, Legal and Political Aspects, 1999; im Folgenden als Danish Institute-Bericht bezeichnet.

11 Humanitarian Intervention, Advisory Report Nr. 13, April 2000, abrufbar unter: http://www.aiv-advice.nl (zuletzt besucht 07.2010).

12 The Kosovo Report: Conflict, International Response, Lessons Learned, 2000; im Folgenden als Kosovo-Bericht bezeichnet.

13 Siehe zu den verschiedenen Berichten NEWMAN, IJHR 6 (2002), S. 102, welcher diese darstellt und vergleicht.

Die Souveränität der Staaten wird nicht mehr als reines Abwehrrecht verstanden; nach dem Konzept der *Responsibility to Protect* beinhaltet diese vielmehr auch die Verantwortung gegenüber der eigenen Bevölkerung. Die Besonderheit des Konzepts besteht darin, dass es nicht um Einzelmaßnahmen seitens der Staatengemeinschaft geht, sondern vielmehr um einen ganzheitlichen Ansatz. Die *Responsibility to Protect* umfasst insbesondere nicht nur das, was bisher als humanitäre Intervention bezeichnet wurde, also ein Eingreifen in bereits akute Konflikte mittels militärischer Gewalt, sondern setzt sich aus drei Komponenten zusammen, der *Responsibility to Prevent*, der *Responsibility to React* und der *Responsibility to Rebuild.* Humanitäre Notsituationen sollen bereits vor ihrer Entstehung verhindert werden. Nur wenn es dennoch zu einer humanitären Notsituation kommt, greift die *Responsibility to React.* Die Staatengemeinschaft hat dann mit angemessenen Mitteln auf die Konfliktsituation zu reagieren. Im Vordergrund der Reaktion stehen hierbei vor allem nicht-militärische Mittel. Der Rückgriff auf militärische Mittel soll nur als *ultima ratio* und unter strengen Voraussetzungen zulässig sein. Als dritte Komponente greift dann die *Responsibility to Rebuild.* Durch Aufbaumaßnahmen soll die Situation ausgeglichen und damit der erneute Ausbruch des Konflikts verhindert werden.[14] Zu beachten ist, dass das Konzept der *Responsibility to Protect* nur für Fälle von Menschenrechtsverletzungen konzipiert wurde. Eine Ausweitung auf weitere Problembereiche wie etwa die Bekämpfung von HIV oder die Wahrung der nuklearen Sicherheit ist nicht vorgesehen.[15]

Im Zusammenhang mit der *Responsibility to Protect* ergeben sich zahlreiche rechtliche Probleme. Genannt seien hier nur die Bestimmung der Komponenten des Völkergewohnheitsrechts sowie die Frage nach den sonstigen Rechtsquellen und insbesondere nach den Rechtswirkungen von Generalversammlungsresolutionen; die Frage nach der Rechtspersönlichkeit der internationalen Gemeinschaft; die Bestimmung der Kompetenzgrenzen des Sicherheitsrates und das Verständnis des Friedensbegriffs des Art. 39 UN-Charta sowie der Auslegung und Änderung der UN-Charta; die Anwendbarkeit des Rechtsinstituts der Gegenmaßnahme als Reaktion auf Menschen-

---

14 Ausführlich zum Konzept der Responsibility to Protect unten S. 14 ff.

15 Teilweise wird zwar eine Ausweitung des Konzepts der Responsibility to Protect gefordert, die Begründer des Konzepts widersprechen dem aber vehement, vgl. EVANS, S. 64 ff.; DERS., WisILJ 24 (2006/2007), S. 703 (718 f.); THAKUR, IJHR 7 (2003), S. 160 (172 ff.); WEISS, WisILJ 24 (2006/2007), S. 741 (752 f.).

rechtsverletzungen, die Erfüllungsstruktur menschenrechtlicher Verpflichtungen und die Bedeutung von Entwürfen der INTERNATIONAL LAW COMMISSION für die Rechtsentwicklung; außerdem die Frage nach der Zulässigkeit der Empfehlung von Gewaltmaßnahmen durch die Generalversammlung der Vereinten Nationen; die Problematik der humanitären Intervention, das heißt die Anwendung militärischer Gewalt zum Schutz humanitärer Belange ohne eine Autorisierung des UN-Sicherheitsrates; und das Bestehen eines regionalen Rechts zur humanitären Intervention, inklusive der Wirkung von Art. 103 der UN-Charta und Verstößen gegen Normen mit *ius cogens*-Charakter; sowie die Handlungspflicht des Sicherheitsrates, die Befolgungspflicht von Sicherheitsratsresolutionen und sonstige Handlungsverpflichtungen der Staaten, insbesondere aus Art. I der Völkermordkonvention. Gegenstand der Arbeit wird es unter anderem sein, diese Probleme zu untersuchen.

## B. Methodische Herangehensweise – die Responsibility to Protect aus juristischer Sicht

Aufgrund der engen Verknüpfung der dargestellten Rechtsfragen mit moralischen und politischen Aspekten soll hier die juristische Herangehensweise in besonderer Weise hervorgehoben werden. In Anlehnung an die durch HANS KELSEN begründete *Reine Rechtslehre* sollen die Rechtsnormen als alleiniger Bestimmungsfaktor der Rechtsordnung betrachtet und die Trennung der Rechtsordnung von vor- und außerrechtlichen Einwirkungen, insbesondere von Recht einerseits und Moral und Politik andererseits, stets gewahrt werden.[16] Insofern könnte auch von einer *völkerrechtspositivistischen* Herangehensweise gesprochen werden.

Die Hervorhebung der methodischen Herangehensweise dient der Abgrenzung gegenüber neueren Strömungen in der völkerrechtlichen Literatur, nach welchen die Grenzen von Recht, Moral und Politik in zunehmendem Maße verwischt werden. Dies zeigt sich vor allem bei der Bestimmung des Völkergewohnheitsrechts. Während dieses zunächst induktiv, also aus der Ableitung der erforderlichen Praxis und Rechtsüberzeugung aus dem Verhalten der Staaten erfolgte, findet die deduktive Methode immer mehr Zuspruch. Nach dieser tritt die Bedeutung des Verhaltens der Staaten gegenüber

16 Siehe KELSEN, Reine Rechtslehre, S. 1 ff.

dem Gedanken der Humanität als *Telos* des modernen Völkerrechts zurück.[17] In diesem Sinne äußerte etwa RENSMANN:

> „Die induktive Methode des klassischen Völkerrechts wird von einer an Werten orientierten deduktiven Methode überlagert. Konsensual ‚gewachsenes' Recht wird durch wertindiziertes, ‚konstruiertes' Recht ergänzt."[18]

Eng verknüpft ist diese völkerrechtliche Methodenlehre mit den Theorien über den Geltungsgrund des Völkerrechts. So liegt der hier vertretenen Methode die Konsenstheorie zugrunde, nach welcher Völkerrechtsregeln der Zustimmung der Staaten bedürfen.[19] Ausdruck findet die Konsenstheorie in der geltenden Völkerrechtsordnung vor allem im Grundsatz der souveränen Gleichheit der Staaten. Demnach kann kein Staat einer Regelung unterworfen werden, der er nicht selbst zumindest mittelbar zugestimmt hat.[20] Die Argumentation der Vertreter der neueren Strömungen hingegen könnte man zumindest als naturrechtsähnlich bezeichnen. Zwar berufen sich die Vertreter dieser Ansicht darauf, dass es sich bei den der Argumentation zugrunde liegenden Werten um völkerrechtlich verankerte Werte handelt; sie erheben diese aber schließlich über den Gedanken einer internationalen Werteordnung beziehungsweise den Konstitutionalisierungsgedanken[21] zu höherem, von der zwischenstaatlichen Grundlage gelöstem Recht.[22] HILLGRUBER spricht diesbezüglich von einer *theoretischen Überhöhung*.[23] Der naturrechtliche Gedanke vom Bestehen höherer Werte wird somit durch die Hintertür wieder in die Rechtsordnung eingebracht. Eine Bindung an diese Werte wird nach diesem

---

17 RENSMANN, S. 385 ff.; DERS., ZaöRV 68 (2008), S. 111 (112 ff.); HERDEGEN, in: FS Tomuschat, S. 899 (899 ff.); siehe auch DERS., ZaöRV 64 (2004), S. 571 (575 f., 579 ff.).

18 RENSMANN, S. 386.

19 Vgl. PETERS, S. 18; auch der Grundnorm-Theorie Kelsens liegt die Konsenstheorie zugrunde, für die Bestimmung des Geltungsgrunds wird dies lediglich ausgeblendet und die Geltung auf die Grundnorm als hypothetische Bedingung zurückgeführt, vgl. SCHEUNER, ZaöRV 13 (1950/1951), S. 556 (590 f.).

20 Vgl. MURSWIEK, Der Staat 35 (1996), S. 31 (31); OETER, in: FS Steinberger, S. 259 (276).

21 Siehe zum Konstitutionalisierungsgedanken, auf welchen hier nicht näher eingegangen werden kann FASSBENDER, S. 27 ff.; PAULUS, S. 293 ff.

22 Vgl. hierzu noch unten S. 81 ff.

23 HILLGRUBER, in: Jestaedt/Lepsius (Hrsg.), S. 113 (117).

Ansatz aufgrund des höheren Charakters grundsätzlich auch ohne Zustimmung der Staaten angenommen.[24]

In diesem Zusammenhang zu nennen ist auch die vor allem unter amerikanischen Völkerrechtlern verbreitete *New Haven School*, welche auch als *Policy-Oriented Approach* bezeichnet wird. Dieser von MYRES MCDOUGAL und HAROLD LASSWELL begründete und vor allem von MICHAEL W. REISMAN fortgeführte Ansatz basiert auf der Vorstellung, dass die Völkerrechtsordnung gerade nicht als Ordnung mit festen Regeln und Ausnahmen zu verstehen ist. Zum einen werden moralische und wertorientierte Kriterien für die Bestimmung des Rechts herangezogen, zum anderen werden aus der faktischen Lage Rückschlüsse auf die Rechtslage gezogen. Sowohl naturrechtliche als auch soziologische Aspekte werden daher in diesem Ansatz vereint. Insgesamt geht es auch hier um die effektive Sicherung einer an der Menschenwürde orientierten Werteordnung.[25]

Im Zusammenhang mit der *Responsibility to Protect* und insbesondere mit der Frage der humanitären Intervention zeigen sich die Unterschiede der Ansätze. So haben Vertreter einer werteorientierten Argumentation die Zulässigkeit humanitärer Interventionen viel schneller anerkannt.[26] Die vom (Geltungs-)Grund her verschiedenen Argumentationsansätze der dargestellten Methoden lassen eine Auseinandersetzung im Rahmen konkreter Streitfragen kaum zu. So ist es wenig sinnvoll, naturrechtlich argumentierenden Autoren eine mangelnde normative Niederlegung entgegenzuhalten. Vor diesem Hintergrund erscheint es zwingend notwendig, die unterschiedlichen methodischen Herangehensweisen vorab zu behandeln. Im Folgenden sollen Vertreter soziologischer oder naturrechtlicher Ansätze grundsätzlich nicht mehr beziehungsweise nur mit einem entsprechenden Hinweis berücksichtigt werden.

Der hier vertretene Ansatz mag zwar nüchtern erscheinen und sieht sich der Kritik ausgesetzt, veraltet zu sein und nicht dem raschen Wandel der tatsächlichen Verhältnisse gerecht werden zu können. Will man den verbindli-

---

24 So HERDEGEN, in: FS Tomuschat, S. 899 (902), welcher die Rechtsgewinnung immer mehr vom feststellbaren Konsens der Staatengemeinschaft gelöst sieht; siehe auch DERS., ZaöRV 64 (2004), S. 571 (575 f., 579 ff.); zurückhaltender RENSMANN, S. 386, welcher weiterhin vom Erfordernis der konsensualen Rückbindung der wertgebundenen Völkerrechtsordnung ausgeht, aber im Einzelfall die Anforderungen an einen solchen Konsens reduziert sieht.

25 Siehe hierzu *Voos*, S. 42 ff., 82 ff.; MASUCH, S. 28 f.; MURPHY, S. 24 f.

26 Vgl. HERDEGEN, Völkerrecht, § 4 Rn. 2; siehe hierzu auch unten S. 189 f.

chen Charakter des Völkerrechts beziehungsweise den Rechtscharakter an sich aufrechterhalten, muss dieser Ansatz aber konsequent verfolgt werden. Nach dem *Policy-Oriented Approach*, wonach das internationale Recht nur als einer von vielen Faktoren angesehen wird, würde der Rechtscharakter des Völkerrechts weitestgehend aufgegeben. Und auch naturrechtliche beziehungsweise naturrechtsähnliche Argumentationen sehen sich erheblichen Bedenken ausgesetzt. Im internationalen Bereich fehlt es an allgemein gültigen Werten,[27] worauf sich die Vertreter dieser Ansätze aber gerade zu stützen versuchen. Will man allgemeine, universell gültige Standards setzen, kommt daher nur der hier vertretene Ansatz in Betracht. Auch dieser ist zwar nicht wertfrei, und dies ist auch gar nicht das Ziel. Der entscheidende Unterschied besteht aber darin, dass allein die in den Normen niedergelegten Werte von Relevanz sind, es handelt sich um rechtlich positivierte Werte. Es bedarf der Einsicht der beteiligten Völkerrechtssubjekte in die Regelungsnotwendigkeit der Werte, um diese zum Gegenstand des Völkerrechts zu machen. Dies mag zwar länger dauern, nur so kann aber verhindert werden, dass westliche Wertvorstellungen dem Rest der Welt aufgedrängt werden. Gerade im Zusammenhang mit dem Konzept der *Responsibility to Protect*, das sich bereits der Kritik einzelner nicht-westlicher Staaten ausgesetzt sieht,[28] erscheint eine solche juristische, an den gegebenen Normen orientierte und daher objektive Vorgehensweise geboten. Im Übrigen sei darauf hingewiesen, dass die Aufgabe der Völkerrechtswissenschaft die Feststellung des Rechts und nicht die Fortentwicklung desselben ist.[29] Letzteres scheint aber gerade das Ziel der Vertreter eines wertorientierten Völkerrechts zu sein.

## C. Gang der Untersuchung

Die Untersuchung wird sich im Folgenden in drei Teile gliedern. Im ersten Teil, das heißt im zweiten Kapitel, soll zunächst die Entstehung sowie der In-

---

27 DOEHRING, Rn. 10 ff.; vgl. auch HILLGRUBER, in: Jestaedt/Lepsius (Hrsg.), S. 113 (120); DAHM/DELBRÜCK/WOLFRUM, Bd. I/1, S. 39 f.

28 Siehe etwa die Stellungnahme des venezolanischen Präsidenten HUGO CHÁVEZ auf dem Weltgipfel 2005, unten S. 118; vgl. auch AYOOB, IJHR 6 (2002), S. 81 (84 f.), welcher u. a. auf die Gefahr einer erneuten Unterteilung in „civilised and uncivilised states" hinweist.

29 Vgl. KELSEN, Reine Rechtslehre, S. 1; HILLGRUBER, in: Jestaedt/Lepsius (Hrsg.), S. 113 (115 f.).

halt, die Fortentwicklung und der konzeptionelle Charakter der *Responsibility to Protect* dargestellt werden. Im dritten Kapitel folgt der Hauptteil der Arbeit, in welchem die Rechtsverbindlichkeit des Konzepts untersucht werden soll. Entsprechend der methodischen Herangehensweise wird als Ausgangspunkt zuerst ein Überblick über die Rechtsquellen des Völkerrechts gegeben, bevor auf das Konzept im Einzelnen eingegangen wird. Im vierten Kapitel folgt eine abschließende Bewertung des Konzepts der *Responsibility to Protect*, hierbei wird insbesondere der Nutzen des Konzepts in der Praxis behandelt, wobei hier auch die politischen und moralischen Aspekte der Rechtsdurchsetzung wieder in die Betrachtung einbezogen werden.

# 2. Kapitel: Entstehung, Inhalt, Fortentwicklung und der konzeptionelle Charakter der Responsibility to Protect

In diesem Kapitel sollen die Entstehung des Konzepts der *Responsibility to Protect* sowie dessen Inhalt und Fortentwicklung dargestellt werden. Vor allem die Teile zu Inhalt und Fortentwicklung des Konzepts, in welchen der Bericht der INTERNATIONAL COMMISSION ON INTERVENTION AND STATE SOVEREIGNTY (ICISS) sowie das Weltgipfeldokument beschrieben werden, sollen als Grundlage für die spätere Betrachtung der Rechtsverbindlichkeit des Konzepts dienen. Außerdem wird der konzeptionelle Charakter der *Responsibility to Protect* herausgearbeitet.

## A. Entstehung der Responsibility to Protect – die ICISS

Der Problematik der Behandlung innerstaatlicher Konflikte auf völkerrechtlicher Ebene haben sich vor allem die Generalsekretäre der Vereinten Nationen angenommen. Bereits 1991 stellte der damalige Generalsekretär JAVIER PÉREZ DE CUÉLLAR in seinem Jahresbericht fest, dass der Schutz der Menschenrechte einer der Schlüssel zum Frieden sei, und verlangte nach einer kollektiven Handlungspflicht der Staaten im Falle humanitärer Notlagen.[30] Sein Nachfolger BOUTROS BOUTROS-GHALI betonte 1992, dass die staatliche Souveränität zwar als Grundstein der internationalen Ordnung geachtet werden müsse, dass aber die Zeiten der absoluten und exklusiven Souveränität vorbei seien.[31] Hier setzte auch der vormalige UN-Generalsekretär KOFI ANNAN an, als er 1998 in seiner Ditchley Park-Rede ausführte:

30 Report of the Secretary-General on the Work of the Organization, A/46/1, vom 13. September 1999, unter VI.

31 An Agenda for Peace, Preventive diplomacy, peacemaking and peace-keeping, Report of the Secretary-General pursuant to the statement adopted by the Summit Meeting of the Security Council on 21. January 1992, A/47/277, S/24111, vom 17. Juni 1992, Abs. 17.

> „The Charter protects the sovereignty of people. It was never meant as a licence for governments to trample on human rights and human dignity. Sovereignty imposes responsibility, not just power."[32]

Im Jahr 2000, unter dem Eindruck des Kosovo-Konflikts, forderte er schließlich die internationale Gemeinschaft auf, Lösungen für derartige innerstaatliche Notlagen zu finden. In seinem Millennium-Bericht fragte er:

> „[...] if humanitarian intervention is, indeed, an unacceptable assault on sovereignty, how *should* we respond to a Rwanda, to a Srebrenica – to gross and systematic violations of human rights that affect every precept of our common humanity?"[33]

### *I. Einsetzung der Kommission*

Im September 2000, im Rahmen der Millennium-Vollversammlung der Vereinten Nationen, antwortete der kanadische Premierminister JEAN CRÉTIEN auf die Frage des vormaligen UN-Generalsekretärs, indem er die Einsetzung einer unabhängigen internationalen Kommission, der INTERNATIONAL COMMISSION ON INTERVENTION AND STATE SOVEREIGNTY, verkündete.

Aufgabe der Kommission sollte es sein, sich mit den rechtlichen, moralischen, operativen und politischen Aspekten der dargestellten Problematik auseinanderzusetzen. Es sollte ein Konzept kreiert werden, das der internationalen Gemeinschaft eine Grundlage zur Lösung des Dilemmas zwischen Intervention und Souveränität im Falle von massiven Menschenrechtsverletzungen an die Hand gibt. Am 14. September 2000 trat die Kommission, lanciert durch den damaligen kanadischen Außenminister LLOYD AXWORTHY, ihr auf ein Jahr ausgelegtes Mandat an.[34] Finanziell wurde die ICISS von der kanadischen Regierung in Zusammenarbeit mit mehreren internationalen Stiftungen sowie von den Regierungen Großbritanniens und der Schweiz unterstützt.[35]

---

32 Reflections on Intervention, the thirty-fifth annual Ditchley Foundation Lecture, am 26. Juni 1998, abgedruckt, in: Statements by the Secretary-General, The Question of Intervention, Kofi A. Annan, New York 1999, S. 3 (6).

33 We the peoples: The role of the United Nations in the twenty-first century, Report of the Secretary-General, A/54/2000, vom 27. März 2000, Abs. 217.

34 Siehe hierzu ICISS-ERGÄNZUNGSBAND, S. 341.

35 ICISS-ERGÄNZUNGSBAND, S. 344.

### *II. Zusammensetzung der Kommission*

Um ein weites Spektrum von Standpunkten und Blickwinkeln abzudecken, wurde die Kommission mit Mitgliedern unterschiedlicher Herkunft und unterschiedlichem wissenschaftlichen Hintergrund besetzt.[36] Die Kommission umfasste insgesamt zwölf Mitglieder, die von der kanadischen Regierung ausgewählt wurden. Als Vorsitzende der Kommission wurden der algerische Diplomat und Sonderberater des UN-Generalsekretärs MOHAMED SAHNOUN sowie der ehemalige australische Außenminister GARETH EVANS ernannt. Mitglieder der Kommission waren außerdem GISÉLE CÔTÉ-HARPER (Kanada), LEE HAMILTON (USA), MICHAEL INGNATIEFF (Kanada), VLADIMIR LUKIN (Russland), KLAUS NAUMANN (Deutschland), CYRIL RAMAPHOSA (Südafrika), FIDEL RAMOS (Philippinen), CORNELIO SOMMARUGA (Schweiz), EDUARDO STEIN BARILLAS (Guatemala) und RAMESH THAKUR (Indien).[37] Außerdem wurde der Kommission, um die politische Anbindung sicherzustellen, ein 15-köpfiger Beratungsausschuss (*Advisory Board*) unter dem Vorsitz des damaligen kanadischen Außenministers LLOYD AXWORTHY zur Seite gestellt.[38]

### *III. Arbeitsweise der Kommission*

Die Kommission trat erstmals im November 2000 in Ottawa zusammen. Insgesamt gab es sechs Zusammenkünfte aller Kommissionsmitglieder. Nachdem die zentralen Fragen und Problempunkte herausgearbeitet worden waren und sich die Mitglieder der Kommission auf eine grundsätzliche Herangehensweise verständigt hatten, wurde der Bericht entlang mehrerer Entwürfe erarbeitet.[39] Unterstützend, und um möglichst viele Stimmen zu berücksichtigen, wurden außerdem zahlreiche regionale *Roundtable*-Diskussionen mit Vertretern von Regierungen, NGOs, Zivilgesellschaften sowie Wissenschaftlern und Personen betroffener Bevölkerungen abgehalten.[40] Zu jeder

---

36 ICISS-REPORT, Abs. 1.7.

37 Für weitere Informationen zu den Kommissionsmitgliedern siehe ICISS-ERGÄNZUNGSBAND, S. 345 ff.

38 Zu den übrigen Mitgliedern siehe ICISS-ERGÄNZUNGSBAND, S. 341 f.

39 ICISS-ERGÄNZUNGSBAND, S. 342.

40 ICISS-ERGÄNZUNGSBAND, S. 343.

Diskussionsrunde wurde im Anschluss eine Zusammenfassung der wesentlichen Erörterung erstellt.[41]

Ferner wurde ein internationales *Research Team* unter der Leitung von THOMAS G. WEISS (USA) und STANLAKE J.T.M. SAMKANGE (Simbabwe) eingerichtet, welches die bisherigen Publikationen zu den Streitpunkten auswertete.[42] Die Ergebnisse und Materialien dieser Untersuchung sind im ersten und zweiten Teil des Ergänzungsbands zum ICISS-Bericht abgedruckt.[43]

## B. Inhalt der Responsibility to Protect

Nach gut einem Jahr der Tätigkeit schloss die Kommission ihre Arbeiten ab und veröffentlichte schließlich am 18. Dezember 2001 ihren Bericht mit dem Titel „The Responsibility to Protect". Auf den Inhalt des Berichts soll im Folgenden näher eingegangen werden. Die Darstellung wird sich dabei an der durch den Bericht vorgegebenen Gliederung orientieren. Im Anschluss wird auf den rechtlichen Gehalt des Berichts der ICISS eingegangen.

### *I. Der Bericht der ICISS*

Die wesentlichen Inhalte sind dem ICISS-Bericht in einer *Synopsis* vorangestellt. Insgesamt umfasst der Bericht 75 Seiten und ist in acht Kapitel unterteilt. Nach zwei einleitenden Kapiteln finden sich in den Kapiteln drei bis fünf die drei Komponenten der *Responsibility to Protect*, nämlich die *Responsibility to Prevent*, die *Responsibility to React* und die *Responsibility to Rebuild*. Die zur *Responsibility to React* gehörende Frage nach der richtigen Instanz für die Autorisierung von militärischen Interventionen wird separat im sechsten Kapitel des Berichts behandelt. In den Kapiteln sieben und acht werden Leitlinien für das operative Vorgehen und für die Implementierung des Konzepts aufgestellt.

Wie bereits angedeutet basiert der ICISS-Bericht auf einem gewandelten Souveränitätsverständnis. Die Souveränität eines jeden Staates sei nicht mehr als reines Abwehrrecht (*Sovereignty as Control*) gegenüber anderen Staaten

41 Siehe ICISS-ERGÄNZUNGSBAND, S. 349 ff.; vgl. dazu noch unten S. 191 ff.

42 ICISS-ERGÄNZUNGSBAND, S. 343 f.

43 ICISS-ERGÄNZUNGSBAND, S. 1 ff., 223 ff.

zu verstehen, sondern umfasse auch die Verantwortung gegenüber der eigenen Bevölkerung (*Sovereignty as Responsibility*). Nach dem Konzept der ICISS trage zwar grundsätzlich der jeweilige Staat die Verantwortung für den Schutz und das Wohlergehen seiner Bevölkerung (Primärverantwortung).[44] Widerfährt der Bevölkerung eines Staates jedoch ernsthaftes Leid durch Bürgerkriege, Aufstände, staatliche Unterdrückung oder Staatenzerfall und ist der Staat nicht willens oder in der Lage, dieses Leid abzuwenden, gehe die Verantwortung des Staates auf die Staatengemeinschaft über. Die Staatengemeinschaft trage damit eine Sekundärverantwortung für den Schutz und das Wohlergehen der Bevölkerungen der Staaten.[45]

### *1. Responsibility to Prevent*

Entsprechend dem Gesamtkonzept liege auch die Verantwortung, Konflikte zu verhindern, die *Responsibility to Prevent*, zunächst bei den jeweiligen Staaten. Schlüssel für eine nachhaltige Konfliktprävention seien vor allem Gleichbehandlung, Chancengleichheit, Einhaltung der Menschenrechte und die Förderung des sozialen und wirtschaftlichen Fortschritts.[46] Die *Responsibility to Prevent* sei aber nicht allein Sache der Einzelstaaten. Die internationale Gemeinschaft habe den Einzelstaaten vielmehr dabei Hilfe zu leisten, die jeweiligen Konfliktursachen zu erkennen und zu beheben. Bisher sei die Konfliktprävention zusehends vernachlässigt worden, dabei sollte diese gerade den Vorrang haben. Im Bericht heißt es:

> „[...] to do much better on prevention, and to exhaust prevention options before rushing to embrace intervention [...]“.[47]

Die absolute Priorität der *Responsibility to Protect* liegt nach dem ICISS-Bericht damit auf der *Responsibility to Prevent*. In der *Synopsis* heißt es:

> „Prevention is the single most important dimension of the responsibility to protect [...]“.[48]

Grundlage für eine effektive Krisenprävention sei die Früherkennung von Konflikten (*Early Warning* und *Analysis*). Insbesondere NGOs wie die

---

44 ICISS-REPORT, Abs. 2.14 f., 2.29, Synopsis XI.

45 ICISS-REPORT, Abs. 2.29, Synopsis XI.

46 ICISS-REPORT, Abs. 3.2.

47 ICISS-REPORT, Abs. 3.1.

48 ICISS-REPORT, Synopsis XI.

INTERNATIONAL CRISIS GROUP, AMNESTY INTERNATIONAL, HUMAN RIGHTS WATCH und die FÉDÉRATION INTERNATIONALE DES LIGUES DES DROITS DE L'HOMME sollen nach Ansicht der Kommission einen Beitrag im Bereich der Frühwarnung leisten. Außerdem komme dem Generalsekretär der Vereinten Nationen nach Art. 99 UN-Charta die Kompetenz zu, die Aufmerksamkeit des Sicherheitsrates auf Situationen zu lenken, die eine Gefahr für den Weltfrieden und die internationale Sicherheit darstellen. Zurzeit fehle es allerdings noch an einer ausreichenden Kapazität, sodass die Frühwarnung in absehbarer Zukunft außerhalb der Vereinten Nationen verbleiben müsse. Neben den NGOs sollten auch regionale Akteure, die einen besseren Einblick in die Situation haben, eingebunden und unterstützt werden.[49]

Die Maßnahmen, die nach Ansicht der ICISS im Rahmen der Konfliktprävention ergriffen werden sollen, zielen in zwei Richtungen: Zum einen seien die Grundursachen des Konflikts zu beseitigen (*Root Causes Prevention Efforts*), und zum anderen seien Maßnahmen zu ergreifen, welche die direkten Ursachen eines Konflikts bekämpfen (*Direct Prevention Efforts*). Hinsichtlich der Beseitigung von Grundursachen nimmt die ICISS auf Art. 55 der UN-Charta Bezug. Dort wird explizit angemahnt, wirtschaftliche, soziale, gesundheitliche und ähnliche Probleme zu lösen, um die internationale Stabilität zu fördern.[50] Der ICISS-Report nennt zahlreiche Maßnahmen, wie politischen, wirtschaftlichen, rechtlichen und militärischen Ursachen entgegengewirkt werden kann. Unter anderem werden folgende Maßnahmen genannt: die Förderung demokratischer und rechtsstaatlicher Strukturen, die Vertrauensbildung zwischen den verschiedenen gesellschaftlichen Gruppen, Gewährung von Entwicklungshilfe und Entwicklungsunterstützung, die Ermöglichung eines größeren Zugangs zu externen Märkten, die Unterstützung von lokalen Menschenrechtsorganisationen, die Förderung des Minderheitenschutzes, die Ausbildung nationaler Streitkräfte sowie die Förderung von Rüstungsbeschränkungen und Abrüstung.[51] Die Maßnahmen zur Bekämpfung der direkten Konfliktursachen sind ebenfalls auf politischem, wirtschaftlichem, rechtlichem und militärischem Gebiet angesiedelt. Allerdings handele es sich hier um Maßnahmen von kürzerer Dauer. Genannt werden vor allem die Einschaltung des UN-Generalsekretärs, Gespräche und Mediation, diplomatische Isolation, das Inaussichtstellen von Finanzhilfen oder Investitionen

---

49 ICISS-REPORT, Abs. 3.10 ff.

50 ICISS-REPORT, Abs. 3.18.

51 ICISS-REPORT, Abs. 3.21 ff.

beziehungsweise die Androhung der Rücknahme oder die tatsächliche Rücknahme derselben, die Androhung der Anwendung oder die Anwendung des Völkerstrafrechts, der Einsatz von Luftaufklärung oder konsentierten präventiven Einsatztruppen und in extremen Fällen auch die Androhung der Gewaltanwendung.[52]

Zu beachten ist, dass es sich bei den genannten Maßnahmen um solche ohne Zwangselement handelt, die in der Regel mit der Zustimmung der jeweiligen Regierung ausgeführt werden.[53] Ein Problem entstehe erst dann, wenn sich der fragliche Staat weigere, zu kooperieren oder Hilfe anzunehmen. In einem solchen Fall könne die Anwendung von Maßnahmen mit Zwangselement im Sinne der *Responsibility to React* erforderlich werden.[54]

### *2. Responsibility to React*

Sind präventive Maßnahmen gescheitert und ist es zu einer humanitären Notsituation gekommen, liege ein Fall der *Responsibility to React* vor. Soweit der Staat nicht willens oder nicht dazu in der Lage sei, seiner Primärverantwortung nachzukommen, greife die Sekundärverantwortung der Staatengemeinschaft. Die Staatengemeinschaft habe mit angemessenen Mitteln auf die Konfliktsituation zu reagieren, das heißt zu intervenieren;[55] wobei als Intervention im Sinne des ICISS-Berichts nur solche Maßnahmen zu verstehen sind, die ohne den Konsens der jeweiligen Regierung erfolgen.[56] Im Vordergrund der Reaktion stehen grundsätzlich nicht-militärische Maßnahmen, die, soweit möglich, den militärischen Maßnahmen vorzuziehen seien.[57] Der Rückgriff auf militärische Mittel solle nur in Extremfällen und unter strengen Voraussetzungen zulässig sein.[58]

#### *a) Nicht-militärische Mittel*

Auch beim Einsatz nicht-militärischer Mittel sei darauf zu achten, dass diese nicht mehr Schaden als Nutzen anrichten, insbesondere hinsichtlich der Aus-

52 ICISS-REPORT, Abs. 3.25 ff.
53 ICISS-REPORT, Abs. 3.25, vgl. auch Abs. 7.4.
54 ICISS-REPORT, Abs. 3.34.
55 ICISS-REPORT, Abs. 4.1 f.
56 ICISS-REPORT, Abs. 1.38.
57 ICISS-REPORT, Abs. 4.3.
58 Dazu gleich unten S. 19 ff.

wirkungen für die Zivilbevölkerung. Um dies zu gewährleisten, sei es notwendig, die Auswirkungen der Sanktionen zu beobachten (*Monitoring*). Ziel der Maßnahmen solle es sein, den jeweiligen Staat, das heißt die Entscheidungsträger des Staates, dazu zu zwingen, ihrer Primärverantwortung nachzukommen und bestimmte Handlungen vorzunehmen beziehungsweise zu unterlassen.[59]

Der ICISS-Report nennt zahlreiche nicht-militärische Zwangsmaßnahmen, welche unterteilt sind in Maßnahmen im militärischen, im wirtschaftlichen und im diplomatisch-politischen Bereich. Im militärischen Bereich werden Waffenembargos sowie die Beendigung von militärischen Kooperationen und Trainingsprogrammen genannt. Als Interventionen aus dem wirtschaftlichen Bereich kommen nach Ansicht der ICISS finanzielle Sanktionen hinsichtlich Auslandsaktiva, Restriktionen auf Einkommensquellen wie etwa Öl, Diamanten und Holz, Restriktionen auf den Zugang zu Erdölprodukten und die Verhängung von Flugverboten in Betracht. Auf politischem oder diplomatischem Gebiet seien der Abbruch von diplomatischen Beziehungen, die Verhängung von Reisebeschränkungen, die Suspendierung von Mitgliedschaften in beziehungsweise der Ausschluss aus internationalen oder regionalen Organisationen oder die Nichtaufnahme in solche möglich.[60]

### *b) Militärische Mittel*

Bevor die ICISS in ihrem Bericht auf die möglichen militärischen Zwangsmaßnahmen eingeht, hebt sie zunächst die Bedeutung des Interventionsverbots hervor. Dieses schütze nicht nur den Staat selbst, sondern auch dessen Bevölkerung. Interventionen in die inneren Angelegenheiten eines Staates hätten immer auch negative Folgen, wie etwa die Destabilisierung der staatlichen Ordnung. Das Gebot der Nichtintervention sei grundsätzlich eine Aufforderung an den Staat, seine eigenen, internen Probleme selbst zu lösen und ein Umschlagen in eine Gefahr für den Weltfrieden und die internationale Sicherheit zu vermeiden.[61]

Allerdings könne es in extremen Fällen humanitärer Tragödien erforderlich sein, dass die internationale Gemeinschaft gerade im Interesse der Auf-

59 ICISS-REPORT, Abs. 4.4 f.
60 ICISS-REPORT, Abs. 4.6 ff.
61 ICISS-REPORT, Abs. 4.12.

rechterhaltung der internationalen Ordnung eingreife.[62] Es werden sechs Punkte genannt, die als Voraussetzung für militärische Interventionen zum Schutz humanitärer Belange zu beachten seien, nämlich ein gerechter Grund (*just Cause*), die rechte Absicht (*right Intention*), das letzte Mittel (*last Resort*), der Grundsatz der Verhältnismäßigkeit (*proportional Means*), vernünftige Erfolgsaussichten (*reasonable Prospects*) und die Frage nach dem zuständigen Organ (*right Authority*).

*aa) Gerechter Grund (just Cause) als Schwellenkriterium*

Militärische Interventionen zum Schutz humanitärer Belange sollen nur ausnahmsweise, als außerordentliche Maßnahme, zulässig sein. Um dies sicherzustellen, nennt die Kommission den gerechten Grund (*just Cause*) als Schwellenkriterium. Demnach können militärische Interventionen nur in den folgenden Situationen gerechtfertig sein:

> „[...] in order to halt or avert: large scale loss of life, actual or apprehended, with genocidal intent or not, which is the product either of deliberate state action, or state neglect or inability to act, or a failed state situation; or large scale ‚ethnic cleansing,' actual or apprehended, whether carried out by killing, forced expulsion, acts of terror or rape",[63]

also nur, wenn es sich um eine tatsächliche oder befürchtete Bedrohung des Lebens einer großen Anzahl von Menschen handelt, sei es mit der Absicht des Völkermordes oder ohne, als Ergebnis absichtlichen staatlichen Handelns, staatlicher Gleichgültigkeit oder Handlungsunfähigkeit oder eines Staatszerfalls; oder wenn in großem Umfang tatsächliche oder befürchtete ethnische Säuberungen vorliegen, gleich ob durch Tötung, Zwangsvertreibung, Terrorakte oder Vergewaltigung begangen. Nach dem Bericht der ICISS umfasst das Konzept auch Fälle, in denen das Leben großer Teile der Bevölkerung wegen einer Hungersnot, eines Bürgerkriegs oder aufgrund von Natur- und Umweltkatastrophen bedroht und der betroffene Staat unfähig oder unwillig ist, zu helfen oder um Hilfe zu bitten.[64] Außerdem sollen im Rahmen der *Responsibility to React* auch antizipatorische Maßnahmen zulässig sein. Dies setze lediglich voraus, dass eine klare Evidenz einer bevorste-

62 ICISS-REPORT, Abs. 4.13.
63 ICISS-REPORT, Abs. 4.19.
64 ICISS-REPORT, Abs. 4.20.

henden humanitären Notlage des genannten Ausmaßes gegeben sei.[65] Fälle, die unterhalb der genannten Schwelle blieben, wie etwa systematische Rassendiskriminierung und Inhaftierungen, könnten militärische Maßnahmen nicht rechtfertigen. Hier bliebe nur der Rückgriff auf nicht-militärische Maßnahmen. Die Anwendung der *Responsibility to React* scheide hingegen gänzlich aus, wenn es um die Herstellung eines demokratischen Regimes, eine Intervention zur Rettung eigener Staatsbürger im Ausland oder um die Anwendung von Gewalt als Reaktion auf terroristische Angriffe gehe.[66]

### *bb) Rechte Absicht (right Intention)*

Als weiteres Kriterium nennt die ICISS die rechte Absichte (*right Intention*). Der Intervenient müsse handeln, um das Leiden der Menschen zu beenden oder zu verhindern, also aus humanitären Gründen. Um dies zu gewährleisten, seien kollektive beziehungsweise multilaterale Interventionen solchen von Einzelstaaten grundsätzlich vorzuziehen. Für die Beurteilung der Einhaltung des Kriteriums solle die Meinung der betroffenen Bevölkerung und der anderen Staaten in der Region eingeholt werden. Die Kommission erkennt aber auch an, dass rein altruistisch motivierte Interventionen realitätsfremd sind und vielmehr als Ideal zu verstehen seien. Motivbündel, welche neben den humanitären Absichten auch nationale Interessen, wie etwa die Vermeidung von Flüchtlingsströmen, Drogenproduktion oder Zufluchtsorten für Terroristen in benachbarten Staaten, einschließen, seien gerade der Wirklichkeit entsprechend und daher zulässig.[67]

### *cc) Letztes Mittel (last Resort)*

Außerdem müssen alle nicht-militärischen Mittel zur Lösung des Konflikts ausgeschöpft worden beziehungsweise ohne Aussicht auf Erfolg sein. Der Einsatz militärischer Gewalt kann nach Ansicht der ICISS nur als letztes Mittel (*last Resort*) gerechtfertigt sein.[68]

---

65 ICISS-REPORT, Abs. 4.21.
66 ICISS-REPORT, Abs. 4.24 ff.
67 ICISS-REPORT, Abs. 4.33 ff.
68 ICISS-REPORT, Abs. 4.37 f.

*dd) Verhältnismäßigkeit (proportional Means)*

Überdies müsse das Kriterium der Verhältnismäßigkeit (*proportional Means*) gewahrt werden. Die Militäraktion dürfe in Ausmaß, Dauer und Intensität nicht über das zur Sicherung der humanitären Lage erforderliche Maß hinausgehen. Hierbei müssten insbesondere die Regeln des humanitären Völkerrechts beachtet werden, beziehungsweise es seien sogar höhere Standards einzuhalten.[69]

*ee) Vernünftige Erfolgsaussichten (reasonable Prospects)*

Als weiteres Kriterium sind im ICISS-Report die vernünftigen Erfolgsaussichten (*reasonable Prospects*) genannt. Demnach können militärische Interventionen nur gerechtfertigt sein, wenn die Intervention vernünftige Erfolgsaussichten habe, das humanitäre Leiden zu beenden oder zu verhindern. Eine Rechtfertigung der Intervention sei zu versagen, wenn durch diese die Auslösung eines größeren Konflikts – etwa wegen der Verwicklung einer Großmacht – zu erwarten sei. Nach Ansicht der Kommission kann also der Fall eintreten, dass trotz der Gefährdung einer beträchtlichen Zahl von Menschenleben eine Intervention aufgrund ihrer zu erwartenden inakzeptablen Folgen unterbleiben muss.[70]

*ff) Zuständiges Organ (right Authority)*

Als sechstes und letztes Kriterium enthält der ICISS-Report die Frage nach dem zuständigen Organ (*right Authority*). Die Kontroverse, wer dazu befugt ist, Militäraktionen zu autorisieren, wird von der ICISS separat in einem eigenen Kapitel (Kapitel 6 des ICISS-Berichts) erörtert.

Die ICISS nennt in ihrem Bericht zunächst die diesbezüglichen Bestimmungen der UN-Charta, nämlich die Artikel 25, 39 und 42. Demnach trage der Sicherheitsrat der Vereinten Nationen die Primärverantwortung für die Autorisierung der für die Wahrung des Weltfriedens und der internationalen Sicherheit erforderlichen militärischen Gewalt. Eine solche Autorisierung durch den Sicherheitsrat sei grundsätzlich auch bei Beteiligung von Regio-

---

69 ICISS-REPORT, Abs. 4.39 f.

70 ICISS-REPORT, Abs. 4.41.

nalorganisationen im Sinne von Kapitel VIII der Charta erforderlich.[71] Weiter führt die Kommission aus, dass der Sicherheitsrat nach der UN-Charta zwar die primäre, aber nicht die alleinige Verantwortung zur Wahrung des Frieden und der internationalen Sicherheit trage. Wörtlich heißt es:

> „The Security Council has the ‚primary' but not the sole or exclusive responsibility under the Charter for peace and security matters."[72]

Nach Art. 10, 11 und 12 der UN-Charta komme auch der Generalversammlung der Vereinten Nationen eine diesbezügliche Verantwortung zu, soweit der Sicherheitsrat nicht bereits mit der fraglichen Sache befasst sei.[73] Allerdings gibt es nach Ansicht der Kommission trotz der Probleme, die den Sicherheitsrat betreffen, kein besseres oder geeigneteres Organ für die Autorisierung von militärischen Interventionen zum Schutz humanitärer Belange:

> „[...] the Commission is in absolutely no doubt that there is no better or more appropriate body than the Security Council to deal with military intervention issues for human protection purposes."[74]

Die Aufgabe sei daher nicht, Alternativen zum Sicherheitsrat zu finden, sondern vielmehr dafür zu sorgen, dass der Sicherheitsrat besser funktioniere als bisher („work much better than it has").[75] Zu oft sei der Sicherheitsrat seiner Verantwortung, humanitäre Tragödien zu verhindern, nicht nachgekommen, was vor allem an der Geltendmachung des Vetorechts der ständigen Mitglieder des Sicherheitsrates gelegen habe.[76] Die ICISS schlägt daher vor, dass sich die ständigen Mitglieder des Sicherheitsrates einem Verhaltenskodex (*Code of Conduct*) unterwerfen, wonach sie sich verpflichten, im Falle humanitärer Notlagen nicht von ihrem Vetorecht Gebrauch zu machen, soweit keine vitalen Interessen des jeweiligen Staates betroffen seien.[77]

Obwohl die Kommission den Sicherheitsrat als das vorzugswürdige Organ zur Autorisierung von militärischen Interventionen zum Schutz humanitärer Belange ansieht, fragt sie, ob er das einzige Organ bleiben sollte („whe-

---

71 ICISS-REPORT, Abs. 6.2 ff.
72 ICISS-REPORT, Abs. 6.7.
73 ICISS-REPORT, Abs. 6.7.
74 ICISS-REPORT, Abs. 6.14.
75 ICISS-REPORT, Abs. 6.14.
76 ICISS-REPORT, Abs. 6.20.
77 ICISS-REPORT, Abs. 6.21.

ther it should be the last").[78] Es werden zwei Alternativen aufgezeigt: Zum einen wird die Möglichkeit genannt, eine Entscheidung zugunsten einer Militäroperation seitens der Generalversammlung entsprechend dem *Uniting for Peace*-Verfahren zu erwirken. Zwar könne die Generalversammlung keine bindenden Entscheidungen treffen, nach Ansicht der Kommission würde eine solche Entscheidung mit der Unterstützung einer überwältigenden Mehrheit der Mitgliedstaaten einer Intervention aber ein hohes Maß an Legitimität verschaffen. Im Bericht heißt es wörtlich:

> „Although the General Assembly lacks the power to direct that action be taken, a decision by the General Assembly in favour of action, if supported by an overwhelming majority of member states, would provide a high degree of legitimacy for an intervention which subsequently took place [...]".[79]

Zudem geht die Kommission davon aus, dass allein die Eröffnung einer solchen Möglichkeit den Sicherheitsrat motivieren würde, eine angemessene Entscheidung zu finden.[80] Zum anderen ist im ICISS-Bericht die Möglichkeit einer kollektiven Intervention durch regionale oder überregionale Organisationen genannt. Diese hätten ohnehin bessere Kenntnis von der Situation und den regionalen Besonderheiten und würden in der Regel in der Öffentlichkeit mehr Zustimmung finden. Eine Billigung durch den Sicherheitsrat könne, wie im Falle Liberias und Sierra Leones geschehen, im Anschluss an die Intervention (*ex post facto*) gesucht werden.[81] Zwar sei es nicht möglich, einen Konsens hinsichtlich militärischer Interventionen ohne Autorisierung seitens des Sicherheitsrates oder der Generalversammlung zu erzielen, dennoch mögen Situationen eintreten, die geradezu nach einem Tätigwerden verlangen. Die Frage sei dann, worin der größere Schaden zu sehen sei:

> „[...] in the damage to international order if the Security Council is bypassed or in the damage to that order if human beings are slaughtered while the Security Council stands by."[82]

78 ICISS-Report, Abs. 6.28.
79 ICISS-Report, Abs. 6.30.
80 ICISS-Report, Abs. 6.29 f.
81 ICISS-Report, Abs. 6.31 ff.; siehe hierzu noch unten S. 165 f.
82 ICISS-Report, Abs. 6.37.

### *3. Responsibility to Rebuild*

Die *Responsibility to Protect* beinhalte nicht nur die Komponenten der Prävention und Reaktion, sondern auch die Komponente des Wiederaufbaus, die *Responsibility to Rebuild.* Im Anschluss an eine Intervention müsse die internationale Gemeinschaft in Zusammenarbeit mit den lokalen Autoritäten dabei helfen, den jeweiligen Staat wieder aufzubauen. Nur so könne sichergestellt werden, dass sich der Konflikt nicht wiederhole.[83]

Der ICISS-Report nennt drei zentrale Aufgabenbereiche des Wiederaufbaus. Erstens die Herstellung von Sicherheit und Schutz für alle Teile der Bevölkerung – und zwar unabhängig von ihrer vorherigen Konfliktbeteiligung. Hierzu gehörten vor allem Entwaffnung, Abrüstung und Wiedereingliederung von lokalen Sicherheitskräften sowie die Wiederherstellung der öffentlichen Ordnung und die Errichtung einer nationalen Streit- und Polizeimacht.[84] Zweitens müsse ein Justizwesen aufgebaut und die Bedingungen für die Rückkehr von Flüchtlingen geschaffen werden.[85] Und drittens sei die wirtschaftliche Entwicklung als Grundlage für eine umfassende Erholung des Staates zu fördern.[86] Im Anschluss an eine Intervention in einen *failed State* hält die ICISS außerdem die Errichtung eines Treuhandgebiets im Sinne des zwölften Kapitels der UN-Charta für möglich und sinnvoll, um einen geordneten Wiederaufbau unter der Wahrung des Selbstbestimmungsrechts der Bevölkerung zu ermöglichen.[87] Ziel des Wiederaufbaus müsse es jedoch stets sein, die Aufgaben an die lokalen Autoritäten zu übertragen.[88]

### *4. Die operative Dimension*

Im siebten Kapitel des ICISS-Berichts finden sich zahlreiche Vorgaben für die Durchführung der zuvor genannten Handlungsoptionen, insbesondere für die Durchführung von militärischen Interventionen. Diese müssten ausreichend geplant und im Zuge dessen Koalitionen gebildet, gemeinsame Ziele definiert, ein eindeutiges Mandat eingeholt und ausreichende Mittel aufge-

---

83 ICISS-REPORT, Abs. 5.1 ff.
84 ICISS-REPORT, Abs. 5.8 ff.
85 ICISS-REPORT, Abs. 5.13 ff.
86 ICISS-REPORT, Abs. 5.19 ff.
87 ICISS-REPORT, Abs. 5.22 ff.
88 ICISS-REPORT, Abs. 5.1, 5.31.

bracht werden.[89] Bei der Ausführung von Militärinterventionen seien insbesondere klare und einheitliche Kommandostrukturen zu schaffen, die Zusammenarbeit zwischen Streitkräften, lokalen Behörden und humanitären Organisationen zu koordinieren und Regeln für die Anwendung von Gewalt aufzustellen.[90]

### *5. Die Implementierung der Responsibility to Protect*

Im Schlusskapitel „The Responsibility to Protect: The Way Forward" befasst sich die ICISS mit der Implementierung der *Responsibility to Protect.* Nach Ansicht der Kommission sei die dringlichste Aufgabe:

> „[...] to ensure that when the call goes out to the community of states for action, that call will be answered."[91]

Sowohl auf nationaler als auch auf internationaler Ebene müsse der politische Wille mobilisiert werden, um der Überzeugung des „never again" gerecht zu werden.[92]

Konkret macht die Kommission drei Vorschläge, wie ein Konsens hinsichtlich des Konzepts der *Responsibility to Protect* vorangetrieben werden könne. Die UN-Generalversammlung solle eine Resolution mit den wesentlichen Prinzipien des ICISS-Berichts verabschieden, also mit der Idee der Souveränität als Verantwortung, den Komponenten der *Responsibility to Prevent, to React* und *to Rebuild* und den Kriterien für ein militärisches Vorgehen. Im UN-Sicherheitsrat solle ein Abkommen mit Richtlinien für ein militärisches Vorgehen geschlossen werden; und die ständigen Mitglieder des Sicherheitsrates sollten sich auf einen Verhaltenskodex einigen, wonach sie in humanitären Notlagen auf den Gebrauch ihres Vetorechts verzichten, soweit nicht vitale Staatsinteressen betroffen seien. Außerdem solle der UN-Generalsekretär weitere Überlegungen anstellen, wie die *Responsibility to Protect* weiterentwickelt werden könne.[93]

---

89 ICISS-REPORT, Abs. 7.8 ff.
90 ICISS-REPORT, Abs. 7.20 ff.
91 ICISS-REPORT, Abs. 8.7.
92 ICISS-REPORT, Abs. 8.8 ff.
93 ICISS-REPORT, Abs. 8.27 ff.

### *II. Rechtlicher Gehalt des ICISS-Berichts – insbesondere der Begriff der Responsibility*

Im Folgenden soll der Frage nach dem rechtlichen Gehalt des Konzepts der *Responsibility to Protect* in der Form, wie es durch die ICISS begründet wurde, nachgegangen werden. Diese Frage kann insbesondere am Begriff der *Responsibility* selbst festgemacht werden. Übersetzt man den Begriff ins Deutsche, bieten sich mehrere Möglichkeiten. Der Begriff kann etwa als Verpflichtung beziehungsweise Pflicht, Verantwortung, Zuständigkeit oder auch als Haftung übersetzt werden. Während letztere Übersetzung, also das Verständnis der *Responsibility* als Haftung, im Zusammenhang mit der *Responsibility to Protect* als Konzept zum Schutz der Bevölkerung schon aus inhaltlichen Gründen ausscheidet, sind die drei anderen Übersetzungsmöglichkeiten durchaus denkbar. Das Verständnis der *Responsibility* als Pflicht oder Zuständigkeit würde wohl eher für einen rechtlichen Gehalt des Konzepts sprechen, das Verständnis als Verantwortung hingegen für eine politische Deutung. Im deutschen Schrifttum findet sich sowohl das Verständnis der *Responsibility* als Verantwortung – es ist dann von einer Schutzverantwortung die Rede[94] – als auch das Verständnis als Pflicht beziehungsweise Verpflichtung.[95] Allerdings muss beachtet werden, dass die einzelnen Autoren den Begriff nicht immer einheitlich verwenden. Weder aus der Übersetzung noch aus dem Schrifttum lassen sich daher eindeutige Schlüsse ziehen.

Der Begriff der *Responsibility* ist dem Völkerrecht allerdings nicht fremd. Dieser taucht etwa im Bereich der Staatenverantwortlichkeit als *State Responsibility for Internationally Wrongful Acts* auf. Hier geht es aber um eine Verantwortung im Sinne einer Haftung für völkerrechtswidrige Handlungen. Wie schon dargestellt scheidet dieses Verständnis bereits aus inhaltlichen Gründen aus. Ebenso wenig lassen sich aus einem Vergleich zum Begriff der *Responsibility* im Völkerstrafrecht Rückschlüsse ziehen,[96] wo es um die strafrechtliche Verantwortung von Individuen geht, und nicht um den Schutz von Bevölkerungen. Außerdem ist der Begriff der *Responsibility* in der UN-Charta zu finden, etwa in Art. 24 Abs. 1 in Form der „primary re-

94 So etwa SCHALLER, APuZ 46 (2008), S. 9 (12); VON SCHORLEMER, Policy Paper, S. 2; siehe auch NOLTE, in: Breuer/Epiney/Haratsch/Schmahl/Weiß (Hrsg.), S. 19 (21 f.).

95 So etwa FRÖHLICH, in: Varwick/Zimmermann (Hrsg.), S. 167 (171); GRAY, S. 51; JANSSEN, S. 13; RENSMANN, S. 382 ff.

96 Vgl. etwa Art. 25 des IStGH-Statuts.

sponsibility for the maintenance of international peace and security" des Sicherheitsrates. Die dort statuierte Hauptverantwortung des Sicherheitsrates zur Wahrung des Weltfriedens ist als allgemeine Kompetenzzuweisung zu verstehen. Der Begriff der Verantwortung ist in Art. 24 daher im Sinne von Zuständigkeit zu verstehen, und – wie noch zu zeigen sein wird – nicht im Sinne einer rechtlichen Pflicht.[97] Abschließend kann daher nur festgehalten werden, dass auch der Vergleich zur sonstigen Verwendung des Begriffs im Völkerrecht wenig aufschlussreich ist. Es fehlt gerade an einer einheitlichen Verwendung des Begriffs der *Responsibility*. Der Vergleich zu Art. 24 UN-Charta kann lediglich als ein Anhaltspunkt für das Verständnis der *Responsibility* als Zuständigkeit im Gegensatz zu dem Verständnis als Verpflichtung gedeutet werden.

Zumindest in einem Punkt könnte man den Begriff der *Responsibility* im Bericht der ICISS allerdings als Pflicht deuten. Nach Ansicht der ICISS begründet die *Responsibility to Protect* einen Perspektivwandel gegenüber dem Konzept der humanitären Intervention. Die Kommission hat sich explizit vom Begriff der humanitären Intervention abgewandt und spricht nun von *Intervention for Humanitarian Protection Purposes*. Im Vordergrund sollen damit nicht mehr die Intervenienten stehen, sondern vielmehr diejenigen, welche die Hilfe brauchen, also die betroffene Bevölkerung. Es geht daher nicht mehr um ein Recht der Intervenienten, sondern vielmehr um das Recht der Opfer, geschützt zu werden, und um die korrespondierende Verpflichtung der internationalen Gemeinschaft zur Schutzgewährung.[98] Ob es sich hierbei um eine echte Rechtspflicht oder um eine lediglich moralische Verpflichtung handelt, bleibt dabei aber offen.[99] Betrachtet man das Gesamtkonzept der *Responsibility to Protect*, wie es im ICISS-Bericht zum Ausdruck kommt, liegt es näher, den Begriff nicht als Rechtsbegriff, sondern als politisch-morali-

---

97 Dazu unten S. 212 f.

98 Vgl. ICISS-REPORT, Abs. 2.29, dort ist zwar nur allgemein von „duty to protect communities" die Rede, diese wird jedoch weitgehend als Verpflichtung der internationalen Gemeinschaft interpretiert, so etwa WEISS, Military-Civilian Interactions, S. 200, 213; VON SCHORLEMER, in: Beestermöller/Haspel/Trittmann (Hrsg.), S. 81 (88); WINKELMANN, in: FS Tomuschat, S. 449 (452); HILPOLD, UNYB 10 (2006), S. 35 (50); BRUNNÉE, in: FS Mensah, S. 35 (44, 48, 50); VERLAGE, S. 185 ff.; POWELL, S. 7; MAIR, IPG 3 (2004), S. 82 (89); PETERS, EJIL 20 (2009), S. 513 (539); DIES., S. 301.

99 Vgl. VON SCHORLEMER, in: Beestermöller/Haspel/Trittmann (Hrsg.), S. 81 (108); STAHN, AJIL 101 (2007), S. 99 (120).

schen Begriff zu deuten.[100] Zwar ist der Bericht den rechtlichen Vorgaben der Völkerrechtsordnung entsprechend entworfen worden, um die Wiedergabe der Rechtslage allein ging es aber gerade nicht. Dies hätte auch nicht dem Mandat der ICISS entsprochen. Wie dargestellt sollte es Aufgabe der Kommission sein, die rechtlichen, moralischen, operativen und politischen Probleme, welche die Handlungsmöglichkeiten bei innerstaatlich begangenen Menschenrechtsverletzungen betreffen, zu lösen.[101] Das Konzept ist daher eher als „Appell an das moralische »Verantwortungs«-Gefühl der Staaten"[102] zu verstehen. Es ging den Mitgliedern der Kommission wohl mehr darum, den politischen Willen der Staaten zu motivieren, als ein Rechtsgutachten zu entwerfen. Insbesondere das Verständnis der *Sovereignty as Responsibility* bestätigt dies, denn wie noch zu zeigen sein wird, basiert dieses nicht auf einer juristischen Subsumtion, sondern ist vielmehr auf moralischer Ebene anzusiedeln.[103] Dies soll keinesfalls als Kritik am Konzept der ICISS verstanden werden; gerade der Begriff der *Responsibility to Protect* könnte sich als nützlich erweisen, um eine effektive Durchsetzung der Menschenrechte zu erreichen.[104] Allerdings muss die politische Dimension des ICISS-Berichts bei der rechtlichen Behandlung der *Responsibility to Protect* beachtet werden. Eine der Aufgaben dieser Arbeit wird es sein, die politische Argumentation von den rechtlichen Gesichtspunkten zu trennen. Die Arbeit kann daher auch als Übersetzung des ICISS-Berichts in rechtliche Strukturen verstanden werden.[105] Insbesondere bedeutet dies, dass nicht-rechtliche Äußerungen auch nicht rechtlich interpretiert werden sollen. Da eine eindeutige Bewertung des Begriffsverständnisses der *Responsibility* nicht möglich ist, wird der Begriff der *Responsibility* im Folgenden rechtlich neutral als Verantwortung übersetzt.

---

100 Vgl. WINKELMANN, Responsibility to Protect in: Wolfrum (Hrsg.), EPIL Online-Edition, Rn. 2; DAY/FREEMAN, Global Governance 11 (2005), S. 139 (139); siehe auch THAKUR, Security Dialogue 33 (2002), S. 323 (328), welcher das Konzept der Responsibility to Protect nicht als Recht bzw. Pflicht zur Intervention, sondern vielmehr als Brücke zwischen der internationalen Gemeinschaft und den Staaten betrachtet.

101 Siehe oben S. 12.

102 Vgl. TOMUSCHAT, ZaöRV 36 (1976), S. 444 (465), welcher bezüglich der Verwendung des Begriffs der Responsibility in der Charta der wirtschaftlichen Rechte und Pflichten der Staaten zu einem ähnlichen Ergebnis gelangt.

103 Siehe unten S. 78 f.

104 Siehe unten S. 241 ff.

105 Siehe unten S. 70 ff.

## C. Fortentwicklung der Responsibility to Protect

Die ICISS veröffentlichte ihren Bericht am 18. Dezember 2001. Aufgrund dieses Veröffentlichungsdatums, sprich: in der Folgezeit des 11. Septembers, erhielt das Konzept der *Responsibility to Protect* zunächst nur wenig Aufmerksamkeit. Durch die Militäreinsätze in Afghanistan im Oktober 2001 und im Irak im März 2003 wurde die Diskussion über Interventionen zusätzlich erschwert.[106]

### *I. High-level Panel-Bericht*

Auftrieb erfuhr das Konzept erst im Dezember 2004 durch den Bericht *A More Secure World: Our Shared Responsibility* des HIGH-LEVEL PANEL ON THREATS, CHALLENGES AND CHANGE.[107] Das im Jahr 2003 durch den vormaligen UN-Generalsekretär KOFI ANNAN eingesetzte 16-köpfige Gremium – unter den Mitgliedern auch der ICISS-Vorsitzende GARETH EVANS – hatte zur Aufgabe, Reformvorschläge für die Vereinten Nationen zu unterbreiten. Der Bericht des HIGH-LEVEL PANEL befasst sich mit den neuen Gefahren in der interdependenten Welt des 21. Jahrhunderts, wie etwa Terrorismus, Massenvernichtungswaffen, Bürgerkriegen und Infektionskrankheiten. Insbesondere widmet sich der Bericht der Frage, wie die Vereinten Nationen diesen neuen Gefahren begegnen können. Neben der Reform des Sicherheitsrates wird auch die Bildung einer *Peacebuilding*-Kommission vorgeschlagen sowie die Verbesserung der Zusammenarbeit der Vereinten Nationen mit Regionalorganisationen als förderungswürdiges Ziel genannt.

Im dritten Teil des Berichts, in welchem unter anderem Maßnahmen des Sicherheitsrates nach Kapitel VII der UN-Charta behandelt werden, geht das PANEL im Rahmen der Behandlung interner Gefahren für den Weltfrieden auch auf das Konzept der *Responsibility to Protect* ein. Die Grundzüge des Konzepts werden dargestellt und nachhaltig bestätigt. Im Bericht heißt es:

---

106 So etwa WEISS, WisILJ 24 (2006), S. 741 (747); vgl. auch THAKUR, IJHR 7 (2003), S. 160 (160 f.).

107 A more secure world: our shared responsibility, Report of the High-level Panel on Threats, Challenges and Change, A/59/565, Dezember 2004; im Folgenden als High-level Panel-Bericht bezeichnet.

> „[...] there is a growing acceptance that while sovereign Governments have the primary responsibility to protect their own citizens [...], when they are unable or unwilling to do so that responsibility should be taken up by the wider international community [...]".[108]

Außerdem bekräftigt das PANEL die *Responsibility to Protect* als eine in der Entstehung befindliche Norm:

> „We endorse the emerging norm that there is a collective international responsibility to protect [...]".[109]

Diese sei ausführbar durch den Sicherheitsrat der Vereinten Nationen, der im Falle von Genozid, Massentötungen, ethnischen Säuberungen oder schwerwiegenden Verletzungen des humanitären Völkerrechts militärische Interventionen autorisieren könne.[110] Außerdem empfiehlt das PANEL, dass der Sicherheitsrat Richtlinien erlassen solle, die bestimmen, wann militärische Gewalt einzusetzen sei.[111] In diesem Zusammenhang werden fünf Kriterien genannt: die Ernsthaftigkeit der Gefahr (*Seriousness of Threat*), die rechte Absicht (*proper Purpose*), der Gedanke des letzten Mittels und der Verhältnismäßigkeit der Mittel (*last Resort* und *proportional Means*) sowie die Angemessenheit der Folgen (*Balance of Consequences*).[112] Im ersten Teil des Berichts werden auch die Gedanken der *Sovereignty as Responsibility* sowie der gestuften Verantwortung von Einzelstaat und Staatengemeinschaft aufgegriffen.[113] Im Zusammenhang mit der staatlichen Souveränität heißt es etwa:

> „[...] today it clearly carries with it the obligation of a State to protect the welfare of its own peoples [...] history teaches us all too clearly that it cannot be assumed that every State will always be able, or willing, to meet its responsibilities to protect its own people [...]. And in those circumstances, the principles of collective security mean that some portion of those responsibilities should be taken up by the international community [...]".[114]

---

108 HIGH-LEVEL PANEL-BERICHT, Abs. 201.
109 HIGH-LEVEL PANEL-BERICHT, Abs. 203.
110 HIGH-LEVEL PANEL-BERICHT, Abs. 203.
111 HIGH-LEVEL PANEL-BERICHT, Abs. 205, 206.
112 HIGH-LEVEL PANEL-BERICHT, Abs. 207.
113 HIGH-LEVEL PANEL-BERICHT, Abs. 29 f.
114 HIGH-LEVEL PANEL-BERICHT, Abs. 29.

### *II. Annan-Bericht*

In die gleiche Richtung wie der HIGH-LEVEL PANEL-Bericht geht der Bericht des vormaligen Generalsekretärs KOFI ANNAN, *In Larger Freedom: towards development, security and human rights for all*,[115] der am 21. März 2005 veröffentlicht wurde. Der Bericht ANNANS, der unter anderem auf dem HIGH-LEVEL PANEL-Bericht beruht, umfasst vier Hauptteile. Zum einen werden die Themenbereiche Entwicklung (*Freedom from Want*), Sicherheit (*Freedom from Fear*) und Menschenrecht (*Freedom to Live in Dignity*) als gleichwertig nebeneinander stehende Gebiete behandelt, zum anderen befasst sich auch dieser Report mit der Reformierung der Vereinten Nationen. ANNAN empfiehlt in seinem Bericht – wie auch schon das HIGH-LEVEL PANEL – die Gründung einer *Peacebuilding*-Kommission,[116] die Verabschiedung einer Resolution mit Richtlinien für die Anwendung von Gewaltmaßnahmen[117] sowie die Reformierung des UN-Sicherheitsrates.[118]

Im dritten Teil des Berichts greift ANNAN die kollektive Schutzverantwortung der Staatengemeinschaft auf. In Bezugnahme auf die Aussage des HIGH-LEVEL PANEL, welches die *Responsibility to Protect* als „emerging norm“ bezeichnet hatte, bekräftigt er dies mit den Worten: „[...] I strongly agree with this approach.“[119] Ebenso wie das HIGH-LEVEL PANEL betont der ehemalige Generalsekretär die Verantwortung des Sicherheitsrates, Entscheidungen zu deren Umsetzung zu treffen. Wörtlich heißt es:

> „The task is not to find alternatives to the Security Council as a source of authority but to make it work better.“[120]

Im Falle von Genozid, ethnischen Säuberungen und anderen Verbrechen gegen die Menschlichkeit hält ANNAN ein Einschreiten des Sicherheitsrates für

115 In larger freedom: towards development, security and human rights for all, Report of the Secretary-General, A/59/2005, vom 21. März 2005; im Folgenden als Annan-Bericht bezeichnet.

116 ANNAN-BERICHT, Abs. 114 ff.

117 ANNAN-BERICHT, Abs. 126.

118 ANNAN-BERICHT, Abs. 167 ff.

119 ANNAN-BERICHT, Abs. 135.

120 ANNAN-BERICHT, Abs. 126; so auch schon der HIGH-LEVEL PANEL-BERICHT in Absatz 198, allerdings im Zusammenhang mit den Gefahren für den Weltfrieden im zwischenstaatlichen Bereich.

geboten.[121] Außerdem empfiehlt ANNAN ähnlich wie das HIGH-LEVEL PANEL dem Sicherheitsrat die Annahme von Kriterien als Leitlinien für die Anwendung von Gewalt.[122]

### *III. Weltgipfeldokument*

Die Entwicklung des Konzepts der *Responsibility to Protect* fand ihren Höhepunkt in der Aufnahme desselben in das Ergebnisdokument des UN-Weltgipfels im September 2005, das in Form einer Generalversammlungsresolution am 16. September 2005 *without a vote*, also ohne Abstimmung[123] angenommen wurde.[124]

Der Weltgipfel, bei welchem vor allem die Millennium-Entwicklungsziele und die Reformierung der Vereinten Nationen im Vordergrund stehen sollten, wird weitgehend als gescheitert angesehen. Drei Aspekte verdienen jedoch eine besondere Hervorhebung. Dies sind zum einen die Entschließungen bezüglich der Errichtung der *Peacebuilding*-Kommission sowie des Menschenrechtsrates und zum anderen die explizite Anerkennung der *Responsibility to Protect* durch die mehr als 150 anwesenden Staats- und Regierungschefs. In Absatz 138 des Ergebnisdokuments wird zunächst die Primärverantwortung der einzelnen Staaten betont:

> „Each individual State has the responsibility to protect its populations from genocide, war crimes, ethnic cleansing and crimes against humanity.“

Anschließend wird in Absatz 139 die Sekundärverantwortung der Staatengemeinschaft behandelt. Zunächst wird auf die Möglichkeit der Anwendung friedlicher Mittel eingegangen:

> „The international community, through the United Nations, also has the responsibility to use appropriate diplomatic, humanitarian and other peaceful means, in accordance with Chapters VI and VIII of the Charter, to help protect populations from genocide, war crimes, ethnic cleansing and crimes against humanity.“

---

121 ANNAN-BERICHT, Abs. 125.

122 ANNAN-BERICHT, Abs. 126.

123 Siehe dazu unten S. 62 ff.

124 World Summit Outcome, A/RES/60/1, vom 24. Oktober 2005.

Bezogen auf Zwangsmaßnahmen heißt es im gleichen Absatz:

> „In this context, we are prepared to take collective action, in a timely and decisive manner, through the Security Council, in accordance with the Charter, including Chapter VII, on a case-by-case basis and in cooperation with relevant regional organizations as appropriate, should peaceful means be inadequate and national authorities manifestly fail to protect their populations from genocide, war crimes, ethnic cleansing and crimes against humanity."

Außerdem wird die *Responsibility to Prevent* erwähnt:

> „We also intend to commit ourselves, as necessary and appropriate, to helping States build capacity to protect their populations from genocide, war crimes, ethnic cleansing and crimes against humanity and to assisting those which are under stress before crises and conflicts break out."

Bevor es zur Verabschiedung kam, wurden allerdings zahlreiche Änderungen vorgenommen. Auf diese und die unterschiedlichen Entwürfe der Absätze zur *Responsibility to Protect* im Weltgipfeldokument wird später noch einzugehen sein.

### *IV. Resolutionen des UN-Sicherheitsrates*

In der Folgezeit wurde das Ergebnis des UN-Weltgipfels auch durch den Sicherheitsrat der Vereinten Nationen bestätigt. In Resolution 1674 zum Schutz der Zivilbevölkerung in bewaffneten Konflikten vom 28. April 2006 wird im operativen Teil ausdrücklich auf die *Responsibility to Protect* Bezug genommen, die Absätze 138 und 139 des Ergebnisdokuments des Weltgipfels werden bekräftigt:

> „Reaffirms the provisions of paragraphs 138 and 139 of the 2005 World Summit Outcome Document regarding the responsibility to protect populations from genocide, war crimes, ethnic cleansing and crimes against humanity."[125]

In Resolution 1706 vom 31. August 2006 zur Situation im Sudan wird dies noch einmal bestätigt, im zweiten Absatz der Präambel heißt es:

> „Recalling also its previous resolutions [...] 1674 (2006) on the protection of civilians in armed conflict, which reaffirms inter alia the provisions of paragraphs 138 and 139 of the 2005 United Nations World Summit outcome document [...]".

125 S/RES/1674 (2006), Nr. 4.

Eine ähnliche Bestätigung findet sich in der Präambel der Resolution 1755 vom 30. April 2007, ebenfalls zur Situation im Sudan, in welcher sowohl Resolution 1674 als auch 1706 in Erinnerung gerufen werden, allerdings ohne dass hierbei ausdrücklich die *Responsibility to Protect* genannt wird.[126]

### *V. Ban Ki-moon-Bericht*

Auch der amtierende UN-Generalsekretär BAN KI-MOON hat sich des Konzepts der *Responsibility to Protect* angenommen. Auf die Ergebnisse des UN-Weltgipfels Bezug nehmend verfasste er einen Bericht mit Vorschlägen zur Umsetzung des Konzepts, der am 12. Januar 2009 veröffentlicht wurde.[127] In diesem werden die wesentlichen Ergebnisse des Weltgipfeldokuments wiederholt und bestätigt, nämlich die Primärverantwortung der Staaten, die Verantwortung der Staatengemeinschaft zur Unterstützung der Einzelstaaten durch internationale Hilfe und die im Falle einer humanitären Notsituation gegebenenfalls erforderliche rechtzeitige und entschiedene Reaktion der Staatengemeinschaft.[128] Hierbei betont BAN KI-MOON insbesondere die Bedeutsamkeit eines ausgewogenen Verhältnisses der einzelnen Komponenten.[129] Außerdem macht er in seinem Bericht zahlreiche Vorschläge zur Umsetzung der *Responsibility to Protect*, wie etwa den Beitritt weiterer Staaten zum Statut des Internationalen Strafgerichtshofs, den Aufbau ziviler Kapazitäten von regionalen und subregionalen Organisationen sowie Sanktionen des Sicherheitsrates zur Unterbindung des ungehinderten Handels mit Waffen.[130] Außerdem erkennt der Generalsekretär in seinem Bericht die Sekundärverantwortung der Generalversammlung für die Wahrung des internationalen Friedens betreffende Fragen an,[131] zugleich betont er aber das Gewaltverbot der UN-Charta und das Erfordernis eines Sicherheitsratsmandats für die Anwendung militärischer Gewalt.[132]

---

126 S/RES/1755 (2007), Präambel Abs. 1, 2.

127 Implementing the Responsibility to Protect, Report of the Secretary-General, A/63/677, vom 12. Januar 2009; im Folgenden als Ban Ki-moon-Bericht bezeichnet.

128 BAN KI-MOON-BERICHT, Abs. 11.

129 BAN KI-MOON-BERICHT, Abs. 12.

130 BAN KI-MOON-BERICHT, Abs. 19, 38 f., 57 f.

131 BAN KI-MOON-BERICHT, Abs. 63.

132 BAN KI-MOON-BERICHT, Abs. 3, 11.

Der Bericht des Generalsekretärs wurde sowohl in einem Resolutionsentwurf der Generalsversammlung als auch im Rahmen mehrerer Generalversammlungsdebatten von zahlreichen Staaten begrüßt.[133]

### *VI. Weitere Schritte*

Als ein weiterer Schritt auf dem Weg zur Etablierung des Konzepts der *Responsibility to Protect* ist die Einsetzung eines UN-Sonderberaters für die Schutzverantwortung im Range eines *Assistant Secretary-General* zu nennen. Seit Februar 2008 bekleidet dieses Amt der Politikwissenschaftler EDWARD C. LUCK. Aufgabe des Sonderbeauftragten ist es, zur Entwicklung des Konzepts und zur Konsensbildung beizutragen, wobei eine enge Zusammenarbeit mit dem SPECIAL ADVISOR FOR THE PREVENTION OF GENOCIDE AND MASS ATROCITIES vorgesehen ist.

Ferner ist die Gründung sonstiger internationaler Institutionen zu nennen, wie etwa des GLOBAL CENTRE FOR THE RESPONSIBILITY TO PROTECT. Das Zentrum, welches im Februar 2008 aus einer Koalition von NGOs (INTERNATIONAL CRISIS GROUP, HUMAN RIGHTS WATCH, INSTITUTE FOR GLOBAL POLICY, OXFAM INTERNATIONAL und REFUGEES INTERNATIONAL) entstanden ist, soll vor allem dem Austausch zwischen Zivilgesellschaften und staatlichen sowie anderen internationalen Einrichtungen dienen. Zu nennen sind außerdem die damit assoziierten Zentren wie das ASIA-PACIFIC CENTRE FOR THE RESPONSIBILITY TO PROTECT, das ebenfalls im Februar 2008 gegründet wurde, die FUNDACIÓN PARA LAS RELACIONES INTERNACIONALES Y EL DIÁLOGO EXTERIOR, das KOFI ANNAN INTERNATIONAL PEACEKEEPING TRAINING CENTRE und das NORWEGIAN INSTITUTE FOR INTERNATIONAL AFFAIRS.

---

133 Siehe A/63/L.80/Rev.1, 10. September 2009; A/63/PV.97, 23. Juli 2009, S. 2 ff.; A/63/PV.98, 24. Juli 2009, S. 1 ff.; A/63/PV.99, 24. Juli 2009, S. 1 ff.; A/63/PV.100, 28. Juli 2009, S. 2 ff.; A/63/PV.101, 28. Juli 2009, S. 1 ff.; zu den Debatten in der Generalversammlung siehe noch unten S. 79, 196.

## D. Der konzeptionelle Charakter der Responsibility to Protect – dargestellt insbesondere anhand der Ausgestaltung des Schwellenkriteriums

Der Bericht der ICISS und die diesem folgenden Dokumente weisen Unterschiede hinsichtlich der inhaltlichen Ausgestaltung der *Responsibility to Protect* auf. Zu nennen sind zunächst drei die Komponente der *Responsibility to React* betreffende Aspekte. Der ICISS-Bericht sieht erstens eine andere Eingriffsschwelle vor. Dort ist ein Einschreiten bei der Bedrohung einer Vielzahl von Menschenleben oder im Falle von ethnischen Säuberungen vorgesehen. Die dem ICISS-Report folgenden Berichte lehnen die Eingriffsschwelle zum Teil den internationalen Verbrechenstatbeständen an.[134] Das HIGH-LEVEL PANEL spricht von Genozid, Massentötungen, ethnischen Säuberungen und schwerwiegenden Verletzungen des humanitären Völkerrechts; KOFI ANNAN nennt in seinem Bericht Genozid, ethnische Säuberungen und sonstige Verbrechen gegen die Menschlichkeit als Schwellenkriterium; im Weltgipfeldokument sowie im darauf Bezug nehmenden Bericht BAN KI-MOONS werden schließlich Genozid, Kriegsverbrechen, ethnische Säuberungen und Verbrechen gegen die Menschlichkeit genannt. Außerdem weichen die sonstigen Eingriffskriterien im HIGH-LEVEL PANEL-Bericht sowie im ANNAN-Bericht von denen des ICISS-Berichts ab; im Weltgipfeldokument sind diese schließlich gar nicht mehr zu finden. Zudem werden die im ICISS-Bericht genannten Alternativen zum Sicherheitsrat bezüglich der Autorisierung von Gewalt in den dem Bericht folgenden Dokumenten nicht mehr aufgegriffen. Vielmehr wird das Erfordernis einer Autorisierung durch den Sicherheitsrat hervorgehoben. Angemerkt sei außerdem, dass die Komponente der *Responsibility to Rebuild* im Weltgipfeldokument keinerlei Erwähnung mehr findet, und auch die Komponente der *Responsibility to Prevent* wird dort nur noch beiläufig behandelt.[135]

Auf die unterschiedlichen Ausführungen zum Schwellenkriterium in den verschiedenen die *Responsibility to Protect* behandelnden Berichten soll bereits hier näher eingegangen werden. Die Darstellung wird sich allerdings auf den Vergleich des ICISS-Berichts mit dem Weltgipfeldokument beschrän-

134 Vgl. hierzu Art. 5 des IStGH-Statuts, dort sind das Verbrechen des Völkermords, Kriegsverbrechen und Verbrechen gegen die Menschlichkeit genannt.

135 Vgl. zu den Unterschieden die Darstellung der Berichte oben S. 29 ff.

ken.[136] Die faktischen Auswirkungen der unterschiedlichen Formulierungen sind nicht ohne Weiteres ersichtlich. Es bedarf diesbezüglich weiterer Ausführungen. In der Literatur wird die Änderung des Schwellenkriteriums hin zur Bezugnahme auf die internationalen Verbrechen, wie diese insbesondere im Weltgipfeldokument zu finden ist, zum Teil als inhaltliche Erweiterung des ICISS-Berichts verstanden.[137] Dem kann nicht zugestimmt werden. Vielmehr ist das Gegenteil der Fall, es handelt sich um eine inhaltliche Einschränkung der Eingriffsschwelle. Die internationalen Verbrechen, das heißt Völkermord, Verbrechen gegen die Menschlichkeit und Kriegsverbrechen, verlangen entsprechend der im Statut des Internationalen Strafgerichtshofs enthaltenden Formulierung eine vorsätzliche beziehungsweise sogar absichtsvolle Handlung.[138] Ob überhaupt eine allgemeine Unterlassenshaftung besteht, ist noch nicht abschließend geklärt.[139] Soweit man dies bejaht, wäre aber auch hier ein entsprechender Vorsatz beziehungsweise die erforderliche Absicht zu fordern. Kommt es etwa wegen einer Hungersnot, eines Bürgerkriegs oder einer Naturkatastrophe zu einer Gefährdung großer Teile der Bevölkerung, und handelt der jeweilige Staat nicht, ohne aber hiermit ein besonderes Ziel zu verfolgen, ist die Eingriffsschwelle, wie sie im Weltgipfeldokument vorgesehen ist, nicht erfüllt. Gerade im Falle eines *failed State* könnte demnach häufig nicht eingegriffen werden, nämlich immer dann, wenn eine staatliche Abhilfe aufgrund des Staatszerfalls faktisch nicht mehr

---

136 Die sowohl im ICISS-Bericht als auch im Weltgipfeldokument genannten ethnischen Säuberungen stellen kein eigenständiges Verbrechen dar, sondern gehen vielmehr in den übrigen Verbrechenstatbeständen auf; es soll hier daher nicht weiter darauf eingegangen werden.

137 So etwa BELLAMY, EIA 20 (2006), S. 143 (156); vgl. auch VERLAGE, S. 17 f., welcher im Falle von Kriegsverbrechen und Verbrechen gegen die Menschlichkeit sogar eine teleologische Reduktion vornehmen will. Um eine Ausuferung der Anwendung der Responsibility to Protect zu verhindern, will er die genannten Verbrechen nur dann als ausreichend für die Bejahung des gerechten Grundes erachten, wenn es durch die Verwirklichung derselben zu einer Vielzahl von Toten kommt. VERLAGE verkennt hierbei, dass auch nach dem Weltgipfeldokument nicht in jedem Fall der Verwirklichung der genannten internationalen Verbrechen ein Einschreiten vorgesehen ist. Die Verbrechenstatbestände werden lediglich als Anhaltspunkte im Sinne einer Mindestvoraussetzung genannt.

138 Eine Haftung wegen Fahrlässigkeit kommt nur ausnahmsweise, in in diesem Zusammenhang irrelevanten Fällen in Betracht, vgl. Art. 6, 7, 8 und 30 des IStGH-Statuts; siehe auch WERLE, Rn. 348 ff.

139 Vgl. WERLE, Rn. 596 ff.

möglich ist[140] und die humanitäre Notsituation nicht durch sonstige Konfliktparteien verursacht wird, die durch ihr Verhalten den Tatbestand eines der genannten internationalen Verbrechen erfüllen. Das Schwellenkriterium der ICISS hingegen ist auch in einem solchen Fall erfüllt. Zwar wird dort die Bedrohung des Lebens einer großen Anzahl von Menschen verlangt, diese kann aber sowohl durch absichtliches staatliches Handeln erzeugt worden sein als auch durch staatliche Gleichgültigkeit, allgemeine Handlungsunfähigkeit oder durch die Situation eines Staatszerfalls.[141]

Dieses Ergebnis zeigt sich auch in der Stellungnahme des UN-Sonderbeauftragten für die Schutzverantwortung EDWARD C. LUCK bestätigt, der sich anlässlich der Wirbelsturmkatastrophe in Birma im Mai 2008 gegen die Anwendbarkeit des Konzepts der *Responsibility to Protect* aussprach – infolge des Zyklons *Nargis* waren mehrere Tausend Menschen bedroht; die Regierung Birmas lehnte zunächst jegliche humanitäre Hilfe aus dem Ausland ab und ließ diese schließlich nur sehr zögerlich zu.[142] Die Argumentation LUCKS entspricht gerade dem Verständnis der *Responsibility to Protect* in der Ausformung des Weltgipfeldokuments. Denn in diesem Fall war gerade keines der im Weltgipfeldokument genannten internationalen Verbrechen verwirklicht.[143] Nach dem Konzept der ICISS hätte hingegen die *Responsibility to Protect* angewandet werden können. Zwar ist auch nach dem Bericht der ICISS die *Responsibility to Protect* nicht für sämtliche Probleme im interna-

---

140 Siehe zum Begriff des failed State unten S. 79 f.

141 Vgl. oben S. 19; siehe auch EVANS, ASIL-Proceedings 98 (2004), S. 78 (85); VON SCHORLEMER, in: Beestermöller/Haspel/Trittmann (Hrsg.), S. 81 (91), welche darlegt, dass nach dem ICISS-Bericht gerade kein subjektives Tatbestandsmerkmal erfüllt sein muss.

142 LUCK, EDWARD C., „Sollen wir einen Krieg ins Zyklon-Gebiet tragen?“ Gespräch, F.A.Z. vom 15. Mai 2008; zur Situation in Birma siehe auch EVANS, S. 65 ff.; BÜNTE, FW 84 (2009), S. 125 (133 f.).

143 Der Tatbestand der Verbrechen gegen die Menschlichkeit wurde in diesem Fall auch nicht durch Unterlassen erfüllt, wie zum Teil behauptet wurde (so etwa NICOLAS RICHTER, Alle Mächte gegen die Junta: Der UN-Sicherheitsrat muss Birmas Regime dazu zwingen, Hilfe aus dem Ausland anzunehmen, Kommentar, SZ vom 10./11./12. Mai 2008, S. 4). Das Unterlassen bzw. Nichtzulassen von Hilfe seitens Ranguns bezweckte nicht die Schädigung der Bevölkerung, sondern ist vielmehr Ausdruck der Abgrenzung gegenüber dem Ausland und daher lediglich als schlechte Regierungsführung zu bewerten (so auch EDWARD C. LUCK, „Sollen wir einen Krieg ins Zyklon-Gebiet tragen?“ Gespräch, F.A.Z. vom 15. Mai 2008; SCHALLER, SWP-Aktuell 46, Juni 2008, S. 8; siehe auch BÜNTE, FW 84 (2009), S. 125 (135)).

tionalen Bereich konzipiert und insbesondere nicht allgemein wegen der Gefahren des Klimawandels anwendbar;[144] wenn es aber infolge einer Naturkatastrophe zur Bedrohung einer großen Zahl von Menschen kommt und der Staat nicht willens oder nicht dazu in der Lage ist, Abhilfe zu leisten, liegt ein Fall der *Responsibility to Protect* vor. Nach dem Bericht der ICISS kommt es nicht darauf an, dass die humanitäre Notlage auf dem Verhalten von Personen basiert. Dementsprechend haben auch die dem Verständnis der ICISS folgenden Vertreter ein Einschreiten im Falle Birmas gefordert.[145]

Angemerkt sei außerdem, dass die im ICISS-Bericht und im Weltgipfeldokument genannten Schwellenkriterien unterschiedliche Bezugspunkte haben: Während das Schwellenkriterium der ICISS als Kriterium des gerechten Grundes für die Bestimmung der Anwendungsfälle militärischer Gewalt als mögliche Maßnahme im Rahmen der *Responsibility to React* konzipiert ist, beschreibt die im Weltgipfeldokument genannte Schwelle die allgemeine Anwendbarkeit des Konzepts der *Responsibility to Protect*. Nach dem Weltgipfeldokument ist daher das Konzept der *Responsibility to Protect* nicht nur bezüglich der Voraussetzungen für die Anwendung militärischer Gewalt enger gefasst als nach dem ICISS-Bericht, sondern hinsichtlich des Konzepts der *Responsibility to Protect* insgesamt. Nach der Konzeption des Weltgipfeldokuments greift das Konzept nur im Falle der genannten internationalen Verbrechen; die ICISS hält das Konzept hingegen in allen Fällen von Menschenrechtsverletzungen für anwendbar.[146]

Insgesamt bleibt festzuhalten, dass kein einheitliches Verständnis der *Responsibility to Protect* existiert; es ist vielmehr von einem konzeptionellen Charakter der *Responsibility to Protect* auszugehen. Insbesondere das Weltgipfeldokument weicht bezüglich der Eingriffsschwelle und der allgemeinen Anwendbarkeit erheblich von dem Konzept der *Responsibility to Protect* des

144 Vgl. oben S. 4.

145 Zu nennen ist hier insbesondere der französische Außenminister BERNARD KOUCHNER, welcher die Responsibility to Protect im Falle Birmas in die Debatte einbrachte; am 7. Mai 2008 äußerte er sich wie folgt: „We are seeing at the United Nations whether we can implement the Responsibility to Protect, given that food, boats and relief teams are there, and obtain a United Nations resolution which authorizes the delivery (of aid) and imposes this on the Burmese government" (abgedruckt in einer Stellungnahme der International Coalition for the Responsibility to Protect zur Situation in Birma, abrufbar unter: http://www.responsibilitytoprotect.org/index.php/crises/crisis-in-burma (zuletzt besucht 07.2010)).

146 Siehe hierzu noch unten S. 234.

ICISS-Berichts ab. Für die Beurteilung der Rechtsverbindlichkeit der *Responsibility to Protect* soll im Folgenden stets der ICISS-Bericht als Ausgangspunkt genommen werden. Die diesem folgenden Berichte und insbesondere die inhaltlichen Abweichungen sollen für die Frage nach der rechtlichen Verankerung des Konzepts herangezogen werden. Wie noch zu zeigen sein wird, ist insbesondere das Weltgipfeldokument hierfür von Bedeutung.[147]

147 Vgl. unten S. 56 ff. sowie S. 116 ff. und S. 191 ff. zur Auswirkung des Weltgipfeldokuments auf das Verständnis des Art. 39 UN-Charta und das Erfordernis eines Sicherheitsratsmandats für militärische Interventionen.

# 3. Kapitel: Rechtsverbindlichkeit der Responsibility to Protect

Sowohl im HIGH-LEVEL PANEL-Bericht als auch im Bericht des vormaligen Generalsekretärs KOFI ANNAN wird die *Responsibility to Protect* als eine in der Entstehung befindliche Norm (*emerging Norm*) bezeichnet,[148] und auch in der Literatur sind diesbezügliche Äußerungen zu finden.[149] Fraglich ist, ob eine solche Bezeichnung dem Konzept der *Responsibility to Protect* entspricht beziehungsweise überhaupt entsprechen kann. Dieser Frage soll im folgenden Kapitel der Arbeit anhand der Untersuchung der rechtlichen Verbindlichkeit des Konzepts der *Responsibility to Protect* nachgegangen werden.

Zunächst ist zu fragen, welche Rechtsquellen für die Beurteilung der Rechtsverbindlichkeit des Konzepts heranzuziehen sind. Sind hierfür nur die klassischen Quellen des Völkerrechts von Relevanz, oder gibt es darüber hinaus noch weitere Rechtsquellen, welche eine Bindungswirkung begründen können? Dies wird im Folgenden unter A. behandelt. Sodann soll in Teil B. die rechtliche Relevanz der im zweiten Kapitel dargestellten, das Konzept der *Responsibility to Protect* erwähnenden Dokumente untersucht werden. Hier wird insbesondere die Bedeutung von Resolutionen der UN-Generalversammlung und des UN-Sicherheitsrates für die Entwicklung völkerrechtlicher Normen zu erörtern sein. Außerdem erscheint fraglich, ob die *Responsibility to Protect* überhaupt als einheitliches Konzept untersucht werden kann, oder ob dieses nicht vielmehr in die einzelnen Komponenten aufgespaltet werden muss, um den rechtlichen Gehalt zu bestimmen. Dieser Frage soll in Teil C. nachgegangen werden, in dem schließlich die rechtliche Verankerung des Konzepts der *Responsibility to Protect* in der geltenden Völkerrechtsordnung untersucht wird.

---

148 HIGH-LEVEL PANEL-BERICHT, Abs. 203; ANNAN-BERICHT, Abs. 135.

149 BANDA, S. 39; vgl. auch HOBE, S. 357.

## A. Überblick über die Rechtsquellen des Völkerrechts

Ausgangspunkt für die Beurteilung der rechtlichen Verbindlichkeit des Konzepts der *Responsibility to Protect* ist Art. 38 Abs. 1 lit. a-c des IGH-Statuts, der die klassischen Quellen des Völkerrechts nennt, nämlich die völkerrechtlichen Verträge, das Völkergewohnheitsrecht und die allgemeinen Rechtsgrundsätze des Völkerrechts. In Art. 38 Abs. 1 lit. d werden außerdem die Rechtserkenntnisquellen „als Hilfsmittel zur Feststellung von Rechtsnormen" genannt. Ob darüber hinaus weitere Rechtsquellen in Betracht kommen, ist in der Völkerrechtslehre umstritten.

Im Folgenden sollen zunächst die Elemente des Völkergewohnheitsrechts, welche näherer Konkretisierung bedürfen, sowie die möglichen weiteren Rechtsquellen des Völkerrechts beleuchtet werden. Außerdem wird auf die Bedeutung der Rechtserkenntnisquellen und des sog. *soft Law* eingegangen.

### *I. Völkergewohnheitsrecht*

Gemäß Art. 38 Abs. 1 lit. b des IGH-Statuts entsteht das Völkergewohnheitsrecht aus einer „allgemeinen, als Recht anerkannten Übung". Es setzt sich demnach aus zwei Komponenten zusammen: dem objektiven Element der allgemeinen Übung oder auch Praxis (*consuetudo*) und dem subjektiven Element, einer der Praxis entsprechenden Rechtsüberzeugung (*opinio iuris sive necessitatis*).[150] Es ist eine Praxis der Völkerrechtssubjekte, insbesondere der Staaten und internationalen Organisationen,[151] notwendig, aus der sich eine bestimmte abstrakte Regel ableiten lässt. Damit eine bestimmte Praxis zu Recht erstarkt, muss diese ausreichende Verbreitung finden, weitgehend einheitlich sein und sich über einen gewissen Zeitraum erstrecken.[152] Hinzukommen muss das subjektive Element. Die Handlung des jeweiligen Völkerrechtssubjekts muss von einer entsprechenden Rechtsüberzeugung begleitet sein, das heißt das Völkerrechtssubjekt muss in der Überzeugung handeln,

150 Vgl. etwa KEMPEN/HILLGRUBER, Kap. 3 Rn. 96 f.; HERDEGEN, Völkerrecht, § 16 Rn. 1.

151 Siehe zur Praxis internationaler Organisationen noch unten S. 57 ff.

152 HENTSCHEL VON HEINEGG, in: Ipsen (Hrsg.), § 16 Rn. 7 ff.; KEMPEN/HILLGRUBER, Kap. 3 Rn. 109 ff.

dass die Praxis auf einer rechtlichen Grundlage basiert – soweit es um ein Recht geht – beziehungsweise dass es zu dieser Praxis rechtlich verpflichtet ist – soweit es um eine völkerrechtliche Pflicht geht.[153] Das subjektive Element dient insbesondere der Abgrenzung rechtlicher Normen von politischen und moralischen Regeln sowie solchen der Höflichkeit (*Courtoisie*).[154] Zu beachten ist, dass die beiden Elemente des Völkergewohnheitsrechts nicht getrennt voneinander zu betrachten sind. Es ist gerade erforderlich, dass die Praxis von einer entsprechenden Rechtsüberzeugung begleitet wird. Schon hieraus ergibt sich, dass die beiden Elemente nicht getrennt voneinander, sondern vielmehr zugleich vorliegen müssen. Eine Praxis, die nicht von einer entsprechenden Rechtsüberzeugung begleitet ist, ist für die Entstehung neuen Völkergewohnheitsrechts nicht relevant; eine solche Praxis trägt nicht zur Rechtserzeugung bei. MENDELSON differenziert diesbezüglich zwischen „[...] State practice which *count* towards the formation of law [...]“ und „[...] those which do not.“[155] Ein Beitrag zur Rechtserzeugung ist zu verneinen, wenn evident ist, dass die Handlung nicht rechtlich motiviert ist – wie zum Beispiel im Falle der *Courtoisie* – oder wenn der Staat dies etwa mittels einer Erklärung zum Ausdruck bringt.[156] Man kann diesbezüglich von einer „opinio *non* juris“ sprechen.[157] Solche Praxis zählt nicht „*as legally relevant precedents*“.[158]

Ob die erforderliche Rechtsüberzeugung vorliegt, kann im Einzelfall schwierig zu beurteilen sein. Soweit die Handlung nicht bereits durch eine

153 KELSEN, General Theorie, S. 114; in der Lehre wird in diesem Zusammenhang häufig nur von der Überzeugung, zu dem fraglichen Verhalten rechtlich verpflichtet zu sein, gesprochen, dies beruht aber wohl auf der missverständlichen Formulierung des Internationalen Gerichtshofs im Nordsee-Festlandsockel-Fall; dort wird die erforderliche Rechtsüberzeugung wie folgt beschrieben: „[...] belief that this practice is rendered obligatory by the existence of a rule of law requiring it“, North Sea Continental Shelf Case (Federal Republic of Germany/Denmark), Urteil vom 20. Februar 1969, ICJ Rep. 1969, S. 3 (44/Abs. 77); ebenfalls Kritik an der Formulierung übend HENTSCHEL VON HEINEGG, in: Ipsen (Hrsg.), § 16 Rn. 14; zur erforderlichen Rechtsüberzeugung bei der Entstehung neuer Normen des Völkergewohnheitsrechts siehe noch unten S. 168 f.

154 Vgl. VAN HOOF, S. 86; KEMPEN/HILLGRUBER, Kap. 3 Rn. 123; HENTSCHEL VON HEINEGG, in: Ipsen (Hrsg.), § 16 Rn. 12.

155 MENDELSON, RdC 272 (1998), S. 153 (272); in diesem Sinn auch SLOAN, S. 74.

156 MENDELSON, RdC 272 (1998), S. 153 (272 f.).

157 MENDELSON, RdC 272 (1998), S. 153 (272).

158 MENDELSON, RdC 272 (1998), S. 153 (278).

die Rechtsüberzeugung belegende Erklärung begleitet ist, geht die Lehre grundsätzlich von einer diesbezüglichen widerlegbaren Vermutung aus.[159] Soweit keine gegenteilige Intention vorliegt, wird von einer der Praxis entsprechenden Rechtsüberzeugung ausgegangen. Die Schwierigkeit besteht allerdings darin, eine solche gegenteilige Intention zu erkennen. Selbst wenn eine ausdrückliche Erklärung des Staates vorliegt, bleibt es möglich, dass der Staat mit dieser seine wahre Intention zu verschleiern versucht. Häufig bedarf es daher einer tiefergehenden Interpretation der eigentlichen Absichten, wobei es sich wohl nie ganz vermeiden lässt, dass die subjektiven Ansichten des Interpretierenden hierbei mit einfließen. Jedenfalls im Sinne eines Ideals muss jedoch versucht werden, eine Objektivität bei der Rechtsfindung anzustreben, um so die Objektivität der Rechtsordnung zu erhalten.

Grundsätzlich ist jedes Verhalten der Völkerrechtssubjekte, also jedes Tun und Unterlassen, als Praxis zu werten.[160] Dennoch ist umstritten, wie bloße Äußerungen, sog. Verbalpraxis, zu bewerten sind, genauer: ob diese Äußerungen Praxis im Sinne des Völkergewohnheitsrechts darstellen oder ob darin lediglich das Element der Rechtsüberzeugung zum Ausdruck kommt. Zum Teil werden nur tatsächliche Handlungen als Praxis anerkannt[161] beziehungsweise Äußerungen nur dann als Praxis gewertet, wenn diese auf eine konkrete Streitfrage gerichtet sind. Demnach würden jedenfalls abstrakte Meinungsbekundungen keine Praxis im Sinne des Völkergewohnheitsrechts darstellen.[162] Hierfür spricht zwar, da es um eine Praxis geht, die zur Rechtsbegründung führt, dass ein normerfüllendes, normkonformes Verhalten notwendig ist, welches nur ausnahmsweise – wie etwa im Fall der Anerkennung – in bloßen Äußerungen zu finden ist.[163] Wie gezeigt, müssen aber gerade beide Elemente des Völkergewohnheitsrechts zugleich vorliegen. Es ist daher nicht zwischen Praxis und Nicht-Praxis zu differenzieren, sondern allenfalls hinsichtlich der Wertigkeit der Praxis. So kann etwa *bloßen Worten* ein geringeres Gewicht für die Rechtsbegründung zugesprochen werden als *harter Praxis*; an der Praxiseigenschaft an sich ändert dies allerdings nichts. Im Übrigen erscheint ein solches Vorgehen allein schon zur Vermeidung von

---

159 DUISBERG, S. 89 ff.

160 MENDELSON, RdC 272 (1998), S. 153 (207 f.); AKEHURST, BYIL 47 (1974/1975), S. 1 (10).

161 So etwa D'AMATO, S. 88.

162 So etwa THIRLWAY, S. 58 f.

163 Vgl. GEIGER, ÖZöRV 30 (1979), S. 215 (223).

Abgrenzungsschwierigkeiten zwischen bloßen Äußerungen und tatsächlichen Handlungen zweckmäßig. Es besteht auch keine Gefahr, dass über bloße Verbalpraxis ein Völkergewohnheitsrecht entsteht, das nicht befolgt wird, das heißt die Gefahr, dass es bei *leeren Worten* bleibt. Denn soweit Äußerungen nicht von einem entsprechenden Verhalten begleitet werden beziehungsweise sogar von einem gegensätzlichen, fehlt es bereits an der für die Rechtsbegründung erforderlichen Einheitlichkeit der Praxis. Zu Recht lässt daher die herrschende Meinung verbale Akte als Praxis im Sinne des Völkergewohnheitsrechts genügen.[164] Teilweise liegt der Schwerpunkt der Praxis bloß auf dem objektiven Element, wie bei tatsächlichen Handlungen, und teilweise auf dem subjektiven Element, wie bei bloßen Meinungsäußerungen.[165]

### *II. Weitere Rechtsquellen*

Wie bereits angedeutet ist es nach wie vor umstritten, ob es über die in Art. 38 des IGH-Statuts genannten Quellen hinaus noch weitere Rechtsquellen des Völkerrechts gibt. Schon aufgrund der Eigenart des Völkerrechts kann die Aufzählung der Rechtsquellen in Art. 38 IGH-Statut nicht abschließend sein. Zwar haben sich im Völkerrecht die in Art. 38 IGH-Statut genannten Rechtsquellen herausgebildet. Aber anders als in nationalen Rechtsordnungen bedarf es bei der Abänderung der Regeln keines förmlichen Verfahrens. Die Staaten als zugleich Rechtsunterworfene und Rechtserzeuger können vielmehr auch die Rechtsquellen des Völkerrechts selbst ändern und fortentwickeln.[166] Die Schaffung einer neuen Rechtsquelle ist jedenfalls dann möglich, wenn diese Rechtsquelle wiederum auf eine der klassischen Quellen des Völkerrechts zurückzuführen ist.[167] Fraglich ist lediglich, ob dies bereits geschehen ist beziehungsweise welche weiteren Akte als Rechtsquellen anzusehen sind. In diesem Zusammenhang werden vor allem einseitige Rechtsakte

---

164 So etwa AKEHURST, BYIL 47 (1974/1975), S. 1 (2 ff.); ZEMANEK, in: FS Bernhardt, S. 289 (292 f., 296 ff.); VILLIGER, Rn. 20 ff.

165 In diesem Sinne auch SLOAN, S. 74 f.

166 SIMMA, in: Bernhardt/Delbrück/von Münch/Rudolf (Hrsg.), S. 45 (62); VERDROSS/SIMMA, § 518 ff.; VITZTHUM, in: ders. (Hrsg.), Abschnitt 1 Rn. 148; in diesem Sinne auch MENDELSON, RdC 272 (1998), S. 153 (364); KRATZSCH, S. 18.

167 SIMMA, in: Kewenig (Hrsg.), S. 79 (99); SKUBISZEWSKI, in: Bernhardt/Delbrück/von Münch/Rudolf (Hrsg.), S. 13 (41 f.); THIRLWAY, S. 39 f.; vgl. zu den weiteren Ansätzen auch KRATZSCH, S. 16 ff.

und Akte internationaler Organisationen diskutiert. Im Zusammenhang mit der *Responsibility to Protect* ist allein Letzteres von Interesse, insbesondere auf die Bedeutung von Resolutionen der UN-Generalversammlung wird sogleich näher eingegangen.[168]

### *III. Rechtserkenntnisquellen*

Als Rechtserkenntnisquellen werden in Art. 38 Abs. 1 lit. d des IGH-Statuts Gerichtsentscheidungen und die Ansichten der „fähigsten Völkerrechtler" genannt. Gerade im Bereich des ungeschriebenen Gewohnheitsrechts dienen Letztere dazu, das geltende Recht herauszufiltern und zu benennen. Die Aufzählung der Rechtserkenntnisquellen ist allerdings nicht als abschließend zu betrachten. Vielmehr können auch nichttypisierte Hilfsmittel wie zum Beispiel Deklarationen und Beschlüsse internationaler Organisationen, diplomatische Noten und Korrespondenz, Niederschriften internationaler Verhandlungen und Kongresse darunter fallen, soweit diese nicht bereits als eigene Rechtsquelle zu werten sind.[169] Insbesondere können auch Resolutionen der UN-Generalversammlung als Hilfsmittel zur Feststellung für eine völkerrechtliche Regelung herangezogen werden.[170] Und auch die Entwürfe der INTERNATIONAL LAW COMMISSION sind grundsätzlich als Rechtserkenntnisquelle einzuordnen.[171]

### *IV. Soft Law*

Von den Rechtsquellen abzugrenzen ist das sog. *soft Law*. Hierbei soll es sich um *Regelungen* handeln, die zwischen unverbindlichen Empfehlungen und rechtsverbindlichen Normen anzusiedeln sind.[172] Insbesondere Resolutionen der UN-Generalversammlung werden häufig als *soft Law* bezeichnet. Aufgrund der hohen Autorität, welche diesen zukomme, würden diese in der Pra-

---

168 Siehe unten S. 51 ff.

169 DAHM/DELBRÜCK/WOLFRUM, Bd. I/1, S. 79.

170 SIMMA, in: Bernhardt/Delbrück/von Münch/Rudolf (Hrsg.), S. 45 (55); SLOAN, BYIL 58 (1987), S. 39 (84 ff.).

171 HERDEGEN, Völkerrecht, § 21 Rn. 2; STEIN/VON BUTTLAR, Rn. 172.

172 So etwa THÜRER, Soft Law, in: Wolfrum (Hrsg.), EPIL Online-Edition, Rn. 2, 8 f.

xis befolgt; sie seien daher mehr als lediglich unverbindliche Empfehlungen.[173] Manche Vertreter im völkerrechtlichen Schrifttum gehen sogar so weit, von einer *Quasi-Legislative* zu sprechen.[174] Es handelt sich hierbei aber lediglich um eine soziologische Betrachtungsweise, die von dem hier vertretenen juristischen Ansatz zu unterscheiden ist. Zwar wird auch durch unverbindliche Regelungen häufig ein Handlungsdruck erzeugt, und die Umsetzung kann gegebenenfalls im Wege einer Retorsion *erzwungen* werden;[175] dies führt aber nicht zu einer rechtlichen Verbindlichkeit. Es muss vielmehr zwischen der rein faktischen und der normativen Ebene unterschieden werden. *Soft law* ist daher nach dem hier vertretenen Standpunkt weder Recht,[176] noch schafft der Begriff des *soft Law* eine neue Kategorie zwischen nichtbindenden und bindenden Prinzipien. Der Begriff bringt allenfalls eine moralische oder politische Autorität zum Ausdruck. Auch wenn moralische und politische *Verpflichtungen* teilweise wirkungsvoller sein mögen als Rechtsnormen,[177] ändert dies nichts an ihrer rechtlichen Unverbindlichkeit. Durch die tatsächliche Befolgung unverbindlicher Empfehlung kann lediglich mittelbar, über die hierdurch hervorgerufene Praxis, neues Recht in Form von Völkergewohnheitsrecht entstehen. Diesbezüglich äußerte etwa BOTHE:

> „[...] resolutions do shape international practice, and practice, as in the cases of usages shapes law. Thus, political obligations deriving from resolutions may finally grow into legal obligations."[178]

Allerdings ist auch hierfür das Vorliegen einer entsprechenden Rechtsüberzeugung zu verlangen.

Der Dualismus zwischen rechtlich verbindlichen Normen und unverbindlichen Prinzipien ist stets zu wahren; wie HEUSEL treffend feststellte, ist Rechtsbindung nicht „graduierbar".[179] Der Begriff des *soft Law*, über den

---

173 Vgl. VERDROSS/SIMMA, § 656 f.; siehe hierzu auch HENTSCHEL VON HEINEGG, in: Ipsen (Hrsg.), § 20 Rn. 21.

174 FALK, AJIL 60 (1966), S. 782 (782 ff.); SEPÚLVEDA, GYIL 33 (1990), S. 432 (444 ff.); ähnlich CASTAÑEDA, S. 176.

175 SCHREUER, GYIL 20 (1977), S. 103 (104 f.); HEUSEL, S. 307.

176 So sehr deutlich auch SHAW, S. 117: „'Soft law' is not law".

177 Vgl. ROSS, S. 60 f.

178 BOTHE, NYIL 11 (1980), S. 65 (79).

179 HEUSEL, S. 287 ff. (m. w. N.), welcher ebenfalls die gegenläufige Ansicht darstellt, deren Vertreter die Unterscheidung zwischen verbindlichen und unverbindlichen Er-

versucht wird, etwas Nicht-Rechtliches beziehungsweise Noch-Nicht-Rechtliches in eine rechtliche Kategorie einzuordnen, und der daher eine Vermischung dieser Ebenen suggeriert, ist abzulehnen.[180] Im Folgenden soll deshalb auf die Verwendung des Begriffs des *soft Law* verzichtet werden und allenfalls von einer entsprechenden moralischen beziehungsweise politischen Autorität gesprochen werden.

## B. Rechtliche Relevanz der Dokumente zur Responsibility to Protect – Die Frage des Bestehens einer Rechtsgrundlage für das Gesamtkonzept

Im Folgenden soll untersucht werden, inwiefern den Dokumenten, die die *Responsibility to Protect* behandeln, eine rechtliche Relevanz zukommt. Hierbei soll insbesondere der Frage nachgegangen werden, ob sich unmittelbar aus einem dieser Dokumente die Rechtsverbindlichkeit des Konzepts ergibt, das heißt ob eines der Dokumente als Rechtsgrundlage für das Konzept herangezogen werden kann. Die Untersuchung wird auf den unter A. gemachten Ausführungen zu den Rechtsquellen des Völkerrechts basieren, wobei die rechtliche Relevanz des Weltgipfeldokuments als Resolution der UN-Generalversammlung im Vordergrund stehen wird.

### *I. Rechtliche Relevanz des ICISS-Berichts*

Zunächst könnte man an eine unmittelbare rechtliche Verbindlichkeit der *Responsibility to Protect* über den das Konzept begründenden Bericht der ICISS denken. Die ICISS stellt jedoch lediglich ein Expertengremium dar; die Berichte eines solchen Gremiums lassen sich nicht den klassischen Quellen des Völkerrechts zuordnen. Denkbar wäre allenfalls eine Bedeutung im Bereich des Völkergewohnheitsrechts. Der Bericht könnte etwa als Ausdruck der Praxis und Rechtsüberzeugung Kanadas beziehungsweise der Vereinten Na-

---

klärungen als „unbefriedigende Vereinfachung" bzw. „übertriebenen juristischen Formalismus" empfinden und diese daher aufgeben wollen.

180 So auch HEUSEL, S. 309 ff.; LUKASHUK, in: Butler (Hrsg.), S. 31 (37 f.); vgl. auch KEMPEN/HILLGRUBER, Kap. 3 Rn. 152 f.; HENTSCHEL VON HEINEGG, in: Ipsen (Hrsg.), § 19 Rn. 22.

tionen gesehen werden. Schließlich wurde die Kommission durch die kanadische Regierung begründet und von dieser auch maßgeblich unterstützt. Außerdem wurde der Bericht der Kommission dem Generalsekretär der Vereinten Nationen präsentiert und anschließend in das UN-Dokumentationssystem aufgenommen. Fraglich ist, ob hierüber eine Zurechnung der Inhalte des Berichts begründet werden kann. Eine Zurechnung zu Kanada ist zu verneinen; der Kommission wurde seitens der kanadischen Regierung eine unabhängige Stellung verliehen.[181] Und auch eine Zurechnung zu den Vereinten Nationen scheidet aus. Die Aufnahme in das UN-Dokumentationssystem diente lediglich der Vorbereitung der Sitzung der Generalversammlung. Die Zuteilung einer Dokumentennummer ist Voraussetzung für die Aufnahme einer Sache als Tagesordnungspunkt der UN-Organe;[182] einen offiziellen Charakter erhalten die Dokumente dadurch jedoch nicht. Offizielle Stellungnahmen der Vereinten Nationen, die zur Entwicklung des Völkergewohnheitsrechts beitragen können,[183] können nur in Form von Resolutionen und Beschlüssen der Generalversammlung oder des Sicherheitsrates sowie in Erklärungen des Präsidenten des Sicherheitsrates verlautbart werden.[184] Der ICISS-Report selbst hat daher im Bereich des Völkergewohnheitsrechts keine direkte Bedeutung.

Als Ausdruck der Ansichten von Völkerrechtlern ist der Bericht der ICISS vielmehr als Rechtserkenntnisquelle im Sinne des Art. 38 Abs. 1 lit. d IGH-Statut anzusehen. Dieser kann daher einen Beitrag bei der Feststellung des Rechts leisten, begründet selbst aber keine Rechtsverbindlichkeit.[185]

### *II. Rechtliche Relevanz des High-level Panel-Berichts*

Der Bericht des HIGH-LEVEL PANEL ist genauso wie der Bericht der ICISS als Rechtserkenntnisquelle einzustufen. Das HIGH-LEVEL PANEL stellt wie die ICISS ein Expertengremium dar. Die Einsetzung seitens des Generalsekretärs der Vereinten Nationen und die Aufnahme in das UN-Dokumentationssystem

181 Vgl. oben S. 12.

182 Zum Procedere siehe KOHRS, in: Volger (Hrsg.), S. 74 (78 f.).

183 Dazu gleich unten S. 57 ff.

184 Vgl. KOHRS, in: Volger (Hrsg.), S. 74 (79).

185 Siehe dazu oben S. 46.

begründen keine Zurechnung der Inhalte des PANEL-Berichts zu den Vereinten Nationen.

Wie die Aufnahme in das Dokumentationssystem diente auch die Einsetzung des PANELS an sich der Vorbereitung weiterer Diskussionen im Rahmen der Vereinten Nationen. Neben den übertragbaren Aufgaben gemäß Art. 98 UN-Charta und der Möglichkeit, die Aufmerksamkeit des Sicherheitsrates auf bestimmte Situationen zu lenken (Art. 99 UN-Charta), hat der Generalsekretär vor allem Aufgaben im administrativen Bereich (vgl. Art. 97 Satz 3 UN-Charta). Zu Letzteren gehört etwa die Vorbereitung der Arbeiten anderer Organe der Vereinten Nationen, insbesondere des Sicherheitsrates und der Generalversammlung. Zur Vorbereitung kann der Generalsekretär Studien und Berichte verfassen oder verfassen lassen, in denen er einen unverbindlichen rechtlichen Ratschlag erteilt. Diese können später als Grundlage für die Entscheidungsfindung der Organe dienen.[186] Hier ist auch der Bericht des HIGH-LEVEL PANEL einzuordnen. Der Bericht stellt eine Grundlage für weitere Arbeiten im Rahmen der UN-Generalversammlung dar, ist aber nicht als offizielles UN-Dokument zu verstehen. Wie der ICISS-Bericht ist der HIGH-LEVEL PANEL-Report daher nur für den Bereich der Rechtserkenntnis relevant und trägt nicht selbst zur Rechtsbildung bei.

### *III. Rechtliche Relevanz des Annan-Berichts*

Der ANNAN-Bericht ist ebenfalls als Rechtserkenntnisquelle einzustufen. Wie der HIGH-LEVEL PANEL-Bericht ist der Bericht ANNANS als vorbereitendes Dokument für die Arbeiten der UN-Generalversammlung zu werten. Der vormalige Generalsekretär der Vereinten Nationen KOFI ANNAN hat diesbezüglich von seiner administrativen Kompetenz Gebrauch gemacht und einen unter anderem auf dem Bericht des HIGH-LEVEL PANEL aufbauenden eigenen Bericht verfasst. Dieser wurde zur Aufnahme in die Tagesordnung der Generalversammlung im UN-Dokumentationssystem erfasst. Zwar kommt den Äußerungen des UN-Generalsekretärs eine hohe politische Autorität zu, dies ändert aber nichts an ihrer rechtlichen Einstufung. Allenfalls können Äußerungen des Generalsekretärs mittelbar zur Fortentwicklung des Völkergewohnheitsrechts beitragen, nämlich indem sie die Praxis und Rechtsüberzeu-

186 Vgl. SCHACHTER, BYIL 25 (1948), S. 91 (94 f.); CONRADY, S. 57, 61 f.

gung der Völkerrechtssubjekte beeinflussen.[187] Ein unmittelbarer Beitrag für die Entwicklung des Völkergewohnheitsrechts ist jedoch zu verneinen. Zwar können, wie sogleich zu zeigen sein wird, Organe internationaler Organisationen zur Entwicklung des Völkergewohnheitsrechts beitragen. Für Äußerungen und Berichte des UN-Generalsekretärs trifft dies jedoch nicht zu; es handelt sich insofern nicht um Verlautbarungen im offiziellen Sinne.[188]

### *IV. Rechtliche Relevanz des Ban Ki-moon-Berichts*

Für den Bericht BAN KI-MOONS gilt das Gleiche wie bereits bezüglich des HIGH-LEVEL PANEL- und des ANNAN-Berichts ausgeführt. Auch dieser Bericht wurde zur Vorbereitung weiterer Diskussionen im Rahmen der Vereinten Nationen verfasst und aus diesem Grund in das UN-Dokumentationssystem aufgenommen. Der Bericht BAN KI-MOONS ist daher ebenfalls als Rechtserkenntnisquelle einzustufen und trägt damit nicht unmittelbar zur Rechtsbildung bei.

### *V. Rechtliche Relevanz des Weltgipfeldokuments als Resolution der UN-Generalversammlung*

Möglicherweise ergibt sich über die Absätze 138, 139 des Weltgipfeldokuments, das als Resolution durch die Generalversammlung der Vereinten Nationen verabschiedet wurde, eine rechtliche Verbindlichkeit der *Responsibility to Protect*. Die Einordnung von Resolutionen der UN-Generalversammlung in das System der völkerrechtlichen Rechtsquellen ist nach wie vor unklar. Im Schrifttum werden diesbezüglich zahlreiche Ansätze vertreten, wobei teilweise eine eindeutige Zuordnung der Aussagen nicht möglich ist.[189] Im Folgenden soll die rechtliche Relevanz des Weltgipfeldokuments anhand der im Schrifttum vertretenen Ansätze untersucht werden, wobei zunächst auf eine durch die UN-Charta vermittelte und im Anschluss auf eine über die Regelungen der Charta hinausgehende Verbindlichkeit eingegangen wird.

---

187 Vgl. hierzu die Ausführungen zum sog. soft Law oben S. 46 f.

188 Vgl. hierzu oben S. 49 sowie unten S. 57 ff.

189 Sehr anschaulich hierzu ARANGIO-RUIZ, RdC 137 (1972), S. 419 (434 ff.).

### *1. Verbindlichkeit von Generalversammlungsresolutionen durch die UN-Charta*

Zunächst ist zu fragen, ob sich eine Verbindlichkeit von Generalversammlungsresolutionen aus der UN-Charta ergibt. In diesem Fall wäre aufgrund der UN-Mitgliedschaft beinahe aller Staaten eine quasi-universelle Verbindlichkeit des Weltgipfeldokuments zu bejahen. Allerdings kommt Resolutionen der UN-Generalversammlung, abgesehen von solchen in organisatorischen Angelegenheiten,[190] grundsätzlich nur ein empfehlender Charakter zu; sie sind daher rechtlich unverbindlich.[191] Nach der UN-Charta hat die Generalversammlung folglich kein Recht, Recht zu setzen. Dies könnte nur durch eine Änderung der Chartabestimmungen selbst, also über Art. 108, 109 UN-Charta beziehungsweise über einen formlosen Konsens der UN-Vertragsstaaten[192] geändert werden. Bisher ist eine solche Änderung allerdings nicht erfolgt.[193]

Teilweise wird versucht, die Verbindlichkeit von Generalversammlungsresolutionen über eine autoritative Interpretation der Grundsätze der UN-Charta zu begründen. Durch einstimmig angenommene Resolutionen lege die Generalversammlung die Grundsätze der Charta verbindlich aus, ein Verstoß gegen eine solche Resolution komme daher einem Verstoß gegen die Charta gleich.[194] Vertreter dieser Ansicht verkennen jedoch, dass weder der Generalversammlung noch einem der anderen Organe der Vereinten Nationen die Kompetenz zukommt, die Bestimmungen der Charta rechtsverbindlich auszulegen.[195] Da eine solche Kompetenz in der UN-Charta nicht vorgesehen ist

190 Vgl. Art. 4, 5, 6, 17, 21, 22, 61, 86, 93, 97 UN-Charta.

191 Art. 10, 11, 13, 14 UN-Charta.

192 So VERDROSS/SIMMA, § 635; HEIDENSTECKER, VN 27 (1979), S. 205 (206); siehe hierzu noch unten S. 94.

193 SIMMA, in: Bernhardt/Delbrück/von Münch/Rudolf (Hrsg.), S. 45 (48 f.); VERDROSS/SIMMA, § 635; HEIDENSTECKER, VN 27 (1979), S. 205 (207); ARANGIO-RUIZ, RdC 137 (1972), S. 419 (450).

194 So TUNKIN, S. 107; SOHN, in: Bos (Hrsg.), S. 39 (50 f.); BLEICHER, AJIL 63 (1969), S. 444 (449); SLOAN, BYIL 58 (1987), S. 39 (57 ff.).

195 So bereits der Abschlussbericht des Komitees IV/2 der San Francisco-Konferenz vom 12. Juni 1945, Documents of the UNCIO 13, Draft Report of the Rapporteur of Committee IV/2 (IV/2/42(2)), S. 681 (687 f.); vgl. auch SIMMA, in: Bernhardt/Delbrück/von Münch/Rudolf (Hrsg.), S. 45 (49 f.); so auch SCHWELB, AVR 13

und die Staaten einer solchen daher nicht zugestimmt haben, verstößt ein solches Verständnis gegen den Grundsatz der souveränen Gleichheit der Staaten.[196] Eine Verbindlichkeit von Generalversammlungsresolutionen über die UN-Charta scheidet daher auch nach diesem Ansatz aus. Das Weltgipfeldokument als Resolution der UN-Generalversammlung erlangt damit keine rechtliche Verbindlichkeit durch die UN-Charta.

### 2. *Über die UN-Charta hinausgehende Verbindlichkeit von Generalversammlungsresolutionen*

Möglicherweise kommt den Resolutionen der UN-Generalversammlung aber eine über die UN-Charta hinausgehende rechtliche Relevanz zu. Als Akt einer internationalen Organisation fallen Generalversammlungsresolutionen zwar nicht unter die klassischen Rechtsquellen des Völkerrechts, dennoch wird die Bedeutung der Resolutionen für die Rechtsentwicklung diskutiert. Ausgangspunkt für diesbezügliche Überlegungen ist, dass die Generalversammlung quasi die gesamte Staatengemeinschaft repräsentiert und bereits zahlreiche Resolutionen mit abstrakt-generellem Charakter erlassen hat, die sowohl in der Theorie als auch in der Praxis eine gewichtige Rolle erlangt haben.[197]

Eine über die UN-Charta hinausgehende rechtliche Relevanz von Generalversammlungsresolutionen kann in mehrere Richtungen angedacht werden: im Sinne einer Rechtsquelle eigener Art, in Verbindung mit dem *Estoppel*-Prinzip, über eine rechtfertigende Wirkung sowie als Beitrag zum Völkergewohnheitsrecht.[198]

---

(1966/1967), S. 1 (48); ARANGIO-RUIZ, RdC 137 (1972), S. 419 (503 ff.); GURADZE, ZLW 19 (1970), S. 49 (60); ASTON, S. 121 f.

196 Siehe hierzu oben S. 6.

197 Etwa die Allgemeine Erklärung der Menschenrechte, A/RES 217 (III) vom 10. Dezember 1948 und die Deklaration über die Prinzipien des Völkerrechts betreffend freundschaftlicher Beziehungen und Zusammenarbeit zwischen den Staaten in Übereinstimmung mit der Satzung der Vereinten Nationen, A/RES 2625 (XXV) vom 24. Oktober 1970.

198 Auf weitere Ansätze, wie etwa auf die Verbindlichkeit von Generalversammlungsresolutionen als Vertrag, über die allgemeinen Rechtsgrundsätze oder einen originären Staatenkonsens soll hier nicht eingegangen werden, siehe dazu SLOAN, BYIL 58 (1987), S. 39 (78 ff.); SIMMA, in: Bernhardt/Delbrück/von Münch/Rudolf (Hrsg.), S. 45 (51 f., 57 ff.).

### *a) Generalversammlungsresolutionen als formelle Rechtsquelle*

Wie oben bereits dargelegt, ist die Aufzählung der Rechtsquellen in Art. 38 Abs. 1 lit. a-c des IGH-Statuts nicht abschließend. Die Schaffung neuer Rechtsquellen ist jedenfalls auf Basis der klassischen Rechtsquellen des Völkerrechts möglich.[199] Als Grundlage hierfür käme grundsätzlich das Völkergewohnheitsrecht in Betracht.

Es finden sich zwar Stimmen im völkerrechtlichen Schrifttum, welche den Rechtsquellencharakter von Resolutionen der Generalversammlung behaupten.[200] Mangels ausreichender Anhaltspunkte in der Staatenpraxis beziehungsweise mangels einer diesbezüglichen Rechtsüberzeugung wird den Resolutionen der UN-Generalversammlung aber zu Recht der Status als eigenständige Rechtsquelle abgesprochen.[201] An dieser Bewertung ändert sich auch dann nichts, wenn die Resolution geltendes Völkerrecht widerspiegelt. In diesem Fall ist nur das niedergeschriebene Recht verbindlich, die Resolution an sich bleibt unverbindlich.[202]

### *b) Über das Estoppel-Prinzip vermittelte Verbindlichkeit*

Zum Teil wird auch eine Bindungswirkung von Generalversammlungsresolutionen über das *Estoppel*-Prinzip beziehungsweise über das Verbot wi-

---

199 Vgl. oben S. 45.

200 ASAMOAH, S. 46, 57; vgl. auch ELIAS, in: FS Jessup, S. 34 (51), welcher rückführend auf das Demokratieprinzip meint: „If the vote is divided, then those states that vote for a particular resolution by the requisite majority are bound on the grounds of consent and of estoppel. Those that abstain are also bound on the ground of acquiescence and tacit consent, since an abstention is not a negative vote; while those that vote against the resolution should be regarded as bound by the democratic principle [...]".

201 MENDELSON, RdC 272 (1998), S. 153 (364 f.); SLOAN, BYIL 58 (1987), S. 39 (102); GOLSONG, in: BDGVR 10 (1971), S. 1 (48); HERDEGEN, Völkerrecht, § 20 Rn. 2; HENTSCHEL VON HEINEGG, in: Ipsen (Hrsg.), § 18 Rn. 21; VAN HOOF, S. 185 ff.; im Ergebnis ebenso FASTENRATH, S. 116 ff.; TOMUSCHAT, ZaöRV 36 (1976), S. 444 (465 ff.); ONUF, AJIL 65 (1971), S. 774 (778); SKUBISZEWSKI, in: Bernhardt/Delbrück/von Münch/Rudolf (Hrsg.), S. 13 (40 ff.); ARANGIO-RUIZ, RdC 137 (1972), S. 419 (452 ff.); DE ARÉCHAGA, RdC 159 (1978), S. 1 (30 ff.); GURADZE, ZLW 19 (1970), S. 49 (60); KRATZSCH, S. 108 ff.

202 SIMMA, in: Bernhardt/Delbrück/von Münch/Rudolf (Hrsg.), S. 45 (50); ÖBERG, EJIL 16 (2005), S. 879 (896); so auch ASAMOAH, S. 46.

dersprüchlichen Verhaltens behauptet.[203] Ein Staat, der am Zustandekommen einer Resolution mitgewirkt habe, könne sich nach dem Zustandekommen nicht mehr auf deren Unverbindlichkeit berufen.[204] Das *Estoppel*-Prinzip beruht jedoch darauf, dass eine Vertrauensgrundlage geschaffen wurde.[205] An einer solchen fehlt es beim Zustandekommen von Generalversammlungsresolutionen aber gerade. Denn die Zustimmung der Staaten zu Resolutionen ist von Anfang an auf deren Unverbindlichkeit angelegt.[206] Zwar kann im Einzelfall eine andere Bewertung geboten sein,[207] eine allgemeine Regel, wonach Staaten durch ihre Zustimmung zu einer Generalversammlungsresolution über das *Estoppel*-Prinzip an diese gebunden würden, besteht aber nicht.

### *c) Rechtfertigende Wirkung von Generalversammlungsresolutionen*

Teilweise wird Generalversammlungsresolutionen auch eine rechtfertigende Wirkung zugesprochen. Zwar seien die Resolutionen an sich unverbindlich, dennoch komme ihnen aber eine rechtfertigende Wirkung zu. Wenn sich ein Staat entsprechend einer Generalversammlungsresolution verhalte, könne ihm im Verhältnis zu anderen UN-Mitgliedstaaten kein völkerrechtliches Delikt zur Last gelegt werden.[208] Demnach wird den Resolutionen eine indirekte Bindungswirkung zugesprochen, nach welcher ein völkerrechtswidriges Vorgehen über die Resolution gerechtfertigt wird. Auch dieser Ansatz geht fehl. Ein Verstoß gegen das Völkerrecht kann nur über einen rechtlich etablierten Rechtfertigungsgrund beglichen werden. Eine Rechtfertigung allein

203 Der genaue Umfang der Prinzipien, sowie das Verhältnis zueinander und die Frage nach der Rechtsgrundlage, d. h. die Frage, ob es sich hierbei um Prinzipien des Völkergewohnheitsrechts oder um allgemeine Rechtsgrundsätze handelt, sind zwar umstritten, die Streitfrage kann hier aber offen bleiben, vgl. dazu MÜLLER, S. 9 ff. (m. w. N.).

204 So HIGGINS, ASIL-Proceedings 59 (1964), S. 116 (122); vgl. auch: SLOAN, BYIL 58 (1987), S. 39 (64 f.); DAHM/DELBRÜCK/WOLFRUM, Bd. I/1, S. 73 f.

205 MÜLLER, S. 9 ff.; DERS./COTTIER, in: Bernhardt (Hrsg.) EPIL II, S. 116 (116 ff.).

206 DOEHRING, Rn. 310; vgl. auch MENDELSON, RdC 272 (1998), S. 153 (365 f.).

207 Etwa wenn ein Staat im Rahmen der Abstimmung ausdrücklich erklärt hat, an die Resolution rechtlich gebunden sein zu wollen, vgl. MÜLLER, S. 251 f.

208 So etwa CONFORTI, S. 291 f.

über die Autorität von Generalversammlungsresolutionen ist entsprechend dem bereits Erörterten zu verneinen.[209]

### *d) Generalversammlungsresolutionen als Beitrag zur Entwicklung des Völkergewohnheitsrechts*

Abgesehen davon, dass Generalversammlungsresolutionen geltendes Völkergewohnheitsrecht bestätigen können, leisten diese möglicherweise auch einen Beitrag zur Entwicklung neuen Gewohnheitsrechts. Soweit dies der Fall ist, würde das Konzept der *Responsibility to Protect* über das Weltgipfeldokument zwar auf keine eigene Rechtsgrundlage gestellt, es würde aber für die Entwicklung des Völkergewohnheitsrechts von unmittelbarer Relevanz sein.

Der Einfluss von Generalversammlungsresolutionen auf die Entwicklung des Gewohnheitsrechts wird im völkerrechtlichen Schrifttum oft uneindeutig und ohne nähere Differenzierungen betrachtet, insbesondere die jeweiligen Anknüpfungspunkte bleiben häufig im Unklaren. In der Regel wird lediglich auf das Abstimmungsverhalten der Staaten zur fraglichen Resolution abgestellt, ohne auf die Bedeutung der Resolution an sich oder das sonstige Verhalten der Staaten im Vorfeld der Abstimmung einzugehen. Im Folgenden soll zunächst unterschieden werden zwischen der Resolution an sich und dem Verhalten der Einzelstaaten im Zusammenhang mit der Resolution; zu Letzterem zählen insbesondere das Abstimmungsverhalten der Staaten, aber auch die Äußerungen im Vorfeld der Abstimmung sowie die Äußerung von Vorbehalten beziehungsweise das Unterlassen derartiger Äußerungen. Während die Resolution an sich als Beitrag zur Rechtsentwicklung seitens der internationalen Organisation selbst, also hier der Vereinten Nationen, angesehen werden könnte (Praxis einer internationalen Organisation), könnte das Verhalten der Staaten als Beitrag seitens der jeweiligen Einzelstaaten, das heißt als Staatenpraxis im engen Sinne zu werten sein.[210]

---

209 Vgl. bereits oben S. 46 f.; so auch KRATZSCH, S. 112 f.; HEUSEL, S. 283 ff.; siehe zur fehlenden rechtfertigenden Wirkung von Generalversammlungsresolutionen auch noch unten S. 155 ff.

210 Siehe zur Differenzierung PAYANDEH, S. 255 ff.; angedeutet auch bei HIGGINS, in: Butler (Hrsg.), S. 21 (24); siehe auch BASAK, S. 187 f., 191 ff., welcher zwischen dem Willen der Staaten und dem Willen der internationalen Organisation differenziert.

### *aa) Beitrag der Generalversammlung als Organ der Vereinten Nationen zur Entwicklung des Völkergewohnheitsrechts*

Wie bereits dargestellt, kommt es bei der Entstehung von Völkergewohnheitsrecht auf die Praxis und Rechtsüberzeugung der Völkerrechtssubjekte an.[211] Mit der Anerkennung internationaler Organisationen, wie den Vereinten Nationen, als Völkerrechtssubjekte[212] muss deren Praxis und Rechtsüberzeugung daher grundsätzlich auch für die Begründung von Völkergewohnheitsrecht herangezogen werden. Zwar handelt es sich bei internationalen Organisationen stets nur um partielle und relative Völkerrechtssubjekte, das heißt die Völkerrechtssubjektivität besteht nur im Rahmen des im Gründungsvertrag gewährten Umfangs und nur gegenüber den die Organisation anerkennenden Staaten.[213] Da aber die Vereinten Nationen quasi weltweite Anerkennung gefunden haben, ist hier faktisch nur Ersteres von Bedeutung. Demnach müsste den Vereinten Nationen als partiellem Völkerrechtssubjekt die partielle Fähigkeit, also in ihrem satzungsgemäß zugewiesenen Bereich, zugesprochen werden, zur Entwicklung des Völkergewohnheitsrechts beizutragen.

Dennoch findet diese Folgerung in der Literatur nur wenig Anklang, sofern überhaupt hierauf eingegangen wird.[214] Teilweise wird eine solche Praxis nur angenommen, wenn sich das fragliche Organ nicht aus Staatenvertretern zusammensetzt.[215] Soweit es sich um ein Organ handelt, das aus Staatenvertretern besteht, sei die Praxis des Organs nicht als Praxis der internationalen Organisation, sondern als Staatenpraxis zu qualifizieren. In jedem Fall sei es unzulässig, einen Akt sowohl als Akt der internationalen Organisation als auch als Akt der jeweiligen Einzelstaaten zu behandeln.[216] Nach anderer Ansicht ist die Praxis beziehungsweise Rechtsansicht internationaler Organisationen nur dann von Bedeutung, wenn diese als Organisation direkt betroffen sind, das heißt wenn es um eine Frage des organisationsinternen Bereichs

---

211 Siehe oben S. 42.

212 Zur Völkerrechtssubjektivität der Vereinten Nationen siehe IGH, Reparation for Injuries Suffered in the Service of the United Nations, Gutachten vom 11. April 1949, ICJ Rep. 1949, S. 174 (178 f.).

213 KEMPEN/HILLGRUBER, Kap. 2 Rn. 48 ff.

214 Ablehnend etwa PAYANDEH, S. 258 ff.

215 AKEHURST, BYIL 47 (1974/1975), S. 1 (11); MENDELSON, RdC 272 (1998), S. 153 (201 f.).

216 MENDELSON, RdC 272 (1998), S. 153 (201 f.).

geht.[217] Im Ergebnis überzeugt keine dieser Einschränkungen. Zwar handelt es sich bei internationalen Organisationen um lediglich derivative Völkerrechtssubjekte, die ihre Rechtssubjektivität von den Staaten ableiten; sie erlangen aber mit der Gründung einen eigenständigen, von den (Gründungs-) Staaten unabhängigen Rechtsstatus. Die Akte, welche sie hervorbringen, sind, wenn auch durch ein mit Staatenvertretern besetztes Organ geschaffen, nicht mehr den Staaten selbst, sondern allein der internationalen Organisation zuzurechnen. Kraft der ihnen im Gründungsvertrag verliehenen Befugnisse sind die Organe der internationalen Organisation befugt, in diesem Bereich tätig zu werden. Sie leisten daher auch in dem durch den Gründungsvertrag vorgegebenen Bereich einen Beitrag zur Entwicklung des Völkergewohnheitsrechts. Weshalb diesbezüglich eine Einschränkung auf internes Organisationsrecht gemacht werden sollte, ist nicht nachvollziehbar und wird auch von den Vertretern dieser Ansicht nicht weiter begründet. Der Einwand, dass Akte internationaler Organisationen nicht doppelt, das heißt als Praxis der Staaten und der internationalen Organisation, gewertet werden können, ist berechtigt. Aber wie bereits dargestellt ist diesbezüglich gerade zu differenzieren. Der Akt der Organisation – wie etwa eine Resolution –, der entsprechend dem satzungsgemäßen Verfahren zustande gekommen ist, ist als Praxis der Organisation zu werten. Abzugrenzen hiervon ist das Verhalten der Staaten im Zusammenhang mit dem Zustandekommen des Aktes der internationalen Organisation. Auch dieser Einwand greift daher nicht und spricht damit nicht gegen die hier vertretene These.

Trotz noch offener Fragen auf diesem Gebiet, wie etwa der Frage, welches Gewicht Akten internationaler Organisationen für die Rechtsentwicklung zukommt,[218] wird hier davon ausgegangen, dass jedenfalls offizielle Verlautbarungen der Organe internationaler Organisationen als Praxis der Organisation selbst anzusehen sind. Resolutionen der UN-Generalversamm-

---

217 THIRLWAY, S. 65 f.; ähnlich auch DUISBERG, S. 127 f., der zwar auch auf die Praxis internationaler Institutionen auf dem Gebiet des allgemeinen Völkerrechts eingeht, aber dieser Praxis im Gegensatz zur Praxis im internen Bereich nur eine eingeschränkte Bedeutung zumisst.

218 Im Übrigen wäre eine Untersuchung der Staatenpraxis erforderlich; hierbei müsste der wohl kaum zu beantwortenden Frage nachgegangen werden, ob die Praxis der Organe internationaler Organisationen tatsächlich zur Begründung von Völkergewohnheitsrecht durch die Staaten herangezogen wird.

lung sind daher als Praxis der Vereinten Nationen zu verstehen.[219] Die entsprechende Rechtsüberzeugung ergibt sich aus dem kollektiv gebildeten Willen der Mehrheit, wie er in der jeweiligen Resolution zum Ausdruck kommt. Mithin ist das Konzept der *Responsibility to Protect* in der Form, in der es im Weltgipfeldokument niedergelegt ist, als Praxis und Ausdruck der Rechtsüberzeugung der Vereinten Nationen als internationale Organisation anzusehen.

*bb) Beitrag der Mitgliedstaaten der Vereinten Nationen zur Entwicklung des Völkergewohnheitsrechts*

In der Literatur ebenfalls kontrovers diskutiert wird die Frage, wie das Verhalten der Einzelstaaten im Zusammenhang mit Generalversammlungsresolutionen zu bewerten ist. Im Folgenden soll zum einen das Problem der rechtlichen Einordnung des Verhaltens, das heißt die Frage, ob in dem Verhalten der Staaten in der Generalversammlung nur die Rechtsüberzeugung der Staaten zum Ausdruck kommt, oder ob dieses auch als Staatenpraxis zu bewerten ist, untersucht werden. Zum anderen soll dem faktischen Problem des tatsächlichen Vorliegens der erforderlichen Rechtsüberzeugung nachgegangen werden.

*aaa) Verhalten der Staaten im Zusammenhang mit Generalversammlungsresolutionen – Praxis oder Rechtsüberzeugung*

Das Verhalten der Staaten im Zusammenhang mit Generalversammlungsresolutionen wird in der Regel auf das Abstimmungsverhalten reduziert. Hierbei ist wiederum umstritten, welchem Element des Völkergewohnheitsrechts dieses zuzuordnen ist. Teilweise wird das Abstimmungsverhalten der Staaten dem Element der Praxis und teilweise dem der *opinio iuris* zugeordnet, wobei letztere Ansicht überwiegt.[220] Demnach wird eine Praxis außerhalb der internationalen Organisation verlangt, andernfalls würde das Völkergewohnheitsrecht auf die Äußerung einer Rechtsüberzeugung redu-

219 So auch DANILENKO, GYIL 31 (1988), S. 9 (20 f.); VIRALLY, in: Sørensen (Hrsg.), S. 139; SLOAN, S. 72.

220 So etwa VAN HOOF, S. 182; DAHM/DELBRÜCK/WOFRUM, Bd. I/1, S. 60 f.; KRATZSCH, S. 114 f.; MOSLER, S. 90 f.; RUFFERT/WALTER, Rn. 94; PETERS, S. 118.

ziert.[221] Jedenfalls könnten nicht beide Elemente des Völkergewohnheitsrechts durch die Abstimmung verwirklicht werden.[222] Auch der Internationale Gerichtshof hat sich dieser *opinio iuris*-These angeschlossen.[223]

Hier soll dennoch eine andere Meinung vertreten werden. Hinter der dargestellten *opinio iuris*-These verbirgt sich wohl die Sorge, dass der Generalversammlung andernfalls die Möglichkeit der Rechtssetzung, etwa durch die Schaffung von *instant custom*, zugesprochen würde. Um dies zu verhindern, bestreiten die Befürworter der These daher im Zusammenhang mit Generalversammlungsresolutionen, dass bloße Äußerungen, also Verbalpraxis, Praxis im Sinne des objektiven Elements des Völkergewohnheitsrechts darstellen. Außerdem implizieren sie eine Trennung der beiden Elemente des Völkergewohnheitsrechts. Damit verstricken sich die Befürworter der These zum Teil in Widersprüchlichkeiten zur sonstigen Bewertung des Völkergewohnheitsrechts. Denn wie gezeigt ist jeder staatliche Akt als Praxis im Sinne des Völkergewohnheitsrechts zu bewerten. Zwischen verbalen Äußerungen und tatsächlichen Handlungen liegt nur ein quantitativer Unterschied im Sinne von Werthaltigkeit, keine qualitative Abweichung. Außerdem wurde gezeigt, dass das Vorliegen beider Elemente des Völkergewohnheitsrechts *zur gleichen Zeit* erforderlich ist; die Praxis muss von einer entsprechenden Rechtsüberzeugung begleitet sein, damit diese überhaupt einen Beitrag zur Rechtsentwicklung leisten kann.[224] Zudem ist die die Befürworter der Theorie leitende Sorge unbegründet. Denn auch wenn – wie hier vertreten – davon ausgegangen wird, dass das Verhalten der Staaten im Vorfeld der Resolution (auch) als Praxis der Staaten zu bewerten ist, besteht keine Gefahr der Rechtsschaffung durch die Generalversammlung. Es wird zum Teil zwar

---

221 HEIDENSTECKER, VN 27 (1979), S. 205 (207); VON GRÜNIGEN, in: FS Bindschedler, S. 187 (194).

222 MENDELSON, RdC 272 (1998), S. 153 (371 ff.).

223 IGH, Case Concerning Military and Paramilitary Activities in and Against Nicaragua (Nicaragua v. United States of America), Urteil vom 27. Juni 1986, ICJ Rep. 1986, S. 14 (99 f./Abs. 188); IGH, Legality of the Threat or Use of Nuclear Weapons, Gutachten vom 8. Juli 1996, ICJ Rep. 1996, S. 226 (254 f./Abs. 70), dort heißt es: „The Court notes that General Assembly resolutions, even if they are not binding, may sometimes have normative value. They can, in certain circumstances, provide evidence important for establishing the existence of a rule or the emergence of an *opinio juris*. To establish whether this is true of a given General Assembly resolution, it is necessary to look at its content and the conditions of its adoption […]".

224 Vgl. oben S. 42 ff.

angenommen, dass die Generalversammlung durch eine Resolution *instant custom*, das heißt Völkergewohnheitsrecht, welches *auf einen Schlag* entsteht, schaffen könne, soweit in der Resolution eine allgemeine und repräsentative Rechtsüberzeugung der Staaten zum Ausdruck komme.[225] Hierbei wird aber verkannt, dass es für die Entstehung von Völkergewohnheitsrecht des Vorliegens beider Elemente bedarf und dass für die Bejahung des Elements der Praxis, das heißt der Gewohnheit, gerade die mehrfache Wiederholung eines bestimmten Verhaltens über eine gewisse Dauer erforderlich ist.[226] Zwar kann eine weltweite Verbreitung – wie diese durch eine Generalversammlungsresolution zum Ausdruck kommen kann – dazu führen, dass geringere Anforderungen an das Kriterium der Dauer gestellt werden; ein völliger Verzicht hierauf ist aber keinesfalls möglich,[227] zumal den *Handlungen* der Staaten im Zusammenhang mit Resolutionen der Generalversammlung aufgrund des verbalen Charakters bereits eine geringere Wertigkeit zukommt.[228] Damit tatsächlich neues Recht entsteht, ist daher stets noch weitere Praxis außerhalb der Vereinten Nationen erforderlich.[229] Die bloße Wiederholung in späteren Resolutionen vermag aufgrund der geringeren Wertigkeit nicht zu genügen.

Es bleibt damit festzuhalten, dass das Verhalten der Staaten im Zusammenhang mit Resolutionen der Generalversammlung, wie jeder andere staatliche Akt auch, als Praxis zu bewerten ist.[230] Im Übrigen ist nicht nur das Abstimmungsverhalten von Bedeutung, sondern sämtliche Äußerungen, Handlungen und Unterlassungen im Zusammenhang mit der Resolution.

#### *bbb) Vorliegen der Rechtsüberzeugung – insbesondere die Auswirkungen des Consensus-Verfahrens*

Die entscheidende Frage ist allerdings – und hier kann wieder auf die Argumentation der Vertreter der *opinio iuris*-These zurückgegriffen werden –, ob die Praxis der Staaten im Zusammenhang mit der jeweiligen Resolution auch

---

225 So CHENG, IJIL 5 (1965), S. 23 (36 ff., 45 f.).

226 Vgl. oben S. 42.

227 VERDROSS/SIMMA, § 571; STEIN/VON BUTTLAR, Rn. 132; MENDELSON, RdC 272 (1998), S. 153 (209 ff.); PAYANDEH, S. 250 f.; PETERS, S. 117.

228 Siehe oben S. 44.

229 So auch VILLIGER, Rn. 213.

230 So auch VILLIGER, Rn. 213; SLOAN, S. 72; DERS., BYIL 58 (1987), S. 39 (75); vgl. auch PAYANDEH, S. 257 f.

von einer entsprechenden Rechtsüberzeugung begleitet ist. Denn nur wenn dies der Fall ist, kann das Verhalten auch als Beitrag zur Entwicklung von Völkergewohnheitsrecht angesehen werden. Das Vorliegen der erforderlichen Rechtsüberzeugung wird bezüglich der Handlungen der Staaten im Rahmen der Generalversammlung gleich aus mehreren Gründen problematisiert. Erstens würden die Staaten bei der Stimmabgabe aufgrund der grundsätzlichen Unverbindlichkeit von Empfehlungen davon ausgehen, dass sich aus ihrer Zustimmung beziehungsweise dem Unterlassen eines Widerspruchs keine Verpflichtung ergebe.[231] Zweitens seien die Staatenvertreter, die in der Generalversammlung abstimmen, in der Regel überhaupt nicht befugt, ihre Staaten rechtlich zu binden.[232] Drittens kämen Resolutionen in der Generalversammlung häufig gar nicht durch positive Abstimmung zustande, sondern über das sog. *Consensus*-Verfahren. Und viertens handele es sich bei der Generalversammlung um ein politisches Organ. Das Abstimmungsverhalten entspreche daher nicht unbedingt dem Willen des Staates, sondern könne verschiedene Gründe haben, wie etwa Opportunitätserwägungen.[233]

Der erste und der zweite der genannten Punkte stehen dem Vorliegen einer Rechtsüberzeugung nicht im Wege. *Opinio iuris* bedeutet nicht Rechtsbindungsbewusstsein, das heißt die Staaten müssen nicht in dem Bewusstsein handeln, sich rechtlich zu binden. *Opinio iuris* bedeutet vielmehr, dass die Staaten davon ausgehen, dass ihr Verhalten im Einklang mit dem geltenden Recht steht beziehungsweise einer rechtlichen Verpflichtung entspricht.[234] Dass die jeweiligen Staatenvertreter in der Generalversammlung in der Regel nicht zur rechtlichen Bindung des Staates, für den sie handeln, befugt sind, ist daher ebenfalls unerheblich. Es kommt allein darauf an, ob sie die Ansicht des jeweiligen Staates zum Ausdruck bringen.

Wie bereits dargestellt, wurde auch das Weltgipfeldokument ohne Abstimmung im *Consensus*-Verfahren verabschiedet.[235] Im Folgenden soll daher kurz auf das Verfahren eingegangen werden. Das *Consensus*-Verfahren ist zwar weder in der UN-Charta vorgesehen noch in den Verfahrensregeln

---

231 Vgl. HEIDENSTECKER, VN 27 (1979), S. 205 (207); FASTENRATH, S. 117 f.; TOMUSCHAT, ZaöRV 36 (1976), S. 444 (469); GOLSONG, in: BDGVR 10 (1971), S. 1 (23); PETERS, S. 118.

232 Vgl. ÖBERG, EJIL 16 (2005), S. 879 (902).

233 FASTENRATH, S. 117; ÖBERG, EJIL 16 (2005), S. 879 (902); GOLSONG, in: BDGVR 10 (1971), S. 1 (23).

234 Siehe oben S. 42 f.; vgl. auch PAYANDEH, S. 256.

235 Siehe oben S. 32.

der Generalversammlung verankert, es hat sich aber als gängige Praxis herausgebildet. Mitgliedstaaten, denen eine ausdrückliche Zustimmung widerstrebt, soll über eine passive Hinnahme die Annahme von Resolutionen erleichtert werden. Das Verfahren führt dazu, dass in der Regel so lange verhandelt wird, bis ein Kompromiss gefunden wurde, der von den Staaten in den wesentlichen Punkten getragen wird, ohne dass notwendigerweise alle Parteien in allen Punkten übereinkommen. Im Rahmen des *Consensus*-Verfahrens kann daher nicht die positive Abstimmung, sondern nur die unterlassene Widerspruchserhebung als Anknüpfungspunkt genommen werden. Fraglich ist, ob sich dies auf die Bewertung der *opinio iuris* auswirkt, also ob ein unterlassener Widerspruch genauso wie eine positive Zustimmung zu einer Resolution einen Anhaltspunkt für das Vorliegen einer der Resolution entsprechenden Rechtsüberzeugung darstellt. Grundsätzlich haben über das *Consensus*-Verfahren zustande gekommene Resolutionen die gleichen Wirkungen wie Resolutionen, die auf eine positive Abstimmung zurückzuführen sind.[236] Ob dies auch bezüglich der Beurteilung der *opinio iuris* gilt, ist streitig. Teilweise wird diesen Resolutionen aufgrund der allgemeinen Akzeptanz sogar eine höhere Autorität zugesprochen als Resolutionen, die über eine positive Abstimmung zustande gekommen sind.[237] Teilweise wird ihnen aber auch gänzlich die Eignung abgesprochen, einen Beitrag zur Entwicklung des Völkergewohnheitsrechts zu leisten.[238] Angezeigt scheint ein vermittelndes Verständnis. Dem Verhalten der Staaten im Zusammenhang mit Resolutionen, die im *Consensus*-Verfahren zustande gekommen sind, sollte nicht grundsätzlich die Möglichkeit abgesprochen werden, zur Entwicklung des Völkergewohnheitsrechts beizutragen. Dem unterlassenen Widerspruch sollte lediglich ein geringeres Gewicht hinsichtlich der Rechtsüberzeugung zugesprochen werden. Hierfür sprechen Sinn und Zweck des *Consensus*-Verfahrens. Es dient dazu, die Entscheidungsfindung zu erleichtern und einen im Wesentlichen von allen Staaten getragenen Konsens zu erzielen. Hieraus eine höhere Autorität zu folgern, weil letztendlich alle Staaten *zustimmten*, widerspricht der Intention des Verfahrens. Insbesondere ist eine im *Consensus*-

236 Siehe zum Consensus-Verfahren RUFFERT/WALTER, Rn. 351 ff.; WOLFRUM, in: Simma (Hrsg.), UN-Charter Commentary, Art. 18 Rn. 29 f.; SCHMANS, S. 63 ff.

237 BRINKMANN, S. 258 ff.; SUY, in: Bernhardt (Hrsg.), EPIL I, S. 759 (759 f.); WOLFRUM, in: Simma (Hrsg.), UN-Charter Commentary, Art. 18 Rn. 30; THIELE, S. 283 f., 287 f.

238 SKUBISZEWSKI, Diskussionsbeitrag, in: Kewenig (Hrsg.), S. 112.

Verfahren zustande gekommene Resolution nicht mit einer einstimmig angenommenen Resolution vergleichbar.[239] Hinzukommt, dass die der Konsensfindung vorhergehenden Verhandlungen in der Regel nicht veröffentlicht werden. Die Ermittlung der tatsächlichen Position der Einzelstaaten wird dadurch zusätzlich erschwert.[240] Dennoch kann die Bedeutung des unterlassenen Widerspruchs nicht völlig verneint werden. Auch ein unterlassener Widerspruch lässt trotz der geschilderten Einschränkungen Rückschlüsse auf eine entsprechende *opinio iuris* zu, wenn auch in einem geringeren Maße, weil die Einzelpositionen der Staaten weniger deutlich zum Vorschein kommen. Der dritte der oben genannten Punkte steht daher der Annahme einer Rechtsüberzeugung jedenfalls nicht grundsätzlich im Wege.

Dass die Staaten in der Generalversammlung nicht immer entsprechend ihrer eigenen Überzeugung handeln, sondern sich von etwaigen Opportunitätsgesichtspunkten leiten lassen, ist zwar nicht von der Hand zu weisen, aber auch dieser Punkt spricht nicht grundsätzlich gegen das Vorliegen der erforderlichen Rechtsüberzeugung. Es bedarf vielmehr einer Beurteilung im jeweiligen Einzelfall. Die oben im Rahmen der Erläuterungen zum Völkergewohnheitsrecht dargestellte widerlegbare Vermutung bezüglich einer der Praxis entsprechenden Rechtsüberzeugung[241] ist daher mit noch größerer Vorsicht zu betrachten. Es kann nicht allein auf das Abstimmungsverhalten im Zusammenhang mit der jeweiligen Resolution abgestellt werden, um das Vorliegen einer entsprechenden *opinio iuris* zu beurteilen. Das Abstimmungsverhalten stellt lediglich ein Indiz für eine entsprechende Rechtsüberzeugung dar. Daneben müssen die Gesamtumstände der jeweiligen Resolution mit in Betracht gezogen werden.[242] Diesbezüglich werden verschiedene Kriterien genannt. Neben der Stimmabgabe beziehungsweise der widerspruchslosen Hinnahme im Falle des *Consensus*-Verfahrens[243] kommt es hier auch auf das Verhalten vor der Abstimmung an, wie etwa Abstimmungen in

---

239 DELUPIS, in: Butler (Hrsg.), S. 47 (55).

240 Vgl. VILLIGER, Rn. 31.

241 Vgl. oben S. 43 f.

242 GOLSONG, in: BDGVR 10 (1971), S. 1 (24 f.); VAN HOOF, S. 182 f.; ÖBERG, EJIL 16 (2005), S. 879 (900 ff.); MENDELSON, RdC 272 (1998), S. 153 (377); DAHM/DELBRÜCK/WOFRUM, Bd. I/1, S. 60 f.; vgl. auch SIMMA, in: Kewenig (Hrsg.), S. 79 (99); PAYANDEH, S. 257 f.

243 Vgl. IGH, Atomwaffen-Gutachten (oben Fn. 223), ICJ Rep. 1996, S. 226 (254 f./Abs. 70 ff.); ÖBERG, EJIL 16 (2005), S. 879 (900).

Komitees, Erklärungen und sonstige Verhandlungen.[244] Ergänzend ist auf die nachfolgende Staatenpraxis[245] und auf eventuelle Wiederholungen in weiteren Resolutionen abzustellen.[246]

Das Verhalten der Staaten im Zusammenhang mit der Verabschiedung des Weltgipfeldokuments, insbesondere der unterlassene Widerspruch gegen die das Konzept der *Responsibility to Protect* bestätigenden Absätze 138 und 139, könnte daher zur Verankerung des Konzepts im Völkergewohnheitsrecht beigetragen haben. Inwiefern dies tatsächlich der Fall ist, insbesondere ob im unterlassenen Widerspruch der Staaten tatsächlich eine dem Konzept entsprechende Rechtsüberzeugung zum Ausdruck kommt, soll später geklärt werden.[247] Allein die Verabschiedung ohne Abstimmung, das heißt über das *Consensus*-Verfahren, steht dieser Annahme jedenfalls nicht entgegen.

#### *cc) Zwischenergebnis*

Als Zwischenergebnis bleibt festzuhalten, dass hinsichtlich des Beitrags von Generalversammlungsresolutionen zum Völkergewohnheitsrecht zwischen der Resolution an sich und dem Verhalten der Staaten im Zusammenhang mit der Resolution zu differenzieren ist. Das Weltgipfeldokument als Resolution der Generalversammlung ist zum einen als Beitrag der Vereinten Nationen zur Entwicklung des Völkergewohnheitsrechts anzusehen. Das Konzept der *Responsibility to Protect* ist in der Form, in der es im Weltgipfeldokument niedergelegt ist, als Praxis und Ausdruck der Rechtsüberzeugung der Vereinten Nationen anzusehen. Zum anderen könnte auch das Verhalten der Staaten im Zusammenhang mit der Verabschiedung des Weltgipfeldokuments zur völkergewohnheitsrechtlichen Verankerung der *Responsibility to Protect* beigetragen haben. Das Verhalten der Staaten in der Generalversammlung ist wie jede andere Praxis auch als Staatenpraxis im Sinne des objektiven Elements des Völkergewohnheitsrechts zu bewerten. Lediglich für die Bewertung des Vorliegens der *opinio iuris* sind die dargestellten besonderen Umstände in der Generalversammlung zu beachten.

---

244 Vgl. MENDELSON, RdC 272 (1998), S. 153 (377).

245 Vgl. MENDELSON, RdC 272 (1998), S. 153 (377); ÖBERG, EJIL 16 (2005), S. 879 (900 ff.).

246 Vgl. ÖBERG, EJIL 16 (2005), S. 879 (900 ff.).

247 Siehe unten S. 117 ff., S. 194 ff.

### *VI. Rechtliche Relevanz der Resolutionen des UN-Sicherheitsrates*

Auch der Sicherheitsrat der Vereinten Nationen hat das Konzept der *Responsibility to Protect* bestätigt.[248] Welche rechtliche Relevanz dieser Bestätigung zukommt, soll im Folgenden untersucht werden. Wie bereits im Rahmen der Untersuchung der Generalversammlungsresolutionen wird zunächst auf eine durch die UN-Charta vermittelte und im Anschluss auf eine über die UN-Charta hinausgehende Rechtsverbindlichkeit eingegangen.

#### *1. Verbindlichkeit von Sicherheitsratsresolutionen durch die UN-Charta*

Im Gegensatz zur Generalversammlung kann der UN-Sicherheitsrat entsprechend Art. 25 UN-Charta verbindliche Entscheidungen erlassen.[249] Zwar erhebt dies Resolutionen nicht zu einer Rechtsquelle im Sinne von Art. 38 des IGH-Statuts, dies führt aber zu einer Bindung der UN-Mitgliedstaaten über die UN-Charta. Aufgrund der beinahe universellen Mitgliedschaft in den Vereinten Nationen wird damit eine quasi-universelle Verbindlichkeit begründet. Allerdings erstreckt sich die Bindungswirkung von Resolutionen des Sicherheitsrates grundsätzlich nur auf Maßnahmen im konkreten Einzelfall. Die Begründung der Rechtsverbindlichkeit allgemeiner Prinzipien ist über Art. 25 UN-Charta nicht möglich. Dem Sicherheitsrat kommt keine legislative Funktion zu.[250] Die Begründung einer rechtlichen Verbindlichkeit des Konzepts der *Responsibility to Protect* über Art. 25 UN-Charta scheidet daher aus.

#### *2. Über die UN-Charta hinausgehende Verbindlichkeit von Resolutionen des UN-Sicherheitsrates*

Die oben im Rahmen der Behandlung der rechtlichen Relevanz von Generalversammlungsresolutionen angestellten Überlegungen hinsichtlich einer Verbindlichkeit als formelle Rechtsquelle, über das *Estoppel*-Prinzip oder einer rechtfertigenden Wirkung erübrigen sich hier. Es fehlt bereits an dem hinter diesen Überlegungen stehenden Gedanken; im Gegensatz zur Generalver-

---

248 Siehe oben S. 33 f.

249 Siehe hierzu noch unten S. 91 f., vgl. auch S. 218 ff.

250 FREMUTH/GRIEBEL, NorJIL 76 (2007), S. 339 (349 ff.); vgl. auch PAYANDEH, S. 314 ff. (m. w. N.).

sammlung sind im Sicherheitsrat gerade nicht alle Mitgliedstaaten der Vereinten Nationen vertreten. Außerdem erlässt der Sicherheitsrat wie soeben festgestellt grundsätzlich keine abstrakt-generellen, sondern vielmehr konkret-individuelle Resolutionen, die auf eine bestimmte Situation bezogen sind.

Entscheidend ist daher auch hier der Einfluss der Resolutionen auf das Völkergewohnheitsrecht. In der Literatur hat ein solcher Einfluss bisher kaum Beachtung gefunden, beziehungsweise es wird nur insoweit von einem Einfluss der Resolutionen auf das Völkergewohnheitsrecht ausgegangen, als sich diese auf die Praxis und Rechtsüberzeugung der Staaten auswirken.[251] Wie schon bei der Behandlung der Generalversammlungsresolutionen soll auch hier zwischen den Resolutionen an sich, als Praxis des Sicherheitsrates als Organ der Vereinten Nationen, und der Praxis der an der Entstehung der Resolution beteiligten Staaten differenziert werden.

#### *a) Beitrag des Sicherheitsrates als Organ der Vereinten Nationen zur Entwicklung des Völkergewohnheitsrechts*

Entsprechend den obigen Ausführungen ist auch dem Sicherheitsrat als Organ der Vereinten Nationen die Möglichkeit zuzusprechen, durch offizielle Verlautbarungen wie Resolutionen einen Beitrag zur Entwicklung des Völkergewohnheitsrechts zu leisten. Demnach sind Resolutionen des Sicherheitsrates als Praxis der Vereinten Nationen anzusehen. Auch hier ergibt sich die entsprechende Rechtsüberzeugung aus dem kollektiv gebildeten Willen entsprechend der für das Zustandekommen einer Resolution erforderlichen Mehrheit der Mitglieder des Sicherheitsrates, wie dieser in der jeweiligen Resolution zum Ausdruck kommt. Mithin ist das Konzept der *Responsibility to Protect* in der Form, in der es im Weltgipfeldokument niedergelegt ist – denn in den Resolutionen des Sicherheitsrates wird das Weltgipfeldokument bestätigt –, als Praxis und Ausdruck der Rechtsüberzeugung der Vereinten Nationen anzusehen.[252]

---

251 So etwa STEIN/VON BUTTLAR, Rn. 896.

252 Vgl. die Ausführungen zur Generalversammlung oben S. 56 ff.

### *b) Beitrag der im Sicherheitsrat vertretenen Staaten zur Entwicklung des Völkergewohnheitsrechts*

Auch bezüglich des Beitrags der im Sicherheitsrat vertretenen Staaten kann nur das oben für die Generalversammlungsresolutionen bereits Erörterte gelten. Das gesamte Verhalten der Sicherheitsratsmitglieder im Zusammenhang mit den Resolutionen ist als Staatenpraxis zu bewerten. Nicht nur das Abstimmungsverhalten, sondern sämtliche Äußerungen, Handlungen und Unterlassungen im Zusammenhang mit der Resolution sind von Bedeutung. Das Abstimmungsverhalten der jeweiligen Staaten ist grundsätzlich als Indiz für eine dem Inhalt der Resolution entsprechende Rechtsüberzeugung der einzelnen Staaten heranzuziehen. Aber auch hier sind die Gesamtumstände, insbesondere die der Abstimmung vorhergehenden Verhandlungen, zu berücksichtigen. Gerade im Sicherheitsrat werden häufig politische Entscheidungen getroffen. Ob die Entscheidung der jeweiligen Ansicht der Staaten entspricht, bedarf jeweils der Untersuchung im Einzelfall.[253] Hierauf wird noch zurückzukommen sein.[254]

## *VII. Ergebnis*

Als Ergebnis der rechtlichen Relevanz der Dokumente zur *Responsibility to Protect* bleibt festzuhalten, dass keines derselben eine Rechtsgrundlage für das Gesamtkonzept der *Responsibility to Protect* liefert. Der Bericht der ICISS, der Bericht des HIGH-LEVEL PANELS sowie der ANNAN- und der BAN KI-MOON-Bericht sind als Rechtserkenntnisquellen einzustufen. Diese tragen daher nicht unmittelbar zur Rechtsentwicklung bei, sondern dienen grundsätzlich nur der Feststellung des geltenden Rechts. Und auch über das Weltgipfeldokument als Resolution der UN-Generalversammlung und über die das Konzept der *Responsibility to Protect* bestätigenden Resolutionen des UN-Sicherheitsrates lässt sich keine unmittelbare Verbindlichkeit des Konzepts begründen. Resolutionen der UN-Generalversammlung kommt nach der UN-Charta nur ein empfehlender Charakter zu; eine Bindungswirkung kann auch nicht über die Annahme einer verbindlichen Auslegung der Grundsätze der Charta im Sinne einer autoritativen Interpretationsbefugnis angenommen

253 Vgl. hierzu oben S. 59 ff.
254 Siehe unten S. 108 ff., 113 ff.

werden. Der Sicherheitsrat der Vereinten Nationen kann zwar Resolutionen mit bindender Wirkung erlassen, dies gilt aber nur für Entscheidungen im konkreten Einzelfall; die Begründung einer Bindungswirkung für das allgemeine Konzept der *Responsibility to Protect* scheidet aus. Und auch über sonstige über die UN-Charta hinausgehende Konstruktionen lässt sich eine Bindungswirkung von Resolutionen der Generalversammlung oder des Sicherheitsrates nicht begründen. Für die Generalversammlung werden solche zwar in der völkerrechtlichen Literatur diskutiert, weder wurden die Resolutionen der Generalversammlung aber zu einer eigenen formellen Rechtsquelle erhoben, noch lässt sich eine Bindungswirkung über das *Estoppel*-Prinzip begründen, und auch eine rechtfertigende Wirkung von Generalversammlungsresolutionen ist zu verneinen.

Allerdings kommt sowohl den Resolutionen der UN-Generalversammlung als auch denen des UN-Sicherheitsrates eine unmittelbarer Bedeutung für die Entwicklung des Völkergewohnheitsrechts zu, und zwar in doppelter Hinsicht: zum einen sind die Resolutionen der Generalversammlung und des Sicherheitsrates als Beitrag der Vereinten Nationen zur Entwicklung des Völkergewohnheitsrechts zu bewerten. Denn nicht nur Staaten, sondern auch andere Völkerrechtssubjekte, wie etwa internationale Organisationen, tragen hierzu bei. Die Bestätigung der *Responsibility to Protect* im Weltgipfeldokument sowie in den Resolutionen des Sicherheitsrates ist daher als diesbezügliche Praxis und Ausdruck der Rechtsüberzeugung der Vereinten Nationen anzusehen. Zum anderen ist das Verhalten der Staaten in der Generalversammlung und im Sicherheitsrat im Zusammenhang mit den jeweiligen Resolutionen als Staatenpraxis im Sinne des objektiven Elements des Völkergewohnheitsrechts zu werten. Insbesondere aufgrund des politischen Charakters der Handlungen der Staaten im Rahmen der Generalversammlung und im Sicherheitsrat ist bei der Beurteilung, ob die für die Rechtsentwicklung erforderliche Rechtsüberzeugung vorliegt, Vorsicht geboten. Das Abstimmungsverhalten kann jeweils nur als ein Indiz für die Rechtsüberzeugung der Staaten herangezogen werden; im Rahmen einer Gesamtbetrachtung müssen für eine abschließende Beurteilung immer auch alle sonstigen Handlungen, Äußerungen und Unterlassungen berücksichtigt werden.

## C. Rechtliche Verankerung der einzelnen Komponenten der Responsibility to Protect – Übersetzung des politischen Konzepts in rechtliche Strukturen

Im folgenden Teil der Arbeit, welcher als Hauptteil verstanden werden kann, soll die rechtliche Verankerung der *Responsibility to Protect* in der geltenden Völkerrechtsordnung untersucht werden. Als Grundlage hierfür dienen die unter A. und B. gefundenen Erkenntnisse. Wie bereits dargelegt soll der vornehmlich als politisches Konzept zu verstehende Bericht der ICISS als Ausgangspunkt für die Untersuchung dienen. Dieser Teil kann daher auch als *Übersetzung* des politischen Konzepts in rechtliche Strukturen verstanden werden. Zunächst soll der Prüfungsgegenstand näher dargestellt werden. Dieser wird dann den weiteren Gang der Untersuchung vorgeben.

### *I. Prüfungsgegenstand*

Bei der Festlegung des genauen Prüfungsgegenstands stellt sich zunächst die Frage, ob es möglich und sinnvoll ist, das Konzept der *Responsibility to Protect* als Ganzes zu betrachten, oder ob dieses nicht vielmehr anhand der einzelnen Komponenten untersucht werden sollte. Schon die Möglichkeit der Untersuchung der Rechtsverbindlichkeit des Konzepts im Ganzen erscheint fraglich. Wie bereits dargestellt erfasst die *Responsibility to Protect* mehrere Komponenten mit teilweise weiteren Untergliederungen beziehungsweise verschiedenen Handlungsvorschlägen. Aufgrund dieser Spannbreite ist das Konzept als Ganzes rechtlich schwer zu fassen. Da es an einer einheitlichen Rechtsgrundlage für das Gesamtkonzept mangelt – wie dargelegt können weder der Bericht der ICISS noch die übrigen die *Responsibility to Protect* behandelnden Dokumente hierfür herangezogenen werden[255] –, scheint es vielmehr geboten, die im ICISS-Bericht vorgesehenen Handlungsoptionen einzeln auf ihre völkerrechtliche Verankerung zu untersuchen. Außerdem spricht gegen eine Gesamtbetrachtung des Konzepts, dass Teile desselben möglicherweise bereits dem geltenden Recht entsprechen, andere wiederum

255 Vgl. oben S. 48 ff.

nicht.[256] Gegenstand dieses Teils der Arbeit wird daher die Untersuchung der einzelnen Komponenten des Konzepts der *Responsibility to Protect* sein.

Allerdings sollen im Folgenden nur diejenigen im ICISS-Bericht vorgesehenen Handlungsmöglichkeiten untersucht werden, die möglicherweise im Widerspruch zum geltenden Völkerrecht stehen, also diejenigen die gegen eine völkerrechtliche Verbotsnorm verstoßen und daher für ihre Zulässigkeit einer Rechtfertigung bedürfen. Handlungen, die gegen keine völkerrechtliche Verbotsnorm verstoßen, bleiben damit grundsätzlich außer Betracht. Dies trifft insbesondere auf die Komponenten der *Responsibility to Prevent* und der *Responsibility to Rebuild* zu. Nach dem Konzept der ICISS handelt es sich bei den in diesem Zusammenhang genannten Handlungen nicht um Zwangsmaßnahmen gegen den Willen eines Staates, sondern vielmehr um Maßnahmen, die im Einvernehmen mit den jeweiligen Staaten durchgeführt werden und daher als völkerrechtlich zulässig zu bewerten sind.[257] Neben den Handlungen, die möglicherweise gegen eine völkerrechtliche Verbotsnorm verstoßen, soll untersucht werden, inwieweit die im ICISS-Bericht vorgesehenen Maßnahmen völkerrechtlichen Handlungspflichten entsprechen. Soweit dies der Fall ist, würde das Unterlassen der fraglichen Handlung ebenfalls als völkerrechtswidrig einzustufen sein. Zwar ist der Begriff der *Responsibility* nicht zwingend als Verpflichtung zu deuten, dennoch sind in der Literatur zahlreiche Stellungnahmen im Zusammenhang mit der *Responsibility to Protect* zu finden, die in diese Richtung deuten.[258] Die Frage des Bestehens einer rechtlichen Handlungsverpflichtung soll daher auch Prüfungsgegenstand der vorliegenden Arbeit sein. In diesem Zusammenhang werden dann auch die *Responsibility to Prevent* und die *Responsibility to Rebuild* wieder aufzugreifen sein. Es wird im Folgenden daher vornehmlich um die Frage des Bestehens völkerrechtlicher Handlungsrechte und Handlungspflichten der Staaten beziehungsweise der Staatengemeinschaft gehen.

---

256 So etwa SCHALLER, APuZ 46 (2008), S. 9 (14); DERS., SWP-Aktuell 46, Juni 2008, S. 6; vgl. auch VON ARNAULD, FW 84 (2009), S. 11 (26); STAHN, AJIL 101 (2007), S. 99 (110 ff.).

257 Vgl. oben S. 17, 24; zwar sind grundsätzlich auch im Bereich des Wiederaufbaus Maßnahmen gegen den Willen des jeweiligen Staates denkbar, solche Maßnahmen entsprechen aber nicht dem Konzept der Responsibility to Protect, wie es im ICISS-Bericht verankert ist. Diese sollen hier daher nicht separat behandelt werden. Für die Rechtmäßigkeit derartiger Maßnahmen bedürfte es aber, wie für Maßnahmen im Sinne der Responsibility to React, eines Rechtfertigungsgrundes, siehe unten S. 87 ff.

258 Vgl. oben S. 26 ff.

Spaltet man das Konzept der *Responsibility to Protect* in der durch die ICISS begründeten Form entsprechend den vorhergehenden Erörterungen in die einzelnen Komponenten auf, ergeben sich folgende Prüfungspunkte:

1. Primärverantwortung der Staaten
2. Sekundärverantwortung der Staatengemeinschaft
3. Recht der Staatengemeinschaft zu nicht-militärischen Interventionen in humanitären Notsituationen
4. Recht der Staatengemeinschaft zu militärischen Interventionen in humanitären Notsituationen
5. Pflicht der Staatengemeinschaft zur Vornahme von Handlungen im Sinne der *Responsibility to Protect*

Anhand dieser Prüfungspunkte soll im Folgenden die rechtliche Verankerung der *Responsibility to Protect* in der Völkerrechtsordnung untersucht werden, wobei jeweils darauf einzugehen sein wird, ob durch die Entwicklungen im Zusammenhang mit der *Responsibility to Protect* das Recht modifiziert wurde beziehungsweise neue Rechte oder Pflichten begründet wurden.

### *II. Primärverantwortung der Staaten*

Nach Ansicht der ICISS sind primär die Staaten für den Schutz der Bevölkerung auf ihrem Territorium verantwortlich.[259] Dies entspricht dem geltenden Völkerrecht. Dass das Verhalten der Staaten gegenüber ihren Staatsbürgern in den primären Zuständigkeitsbereich des jeweiligen Staates fällt, bedarf keiner näheren Erläuterung. Möglicherweise besteht sogar eine Verpflichtung der Staaten zur Einhaltung der Menschenrechte gegenüber ihren Staatsbürgern. Ob beziehungsweise inwieweit eine solche besteht, soll im Folgenden anhand der Darstellung des gegenwärtigen Stands des Menschenrechtsschutzes untersucht werden. In diesem Zusammenhang sollen auch die Besonderheiten des internationalen Menschenrechtsschutzes gegenüber den klassischen völkerrechtlichen Verpflichtungen dargestellt werden. Außerdem wird auf das Verhältnis von Menschenrechtsschutz und staatlicher Souveränität eingegangen, wobei insbesondere das Verständnis der Souveränität als Verantwortung zu behandeln sein wird. Zudem wird der Frage der Anwendung

---

259 Vgl. oben S. 14 f.

des Menschenrechtsschutzes im Falle eines *failed State* nachgegangen werden.

### *1. Gegenwärtiger Stand und Besonderheit des völkerrechtlichen Menschenrechtsschutzes*

Am 10. Dezember 1948 wurde die Allgemeine Erklärung der Menschenrechte durch die Generalversammlung der Vereinten Nationen verabschiedet.[260] Mit dieser unverbindlichen Erklärung begann die Entwicklung des völkerrechtlichen Menschenrechtsschutzes.[261] In der Folgezeit kam es zur Verankerung verbindlicher Menschenrechtsstandards sowohl auf vertraglicher als auch auf gewohnheitsrechtlicher Ebene. Auf vertraglicher Ebene sind insbesondere die Völkermordkonvention von 1948[262] und die beiden UN-Menschenrechtspakte von 1966 zu nennen[263] sowie die Menschenrechtsabkommen auf regionaler Ebene wie die Europäische und die Amerikanische Menschenrechtskonvention,[264] die nicht nur umfassende Menschenrechtskataloge, sondern auch Mechanismen zur Durchsetzung derselben beinhalten. Ohne auf die Rechte im Einzelnen eingehen zu wollen, kann als gesichert angesehen werden, dass die fundamentalen Menschenrechte als Bestandteil des Völkergewohnheitsrechts universelle Geltung beanspruchen. Hierzu zählt etwa das Recht auf Leben und körperliche Unversehrtheit, das Verbot der Folter oder sonstiger unmenschlicher Behandlung, das Sklavereiverbot sowie das Diskriminierungsverbot.[265] Den Gewährleistungen wird teilweise sogar

---

260 A/RES/217 (III).

261 Zuvor waren lediglich Vorläufer des Menschenrechtsschutzes zu verzeichnen, wie etwa die Regelungen des humanitären Völkerrechts, d. h. der Schutz des Einzelnen im Krieg, gewisse Mindeststandards im Rahmen des Fremdenrechts und Schutzregelungen zugunsten von Minderheiten.

262 Konvention über die Verhütung und Bestrafung des Völkermordes, 9. Dezember 1948, BGBl. 1954 II, S. 730.

263 Internationaler Pakt über bürgerliche und politische Rechte, 19. Dezember 1966, BGBl. 1973 II, S. 1534; Internationaler Pakt über wirtschaftliche, soziale und kulturelle Rechte, 19. Dezember 1966, BGBl. 1973 II, S. 1570.

264 Konvention zum Schutze der Menschenrechte und Grundfreiheiten, 4. November 1950, BGBl. 1952 II, S. 685, 953, zuletzt geändert BGBl. 2002 II, S. 1054; American Convention on Human Rights, 22. November 1969, 1144 UNTS 17955.

265 PAUER, S. 16 ff.; GEYRHALTER, S. 136; KÄLIN/KÜNZLI, S. 78 f.; KEMPEN/HILLGRUBER, Kap. 10 Rn. 49.

ein zwingender Charakter zugesprochen (*ius cogens*).[266] Dies gilt insbesondere für das Verbot des Völkermords, der Sklaverei und der Rassendiskriminierung.[267] Ergänzend zum Menschenrechtsschutz kommen noch die Verpflichtungen des humanitären Völkerrechts sowie des Völkerstrafrechts hinzu, welche die Einhaltung von humanitären Mindeststandards auch im Fall eines bewaffneten Konflikts verlangen beziehungsweise die strafrechtliche Verfolgung von Verstößen gegen internationale Verbrechen fordern. In der vorliegenden Untersuchung sollen diese Ergänzungen zum Menschenrechtsschutz jedoch weitestgehend außer Betracht bleiben.

Hinsichtlich der völkerrechtlichen Verankerung der Menschenrechte ist die Entwicklung im Zusammenhang mit der *Responsibility to Protect* folglich nicht als neue Errungenschaft zu bewerten, sondern vielmehr als Bestätigung der bestehenden Rechtslage.[268] Das Schutzniveau des gegenwärtigen Völkerrechts geht sogar über die im Weltgipfeldokument genannte Schwelle hinaus – dort ist nur die Rede davon, dass Staaten zur Verhinderung von Völkermord, Verbrechen gegen die Menschlichkeit, Kriegsverbrechen und ethnischen Säuberungen verpflichtet sind.

Nach dem gegenwärtigen Stand des Völkerrechts sind grundsätzlich alle Staaten zur Einhaltung der Menschenrechte beziehungsweise jedenfalls zur Einhaltung der fundamentalen Menschenrechte verpflichtet. Soweit sich diese Verpflichtung nicht schon aus vertraglichen Normen ergibt, folgt diese aus dem Völkergewohnheitsrecht. Die Verpflichtung gilt grundsätzlich gegenüber allen der Herrschaftsgewalt eines Staates unterstehenden Personen, unabhängig von deren Staatsangehörigkeit.[269] In erster Linie folgen hieraus Unterlassungspflichten der Staaten. Die Staaten haben Handlungen, welche sie bindende Menschenrechte verletzen würden, zu unterlassen.[270] Darüber hinaus besteht aber grundsätzlich auch eine Schutzpflicht der Staaten, wonach menschenrechtsverletzende Übergriffe seitens Privatpersonen zu verhindern beziehungsweise im Nachhinein aufzuklären sind.[271] Hieraus können

266 Zum Begriff des ius cogens siehe noch unten S. 82 f.

267 Vgl. KADELBACH, S. 275 f., 281 f., 296 f.

268 So auch SCHALLER, SWP-Aktuell 46, Juni 2008, S. 4; REINOLD, FW 84 (2009), S. 101 (107); TOMUSCHAT, in: Breuer/Epiney/Haratsch/Schmahl/Weiß (Hrsg.), S. 43 (49 f.); vgl. auch STAHN, AJIL 101 (2007), S. 99 (118); BAN KI-MOON-BERICHT, Abs. 3, 11, 13.

269 KÜNZLI, S. 109; KÄLIN/KÜNZLI, S. 138 f.

270 KÜNZLI, S. 213 f.; MERON, S. 162.

271 KÜNZLI, S. 227 f.; KÄLIN, in: BDGVR 33 (1994), S. 9 (32 ff.); MERON, S. 162 ff.

unterschiedliche Handlungsverpflichtungen erwachsen, wie etwa eine Verpflichtung zum Erlass strafrechtlicher Normen, die Pflicht zur faktischen Schutzgewährung im Einzelfall oder Untersuchungspflichten.[272] Zu beachten ist, dass ein Verstoß gegen die staatliche Schutzpflicht nur dann gegeben ist, wenn dem Staat die Vornahme der geforderten Handlung möglich gewesen wäre. Grundsätzlich sind hierfür sowohl das Wissen von der Gefahr als auch die faktische Handlungsmöglichkeit erforderlich.[273]

Die Besonderheit der Verpflichtungen des internationalen Menschenrechtsschutzes gegenüber den klassischen internationalen Verpflichtungen besteht in dem durch diese begründeten Dreiecksverhältnis. Zwar handelt es sich auch hier, wie bei völkerrechtlichen Verpflichtungen im klassischen Sinne, um Verpflichtungen der Staaten gegenüber einander,[274] Begünstigte der Verpflichtungen sind aber nicht die Staaten selbst, sondern die Individuen, also die der Hoheitsgewalt eines Staates unterstehenden Personen. Internationale Menschenrechtsverpflichtungen haben daher eine für das klassische Völkerrecht atypische, nämlich innerstaatliche Zielrichtung. Es geht nicht um die Regelung eines zwischenstaatlichen Leistungsaustausches, sondern um das Verhalten der Staaten gegenüber den ihrer Hoheitsgewalt unterstehenden Individuen.[275] Ohne die Frage nach der Völkerrechtssubjektivität von Individuen allgemein beantworten zu wollen, wird hier davon ausgegangen, dass sich jedenfalls aus den menschenrechtlichen Gewährleistungen selbst keine Rechte der Einzelnen ergeben, die diese zu Subjekten des Völkerrechts erheben würden. Durch die menschenrechtlichen Gewährleistungen werden die Individuen, vergleichbar einem unechten Vertrag zugunsten Dritter, nur reflexartig begünstigt.[276] Hierfür spricht insbesondere, dass den Individuen grundsätzlich keinerlei Durchsetzungsmöglichkeiten gegeben sind.[277] Teil-

---

272 Vgl. KÜNZLI, S. 232 ff.

273 KÜNZLI, S. 239 ff.; vgl. auch IPSEN, in: ders. (Hrsg.), § 39 Rn. 40; zum Sonderfall des failed State siehe noch unten S. 79 f.

274 Ausführlich hierzu unten im Zusammenhang mit dem Rechtsinstitut der Gegenmaßnahme, S. 126 ff.

275 KÜNZLI, S. 384 ff.; SIMMA, Reziprozitätselement, S. 168 f.; KHOL, S. 52 f.

276 Vgl. KEMPEN/HILLGRUBER, Kap. 2 Rn. 64.

277 So etwa KEMPEN/HILLGRUBER, Kap. 2 Rn. 67; vgl. auch EPPING, in: Ipsen (Hrsg.), § 7 Rn. 5, welcher für die Unterscheidung zwischen Berechtigtem und bloß reflexartig Begünstigtem aus einer Völkerrechtsnorm ausdrücklich auf das Bestehen eines völkerrechtlichen Verfahrens zur Rechtsdurchsetzung abstellt; in diesem Sinne auch VERDROSS/SIMMA, § 424; PAULUS, S. 233 f.

weise wird zwar mit dem Argument, dass auch zwischen Staaten grundsätzlich nur eine freiwillige und gerade keine obligatorische Gerichtsbarkeit besteht, der Zusammenhang zwischen Rechtsstellung und Durchsetzungsmöglichkeit zu bestreiten versucht.[278] Hierbei wird aber verkannt, dass nicht nur ein gerichtliches Verfahren für die Rechtsdurchsetzung in Betracht kommt. So haben die Staaten grundsätzlich immer die Möglichkeit, über das Rechtsinstitut der Gegenmaßnahme ihre Rechte durchzusetzen.[279] Eine solche allgemeine Durchsetzungsmöglichkeit kommt den Individuen auf völkerrechtlicher Ebene nicht zu. Nur wenn in den jeweiligen Menschenrechtsverträgen den Individuen ein Verfahren zur Durchsetzung an die Hand gegeben wird, kann dem Individuum im Rahmen des jeweiligen Vertrages die Stellung als Rechtssubjekt zugesprochen werden.[280] Zu beachten ist, dass, selbst wenn dem Individuum eine eigenständige Rechtsstellung eingeräumt würde, dies zur Begründung einer zusätzlichen Rechtsposition des Individuums führte, welche die zwischenstaatliche Erfüllungsstruktur unbeeinflusst ließe. Im Vergleich zum Ausgangspunkt läge in diesem Fall kein unechter, sondern ein echter Vertrag zugunsten Dritter vor. Dieser zeichnet sich gerade durch die Begründung einer zusätzlichen Rechtsposition des begünstigten Dritten im dargestellten Sinne aus.[281]

### 2. *Souveränität und Menschenrechtsschutz – insbesondere der Begriff der Sovereignty as Responsibility*

Auch die staatliche Souveränität steht der Annahme einer Verpflichtung der Staaten zur Einhaltung der fundamentalen Menschenrechte nicht entgegen. Während nach dem klassischen Verständnis der Souveränität des *Westfälischen Friedens* diese als absolut verstanden und als „völkerrechtsbegren-

---

278 DOEHRING, Rn. 246 f.; vgl. auch STEIN/VON BUTTLER, Rn. 500 ff.

279 Siehe hierzu noch unten S. 121 ff.

280 Zu nennen ist hier insbesondere die Individualbeschwerdemöglichkeit nach Art. 34 EMRK vor dem Europäischen Gerichtshof für Menschenrechte. Ob auch die im ersten Zusatzprotokoll des IPBPR vorgesehene Individualbeschwerdemöglichkeit zum Menschenrechtsausschuss als ausreichend anzusehen ist, ist aufgrund der fehlenden Möglichkeit des Erlasses verbindlicher Entscheidungen in der Völkerrechtslehre umstritten, vgl. KEMPEN/HILLGRUBER, Kap. 2 Rn. 67; VERDROSS/SIMMA, § 426; EPPING, in: Ipsen (Hrsg.), § 7 Rn. 9 ff.; PAULUS, S. 233 f.

281 Vgl. GRÜNEBERG, in: Palandt, BGB, § 328 Rn. 5.

zende Souveränität" bezeichnet wurde,[282] hat sich dies ab der zweiten Hälfte des vergangenen Jahrhunderts gewandelt. Die „völkerrechtsbegrenzende Souveränität" wurde verdrängt durch eine Souveränität, die nun umgekehrt in vielfältiger Hinsicht durch das Völkerrecht begrenzt wird.[283] Nach dem heutigen Verständnis wird der souveräne Staat nicht mehr als über dem Völkerrecht stehend, sondern als in dieses eingebettet angesehen.[284] Demnach bedeutet Souveränität zwar grundsätzlich die Freiheit eines jeden Staates, seine inneren Angelegenheiten (sog. *domaine réservé*) nach eigenem Belieben gestalten zu können, beziehungsweise, negativ formuliert, das Verbot der Einmischung in die inneren Angelegenheiten. Als innere Angelegenheiten sind allerdings nur die Bereiche zu verstehen, die nicht den völkerrechtlichen Regelungen unterworfen sind. Allein in diesem völkerrechtlich nicht geregelten Bereich kommt den Staaten eine ausschließliche Regelungszuständigkeit zu. Zu beachten ist, dass es sich hierbei aufgrund der ständigen Fortentwicklung des Völkerrechts nicht um einen statischen, sondern um einen sich ständig wandelnden, von der Verdichtung der völkerrechtlichen Beziehungen abhängigen Bereich handelt.[285] Durch die oben dargestellte Entwicklung des internationalen Menschenrechtsschutzes ist der Schutz der Menschenrechte dem Bereich der inneren Angelegenheit und damit der ausschließlichen Regelungskompetenz der Staaten entzogen worden.[286] Dies bedeutet nicht, dass der Schutz und die Umsetzung der Menschenrechte den Einzelstaaten vollends entzogen wären; schon aus der Natur der Sache ergibt sich, dass die Einhaltung und die Umsetzung der Menschenrechte durch den die Herrschaftsgewalt ausübenden Staat zu vollziehen sind. Die Staaten können lediglich nicht mehr das Mindestmaß der einzuhaltenden Standards bestimmen. Sie müssen die internationalen Standards beachten, sofern sie sich nicht einer Völkerrechtsverletzung schuldig machen wollen.

Die ICISS spricht in ihrem Bericht von der *Sovereignty as Responsibility* und greift damit das unter anderem durch den ehemaligen UN-Sonderbevoll-

---

282 IPSEN, in: ders. (Hrsg.), § 2 Rn. 67.

283 IPSEN, in: ders. (Hrsg.), § 2 Rn. 67.

284 OETER, in: FS Steinberger, S. 259 (276).

285 RITTERBAND, S. 278; BERSTERMANN, S. 84 ff.; so bereits der STÄNDIGE INTERNATIONALE GERICHTSHOF, Nationality Decrees in Tunis and Morocco, Gutachten vom 7. Februar 1923, PCIJ Series B Nr. 4 (1923), S. 6 (24).

286 Vgl. etwa KLEIN, in: ders. (Hrsg.), Menschenrechtsschutz, S. 11 (23); PAUER, S. 126 f.; TRAUTNER, S. 43; OETER, in: FS Steinberger, S. 259 (284); RITTERBAND, S. 366 ff.

mächtigten für innerstaatlich Vertriebene FRANCIS M. DENG entwickelte Souveränitätsverständnis auf. Dieser begründete bereits 1996 den Begriff der *Sovereignty as Responsibility*.[287] Nach dem Verständnis der Souveränität als Verantwortung wird diese nicht mehr als Abwehrrecht gegenüber Eingriffen von außen, sondern als Verantwortung des Staates gegenüber seiner Bevölkerung verstanden. Die staatliche Souveränität diene demnach vor allem der Sicherung der Menschenrechte.[288] Zum Teil wird hieraus sogar gefolgert, dass die staatliche Souveränität unter der Bedingung der Einhaltung der Menschenrechte stehe. So etwa VERLAGE, der von einer „*conditional sovereignty*" spricht,[289] oder auch PETERS, bei der es heißt: „[...] state sovereignty is conditioned on the protection of human rights [...]".[290] Bei dem Verständnis der Souveränität als Verantwortung handelt es sich allerdings mehr um eine politisch-moralische als um eine rechtliche Feststellung. Unter rechtlichen Gesichtspunkten kann diesem Verständnis nicht zugestimmt werden. Die Verpflichtung eines jeden Staates zur Einhaltung der Menschenrechte ergibt sich nicht aus dem Grundsatz der staatlichen Souveränität, sondern vielmehr aus den vertraglich beziehungsweise gewohnheitsrechtlich verankerten Menschenrechtsverpflichtungen. Es ist durch die Entwicklung im Zusammenhang mit der *Responsibility to Protect* auch nicht zu einer Änderung des Souveränitätskonzepts gekommen. Eine Rechtsänderung allein über die die *Responsibility to Protect* behandelnden Berichte ist nicht möglich; wie dargestellt handelt es sich hierbei lediglich um Rechtserkenntnisquellen. Eine Änderung des Souveränitätskonzepts wäre nur über die Begründung neuen Völkergewohnheitsrechts denkbar. Aus der allgemeinen humanitären Entwicklung im Völkerrecht allein kann dies nicht gefolgert werden. Es ist nicht ersichtlich, wieso die Verankerung humanitärer Verpflichtungen zur *Humanisierung* des Souveränitätsbegriffs geführt haben soll.[291] Wie dargestellt können zwar sowohl das Weltgipfeldokument und die dieses bestätigenden Resolutionen des Sicherheitsrates als auch das Verhalten der Staaten in Zusammenhang mit den Resolutionen zur Entwicklung des Völkergewohnheitsrechts beitragen.

---

287 DENG/KIMARO/LYONS/ROTHCHILD/ZARTMANN, S. 211 ff.

288 Siehe oben S. 14 f.; vgl. auch HIGH-LEVEL PANEL-BERICHT, Abs. 29 f.

289 VERLAGE, S. 397.

290 PETERS, EJIL 20 (2009), S. 513 (543); vgl. auch DIES., S. 300 f.; KISO, in: Weiss/Schmierer (Hrsg.), S. 297 (297); SLAUGHTER, AJIL 99 (2005), S. 619 (628); VERMEULEN, Studia Diplomatica 59 (2006), S. 77 (91).

291 So etwa PETERS, EJIL 20 (2009), S. 513 (513 ff.).

In diesen ist jedoch keine Bestätigung des Verständnisses der Souveränität als Verantwortung zu finden.[292] Vielmehr ist das Gegenteil der Fall, so führte etwa der Vertreter Schwedens anlässlich der Diskussion des Berichts BAN KI-MOONS in der Generalversammlung aus:

> „As to the first pillar, the basic principle of State sovereignty is and should remain undisputed. It should also be recognized that State sovereignty implies not only rights, but also responsibilities and obligations under international law, including the protection of human rights as an essential element of responsible sovereignty. Those obligations of States are firmly embedded in international treaty-based and customary law. One such responsibility is that of each State to protect the populations within its own borders."[293]

Die Stellungnahme des schwedischen Vertreters bestätigt das soeben dargelegte Verständnis der unbedingten Souveränität und der Unterscheidung zwischen dem Grundsatz der Souveränität und den Verpflichtungen zum Schutz der Menschenrechte; hierbei spricht der Vertreter nicht nur für Schweden, sondern für sämtliche Staaten der Europäischen Union sowie für die Türkei, Kroatien, Mazedonien, Albanien, Bosnien und Herzegowina, Montenegro, Ukraine, Moldawien, Armenien und Georgien. Auch sonst ist eine Praxis, wonach die Staaten die staatliche Souveränität von der Einhaltung humanitärer Standards abhängig machen würden, nicht erkennbar. Diesbezüglich führte etwa NEWMAN aus:

> „[...] responsibilities towards the needs and rights of citizens are in fact not a prerequisite for state sovereignty. There are many states that do not meet this standard and their sovereignty is never doubted internationally [...]".[294]

### *3. Menschenrechtsschutz im failed State*

Problematisch ist es, die Verpflichtungen des internationalen Menschenrechtsschutzes im Falle eines *failed State* anzuwenden. Dieser zeichnet sich gerade durch das Fehlen einer effektiven Staatsgewalt aus. Aufgrund des Zusammenbruchs der staatlichen Ordnung bestehen keine staatlichen Institutio-

---

292 Vgl. oben S. 32 ff.

293 A/63/PV.97, 23. Juli 2009, S. 4.

294 NEWMAN, IJHR 6 (2002), S. 102 (118); kritisch zur völkerrechtlichen Etablierung des Konzepts auch DEBIEL, IPG 3 (2004), S. 61 (68).

nen mehr, die den Schutz der Bevölkerung gewährleisten könnten. Trotz des Wegfalls des Elements der Staatsgewalt, welches nach der durch GEORG JELLINEK begründeten Drei-Elemente-Lehre neben dem Staatsgebiet und dem Staatsvolk als konstitutives Merkmal für die Begründung eines Staates angesehen wird,[295] gilt die Völkerrechtssubjektivität des Staates als fortbestehend. Nach dem Grundsatz der Kontinuität bleibt im Falle eines *failed State* die Rechtsfähigkeit solange bestehen, wie noch Aussicht auf Wiedererlangung der effektiven Staatsgewalt besteht. Ein zerfallener Staat verliert seine Rechtsfähigkeit daher nicht, ist aber vorübergehend handlungsunfähig.[296] Hieraus folgt, dass die völkerrechtlichen Rechte und Pflichten eines *failed State* bestehen bleiben. Auch im Zustand des Zerfalls hat ein Staat daher grundsätzlich seine menschenrechtlichen Verpflichtungen einzuhalten.[297] Aufgrund der fehlenden Handlungsfähigkeit ist ein solcher Staat zwar faktisch nicht mehr in der Lage, selbst gegen menschenrechtliche Verpflichtungen zu verstoßen, es entfällt aber auch die Möglichkeit und damit die entsprechende Schutzpflicht, menschenrechtsbeeinträchtigende Akte Privater zu unterbinden.[298] Im Falle eines *failed State* laufen die Menschenrechtsverpflichtungen damit faktisch leer.

Aufgrund der fehlenden Wahrnehmungsmöglichkeit der Primärverantwortung kommt es im Falle eines *failed State* daher im besonderen Maße auf die Staatengemeinschaft an. Dies findet auch Ausdruck im ICISS-Bericht. Dort wird der Fall des *failed State* im Rahmen des Schwellenkriteriums ausdrücklich als möglicher Grund für humanitäre Notlagen genannt.[299] Nach Ansicht der ICISS soll die Sekundärverantwortung der Staatengemeinschaft nicht nur dann greifen, wenn der jeweilige Staat zur Einhaltung seiner Primärverantwortung *nicht willens* ist, sondern auch dann, wenn er dazu *nicht in der Lage* ist. Gerade im Falle eines *failed State* ist Letzteres zu bejahen. Die Frage, ob sich aus dieser fehlenden Möglichkeit, der Primärverantwortung nachzukommen, besondere Handlungsrechte der internationalen Gemeinschaft im Rahmen der Sekundärverantwortung ergeben, soll im Rahmen der

---

295 JELLINEK, S. 394 ff.; siehe hierzu auch LIEBACH, S. 41 ff.; KEMPEN/HILLGRUBER, Kap. 2 Rn. 2 ff.

296 Siehe zum failed State LIEBACH, S. 47, 54 ff.; THÜRER, in: BDGVR 34 (1996), S. 9 (12 f.); EPPING, in: Ipsen (Hrsg.), § 5 Rn. 11; KEMPEN/HILLGRUBER, Kap. 2 Rn. 9.

297 Vgl. hierzu GEIß, S. 194 ff.; SCHRÖDER, S. 97 ff.

298 Zum Zusammenhang zwischen staatlicher Schutzpflicht und Handlungsmöglichkeit siehe oben S. 74 f.; vgl. hierzu auch unten S. 123 f.

299 Siehe oben S. 19.

weiteren Erörterung jeweils separat behandelt werden, sofern Besonderheiten gegenüber *gewöhnlichen* Staaten bestehen.

### *III. Sekundärverantwortung der Staatengemeinschaft*

Nach dem Bericht der ICISS trägt die Staatengemeinschaft die Sekundärverantwortung zum Schutz der Bevölkerung der Staaten. Soweit ein Staat nicht willens oder nicht dazu in der Lage sei, seine Bevölkerung vor ernsthaftem Leid zu schützen, gehe die Verantwortung des jeweiligen Staates auf die Staatengemeinschaft über.[300] Fraglich ist, wie diese Sekundärverantwortung der Staatengemeinschaft völkerrechtlich zu bewerten ist. Um ein Recht beziehungsweise um eine rechtliche Verpflichtung kann es sich hierbei nur handeln, soweit die internationale Gemeinschaft als Rechtssubjekt im Sinne des Völkerrechts anzusehen ist, denn nur ein solches kann Träger völkerrechtlicher Rechte und Pflichten sein. Es stellt sich daher zunächst die Frage nach der Rechtspersönlichkeit der internationalen Gemeinschaft im Völkerrecht.

Der Begriff der internationalen Gemeinschaft taucht im Völkerrecht mit zunehmender Tendenz auf. Vor allem im Zusammenhang mit *ius cogens*- und *erga omnes*-Normen findet der Begriff Verwendung. In Art. 53 Satz 2 der Wiener Vertragsrechtskonvention[301] werden *ius cogens*-Normen als Normen beschrieben, die von der „international community of States as a whole" angenommen und anerkannt wurden. Ganz ähnlich lautet auch die Formulierung, die der Internationale Gerichtshof im *Barcelona Traction*-Fall zur Umschreibung von *erga omnes*-Normen wählte. Dort ist von Verpflichtungen die Rede, welche die Staaten der „international community as a whole" schulden.[302] Hieraus wird in der Literatur zum Teil zu folgern versucht, dass das Völkerrecht mehr als ein Zusammenschluss von Staaten auf konsensualer Grundlage sei. Über den Begriff der internationalen Gemeinschaft und die Gemeinschaftswerte werden die Einzelstaaten zusammengefasst und zu ei-

300 Vgl. oben S. 14 f.

301 Wiener Übereinkommen über das Recht der Verträge, 23. Mai 1969, BGBl. 1985 II, S. 926.

302 IGH, Case Concerning the Barcelona Traction, Light and Power Company, Limited (Belgium v. Spain), Urteil vom 5. Februar 1970, ICJ Rep. 1970, S. 3 (32/Abs. 33).

nem eigenen rechtlichen Gebilde erhoben.[303] Wie bereits einleitend dargelegt ist ein solches Verständnis nach der hier zugrunde gelegten Methode nicht haltbar.[304] Im Folgenden soll die Rechtssubjektivität der internationalen Gemeinschaft anhand der klassischen Völkerrechtsstrukturen untersucht werden.

### *1. Die Frage der Völkerrechtssubjektivität der internationalen Gemeinschaft*

Nach dem klassischen Verständnis ist die internationale Gemeinschaft eine Gemeinschaft von Völkerrechtssubjekten, sie ist aber selbst kein Völkerrechtssubjekt. Das Völkerrecht regelt die Rechtsbeziehungen, das heißt begründet Rechte und Pflichten zwischen den Völkerrechtssubjekten. Die Gemeinschaft kann daher nach dem klassischen Rechtsverständnis weder Adressat völkerrechtlicher Rechte und Pflichten sein noch durch völkerrechtliche Rechtsnormen berechtigt oder verpflichtet werden.[305]

Es ist allerdings nicht ausgeschlossen, dass sich der Kreis der Völkerrechtssubjekte erweitert. Vielmehr liegt es in der Hand der Staaten als originäre Völkerrechtssubjekte, durch die Auferlegung von Rechten und/oder Pflichten neue Rechtssubjekte zu schaffen.[306] Auch die internationale Gemeinschaft könnte auf diese Weise zu einem Subjekt des Völkerrechts erhoben worden sein.

#### *a) Keine Rechte der internationalen Gemeinschaft aus dem Konzept der ius cogens-Normen*

Teilweise wird versucht, aus dem Konzept der *ius cogens*-Normen Rechte der internationalen Gemeinschaft als solcher und damit die Völkerrechtssubjektivität derselben abzuleiten. Bei *ius cogens*-Normen handelt es sich um zwingende Normen, die entsprechend der Definition in Art. 53 Satz 2 WVK von der „internationalen Staatengemeinschaft in ihrer Gesamtheit“ anerkannt worden sind. Nach Art. 53 Satz 1 und Art. 64 WVK sind Verträge, welche gegen solche zwingenden Normen verstoßen, nichtig. Hieraus wird versucht,

303 So etwa TOMUSCHAT, AVR 33 (1995), S. 1 (6 ff.).

304 Siehe oben S. 5 ff.

305 HANZ, S. 80 f.; vgl. auch ANNACKER, S. 54.

306 Siehe zur Eigenschaft der Staaten als Rechtserzeuger bereits oben S. 45; vgl. auch PAULUS, S. 228.

die Befugnis der internationalen Gemeinschaft zur Setzung zwingenden Rechts abzuleiten, und zwar in Form einer eigenständigen Befugnis, unabhängig vom Willen der Einzelstaaten und notfalls auch gegen den Willen einzelner Staaten.[307] Würde das Konzept der *ius cogens*-Normen tatsächlich eine solche eigenständige Befugnis zur Rechtssetzung begründen, könnte dies als Ausgangspunkt für die Völkerrechtssubjektivität der Staatengemeinschaft herangezogen werden.[308] Allerdings entspricht ein solches Verständnis nicht dem Konzept der zwingenden Normen, wie HILLGRUBER in überzeugender Weise dargelegt hat. Schon der Ansatz, dass sich hinter dem Begriff der „internationalen Staatengemeinschaft in ihrer Gesamtheit" beziehungsweise der „international community of States as a whole"[309] mehr verbirgt als die Gesamtheit aller Staaten, das heißt aller Einzelstaaten, geht fehl. Weder ergibt sich dies zwingend aus dem Wortlaut des Art. 53 Satz 2 WVK, noch ist ein solches Verständnis nach der ursprünglichen Konzeption des Völkerrechts als einer auf dem Konsens der Staaten begründeten Rechtsordnung naheliegend.[310] Bei der dargestellten Argumentation handelt es sich vielmehr um einen Zirkelschluss. Es wird versucht, zwei neue rechtliche Konstruktionen in das Völkerrecht einzuführen, wobei beide Konstruktionen auf die jeweils andere gestützt werden. Die Begründung des zwingenden Charakters einer Norm beruht nicht auf einem Anerkenntnis seitens der Staatengemeinschaft im Sinne einer höheren Instanz, sondern vielmehr auf der Akzeptanz durch alle Einzelstaaten. Normen mit zwingendem Charakter beruhen im Gegensatz zu einfachen Normen lediglich auf einem *doppelten Konsens*. Neben dem Konsens hinsichtlich der Rechtsgeltung der Norm kommt die Übereinkunft hinsichtlich der Unabdingbarkeit derselben hinzu.[311] Auch das *ius cogens*-Konzept durchbricht daher den konsensualen Charakter des Völkerrechts nicht. Eigenständige Rechte der internationalen Gemeinschaft und damit die Völkerrechtssubjektivität derselben lassen sich aus dem Konzept der *ius cogens*-Normen nicht ableiten.

---

307 PAYANDEH, S. 356 f., 442; vgl. auch PAULUS, S. 360 ff., 430; TOMUSCHAT, AVR 33 (1995), S. 1 (1 f.).

308 PAYANDEH, S. 356, welcher insofern von einer ersten zaghaften positiv-rechtlichen Anerkennung der internationalen Gemeinschaft spricht; vgl. auch PAULUS, S. 362.

309 So der Wortlaut in der englischen Fassung, als eine der für die Auslegung maßgeblichen authentischen Vertragsfassungen (vgl. Art. 85 WVK), vgl. hierzu Art. 33 WVK.

310 So auch HILLGRUBER, JöR 54 (2006), S. 57 (83); a. A. PAULUS, S. 330, 343.

311 HILLGRUBER, JöR 54 (2006), S. 57 (85 f.); DERS., in: Jestaedt/Lepsius (Hrsg.), S. 113 (121); vgl. auch GÜNTHER, S. 116 f.; SCHWARZENBERGER, S. 52 f.; PETERS, S. 125.

### *b) Keine Rechte der internationalen Gemeinschaft aus dem Konzept der erga omnes-Normen*

Auf den ersten Blick erfolgversprechender scheint der Versuch, aus dem Konzept der *erga omnes*-Normen Rechte der internationalen Gemeinschaft abzuleiten. Ausgangspunkt hierfür ist das berühmte *obiter dictum* des Internationalen Gerichtshofs in der bereits erwähnten *Barcelona Traction*-Entscheidung, in welcher das Konzept der *erga omnes*-Normen Konturen erhielt. In der Entscheidung heißt es:

> „[...] an essential distinction should be drawn between the obligations of a State towards the international community as a whole, and those arising vis-à-vis another State in the field of diplomatic protection. By their very nature the former are the concern of all States. In view of the importance of the rights involved, all States can be held to have a legal interest in their protection; they are obligations erga omnes."[312]

Der Internationale Gerichtshof beschreibt *erga omnes*-Normen damit als Verpflichtungen gegenüber der Staatengemeinschaft in ihrer Gesamtheit, an deren Einhaltung alle Staaten aufgrund ihrer Wichtigkeit ein rechtliches Interesse hätten. Als Beispiele für solche Normen nennt der Gerichtshof das Aggressions- und Genozidverbot sowie die fundamentalen Menschenrechte wie das Sklavereiverbot und das Verbot der Rassendiskriminierung.[313] In späteren Entscheidungen hat der Internationale Gerichtshof außerdem noch das Selbstbestimmungsrecht der Völker sowie die grundlegenden Normen des humanitären Völkerrechts als *erga omnes*-Normen bestätigt.[314] Dieses Bild der *erga omnes*-Normen hat ohne weitere dogmatische Untersuchungen Eingang in die völkerrechtliche Literatur gefunden.[315] Aus der vom Gerichtshof gewählten Formulierung wird die Rechtssubjektivität der internationalen

312 IGH, Barcelona Traction-Fall (oben Fn. 302), ICJ Rep. 1970, S. 3 (32/Abs. 33).

313 IGH, Barcelona Traction-Fall (oben Fn. 302), ICJ Rep. 1970, S. 3 (32/Abs. 34).

314 IGH, Case Concerning East Timor (Portugal v. Australia), Urteil vom 30. Juni 1995, ICJ Rep. 1995, S. 90 (102/Abs. 29); IGH, Legal Consequences of the Construction of a Wall in the Occupied Palestinian Territory, Gutachten vom 09. Juli 2004, ICJ Rep. 2004, S. 136 (199/Abs. 155 ff.).

315 Vgl. etwa HERDEGEN, Völkerrecht, § 39 Rn. 1, welcher erga omnes-Normen als Verpflichtungen beschreibt, welche ein Anliegen aller Staaten zum Gegenstand haben und an deren Einhaltung alle Staaten aufgrund der Bedeutung des jeweiligen Rechtsgutes ein rechtliches Interesse haben; auf die unzureichende dogmatische Untersuchung hinweisend SIMMA, in: Weiler/Cassese/Spinedi (Hrsg.), S. 283 (290).

Gemeinschaft gefolgert. Die Einhaltung von Normen mit *erga omnes*-Charakter sei nicht als Verpflichtung gegenüber den Einzelstaaten anzusehen, sondern als Verpflichtung gegenüber der internationalen Gemeinschaft als Ganzer. Die internationale Gemeinschaft wird damit als aus den *erga omnes*-Normen subjektiv Berechtigte angesehen.[316] Auch hier wird ein Rechtsverständnis zugrunde gelegt, das nicht mit der geltenden Völkerrechtsordnung in Einklang zu bringen ist. Zwar ist eine solche Interpretation der Entscheidung des Internationalen Gerichtshofs möglich, fraglich ist aber, ob dieses Verständnis auch der Intention des Gerichtshofs entspricht.[317] Ebenso wie die Ausführungen zu den *ius cogens*-Normen basiert die dargestellte Argumentation auf einem Zirkelschluss – das Konzept der *erga omnes*-Normen wird mit Hilfe der Staatengemeinschaft erklärt und umgekehrt. Auf eine solche Weise lässt sich eine neue völkerrechtliche Rechtsposition nicht begründen. Auch das Konzept der *erga omnes*-Normen kann daher nur auf dem klassischen Völkerrechtsverständnis basierend begründet werden. Mangels Rechtssubjektivität der Staatengemeinschaft kommen daher als Berechtigte aus den *erga omnes*-Verpflichtungen nur die Einzelstaaten in Betracht.[318] Auch aus dem Konzept der *erga omnes*-Normen können somit keine Rechte der internationalen Gemeinschaft abgleitet werden, die eine Völkerrechtssubjektivität derselben begründen würden.

#### c) *Sonstige Bedenken gegen die Völkerrechtssubjektivität der internationalen Gemeinschaft*

Im Übrigen bestehen aufgrund der Handlungsunfähigkeit der internationalen Gemeinschaft grundsätzliche Bedenken gegen die Völkerrechtssubjektivität derselben. Zwar ist im Allgemeinen die Rechtsfähigkeit von der Handlungsfähigkeit zu unterscheiden. Als Beispiele für Völkerrechtssubjekte ohne

316 PAYANDEH, S. 388 f., 442; vgl. auch PAULUS, S. 379 ff., 430 f.; IPSEN, in: ders. (Hrsg.), § 39 Rn. 19, der in diesem Zusammenhang von einer sich abzeichnenden partiellen Rechtsfähigkeit der internationalen Gemeinschaft spricht; vgl. auch ANNACKER, S. 53.

317 Und selbst wenn die dargestellte Interpretation der Intention des Internationalen Gerichtshofs entsprechen würde, würde die Entscheidung an sich keinen unmittelbaren Einfluss auf die Rechtslage haben. Wie dargestellt kommt dem Internationalen Gerichtshof lediglich die Funktion als Rechtserkenntnisquelle im Sinne von Art. 38 Abs. 1 lit. d des IGH-Statuts zu, siehe hierzu oben S. 46.

318 Siehe hierzu noch unten S. 126 ff.

Handlungsfähigkeit sind etwa *failed States* oder Staaten, die nach einem Krieg durch Besatzungsmächte verwaltet werden, zu nennen. In beiden Fällen wird vom Fortbestehen der Rechtsfähigkeit und damit der Völkerrechtssubjektivität ausgegangen.[319] Fraglich ist aber, ob diese Fälle des nur vorübergehenden Wegfalls der Handlungsfähigkeit mit der fehlenden Handlungsfähigkeit der Staatengemeinschaft vergleichbar sind. Die Staatengemeinschaft verfügt über keinerlei Organe zur Willensbildung oder eine sonstige Organisationsstruktur, es fehlt ihr damit bereits an der tatsächlichen Voraussetzung dafür, Trägerin von Rechten oder Pflichten sein zu können.[320] Insbesondere ist die internationale Gemeinschaft auch nicht mit der Organisation der Vereinten Nationen gleichzusetzen. Zwar handelt es sich hierbei um eine internationale Organisation, die (beinahe) alle Staaten der internationalen Gemeinschaft umfasst und repräsentiert. Der Aufgabenbereich der Vereinten Nationen ist aber grundsätzlich auf die in der Satzung niedergelegten Kompetenzen beschränkt. Eine hierüber hinausgehende Vertretung der internationalen Gemeinschaft als solcher ist nicht vorgesehen.[321] Und auch der Ansatz, welcher die Einzelstaaten als Organe der internationalen Gemeinschaft ansieht,[322] geht fehl. Hierfür bedürfte es einer wie auch immer ausgestalteten Rechtsgrundlage. Eine solche ist nicht ersichtlich.

Im Ergebnis kann die Völkerrechtssubjektivität der internationalen Gemeinschaft daher nur verneint werden. Der Begriff der internationalen Gemeinschaft ist vielmehr als

> „[...] untechnischer (und irreführender) Ausdruck einer die Staaten bzw. sämtliche Subjekte des Völkerrechts verbindenden Zusammengehörigkeit durch die für sie alle in gleicher Weise geltende Völkerrechtsordnung“

zu verstehen.[323]

---

319 Siehe hierzu EPPING, in: Ipsen (Hrsg.), § 5 Rn. 10; HOBE, S. 67; zum failed State siehe bereits oben S. 79 f.

320 HANZ, S. 81; WESCHKE, S. 71; vgl. auch HILLGRUBER, JöR 54 (2006), S. 57 (83).

321 Vgl. ANNACKER, S. 54 f.; WESCHKE, S. 73 f.

322 So PAYANDEH, S. 390, 446.

323 HILLGRUBER, in: Jestaedt/Lepsius (Hrsg.), S. 113 (129); DERS., JöR 54 (2006), S. 57 (83); siehe auch SCHWEISFURTH, Kap. 1 Rn. 172; HANZ, S. 80; HERDEGEN, Völkerrecht, § 5 Rn. 7.

### *2. Rechtliche Bedeutung der Sekundärverantwortung der Staatengemeinschaft*

Mangels Rechtssubjektivität der internationalen Gemeinschaft kann der Begriff der Sekundärverantwortung der Staatengemeinschaft daher nicht als im Sinne konkreter Rechte oder Pflichten begründend verstanden werden. Nach dem gegenwärtigen Stand des Völkerrechts kann der Begriff der Sekundärverantwortung der Staatengemeinschaft allein allgemein als Zuständigkeit der internationalen Gemeinschaft, als Gegenstück zur Zuständigkeit der Einzelstaaten im Bereich ihrer inneren Angelegenheiten, verstanden werden,[324] wobei hier der Begriff der internationalen Gemeinschaft nicht eine weitere Instanz umschreibt, sondern als Synonym für die Summe der Einzelstaaten steht. Entsprechend den Erläuterungen im Rahmen der Primärverantwortung der Staaten besteht daher eine Sekundärverantwortung der Staatengemeinschaft in allen völkerrechtlich geregelten Bereichen, das heißt in allen nicht der ausschließlichen Zuständigkeit der Staaten unterfallenden Bereichen.

Im Ergebnis kann von einer Sekundärverantwortung der Staatengemeinschaft ausgegangen werden, allerdings nur in dem hier dargelegten Sinne. Wie bereits im Rahmen der Primärverantwortung der Staaten dargelegt greift das Weltgipfeldokument, welches das Konzept der *Responsibility to Protect* allein auf die in diesem genannten internationalen Verbrechen stützt, zu kurz.[325] Die Sekundärverantwortung der Staatengemeinschaft besteht nicht nur im Falle der dort genannten internationalen Verbrechen, sondern zum Schutz sämtlicher völkerrechtlich verankerten Menschenrechte. Konkrete Handlungsrechte oder -pflichten ergeben sich hieraus allerdings nicht. Ob solche bestehen, beziehungsweise welcher Eingriffsschwelle diese unterliegen, soll im Folgenden untersucht werden.

## *IV. Recht der Staatengemeinschaft zu nicht-militärischen Interventionen in humanitären Notsituationen*

Soweit ein Staat seiner Primärverantwortung zum Schutz der Bevölkerung nicht nachgekommen ist beziehungsweise nachkommen kann und es infolge-

324 Vgl. hierzu bereits OETERS, in: FS Steinberger, S. 259 (284), welcher den Schutz der Menschenrechte als „Belang der Staatengemeinschaft“ bezeichnet; siehe auch RITTERBAND, S. 216.

325 Vgl. oben S. 74.

dessen zu einer humanitären Notsituation gekommen ist, liegt nach dem ICISS-Bericht ein Fall der *Responsibility to React* vor. Demnach habe die Staatengemeinschaft mit angemessenen Mitteln zu intervenieren. Hierfür kämen vor allem nicht-militärische Mittel in Betracht.[326] Im Folgenden soll die Zulässigkeit der Anwendung nicht-militärischer Mittel als Reaktion auf humanitäre Notsituationen untersucht werden. Zunächst werden die völkerrechtlichen Grenzen für die Anwendung nicht-militärischer Maßnahmen dargestellt, sodann soll untersucht werden, ob die Anwendung nicht-militärischer Mittel im Rahmen der Vereinten Nationen beziehungsweise außerhalb des Systems der Vereinten Nationen gerechtfertigt werden kann.

### *1. Völkerrechtliche Grenzen für nicht-militärische Interventionen im Sinne der Responsibility to React*

Als völkerrechtliche Grenze für nicht-militärische Interventionen im Sinne der *Responsibility to React* kommt zunächst das Interventionsverbot in Betracht. Ob dieses bei Maßnahmen im Sinne der *Responsibility to React* noch greift, das heißt einer Intervention im Wege steht, und ob darüber hinaus noch weitere Verbotstatbestände als völkerrechtliche Zulässigkeitsgrenze zu beachten sind, soll nun untersucht werden.

#### *a) Das Interventionsverbot*

Das zwischenstaatliche Interventionsverbot, das zum Schutz der territorialen Integrität und politischen Unabhängigkeit der Staaten als Ausfluss des Prinzips der souveränen Staatengleichheit aus Art. 2 Abs. 1 der UN-Charta abgeleitet wird, findet seine Entsprechung auch im Völkergewohnheitsrecht.[327] Nach dem erweiterten Verständnis schützt das zwischenstaatliche Interventionsverbot vor allen sonstigen, das heißt nicht-militärischen[328] Eingriffen in die inneren Angelegenheiten (*domaine réservé*) eines Staates. Während die Geltung des Interventionsverbots heute unstreitig ist, ist der genaue Umfang

326 Siehe oben S. 17 ff.

327 FISCHER, in: Ipsen (Hrsg.), § 59 Rn. 51; HERDEGEN, Völkerrecht, § 35 Rn. 1.

328 Die Anwendung militärischer Gewalt stellt zwar stets auch einen Verstoß gegen das Interventionsverbot dar, hier greift aber grundsätzlich das speziellere Gewaltverbot. Die Anwendung militärischer Gewalt soll daher dort behandelt werden, siehe unten S. 145 ff.

noch nicht abschließend geklärt. Grundsätzlich ist eine unter das Verbot fallende Intervention immer dann gegeben, wenn ein Staat versucht, auf die inneren Angelegenheiten eines anderen Staates Einfluss zu nehmen, und hierbei einen Druck erzeugt, der die Schwelle der zulässigen politischen Einflussnahme überschreitet. Eine verbotene Intervention umfasst daher immer zwei Elemente, die kumulativ erfüllt sein müssen: einen Eingriff in die inneren Angelegenheiten eines Staates sowie die Anwendung von Zwang.[329]

Ziel der nicht-militärischen Interventionen im Sinne der *Responsibility to React* ist es, den jeweiligen Staat dazu zu bewegen, seiner Primärverantwortung zum Schutz der eigenen Bevölkerung nachzukommen. Es geht also darum, die Entscheidungsträger des jeweiligen Staates dazu zu veranlassen, bestimmte Handlungen vorzunehmen oder zu unterlassen, um die Menschenrechtslage zu verbessern.[330] Bereits oben wurde dargestellt, dass durch die Entwicklung des internationalen Menschenrechtsschutzes die Einhaltung der Menschenrechte nicht mehr dem Bereich der inneren Angelegenheiten zuzurechnen ist.[331] Mangels Eingriffs in den Bereich der inneren Angelegenheit berühren die nicht-militärischen Maßnahmen der *Responsibility to React* das Interventionsverbot daher nicht; das Interventionsverbot stellt damit keine völkerrechtliche Zulässigkeitsgrenze für derartige Maßnahmen mehr dar.[332]

#### *b) Sonstige Grenzen – insbesondere der Grundsatz pacta sunt servanda*

Eine Zulässigkeitsgrenze für nicht-militärische Maßnahmen im Sinne der *Responsibility to Protect* ist daher nur dann zu bejahen, wenn bereits das eingesetzte Druckmittel als völkerrechtswidrig zu qualifizieren ist.[333]

Die ICISS nennt in ihrem Bericht verschiedene nicht-militärische Maßnahmen auf militärischem, wirtschaftlichem und politischem beziehungswei-

---

329 KEMPEN/HILLGRUBER, Kap. 6 Rn. 9 f.; HOBE, S. 366 ff.; FISCHER, in: Ipsen (Hrsg.), § 59 Rn. 53 ff.

330 Siehe oben S. 18.

331 Vgl. oben S. 76 f.

332 Vgl. allgemein zum tatbestandlichen Ausschluss des Interventionsverbots im Falle von Interventionen aus humanitären Gründen RITTERBAND, S. 370 ff.; KEMPEN/HILLGRUBER, Kap. 6 Rn. 11 f.; HERDEGEN, Völkerrecht, § 35 Rn. 4; SEEGER, S. 179 f.

333 Im Rahmen des Interventionsverbots ergibt sich die Völkerrechtswidrigkeit nicht zwangsläufig aus dem eingesetzten Druckmittel an sich, sondern vielmehr aus der unzulässigen Verknüpfung der Druckausübung im Bereich der ausschließlichen Zuständigkeit eines Staates (Zweck-Mittel-Relation).

se diplomatischem Gebiet.[334] An dieser Stelle sollen nicht alle seitens der ICISS genannten Maßnahmen auf ihre Vereinbarkeit mit dem Völkerrecht untersucht werden. Eine solche Beurteilung entzieht sich einer pauschalen Betrachtung und bedarf vielmehr einer Untersuchung im Einzelfall. Ohnehin sind die seitens der Kommission genannten Maßnahmen wohl nicht als abschließend zu betrachten. Beispielsweise nennt die Kommission den Abbruch der diplomatischen Beziehungen als mögliche Maßnahme, was schon deshalb als völkerrechtlich zulässig zu betrachten ist, weil keine Verpflichtung zur Unterhaltung diplomatischer Beziehungen besteht.[335] Eine andere Bewertung könnte sich aber für die ebenfalls im ICISS-Bericht aufgeführten Embargomaßnahmen ergeben. Zwar besteht grundsätzlich keine Verpflichtung zur Unterhaltung von Wirtschaftsbeziehungen beziehungsweise von nicht-diskriminierenden Wirtschaftsbeziehungen, doch wurden diesbezüglich zahlreiche Verträge geschlossen.[336] Die Verhängung eines Embargos würde daher gemäß dem Grundsatz *pacta sunt servanda* einen Vertragsbruch darstellen und damit grundsätzlich als völkerrechtswidrig zu bewerten sein. Insbesondere der Grundsatz *pacta sunt servanda* ist daher als eine Zulässigkeitsgrenze für nicht-militärische Interventionen zu beachten.

Nicht-militärische Zwangsmaßnahmen der *Responsibility to React*, welche nach einer jeweiligen Prüfung im Einzelfall gegen eine völkerrechtliche Verbotsnorm verstoßen, sind nur dann zulässig, wenn eine Rechtfertigung möglich ist. Für die Bewertung der Rechtfertigungsmöglichkeiten soll im Folgenden zwischen kollektiven Maßnahmen im Rahmen der Vereinten Nationen und Maßnahmen seitens einzelner Staaten außerhalb des Systems der Vereinten Nationen differenziert werden.

### *2. Zulässigkeit nicht-militärischer Interventionen nach der Satzung der Vereinten Nationen – die Frage der Eröffnung des VII. Kapitels der UN-Charta in humanitären Notsituationen*

Nach der Satzung der Vereinten Nationen können nicht-militärische Interventionen als Zwangsmaßnahmen im Sinne des VII. Kapitels der Charta gerechtfertigt sein. Fraglich ist allerdings, ob der Zugriff auf das VII. Kapitel der UN-Charta in humanitären Notsituationen möglich ist. Die ICISS geht in

---

334 Vgl. oben S. 18.

335 KEMPEN/HILLGRUBER, Kap. 6 Rn. 42; FISCHER, in: Ipsen (Hrsg.), § 35 Rn. 11.

336 Vgl. KAUSCH, in: Bernhardt (Hrsg.), EPIL II, S. 58 (61).

ihrem Bericht hiervon ohne Weiteres aus. Im Folgenden soll geklärt werden, ob dies tatsächlich der Fall ist.

### *a) Vorüberlegung – Zulässigkeit und Wirkung kollektiver Zwangsmaßnahmen, Kompetenzgrenzen des Sicherheitsrates und die Auslegung und Änderung der UN-Charta*

Der Sicherheitsrat der Vereinten Nationen, der nach Art. 24 Abs. 1 UN-Charta die Hauptverantwortung für die Wahrung des Weltfriedens trägt, kann im Rahmen des VII. Kapitel der Charta Zwangsmaßnahmen beschließen; solche Maßnahmen können gemäß Art. 41 nicht-militärischer oder gemäß Art. 42 militärischer Art sein. Voraussetzung für die Anordnung von Zwangsmaßnahmen ist, dass der Sicherheitsrat eine Bedrohung beziehungsweise einen Bruch des Friedens oder eine Angriffshandlung entsprechend Art. 39 UN-Charta feststellt. Art. 39 UN-Charta fungiert damit als Eröffnungsnorm des VII. Kapitels der Charta.

Die Entscheidungen des Sicherheitsrates nach Kapitel VII sind über Art. 25 UN-Charta grundsätzlich für alle Mitgliedstaaten bindend.[337] Die Feststellung nach Art. 39 UN-Charta bewirkt zunächst implizit eine Aufforderung an den Friedensstörer, sein friedensstörendes Verhalten einzustellen, sowie an die übrigen Mitgliedstaaten, diesen in seinem Verhalten nicht zu unterstützen.[338] Darüber hinaus sind die Mitgliedstaaten und je nach angeordneter Maßnahme auch der Zielstaat über Art. 25 UN-Charta verpflichtet, die durch den Sicherheitsrat angeordneten Zwangsmaßnahmen umzusetzen (vgl. Art. 48 UN-Charta).[339] Ordnet der Sicherheitsrat eine Maßnahme an, die durch die übrigen Mitgliedstaaten auszuführen ist und deren Durchführung einen Verstoß gegen eine völkerrechtliche Verbotsnorm zur Folge hat, so kommt der Anordnung außerdem eine rechtfertigende Wirkung zu. Nicht-militärische Maßnahmen im Sinne der *Responsibility to Protect* könnten daher über eine Ermächtigung seitens des Sicherheitsrates der Vereinten Nationen gerechtfertigt werden.

---

337 Welchen Entscheidungen des Sicherheitsrates über Art. 25 UN-Charta eine Bindungswirkung zukommt – insbesondere ob diese auch für Entscheidungen nach dem VI. Kapitel der Charta gilt –, ist zwar nach wie vor umstritten, jedenfalls gilt dies aber für Zwangsmaßnahmen im Sinne des VII. Kapitels, siehe hierzu DELBRÜCK, in: Simma (Hrsg.), UN-Charter Commentary, Art. 25 Rn. 5, 8 ff.; DINSTEIN, S. 289.

338 KEMPEN/HILLGRUBER, Kap. 7 Rn. 28.

339 Zur Umsetzungspflicht siehe aber noch unten S. 218 ff.

Allerdings gilt die Bindungs- und Rechtfertigungswirkung nur für solche Resolutionen, die im Einklang mit der UN-Charta zustande gekommen sind. Umstritten ist, ob sich dies aus der Formulierung des Art. 25 ableiten lässt, dort heißt es:

> „The Members of the United Nations agree to accept and carry out the decisions of the Security Council in accordance with the present Charter".[340]

Jedenfalls folgt dies aber aus dem Gedanken der staatlichen Souveränität, denn die Staaten haben sich lediglich in dem in der Charta statuierten Umfang zur Umsetzung der Sicherheitsratsresolutionen verpflichtet. Eine hierüber hinausgehende Rechtswirkung scheidet nach dem hier vertretenen Ansatz aus.[341] Überschreitet der Sicherheitsrat seine Kompetenzen nach dem VII. Kapitel der Charta, handelt er *ultra vires*; dies hat – zumindest in der Theorie[342] – zur Folge, dass der Resolution keine Bindungs- beziehungsweise Rechtfertigungswirkung zukommt.[343]

Die Beantwortung der oben gestellten Frage nach der Zugriffsmöglichkeit auf das VII. Kapitel der Charta im Falle humanitärer Notsituationen hängt daher davon ab, ob der Sicherheitsrat Zwangsmaßnahmen im Falle humanitärer Notsituationen anordnen kann, ohne seine Kompetenzen zu überschreiten. Die humanitären Belange müssten unter eine der Tatbestandsvarianten des Art. 39 UN-Charta subsumierbar sein. Bei den Tatbestandsvarianten handelt

---

340 Umstritten ist, ob der Zusatz „in accordance with the present Charter" auf die Entscheidung des Sicherheitsrates zu beziehen ist, d. h. ob die Mitgliedstaaten nur zur Umsetzung solcher Entscheidungen verpflichtet sind, welche im Einklang mit der Charta zustande gekommen sind, oder ob der Zusatz sich auf die Art und Weise der Umsetzung seitens der Mitgliedstaaten bezieht (siehe hierzu DELBRÜCK, in: Simma (Hrsg.), UN-Charter Commentary, Art. 25 Rn. 6, 17 f.); nur im ersten Fall könnte Art. 25 eine Einschränkung hinsichtlich der Bindungs- und Rechtfertigungswirkung von Sicherheitsratsresolutionen entnommen werden.

341 Vgl. oben S. 5 ff.

342 In der praktischen Umsetzung wird zum Teil jedenfalls bis zur Überschreitung einer gewissen Evidenzgrenze die Bindungswirkung von Sicherheitsratsresolutionen bejaht. Andernfalls könnten sich die Staaten mangels objektiver Überprüfungsmöglichkeit nach freiem Belieben den Rechtswirkungen der Sicherheitsratsresolutionen entziehen, vgl. etwa HERDEGEN, in: FS Bernhardt, S. 103 (119); siehe hierzu auch KLEIN, in: Vitzthum (Hrsg.), Abschnitt 4 Rn. 194.

343 So auch FINK, S. 859, welcher derartige Beschlüsse für materiell-rechtlich unwirksam und daher von Anfang an für null und nichtig hält; siehe auch SCHILLING, AVR 33 (1995), S. 67 (93 ff.); WELLHAUSEN, S. 152.

es sich um interpretationsoffene Rechtsbegriffe, welche der Auslegung bedürfen. Der Sicherheitsrat als Organ, an den Art. 39 UN-Charta gerichtet ist, ist hierfür vorrangig zuständig.[344] Zu beachten ist hierbei insbesondere der weite Beurteilungsspielraum, der dem Sicherheitsrat im Rahmen des VII. Kapitels der UN-Charta zukommt. Dies gilt sowohl hinsichtlich des Vorliegens der Tatbestandsvoraussetzungen (rechtliche Interpretation der Tatbestandsmerkmale und Würdigung des Sachverhalts),[345] als auch hinsichtlich der Anwendung und Auswahl der Zwangsmaßnahmen (Einschreitungs- und Auswahlermessen).[346] Auch wenn teilweise Gegenteiliges behauptet wird,[347] bedeutet dies aber nicht, dass der Sicherheitsrat in seiner Entscheidung völlig frei ist. Trotz des weiten Spielraums unterliegt der Sicherheitsrat rechtlichen Bindungen; er hat insbesondere die Grenzen der Vertragsauslegung zu beachten.[348] Ein Recht zur autoritativen und damit rechtsverbindlichen Interpretation der UN-Charta kommt dem Sicherheitsrat nicht zu.[349]

Die UN-Charta ist als völkerrechtlicher Vertrag nach den allgemeinen Auslegungskriterien, wie sie in Art. 31 ff. der Wiener Vertragsrechtskonvention niedergelegt sind, zu interpretieren, also nach dem Wortlaut, systematischer und teleologischer Auslegung sowie subsidiär entsprechend dem historischen Willen der Gründungsstaaten.[350] Eine über die anerkannten Auslegungsmethoden hinausgehende dynamische Normanwendung durch den Sicherheitsrat im Sinne einer Rechtsfortbildung kann nur dann als rechtsverbindlich angesehen werden, wenn diese die ausdrückliche oder stillschwei-

---

344 LEIß, S. 59; STEIN/VON BUTTLAR, Rn. 856; vgl. auch HOLSTEIN, S. 96; HERDEGEN, in: FS Bernhardt, S. 103 (103).

345 HERDEGEN, in: FS Bernhardt, S. 103 (108 f.); LEIß, S. 29 ff.

346 HERBST, S. 365.

347 So äußerte etwa AKEHURST, S. 219: „a threat to the peace is whatever the Security Council says is a threat to the peace"; ähnlich auch KELSEN, United Nations, S. 727.

348 Siehe hierzu SCHILLING, AVR 33 (1995), S. 67 (79 ff.); HERBST, S. 292 ff.; FINK, S. 872 f.; vgl. auch HERDEGEN, in: FS Bernhardt, S. 103 (111); ARNTZ, S. 37 ff.; HOLSTEIN, S. 97 f.; WELLHAUSEN, S. 151; NOWLAN, in: FS Bock, S. 165 (171).

349 Siehe hierzu bereits oben S. 52.

350 Die Wiener Vertragsrechtskonvention findet entsprechend Art. 4, der die Anwendung auf Verträge beschränkt, welche nach der Konvention, d. h. nach dem 27. Januar 1980, in Kraft getreten sind, zwar keine unmittelbare Anwendung auf die UN-Charta, welche bereits 1945 in Kraft getreten ist. Die Auslegungsgrundsätze der Art. 31 ff. der WVK finden aber eine Entsprechung im Völkergewohnheitsrecht und kommen daher über dieses zur Anwendung, siehe hierzu RESS, in: Simma (Hrsg.), UN-Charter Commentary, Interpretation Rn. 8; FINK, S. 853.

gende Anerkennung seitens der Mitgliedstaaten findet. Im Gegensatz zum Sicherheitsrat sind die Vertragsstaaten als *Herren der Verträge* dazu befugt, den Vertrag durch eine spätere Praxis im gegenseitigen Einvernehmen zu ändern. Als Ausgangspunkt für eine solche informelle Änderung kann die Praxis des Sicherheitsrates herangezogen werden. Diese muss durch die UN-Mitgliedstaaten zumindest widerspruchslos hingenommen werden. Denn nicht die Praxis des Organs bewirkt die Änderung, sondern allein die Billigung seitens der Mitgliedstaaten, also die Praxis der Mitgliedstaaten.[351] Zwar wirft eine solche formlose Vertragsänderung durch eine spätere Praxis der Vertragsstaaten zahlreiche Probleme auf.[352] Über die Zulässigkeit einer solchen Vertragsänderung besteht in der Völkerrechtswissenschaft aber weitgehende Einigkeit,[353] und zwar auch dann, wenn – wie im Fall der UN-Charta – eine Änderungsmöglichkeit im Vertrag ausdrücklich vorgesehen ist.[354] Soweit humanitäre Belange nach der ursprünglichen Konzeption des Art. 39 UN-Charta nicht von der Norm umfasst sind, wäre daher eine Einbeziehung im Wege einer informellen Vertragsänderung denkbar. Zunächst aber zur Auslegung des Art. 39 der UN-Charta.

#### *b) Auslegung der Tatbestandsmerkmale des Art. 39 UN-Charta – insbesondere der Begriff der Friedensbedrohung*

Während die Tatbestandsmerkmale der Angriffshandlung und des Friedensbruchs nach einhelliger Literaturansicht einen mit Waffengewalt ausgetrage-

---

351 HERDEGEN, in: FS Bernhardt, S. 103 (111); DERS., Befugnisse des Sicherheitsrates, S. 14; HOLSTEIN, S. 109; STEIN, S. 324 f.; HERBST, S. 98 f.; LEIß, S. 32; LAILACH, S. 37 f.; WELLHAUSEN, S. 151 f.; KRISCH, S. 64 ff. In diesem Sinne kann auch die Stellungnahme des IGH im Namibia-Gutachten gedeutet werden. Nach Darstellung der von der Charta abweichenden Praxis des Sicherheitsrates bezüglich des Vetorechts (siehe hierzu noch unten Fn. 598) führte der Gerichtshof aus: „This procedure followed by the Security Council, which has continued unchanged after the amendment in 1965 of Article 27 of the Charter, has been generally accepted by Members of the United Nations and evidences a general practice of that Organization", IGH, Legal Consequences for States of the Continued Presence of South Africa in Namibia, Gutachten vom 21. Juni 1971, ICJ Rep. 1971, S. 16 (22/Abs. 22).

352 Vgl. KARL, S. 220 f.

353 KARL, S. 305; SEIDL-HOHENVELDERN/LOIBL, Rn. 1538.

354 KARL, S. 340 ff.; HERBST, S. 98 f.; HILLGRUBER, in: Jestaedt/Lepsius (Hrsg.), S. 113 (122 f.).

nen Konflikt zwischen Staaten verlangen[355] und daher ein Einschreiten zum Schutz humanitärer Belange nicht zulassen,[356] ist die Auslegung des dritten Tatbestandmerkmals, der Friedensbedrohung, schwieriger. Bei einer Friedensbedrohung handelt es sich um eine Gefährdungslage im Vorfeld eines Friedensbruchs.[357] Dass sich auch dieses Tatbestandsmerkmal auf den *internationalen* Frieden bezieht, entspricht einhelliger Ansicht.[358] Umstritten ist aber, was genau darunter zu verstehen ist beziehungsweise wann dieser gefährdet sein soll. Setzt eine Friedensgefährdung immer eine bevorstehende zwischenstaatliche Gewaltanwendung oder eine andere Grenzüberschreitung voraus, oder können auch rein staatsinterne Konflikte den Tatbestand erfüllen?

*aa) Der Friedensbegriff*

Zunächst könnte die Einhaltung fundamentaler Menschenrechte als konstituierendes Element des Friedens in Art. 39 UN-Charta einbezogen werden. Dies würde dem Begriffsverständnis der modernen Friedensforschung entsprechen. Während nach dem klassischen, sog. negativen Friedensbegriff der Frieden als Abwesenheit von Krieg und organisierter Gewalt verstanden wird, geht die moderne Friedensforschung heute vom sog. positiven Friedensbegriff aus. Demnach umfasst der Frieden auch die Einhaltung bestimmter grundlegender Werte, wie etwa die Einhaltung der Menschenrechte.[359] Fraglich ist allerdings, ob ein solches Verständnis auch im Rahmen des Art. 39 UN-Charta möglich ist.

---

355 Bei Ersterem muss der Aggressionsakt eindeutig einem Staat zugeordnet werden, während es im Rahmen des Friedensbruchs nicht auf das Vorliegen eines bestimmten Aggressors ankommt, siehe hierzu FROWEIN/KRISCH, in: Simma (Hrsg.), UN-Charter Commentary, Art. 39 Rn. 11, 13.

356 So auch GADING, S. 68 f.

357 HERBST, S. 331; FROWEIN/KRISCH, in: Simma (Hrsg.), UN-Charter Commentary, Art. 39 Rn. 16.

358 GADING, S. 69 f.; HERDEGEN, in: FS Bernhardt, S. 103 (113); STEIN/VON BUTTLAR, Rn. 857; LEIß, S. 65; SCHAEFER, S. 17; BEYERLIN, S. 68; PAUER, S. 81; NOWLAN, in: FS Bock, S. 165 (172); STEIN, S. 122 f.; SCHÖBENER, in: Dreier/Forkel/Laubenthal (Hrsg.), S. 407 (451).

359 HUBER, in: Picht/Huber (Hrsg.), S. 34 (41 ff.); PICHT, in: Picht/Huber (Hrsg.), S. 13 (27 f.); RÖLING, S. 87 ff.; GADING, S. 82 ff.; GALTUNG, in: Senghaas (Hrsg.), S. 55 (86 f.); KAISER, S. 31.

Der Wortlaut des Art. 39 UN-Charta ist ambivalent,[360] dort wird ohne nähere Erläuterungen der Begriff des Friedens verwendet. Auch aus den gemäß Art. 33 der Wiener Vertragsrechtskonventionen für die Auslegung maßgeblichen authentischen Fassungen der UN-Charta – nach Art. 111 der Charta sind dies unter anderem die englische, die französische und die spanische Fassung – ergibt sich nichts Weiterführendes, dort ist ebenfalls lediglich von *Peace*, *Paix* beziehungsweise *Paz* die Rede. Dass unter Frieden der internationale Frieden beziehungsweise Weltfrieden zu verstehen ist, wurde bereits festgestellt. Eine weitere Definition enthält die UN-Charta allerdings nicht. Zwar entspricht es dem allgemeinen Sprachgebrauch, den Frieden als Abwesenheit von gewaltsamen Konflikten zwischen den Staaten zu interpretieren,[361] zwingend ist diese Auslegung aber keinesfalls. Insbesondere der Begriff des Weltfriedens lädt zu weiter gehenden Assoziationen ein.

Im Rahmen der systematischen Auslegung wird, obwohl die UN-Charta keine ausdrückliche Verbindung zwischen Art. 2 Abs. 4 und Art. 39 herstellt, eine solche Verbindung häufig angenommen und als Argument für den engen, negativen Friedensbegriff herangezogen. Die Tatbestandsmerkmale des Art. 39 werden als Aufgliederung des in Art. 2 Abs. 4 statuierten Gewaltverbots angesehen.[362] Ein solches Verständnis ist jedoch ebenfalls nicht unangreifbar und findet genauso zahlreiche Gegenstimmen.[363] In den Art. 1 Abs. 3, Art. 13, Art. 55 lit. c UN-Charta werden als zu schützende Werte unter anderem die Menschenrechte genannt. Hieraus wird zum Teil auf eine Einbeziehung des positiven Friedensbegriffs in Art. 39 UN-Charta geschlossen.[364] Angemessener erscheint es aber, aus der Erwähnung der Menschenrechte an den genannten Stellen der Charta Gegenteiliges zu folgern. Denn in Art. 39 der Charta werden die Menschenrechte gerade nicht genannt. Die Charta scheint daher eine Unterscheidung zwischen der Friedensgefährdung und der Verletzung von Menschenrechten zu manifestieren. Im Übrigen spricht auch der Vergleich zu den beiden anderen Tatbestandsmerkmalen des Art. 39 UN-Charta für ein enges Verständnis des Friedensbegriffs. Sowohl im

360 Vgl. ARNTZ, S. 21; LEIß, S. 66; GADING, S. 70; LAILACH, S. 31 ff.; WELLHAUSEN, S. 153 f.

361 Vgl. etwa ARNTZ, S. 20; STEIN, S. 123.

362 So WENGLER, Gewaltverbot, S. 23, Fn. 31; DERPA, S. 77 f.; vgl. auch ARNTZ, S. 26 ff.

363 Vgl. WELLHAUSEN, S. 154 ff.; GADING, S. 74 ff.; LEIß, S. 123; PAUER, S. 88.

364 Vgl. etwa SCHÖBENER, in: Dreier/Forkel/Laubenthal (Hrsg.), S. 407 (455); MENK, S. 23 f.; FENWICK, VJIL 13 (1972), S. 340 (355).

Rahmen der Angriffshandlung als auch bezüglich des Friedensbruchs wird ein zwischenstaatlicher gewaltsamer Konflikt verlangt. Es ist nicht ersichtlich, warum der Frieden im Rahmen der Friedensbedrohung weiter verstanden werden sollte; eine einheitliche Behandlung scheint geradezu angezeigt.[365] Die Vertreter der weiten Auslegung des Art. 39 UN-Charta verstricken sich insofern in Widersprüche. Denn bei konsequenter Anwendung des positiven Friedensbegriffs müsste im Falle von Menschenrechtsverletzungen bereits von einem Bruch des Friedens und nicht von einer bloßen Gefährdung desselben gesprochen werden. So weit gehen aber selbst die Befürworter der weiten Auslegung des Art. 39 UN-Charta nicht.

Im Rahmen der teleologischen Auslegung ist nach dem Sinn und Zweck der Norm im Gefüge des Gesamtvertrages zu fragen. Hier wird teilweise ein sehr weiter, philanthropischer Ansatz vertreten. Die Leitidee der Vereinten Nationen sei es, das Wohl der Menschen zu bewahren. Das Ziel der Verhinderung von bewaffneten Konflikten sei nicht als Selbstzweck zu verstehen, sondern diene dem dahinter stehenden Ziel der Minderung menschlichen Leidens.[366] Um dem Sicherheitsrat ein Einschreiten im Falle von extremen humanitären Notsituationen ohne grenzüberschreitende Spannungslage zu ermöglichen, müsse der Frieden weit, im Sinne des positiven Friedensbegriffs verstanden werden. Ein anderes Verständnis sei nicht mit den Zielen der UN-Charta vereinbar.[367] In diesem Ansatz zeigt sich die Gefahr, welche die teleologische Auslegung stets birgt, nämlich die Gefahr der *Auslegung* entsprechend abstrakter Vertragsziele ohne Rücksicht auf die ausdrücklich niedergelegten Prinzipien.[368] Der innerstaatliche Frieden ist nach der UN-Charta lediglich als ein Mittel zur Erreichung des Hauptziels, nämlich als Mittel zur Aufrechterhaltung des internationalen Friedens,[369] anzusehen. Es kann insofern von einem instrumentalen Vorrang des negativen Friedens gesprochen werden, welcher sich aus den positivrechtlichen Entscheidungen der UN-Charta ergibt. Eine Gleichsetzung von innerstaatlichem und internationalem Frieden entspricht nicht der UN-Charta, sondern ist vielmehr als chartafremd

365 So auch STEIN, S. 124.

366 LAILACH, S. 180 f.

367 LAILACH, S. 205 ff.

368 KARL, S. 26; vgl. auch BERNHARDT, S. 96 f.

369 Vgl. Art. 1 Abs. 1, Präambel Abs. 1 UN-Charta.

anzusehen.[370] Auf einer solchen Gleichsetzung beruht aber gerade die moderne Friedensforschung, die allein den Individualschutz und damit vornehmlich den innerstaatlichen Frieden zum Ziel hat.[371] Das Ziel der Friedensforschung entspricht daher nicht dem Ziel der UN-Charta; eine Übertragung des modernen, positiven Friedensbegriffs auf Art. 39 der Charta ist folglich abzulehnen. Frieden im Sinne des Art. 39 UN-Charta ist daher entsprechend dem negativen Friedensbegriff als Abwesenheit zwischenstaatlicher Gewalt zu verstehen.[372]

Eine solche Interpretation entspricht auch dem Ergebnis der historischen Auslegung. Die Einbeziehung der Menschenrechte in Art. 39 wurde auf der Gründungskonferenz der Vereinten Nationen nur vereinzelt gefordert und fand schließlich keinen Eingang in die Charta.[373]

*bb) Der Begriff der Bedrohung*

Es bleibt damit nur die Möglichkeit der Einbeziehung humanitärer Belange in Art. 39 UN-Charta über den Begriff der Bedrohung. Hier stellt sich die Frage, ab wann der Sicherheitsrat eine Bedrohung des Friedens, das heißt die Gefahr einer zwischenstaatlichen Gewaltanwendung, feststellen darf. Müssen für die bevorstehende zwischenstaatliche Gewaltanwendung bereits konkrete Anhaltspunkte vorliegen, oder ist eine Vorverlagerung auf Ursachen, die eine spätere Gewaltanwendung zur Folge haben können, möglich? Bezogen auf humanitäre Belange bedeutet dies: Muss die humanitäre Notlage die konkrete Gefahr einer zwischenstaatlichen Gewaltanwendung zur Folge haben, oder genügt die Notlage an sich als mögliche Ursache für eine spätere zwischenstaatliche Gewaltanwendung?

Im ersten Fall ist eine Bedrohung des Friedens zu bejahen. Dass dritte Staaten durch massive Menschenrechtsverletzungen eines Staates gegenüber seiner Bevölkerung zur Anwendung von Gewaltmaßnahmen provoziert werden, ist auch durchaus denkbar. Der Sicherheitsrat kann in einem solchen Fall

370 Vgl. RANDELZHOFER, in: Delbrück (Hrsg.), S. 13 (18 f., 32 ff., 39); ARNTZ, S. 20; siehe auch STEIN, S. 142.

371 Vgl. HUBER, in: Picht/Huber (Hrsg.), S. 34 (43 f.); PICHT, in: Picht/Huber (Hrsg.), S. 13 (24).

372 So auch NOWLAN, in: FS Bock, S. 165 (174); DE WET, S. 144.

373 Siehe hierzu ENDEMANN, S. 108 ff.; vgl. auch STEIN, S. 140 f.; DANISH INSTITUTE-BERICHT, S. 62.

aufgrund der bevorstehenden zwischenstaatlichen Gewaltanwendung über Art. 39 UN-Charta auf die Maßnahmen des VII. Kapitel zurückgreifen.[374] Im zweiten Fall ist der Rückgriff auf das VII. Kapitel problematisch. Es handelt sich hierbei um eine Vorverlagerung auf Ursachen, welche spätere zwischenstaatliche Gewaltanwendung zur Folge haben könnten.[375] Eine solche Vorverlagerung basiert auf dem Gedanken, dass durch die zusehends wachsende Interdependenz der Staaten innerstaatliche Umstände Auswirkungen auf zwischenstaatlicher Ebene haben können. Gerade Menschenrechtsverletzungen des hier relevanten Ausmaßes werden als geeignet angesehen, gewaltsame Reaktionen anderer Staaten zu provozieren. Fraglich ist, ob der Sicherheitsrat daher bei massiven Menschenrechtsverletzungen *per se* von einer Friedensbedrohung ausgehen kann, ohne dass bereits konkrete Anhaltspunkte für eine bevorstehende zwischenstaatliche Gewaltanwendung gegeben sind.[376]

Der Wortlaut der Charta enthält keinen Hinweis hinsichtlich der notwendigen Konkretisierung der Bedrohung.[377] Nach dem allgemeinen Sprachgebrauch wird eine Bedrohung grundsätzlich erst dann angenommen, wenn ein gewisses Maß an Konkretisierung gegeben ist – eine Vorverlagerung auf potenzielle Ursachen für eine spätere Bedrohung ginge demnach zu weit.[378] Auf systematischer Ebene spricht der Vergleich zwischen dem VI. und VII. Kapitel der Charta gegen eine Ausdehnung des Begriffs der Bedrohung. Das VI. Kapitel, in dem als Handlungsinstrument allein unverbindliche Empfehlungen vorgesehen sind, erfasst gerade derartige potenzielle Gefahrenherde. Wä-

---

374 Teilweise wird die Möglichkeit eines Vorgehens des Sicherheitsrates in einem solchen Fall aufgrund der Unverhältnismäßigkeit der Adressatenauswahl verneint, und zwar insbesondere dann, wenn die provozierte Gegenmaßnahme selbst als rechtswidrige Gewaltanwendung zu bewerten wäre (so etwa PAUER, S. 85). Ausgangspunkt dieser Überlegung ist aber die Übertragung der Wertungen des deutschen Ordnungsrechts, welches in der Tat grundsätzlich ein Vorgehen gegen den eigentlichen Störer (d. h. hier gegen den Gewalt anwendenden bzw. androhenden Staat) vorschreiben würde. Eine solche Übertragung des deutschen Ordnungsrechts auf Art. 39 UN-Charta entbehrt aber jeder Grundlage. Der Sicherheitsrat ist bezüglich der Adressatenauswahl grundsätzlich frei, so auch HOLSTEIN, S. 103; vgl. auch NOWLAN, in: FS Bock, S. 165 (184 f.); LEIß, S. 124 f.

375 Vgl. hierzu WELLHAUSEN, S. 166; GADING, S. 76 ff.; NOWLAN, in: FS Bock, S. 165 (178).

376 So PAUER, S. 90.

377 Vgl. ARNTZ, S. 21; NOWLAN, in: FS Bock, S. 165 (178).

378 Vgl. RITTERBAND, S. 393.

re es möglich, gegen solche potenziellen Gefahren auch im Rahmen des VII. Kapitels vorzugehen, wäre das VI. Kapitel weitgehend überflüssig. Denn auch im Rahmen des VII. Kapitels sind bloße Empfehlungen möglich.[379] Außerdem sprechen drei weitere, im teleologischen Bereich anzusiedelnde Argumente gegen eine Vorverlagerung auf potenzielle Ursachen für einen späteren gewaltsamen Konflikt zwischen Staaten. Erstens ist im Falle von Zwangsmaßnahmen nur ausnahmsweise ein Eingriff in die inneren Angelegenheiten eines Staates möglich.[380] Eine Vorverlagerung auf Ursachen, die eine spätere zwischenstaatliche Gewaltanwendung zur Folge haben können, würde der Ausgestaltung des VII. Kapitels als Ausnahmevorschriften widersprechen. Zweitens birgt die Anwendung von Zwangsmaßnahmen immer auch die Gefahr einer Eskalation des Konflikts. Dies kann, entsprechend dem Hauptziel der Charta, die Anwendung zwischenstaatlicher Gewalt zu verhindern, nur dann in Kauf genommen werden, wenn eine gewaltsame Auseinandersetzung ohnehin schon bevorsteht.[381] Und drittens würde es zu erheblichen Unschärfen führen, wenn man eine potenzielle Gefährdung als Bedrohung im Sinne des Art. 39 UN-Charta ausreichen ließe. Der Sicherheitsrat könnte über den Begriff der potenziellen Friedensgefährdung jeglichen Völkerrechtsverstoß zum Anlass für Zwangsmaßnahmen nach dem VII. Kapitel nehmen. Die Aufgabe einer allgemeinen Durchsetzungsinstanz kommt dem Sicherheitsrat aber gerade nicht zu.[382] Im Übrigen bleibt dem Sicherheitsrat auch bei dem hier dargelegten Verständnis der Friedensbedrohung noch ein beträchtlicher Spielraum. Die für eine Bedrohung des internationalen Friedens erforderlichen zwischenstaatlichen Auseinandersetzungen müssen auch nach dem hier vertretenen Verständnis nicht unmittelbar bevorstehen. Es ist lediglich zu verlangen, dass sich die Gefahr in irgendeiner Weise – über die

---

379 So ARNTZ, S. 48 f.; PAUER, S. 81; STEIN, S. 156; vgl. auch NOWLAN, in: FS Bock, S. 165 (179).

380 Dies ergibt sich insbesondere aus Art. 2 Abs. 7 UN-Charta, welcher grundsätzlich ein Verbot der Intervention seitens der UN-Organe in die inneren Angelegenheiten der Mitgliedstaaten statuiert, lediglich die Zwangsmaßnahmen im Sinne des VII. Kapitels der Charta werden hiervon ausgenommen.

381 ARNTZ, S. 52 f.

382 Vgl. auch MARTENCZUK, EJIL 10 (1999), S. 517 (544); FROWEIN/KRISCH, in: Simma (Hrsg.), UN-Charter Commentary, Art. 39 Rn. 21.

Menschenrechtsverletzungen hinaus – konkretisiert. Die Menschenrechtsverletzungen allein genügen hierfür nicht.[383]

Im Zusammenhang mit der Interventionspraxis des Sicherheitsrates zum Schutz humanitärer Belange werden im Allgemeinen zwei Anwendungsfälle unterschieden: Interventionen aufgrund von grenzüberschreitenden Auswirkungen der humanitären Notsituation, wie etwa grenzüberschreitenden Flüchtlingsströmen, und Interventionen allein aufgrund der humanitären Notsituation.[384] Ersteres wird häufig als von Art. 39 UN-Charta gedeckt angesehen,[385] während im zweiten Fall der Anwendungsbereich des Art. 39 UN-Charta eher verneint wird.[386] Entsprechend dem soeben Erörterten kann hier hinsichtlich der Konkretisierung der Bedrohung nichts anderes gelten. Zwar mag es im ersten Fall wahrscheinlicher sein, dass es zu gewaltsamen zwischenstaatlichen Auseinandersetzungen kommt, die Flüchtlingsströme an sich berühren den internationalen Frieden aber ebenso wenig wie eine rein innerstaatliche humanitäre Notsituation. Auch im ersten Fall ist eine Konkretisierung der bevorstehenden zwischenstaatlichen Gewaltanwendung notwendig. Gleiches muss auch im Falle eines *failed State* gelten, der völkerrechtlich weiterhin als Staat zu behandeln ist.[387]

*cc) Zwischenergebnis*

Als Ergebnis der Auslegung des Art. 39 UN-Charta ist festzuhalten, dass mit dem Begriff des Friedens der Frieden im negativen Sinne gemeint ist, also die Abwesenheit zwischenstaatlicher Gewalt. Dieser kann nur dann als bedroht angesehen werden, wenn konkrete Anhaltspunkte für eine bevorstehende zwischenstaatliche Gewaltanwendung vorliegen. Eine humanitäre Notsituation oder die durch eine solche ausgelösten Flüchtlingsströme allein genügen für die Bejahung einer Friedensbedrohung im Sinne des Art. 39 UN-Charta nicht. Nach der ursprünglichen Konzeption der Charta scheidet daher ein

383 Im Ergebnis ebenso NOWLAN, in: FS Bock, S. 165 (181 f.); BEYERLIN, S. 69 f.; STEIN, S. 160.

384 Näher zur Praxis des Sicherheitsrates siehe unten S. 102 ff.

385 So auch LEIß, S. 133 f.; EBOCK, S. 297 f.; WELLHAUSEN, S. 159 ff.

386 So etwa BEYERLIN, S. 69; SCHILLING, AVR 33 (1995), S. 67 (91).

387 Vgl. oben S. 79 f.; nach anderer Ansicht sollen im Falle eines failed State massive Menschenrechtsverletzungen allein für ein Eingreifen des Sicherheitsrates genügen – näher begründet wird dies allerdings nicht –, so etwa HERDEGEN, in: BDGVR 34 (1996), S. 49 (68 f.); LEIß, S. 134.

Vorgehen des Sicherheitsrates nach dem VII. Kapitel der UN-Charta in rein humanitären Notsituationen, wie dies die ICISS in ihrem Bericht vorsieht, aus.

*c) Änderung des Art. 39 UN-Charta durch die spätere Praxis*

Nach der ursprünglichen Konzeption des Art. 39 der UN-Charta ist ein Einschreiten des Sicherheitsrates im Fall humanitärer Notsituationen also nicht zulässig.[388] Es bleibt aber zu untersuchen, ob sich eine Änderung der UN-Charta vollzogen hat, die ein Einschreiten erlaubt. Denkbar ist die Einbeziehung humanitärer Belange in Art. 39 UN-Charta entweder über eine Erweiterung des Begriffs der Friedensbedrohung oder über die Einfügung eines weiteren Tatbestandsmerkmals.

Im Folgenden sollen die Praxis des Sicherheitsrates als Ausgangspunkt untersucht und im Anschluss, soweit in dieser ein erweitertes Verständnis des Art. 39 der Charta zum Ausdruck kommt, die Reaktionen der UN-Mitgliedstaaten dargestellt werden, wobei die Untersuchung zunächst auf die Reaktionen der Mitgliedstaaten des Sicherheitsrates beschränkt bleiben soll. Insgesamt wird zwischen den Fällen vor und nach der *Responsibility to Protect* differenziert. Zum Schluss wird außerdem auf die Bedeutung des Weltgipfeldokuments für das Verständnis des Art. 39 UN-Charta einzugehen sein.

*aa) Praxis des Sicherheitsrates vor der Responsibility to Protect*

Die Praxis des Sicherheitsrates bis 1991 spricht gegen die Einbeziehung von Menschenrechtsverletzungen in den Tatbestand des Art. 39 UN-Charta; hieraus kann vielmehr auf die Notwendigkeit einer zwischenstaatlichen Gewaltanwendung geschlossen werden. Die Praxis des Sicherheitsrates bis 1991 beruht damit auf einem restriktiven Verständnis im Sinne des negativen Friedensbegriffs.[389] Lediglich in zwei Fällen wurden innerstaatliche Umstände ernsthaft als Friedensbedrohung diskutiert, zunächst im Südrhodesien-Konflikt (1965/1966) sowie im Falle Südafrikas (1977). Die frühere britische Kolonie Südrhodesien (das heutige Zimbabwe) hatte bereits 1923 die innere Selbstverwaltung erlangt. Unter einer weißen Minderheitsregierung kam es zur zunehmenden Unterdrückung der afrikanischen Bevölkerung. Die einsei-

388 Siehe oben S. 94.

389 Vgl. FINK, S. 49 ff.

tige Unabhängigkeitserklärung Südrhodesiens von 1965 entgegen dem Protest Großbritanniens führte schließlich dazu, dass sich der Sicherheitsrat der Vereinten Nationen der Sache annahm.[390] In mehreren Resolutionen wurden zunächst die einseitige Lossagung Südrhodesiens von Großbritannien verurteilt und schließlich eine Bedrohung des Friedens festgestellt sowie Embargomaßnahmen verhängt.[391] Eine Begründung für die Feststellung der Friedensbedrohung lässt sich den Resolutionen nicht eindeutig entnehmen. Die Ansichten in der völkerrechtlichen Literatur divergieren diesbezüglich erheblich. Lediglich vereinzelt finden sich Stimmen, welche die Friedensbedrohung allein in den seitens der Minderheitsregierung unternommenen Repressionen gegenüber der afrikanischen Bevölkerung begründet sehen.[392] Zum Teil wird auch auf die durch die Unterdrückung verursachte Gefahr einer gewaltsamen Auseinandersetzung mit den Nachbarstaaten abgestellt.[393] Insgesamt erscheint es aufgrund der Ausnahmesituation im Zusammenhang mit dem Entkolonialisierungsprozess angezeigt, eine Präzedenzwirkung des Südrhodesien-Falls zu verneinen.[394] Gleiches gilt für den zweiten Fall der frühen Praxis des Sicherheitsrates, in dem die inneren Umstände lediglich eine untergeordnete Rolle spielten. Auch in Südafrika, wo von 1948 an die Apartheidpolitik der weißen Regierung immer weiter zunahm, schaltete sich schließlich der Sicherheitsrat ein.[395] Zunächst beschränkte sich dieser auf die Feststellung einer *Störung* des internationalen Friedens[396] beziehungsweise auf die Bezeichnung der Situation als potenzielle Friedensbedrohung.[397] In der Verwendung dieser nicht mit Art. 39 UN-Charta übereinstimmenden Begriffe manifestiert sich der Unwillen der Staaten, die Situation als Friedensbedrohung zu bezeichnen.[398] Erst 1977 mit Resolution 418 stellte der Sicherheitsrat eine Bedrohung des Friedens fest und ordnete ein Waffenembargo an. Zur Begründung stellte der Sicherheitsrat zwar auch auf die durch die Apartheid-Regierung begangenen Menschenrechtsverletzungen ab, weiter führte er

---

390 Siehe zur Situation in Südrhodesien FINK, S. 309 ff.

391 Vgl. etwa S/RES/216 (1965), S/RES/217 (1965), S/RES/221 (1966), S/RES/222 (1966), S/RES/232 (1966); dazu FINK, S. 319 ff.

392 So etwa BAUER, S. 193; GADING, S. 98 f.

393 Vgl. NOWLAN, in: FS Bock, S. 165 (166).

394 So auch LEIß, S. 75, 117; vgl. auch ENDEMANN, S. 159 f.

395 Siehe zur Situation in Südafrika FINK, S. 394 ff.

396 S/RES/134 (1960), S/RES/181 (1963).

397 S/RES/282 (1970).

398 Vgl. ARNTZ, S. 97.

aber die aggressive Politik gegenüber den Nachbarstaaten sowie die massive Aufrüstung an. Auch Resolution 418 kann daher nicht für eine erweiterte Auslegung des Art. 39 UN-Charta durch den Sicherheitsrat herangezogen werden, sondern ist vielmehr als dem klassischen, negativen Friedensbegriff entsprechend anzusehen.[399]

Gleiches gilt auch für die spätere Praxis des Sicherheitsrates bezüglich des Irak-Kurden-Konflikts (1991) und der Geschehnisse im ehemaligen Jugoslawien (1993). Unmittelbar im Anschluss an den Krieg zwischen dem Irak und Kuwait versuchten die kurdische Minderheit im Norden und die schiitische Minderheit im Süden des Iraks die geschwächte Situation des Landes zur Durchsetzung ihrer Autonomiebestrebungen nutzbar zu machen. Diese Bestrebungen wurden durch die irakischen Truppen unter Missachtung fundamentaler Menschenrechte niedergeschlagen. Infolgedessen flohen vor allem Angehörige der kurdischen Minderheit in die angrenzenden Staaten Iran und Türkei.[400] Daraufhin erließ der Sicherheitsrat im April 1991 die Resolution 688, die den Irak verpflichtete, sämtliche Unterdrückungsmaßnahmen einzustellen und humanitäre Hilfe zuzulassen. Ob es sich hierbei um Zwangsmaßnahmen entsprechend dem VII. Kapitel der UN-Charta handelt, ist zwar umstritten,[401] eine Bedrohung des Friedens wurde aber ausdrücklich festgestellt. Im ersten Absatz des operativen Teils heißt es:

> „[…] the repression on the Iraqi civilian population in many parts of Iraq, including most recently in Kurdish-populated areas, the consequences of which threaten international peace and security in the region.“

Der Sicherheitsrat stützte sich damit für die Begründung der Friedensbedrohung aber nicht auf die Menschenrechtsverletzungen an sich; die Menschenrechtsverletzungen wurden vielmehr als Ursache für die Flüchtlingsströme angesehen, welche letztendlich zwischenstaatliche Spannungen zwischen dem Irak einerseits und der Türkei und dem Iran andererseits zur Folge hatten.[402] Die Resolution des Sicherheitsrates bleibt nach ihrem Wortlaut lediglich dahin gehend uneindeutig, ob auch die Gefahr einer zwischenstaatlichen *bewaffneten* Auseinandersetzung angenommen wurde. Die tatsächliche Situation, vor allem die Bedeutung der Kurdenfrage für die Türkei, spricht für

---

399 So auch FINK, S. 444; NOWLAN, in: FS Bock, S. 165 (166); GADING, S. 100; STEIN, S. 153 f.

400 Siehe hierzu FINK, S. 566 f.

401 Dazu LEIß, S. 80 f.; FINK, S. 599 f.; GADING, S. 102 f.

402 FINK, S. 600 f.

eine solche Annahme.[403] Im Ergebnis kann daher auch der Irak-Kurden-Konflikt nicht als Präzedenzfall für die Einbeziehung von Menschenrechtsverletzungen in Art. 39 UN-Charta herangezogen werden.[404] Auch im Jugoslawien-Konflikt spielten neben dem humanitären Aspekt die Auswirkungen des Bürgerkriegs auf die Nachbarländer eine maßgebliche Rolle.[405] Durch die spätere Dismembration des ehemaligen Jugoslawiens erlangte die gewaltsame Auseinandersetzung zwischen der Föderativen Republik Jugoslawien (Serbien und Montenegro) und Bosnien-Herzegowina sowie Kroatien geradezu einen klassischen Charakter im Sinne des negativen Friedensbegriffs.[406] Dieser klassische zwischenstaatliche Charakter blieb auch später, nach der Verlagerung des Konflikts auf das Staatsgebiet Bosnien-Herzegowinas, erhalten, denn die Föderative Republik Jugoslawien übte auf die dort ansässigen bosnischen Serben in erheblichem Maße Einfluss aus.[407] Auch der Konflikt im ehemaligen Jugoslawien kann daher nicht als Präzedenzfall für die Einbeziehung massiver Menschenrechtsverletzungen in den Anwendungsbereich des Art. 39 UN-Charta herangezogen werden.[408]

Erstmals im Falle Somalias begründete der Sicherheitsrat das Bestehen einer Friedensbedrohung ausschließlich mit der humanitären Notsituation. Infolge von Machtkämpfen der verschiedenen politischen Lager kam es um die Jahreswende 1990/1991 zum Ausbruch eines Bürgerkriegs, der schließlich zum völligen Zusammenbruch des staatlichen Systems führte. Neben der Hungersnot war die Bevölkerung den Gewaltakten der sich gegenseitig bekämpfenden Clanmilizen schutzlos ausgeliefert. Es kam zu erheblichen Flüchtlingsströmen in die Nachbarstaaten.[409] Während der Sicherheitsrat in Resolution 733 (1992), in der ein Waffenembargo verhängt wurde, neben der humanitären Situation auch die Auswirkungen auf den Frieden in der Region als Ursache für die Friedensbedrohung bezeichnete,[410] stellte er in Resolution 794 vom 3. Dezember 1992, mit der er den Einsatz von Waffengewalt man-

---

403 NOWLAN, in: FS Bock, S. 165 (175 f.); FINK, S. 602.

404 FINK, S. 604; so auch LEIß, S. 83; GADING, S. 103 f.; HERDEGEN, in: BDGVR 34 (1996), S. 49 (66); STEIN, S. 209.

405 Vgl. Präambel Abs. 3 der Resolution S/RES/713 (1991); siehe dazu auch GADING, S. 111.

406 Vgl. etwa S/RES/757 (1992); siehe dazu auch FINK, S. 675 f.; GADING, S. 112.

407 Vgl. dazu FINK, S. 683 ff.

408 So auch NOWLAN, in: FS Bock, S. 165 (176); vgl. auch LEIß, S. 85.

409 Zur Situation in Somalia siehe FINK, S. 705 ff.; LEIß, S. 87 ff.

410 Vgl. Präambel Abs. 3.

datierte, allein auf die humanitäre Notlage ab. Im dritten Absatz der Präambel der Resolution heißt es:

> „Determining that the magnitude of the human tragedy caused by the conflict in Somalia, further exacerbated by the obstacles being created to the distribution of humanitarian assistance, constitutes a threat to international peace and security".

Auch im Fall Ruandas (1994) stützte sich der Sicherheitsrat allein auf die humanitäre Situation. In dem schon lange währenden Konflikt zwischen den Volksgruppen der *Hutu* und *Tutsi* kam es 1990 zum Ausbruch von Gewalttätigkeiten, in deren Verlauf sich massenhafte, genozidartige Tötungen zutrugen und Flüchtlingsströme erheblichen Ausmaßes ausgelöst wurden.[411] Nach einem vergeblichen Appell an die Konfliktparteien zur Einhaltung der Waffenruhe[412] und der Einsetzung einer Beobachtungs- und Friedensmission[413] mandatierte der Sicherheitsrat schließlich mit Resolution 929 (1994) eine vorwiegend aus französischen Truppen bestehende Eingreiftruppe zur Beendigung des Massakers. Im zehnten Absatz der Präambel der Resolution heißt es:

> „Determining that the magnitude of the humanitarian crisis in Rwanda constitutes a threat to peace and security in the region".

Zwar ist hier im Gegensatz zur Somalia-Resolution wieder der Frieden in der Region genannt, näher konkretisiert wird dies aber nicht. In der Resolution wird allein die humanitäre Notlage beschrieben. Und auch in den Äußerungen der Delegierten des Sicherheitsrates standen die humanitären Belange im Vordergrund; die Gefahr von Auswirkungen auf angrenzende Staaten wurde allein durch den spanischen Vertreter im Sicherheitsrat genannt, aber auch durch ihn nicht näher konkretisiert.[414] Die Behandlung Ruandas als zweiten Präzedenzfall für ein weites Verständnis des Begriffs der Friedensbedrohung scheint daher angezeigt.[415]

Im Zusammenhang mit der Ausweitung des Begriffs der Friedensbedrohung durch den Sicherheitsrat wird immer wieder auch der Fall Haiti ge-

---

411 FINK, S. 754 ff.; LEIß, S. 94 f.

412 S/RES/812 (1993).

413 S/RES/846 (1993); S/RES/872 (1993); S/RES/891 (1993).

414 Vgl. S/PV.3392, 22 Juni 1994, S. 8.

415 Vgl. hierzu FINK, S. 790 ff.

nannt. Anknüpfungspunkt für das Einschreiten des Sicherheitsrates[416] war allerdings vornehmlich die Wiederherstellung des politischen Systems, genauer die Wiedereinsetzung des 1991 im Rahmen eines Militärputsches gestürzten Präsidenten ARISTIDE.[417] Der Schutz der Menschenrechte spielte lediglich eine sekundäre Rolle. Der Fall Haiti soll daher im Folgenden außer Betracht bleiben.

Als Ergebnis der Analyse der Praxis des Sicherheitsrates vor der *Responsibility to Protect* ist daher festzuhalten, dass allein das Eingreifen des Sicherheitsrates in Somalia und Ruanda als Präzedenzfall für ein weites Verständnis des Begriffs der Friedensbedrohung herangezogen werden kann. Bemerkenswert ist allerdings, dass in beiden Fällen grenzüberschreitende Flüchtlingsströme gegeben waren und – insbesondere im Falle Ruandas – zwischenstaatliche gewaltsame Auseinandersetzungen zumindest möglich erschienen.[418] Hieraus könnte man folgern, dass sich der Sicherheitsrat in seinen Entscheidungen nicht nur von den ausdrücklich in der Resolution aufgeführten humanitären Gründen hat leiten lassen, sondern vielmehr auch von der Gefahr eines möglichen zwischenstaatlichen Konflikts im Sinne des negativen Friedensbegriffs. Bei einer solchen Interpretation wäre das Vorgehen des Sicherheitsrates in Somalia und Ruanda als weniger revolutionär zu bewerten als von der Lehre angenommen.[419] An dieser Stelle wäre zu fragen, inwieweit die rechtliche Bewertung einer Sicherheitsratsresolution an der in ihr getroffenen Begründung zu messen ist. Genügt es, wenn in tatsächlicher Hinsicht eine Bedrohung des Friedens gegeben ist? Oder muss der Sicherheitsrat diese tatsächlichen Umstände in seiner Resolution auch als Begründung angeben? Beziehungsweise inwiefern muss der Sicherheitsrat überhaupt seine Feststellung nach Art. 39 UN-Charta begründen? Diese Fragen sollen hier jedoch offen bleiben. Denn es ist – gerade in Anbetracht der divergierenden Formulierung der Somalia- und der Ruanda-Resolutionen im Vergleich zur Resolution 688 im Rahmen des Irak-Kurden-Konflikts – davon

416 Vgl. S/RES/841 (1993); S/RES/873 (1993); S/RES/875 (1993), S/RES/917 (1994); S/RES/940 (1994).

417 LEIß, S. 103; SCHILLING, AVR 33 (1995), S. 67 (91).

418 Vgl. LEIß, S. 97 f.; FINK, S. 792 f.; NOWLAN, in: FS Bock, S. 165 (177); STEIN, S. 269.

419 So HERBST, S. 338 f., 347, 243 ff., der den humanitären Aspekt lediglich als politische Begründung ansieht; vgl. auch LEIß, S. 118, welche den völligen Zusammenbruch der staatlichen Strukturen und die Gefährdung des Friedens in der Region als weitere Faktoren für das Einschreiten des Sicherheitsrates nennt.

auszugehen, dass der Sicherheitsrat seine Formulierung bewusst gewählt hat. Im Übrigen ging auch in der der Somalia-Resolution vorangehenden Debatte im Sicherheitsrat allein der Delegierte von Kap Verde auf die Gefahr des Übergreifens des Konflikts auf die benachbarten Staaten ein;[420] die übrigen Staatenvertreter beriefen sich allein auf die humanitäre Dimension des Konflikts.[421] Entsprechend der herrschenden Lehre sind daher die Resolutionen des Sicherheitsrates im Somalia- und Ruanda-Konflikt dahin gehend zu werten, dass die humanitäre Lage seitens des Sicherheitsrates nicht als Ursache für eine Friedensbedrohung, sondern als Friedensbedrohung selbst angesehen wurde; die Resolutionen sind daher als Präzedenzfälle für ein erweitertes Verständnis des Friedensbegriffs anzusehen.[422]

#### *bb) Bewertung der Praxis des Sicherheitsrates vor der Responsibility to Protect durch die Staaten*

Fraglich ist, inwieweit sich in der Praxis des Sicherheitsrates, auch im Falle massiver Menschenrechtsverletzungen den Anwendungsbereich des Art. 39 UN-Charta zu bejahen, ein diesbezüglicher Konsens der Vertragsstaaten der Vereinten Nationen – als entscheidendes Moment für eine Änderung der Charta – widerspiegelt. Im Folgenden soll das Vorliegen eines entsprechenden Konsenses näher untersucht werden.

Ausgangspunkt ist zunächst die Somalia-Resolution, welche durch die 15 Mitglieder des Sicherheitsrates einstimmig angenommen wurde. Dies kann als Indiz dafür gewertet werden, dass die Mitglieder des Sicherheitsrates[423]

---

420 S/PV.3145, 3. Dezember 1992, S. 19 f.: „Moreover, we have no doubt that the national conflict has a second dimension – an international dimension – in view of the fact that, because of its repercussions on neighbouring States, it is imperilling the stability and security of the whole region“.

421 Vgl. S/PV.3145, 3. Dezember 1992.

422 So auch FINK, S. 740 f.; LILLICH, ZaöRV 53 (1993), S. 557 (558); FREUDENSCHUß, AJPIL 46 (1993/94), S. 1 (21); HERDEGEN, in: BDGVR 34 (1996), S. 49 (66); WELLHAUSEN, S. 150; GADING, S. 119; SCHILLING, AVR 33 (1995), S. 67 (91); siehe zum Fall Somalia auch DE WET, S. 157 f.; MURSWIEK, Der Staat 35 (1996), S. 31 (40).

423 Zu diesem Zeitpunkt waren neben den fünf ständigen Mitgliedern (Frankreich, Großbritannien, USA, China und Russland) noch Österreich, Belgien, Kap Verde, Ecuador, Ungarn, Japan, Marokko, Venezuela, Indien und Simbabwe im Sicherheitsrat vertreten.

die Ausweitung des Anwendungsbereichs des Art. 39 UN-Charta befürworteten. Aufgrund des politischen Bezugs ist hier aber Vorsicht geboten.[424] Weiteren Aufschluss könnte die Sicherheitsratsdebatte zu Resolution 794 liefern. Hervorzuheben ist insbesondere die Äußerung des französischen Delegierten, der ausdrücklich von einem „right to emergency humanitarian assistance“[425] sprach und die Resolution als Beweis dafür bezeichnete, dass sich die Vereinten Nationen an die neuen Herausforderungen anpassen würden.[426] Hieraus geht hervor, dass sich Frankreich der neuen Situation bewusst war. Ähnlich äußerten sich auch zahlreiche andere Delegierte, etwa der österreichische Delegierte, der die Entscheidung des Sicherheitsrates als „more determined approach under Chapter VII“[427] bezeichnete und als Weiterentwicklung der vorangegangen Entscheidungspraxis, wie diese etwa in Resolution 688 zum Ausdruck kam, ansah.[428] Der ungarische Delegierte betonte die fundamentale Wichtigkeit der Resolution bezüglich des Einschreitens im Falle humanitärer Notlagen[429] und bezeichnete diese als „new type of action“[430] sowie als „guideline to be followed in the future“.[431] Insgesamt kann hieraus die allgemeine Akzeptanz Ungarns hinsichtlich des erweiterten Verständnisses von Art. 39 UN-Charta abgeleitet werden. Die Äußerungen der übrigen Staatenvertreter waren allerdings zurückhaltender. Sie betonten den Einzelfallcharakter der Situation, der insbesondere auf die fehlende Regierung Somalias zurückgeführt wurde. Der Delegierte Chinas sprach etwa von „exceptional measures“ und „[e]xceptional action in view of the unique situation“.[432] Belgien bezeichnete die Situation aufgrund der fehlenden Regierung als „atypical“,[433] und auch Großbritannien betonte die außergewöhnlichen Umstände, die besondere Maßnahmen erforderten („unique set of circumstances which requires special measures“),[434] ganz ähnlich wie die Ver-

424 Vgl. hierzu oben S. 68.
425 S/PV.3145, 3. Dezember 1992, S. 29.
426 S/PV.3145, 3. Dezember 1992, S. 30.
427 S/PV.3145, 3. Dezember 1992, S. 31.
428 S/PV.3145, 3. Dezember 1992, S. 31.
429 S/PV.3145, 3. Dezember 1992, S. 47.
430 S/PV.3145, 3. Dezember 1992, S. 48.
431 S/PV.3145, 3. Dezember 1992, S. 48.
432 S/PV.3145, 3. Dezember 1992, S. 17.
433 S/PV.3145, 3. Dezember 1992, S. 23.
434 S/PV.3145, 3. Dezember 1992, S. 35.

treter Venezuelas und Marokkos.[435] Insgesamt sprechen die dargestellten Stellungnahmen eher dafür, dass sich die Staaten in ihren Entscheidungen von politischen Erwägungen im konkreten Einzelfall haben leiten lassen und daher gegen einen allgemeinen Konsens bezüglich der Ausweitung des Tatbestands des Art. 39 der Charta. Explizit gegen die Schaffung eines Präzedenzfalls hat sich schließlich auch der Vertreter Indiens ausgesprochen, wörtlich äußerte er: „The present action should not, however, set a precedent for the future.“[436] Weiter führt er aus:

> „We would expect that, should situations arise in the future requiring action under Chapter VII, it would be carried out in full conformity with the Charter provisions [...]“.[437]

Damit deutete er zumindest an, dass er die Somalia-Resolution gerade nicht als mit der Charta in Einklang stehend ansah.[438] Bereits unter den Mitgliedern des Sicherheitsrates bestand daher kein eindeutiger Konsens hinsichtlich eines erweiterten Verständnisses des Art. 39 der UN-Charta.

Die Resolution 929 zu Ruanda wurde mit zehn Stimmen angenommen.[439] China, Brasilien, Pakistan, Neuseeland und Nigeria enthielten sich der Stimme. Allerdings berief sich keiner dieser Staaten darauf, dass die Resolution nicht dem Recht der Charta entspräche. Es wurden lediglich Bedenken hinsichtlich des Nutzens einer Militäroperation[440] beziehungsweise bezüglich der Auswirkungen auf die bereits laufende Friedensmission geäußert.[441] Im Gegensatz zur Somalia-Resolution wurden ausdrücklich keinerlei Bedenken bezüglich der Vereinbarkeit mit dem VII. Kapitel der Charta geäußert.[442] Die Mitgliedstaaten des Sicherheitsrates betonten vielmehr die Notwendigkeit des Einschreitens der internationalen Gemeinschaft, wie etwa der französische Delegierte:

---

435 Vgl. S/PV.3145, 3. Dezember 1992, S. 39 f., 41, 46.

436 S/PV.3145, 3. Dezember 1992, S. 51.

437 S/PV.3145, 3. Dezember 1992, S. 51.

438 Noch deutlicher FINK, S. 745, der die Äußerung als klares Eingeständnis der rechtlichen Unzulänglichkeit der Resolution interpretiert.

439 Folgende Staaten stimmten der Resolution zu: Argentinien, Tschechische Republik, Dschibuti, Frankreich, Russland, Spanien, Großbritannien, USA, Oman und Ruanda.

440 So Neuseeland, S/PV.3392, 22 Juni 1994, S. 7.

441 So Brasilien, China und Nigeria, S/PV.3392, 22 Juni 1994, S. 3, 4, 10; Pakistan enthielt sich jeglicher Äußerungen im Rahmen der Sicherheitsratsdebatte.

442 So auch FINK, S. 794.

> „the plight of the people, in the face of which, we believe, the international community cannot and must not remain passive".[443]

Der Vertreter Großbritanniens sprach sogar ausdrücklich von einer humanitären Intervention.[444] Zwar wurde auch hier wieder der Ausnahmecharakter der Situation sowie der dadurch bedingten Maßnahmen betont, eine ausdrückliche Stellungnahme gegen die Schaffung eines Präzedenzfalls findet sich in der Debatte zur Ruanda-Resolution aber nicht mehr.

Als Zwischenergebnis kann daher festgehalten werden, dass die Staaten grundsätzlich ein erweitertes Verständnis von Art. 39 der Charta begrüßten, ein klarer Konsens hinsichtlich der Ausweitung des Tatbestands herrschte aber nicht. Insbesondere die Betonung des Einzelfalls[445] und der besonderen Situation aufgrund des *failed State*-Charakters geben Anlass zur Zurückhaltung vor vorschnellen Verallgemeinerungen. Es ist daher FINK zuzustimmen, dass

> „die Praxis zu Somalia und Rwanda in Bezug auf die Menschenrechte eine Entwicklung in Gang gesetzt hat, die in der Zukunft zu einem Konsens aller Mitgliedstaaten und damit kraft authentischer Interpretation zu einer Umdeutung von Art. 39 i. V. m. Art. 2 (7) UN-Charta führen kann."[446]

Diese Entwicklung – und damit der Schritt zur Erweiterung des Tatbestands des Art. 39 UN-Charta auf den Fall massiver Menschenrechtsverletzungen – hat durch die Praxis vor der *Responsibility to Protect* aber noch keinen Abschluss gefunden.

#### *cc) Praxis des Sicherheitsrates im Zusammenhang mit der Responsibility to Protect*

Im Sudan-Konflikt erwähnte der Sicherheitsrat erstmals in einem konkreten Anwendungsfall die *Responsibility to Protect*.[447] Möglicherweise lassen sich hieraus weitere Rückschlüsse für das Verständnis des Art. 39 UN-Charta ziehen. In dem schon länger währenden und vor allem ethnischen Konflikt im Sudan kam es im Jahr 2003, insbesondere in der Region Darfur, erneut zum

---

443 S/PV.3392, 22 Juni 1994, S. 5.

444 S/PV.3392, 22 Juni 1994, S. 9.

445 Vgl. hierzu auch SCHILLING, AVR 33 (1995), S. 67 (92).

446 FINK, S. 898 f.; so auch EBOCK, S. 297 f.; zurückhaltender STEIN, S. 325 ff.

447 Vgl. oben S. 33 f.

Ausbruch von Gewalttätigkeiten. In die gewaltsamen Auseinandersetzungen zwischen Rebellengruppen und Regierungsmilizen wurde zunehmend die Zivilbevölkerung verwickelt. Dörfer wurden zerstört, Männer umgebracht und Frauen vergewaltigt. Auch die Flüchtlingslager wurden angegriffen. Zudem verweigerte die sudanesische Regierung zunächst jegliche humanitäre Hilfe.[448] Insgesamt hat der Konflikt bereits mehrere hunderttausend Menschenleben gefordert. Hinzu kommen mehr als zwei Millionen interne Flüchtlinge.[449] Nachdem die Afrikanische Union im Jahr 2004 eine Beobachtermission eingesetzt hatte (*African Union Mission in Sudan*),[450] gelangte der Konflikt auch auf die Agenda des Sicherheitsrates. Ein schnelles Vorgehen der Vereinten Nationen scheiterte jedoch am Widerstand Chinas und Russlands, die ihre wirtschaftlichen Beziehungen zum Sudan nicht gefährden wollten. Zunächst wurde eine Mission zur Vorbereitung einer Friedensoperation eingesetzt (*United Nations Advance Mission in Sudan*) sowie ein Waffenembargo nach Kapitel VII der Charta verhängt.[451] Schließlich wurde eine Beobachtermission eingesetzt, welche auch ein Mandat zur Unterstützung der Afrikanischen Union erhielt und nach Kapitel VII der Charta ermächtigt wurde, sowohl zum Zweck der Selbstverteidigung als auch zum Schutz der Zivilbevölkerung Waffengewalt einzusetzen (*United Nations Mission in Sudan*).[452] Diese wurde später, nach Zustimmung des Sudans, in eine gemeinsame Mission mit der Afrikanischen Union umgewandelt (*AU/UN Hybrid Operation in Darfur*).[453] Der Sicherheitsrat betonte in allen Resolutionen zum Darfur-Konflikt die humanitäre Notlage,[454] allerdings ist in den Resolutionen häufig auch die Rede vom Frieden in der Region[455] beziehungsweise teilweise sogar von grenzüberschreitenden Flüchtlingsströmen und Grenz-

---

448 Zur Situation im Sudan siehe HINSCH/JANSSEN, S. 207 ff.; MATTHEWS, Bost Col ICLR 31 (2008), S. 137 (144 f.); GRAY, S. 53 ff.; SEEGER, S. 255 ff.

449 Vgl. die offiziellen Angaben der Vereinten Nationen unter http://www.un.org/en/peacekeeping/missions/unamid/background.shtml (zuletzt besucht 07.2010).

450 HINSCH/JANSSEN, S. 210; MATTHEWS, Bost Col ICLR 31 (2008), S. 137 (145).

451 S/RES/1547 (2004); S/RES/1556 (2004).

452 S/RES/1590 (2005); S/RES/1591 (2005); S/RES/1706 (2006); S/RES/1709 (2006); S/RES/1714 (2006); S/RES/1755 (2007).

453 S/RES/1769 (2007), S/RES/1828 (2008).

454 Vgl. etwa S/RES/1556 (2004); S/RES/1564 (2004); S/RES/1591 (2005); S/RES/1709 (2006); S/RES/1828 (2008).

455 S/RES/1556 (2004); S/RES/1564 (2004); S/RES/1651 (2005); S/RES/1672 (2006); S/RES/1713 (2006); S/RES/1779 (2007); S/RES/1841 (2008).

übertritten durch die Milizen.[456] Neben der humanitären Notlage spielte daher auch die Verwicklung der Nachbarstaaten eine Rolle – explizit werden der Tschad, Uganda, die Demokratische Republik Kongo und die Zentralafrikanische Republik genannt. Von der Gefahr eines bevorstehenden zwischenstaatlichen Konflikts ist allerdings ausdrücklich in keiner der Resolutionen die Rede. Allein anhand der Resolutionen zum Darfur-Konflikt lässt sich daher nicht eindeutig beantworten, ob diese ein erweitertes Verständnis des Art. 39 UN-Charta zum Ausdruck bringen.

#### *dd) Bewertung der Praxis des Sicherheitsrates im Zusammenhang mit der Responsibility to Protect durch die Staaten*

Im Folgenden sollen die Debatten im Sicherheitsrat näher beleuchtet werden, um zu klären, wie die im Sicherheitsrat vertretenen Staaten den Tatbestand des Art. 39 UN-Charta im Zusammenhang mit den Resolutionen im Sudan-Konflikt interpretierten.

Im Rahmen der Debatte zur Resolution 1556 (2004) nannten die Staatenvertreter vornehmlich humanitäre Gründe für das Einschreiten des Sicherheitsrates. So bezeichnete etwa der Delegierte der USA die Resolution als notwendige Antwort auf die Angriffe gegenüber der Zivilbevölkerung.[457] Ähnlich äußerte sich auch der britische Delegierte:

> „The adoption of this resolution underlines the commitment of the Security Council to ensure that all Governments fulfil that most basic of obligations – the duty to protect their own citizens."[458]

Und auch die Stellungnahme des Delegierten Algeriens, der gleichzeitig für Angola und Benin sprach, wies in diese Richtung:

> „[…] we believe that the international community cannot be passive and indifferent with regard to the ongoing humanitarian crisis […]",[459]

genauso wie die Stellungnahme des spanischen Vertreters:

> „The gravity of the situation we are facing in Darfur calls for a clear and urgent response by the Security Council."[460]

---

456 S/RES/1556 (2004); S/RES/1653 (2006); S/RES/1679 (2006); S/RES/1706 (2006); S/RES/1812 (2008); S/RES/1861 (2009).

457 S/PV.5015, 30. Juli 2004, S. 3.

458 S/PV.5015, 30. Juli 2004, S. 5.

459 S/PV.5015, 30. Juli 2004, S. 5.

Der Vertreter der Philippinen ging sogar ausdrücklich auf die *Responsibility to Protect* ein:

> „Sovereignty also entails the responsibility of a State to protect its people. If it is unable or unwilling to do so, the international community has the responsibility to help that State achieve such capacity and such will and, in extreme necessity, to assume such responsibility itself."[461]

Lediglich aus den Stellungnahmen Russlands und Brasiliens könnte man auf eine Berücksichtigung grenzüberschreitender Wirkungen schließen.[462] Zwingend ist diese Schlussfolgerung aber nicht. Insgesamt wurde die Resolution mit 13 Stimmen angenommen.[463] China und Pakistan enthielten sich der Stimme, begründeten dies aber nicht mit der Unvereinbarkeit der Maßnahmen mit der UN-Charta, sondern mit der mangelnden Notwendigkeit von Zwangsmaßnahmen.[464] In keiner der Stellungnahmen im Rahmen der Debatte im Sicherheitsrat wurde die Gefahr eines zwischenstaatlichen Konflikts als Grund für das Einschreiten des Sicherheitsrates angegeben. In der Diskussion zur Resolution 1769 (2007), die einstimmig mit 15 Stimmen angenommen wurde,[465] wurde seitens des französischen, des italienischen sowie des südafrikanischen Delegierten allein von der Wiederherstellung des *Friedens* in Darfur gesprochen, der *internationale Frieden* im Sinne einer Verwicklung

460 S/PV.5015, 30. Juli 2004, S. 7.

461 S/PV.5015, 30. Juli 2004, S. 10 f.; ähnlich auch der französische Delegierte, vgl. S/PV.5015, 30. Juli 2004, S. 9.

462 Der russische Delegierte äußerte: „The situation of internally displaced persons in Darfur itself, and of the Sudanese refugees in neighbouring Chad, is dire. All of this is fraught with destabilizing consequences, both for the Sudan and the subregion as a whole", S/PV.5015, 30. Juli 2004, S. 6; in der Stellungnahme Brasiliens heißt es: „My delegation understands that the resolution just adopted is part of a sequence of decisions to be taken in due time by the international community – and in particular by the Security Council – with a view to promoting peace and security, alleviating the suffering of more than 1 million people and putting an end to the humanitarian disaster in the Darfur region", S/PV.5015, 30. Juli 2004, S. 8.

463 Für die Resolution stimmten: Algerien, Angola, Benin, Brasilien, Chile, Frankreich, Deutschland, Philippinen, Rumänien, Russland, Spanien, Großbritannien und die USA.

464 China, S/PV.5015, 30. Juli 2004, S. 2 f.; Pakistan, S/PV.5015, 30. Juli 2004, S. 9 f.

465 Durch: Belgien, China, Republik Kongo, Frankreich, Ghana, Indonesien, Italien, Panama, Peru, Katar, Russland, Slowakei, Südafrika, Großbritannien und die USA.

dritter Staaten findet keinerlei Erwähnung.[466] Die Vereinigten Staaten betonten als Grund für das Einschreiten noch einmal die humanitäre Notlage.[467] Ein ähnliches Bild zeichnet sich auch in der Debatte zur Resolution 1828 (2008) ab, in der das Mandat der AU/UN-Mission im Sudan verlängert wurde. Grundsätzlich betonten alle Staaten die Notwendigkeit der Mission aufgrund der humanitären Notlage.[468] Die USA enthielten sich ihrer Stimme wegen der Skepsis gegenüber dem Internationalen Strafgerichtshof,[469] welcher in der Resolution erwähnt wird.[470] Lediglich die Delegierten Chinas und Frankreichs deuteten im Rahmen der Debatte eine Verwicklung der Nachbarländer als weitere Ursache für ein Einschreiten des Sicherheitsrates an.[471] Konkretisiert wurde diese Verwicklung jedoch durch keinen der Delegierten; auch hier fehlt jegliche Bezugnahme hinsichtlich der Gefahr einer gewaltsamen zwischenstaatlichen Auseinandersetzung. Insgesamt scheinen die Staaten von einem weiten Verständnis des Begriffs der Friedensbedrohung des Art. 39 UN-Charta im Sinne einer Einbeziehung massiver Menschenrechtsverletzungen ausgegangen zu sein.[472]

Als Zwischenergebnis bleibt festzuhalten, dass der Sudan-Konflikt als weiterer Schritt hin zu einer Ausdehnung des Tatbestands des Art. 39 UN-Charta zu bewerten ist; ein diesbezüglicher Konsens der Staaten deutet sich an, ist aber nicht über jeden Zweifel erhaben.

466 S/PV.5727, 31. Juli 2007, S. 5, 8 f.

467 „The brutal treatment of innocent civilians in Darfur is unacceptable to the United States", S/PV.5727, 31. Juli 2007, S. 7.

468 Vgl. S/PV.5947, 31. Juli 2008.

469 Vgl. S/PV.5947, 31. Juli 2008, S. 8 f.

470 Vgl. Präambel Abs. 9, S/RES/1828 (2008); für die Resolution stimmten: Belgien, Burkina Faso, China, Costa Rica, Kroatien, Frankreich, Indonesien, Italien, Libyen, Panama, Russland, Südafrika, Großbritannien, Vietnam.

471 Äußerung des chinesischen Delegierten: „The issue of the Sudan has attracted the enormous attention of the international community in recent years. All parties have come to understand that the peace and stability of the Sudan, an important country on the African continent, has an impact on the peace and stability of the region and the continent as a whole that cannot be ignored", S/PV.5947, 31. Juli 2008, S. 5; Äußerung des französischen Delegierten: „The situation in Darfur, like that in the border areas of neighbouring countries affected by the crisis there, continues to merit the resolute involvement of the Council", S/PV.5947, 31. Juli 2008, S. 9.

472 So auch VERLAGE, S. 231 f.

### *ee) Bedeutung des Weltgipfeldokuments für das Verständnis des Art. 39 UN-Charta*

Möglicherweise lässt sich aus dem Weltgipfeldokument ein Konsens der UN-Mitgliedstaaten hinsichtlich eines weiten Verständnisses des Art. 39 UN-Charta ableiten. In Satz zwei des 139. Absatzes des Weltgipfeldokuments wird ein Einschreiten des Sicherheitsrates nach Kapitel VII der Charta behandelt. Demnach kann der Sicherheitsrat, soweit der Einzelstaat offensichtlich versagt hat, seine Bevölkerung vor Genozid, Kriegsverbrechen, ethnischen Säuberungen oder Verbrechen gegen die Menschlichkeit zu schützen, und friedliche Mittel ausgeschöpft sind, nach Kapitel VII einschreiten. Zwar enthält das Weltgipfeldokument den Zusatz, dass ein solches Einschreiten nur in Übereinstimmung mit der Charta („in accordance with the Charter") zulässig sei, dieser Zusatz wendet sich aber nicht gegen ein weites Verständnis des Art. 39 UN-Charta. Der Zusatz wurde vielmehr eingefügt, um die Notwendigkeit eines Sicherheitsratsmandats und die allgemeine Zurückhaltung hinsichtlich des Einsatzes von Zwangsmaßnahmen zu betonen. Dies ergibt sich aus dem Verhandlungskontext. Erst im fünften und letzten Entwurf des Weltgipfeldokuments vom 12. September 2005 wurde die Klausel eingefügt.[473] Nachdem die USA zuvor, am 10. August 2005, einen erheblich verkürzten Änderungsvorschlag betreffend der *Responsibility to Protect* eingebracht hatten,[474] äußerten auch die übrigen Staaten wieder Zweifel. Diese konnten schließlich nur mittels eines Kompromissentwurfs mit zahlreichen Einschüben ausgeräumt werden.[475] Die Zulässigkeit des Einschreitens des Sicherheitsrates im Falle von Menschenrechtsverletzungen des im Entwurf genannten Ausmaßes, ohne die Gefahr eines gewaltsamen zwischenstaatlichen Konflikts, wurde aber gerade nicht angezweifelt. Das Weltgipfeldokument ist daher als Ausdruck eines weiten Verständnisses des Art. 39 UN-Charta zu interpretieren, das heißt im Sinne einer Einbeziehung humanitärer Notla-

473 Millennium+5 Draft Negotiated Outcome, 12 September 2005, abrufbar unter: http://www.globalpolicy.org/msummit/millenni/m5outcomedocindex.htm (zuletzt besucht 07.2010).

474 US Amendments to the Revised Draft Outcome Document, 10 August 2005, abrufbar unter: http://www.globalpolicy.org/msummit/millenni/m5outcomedocindex.htm (zuletzt besucht 07.2010).

475 Vgl. hierzu STRAUSS, S. 15 ff.

gen.[476] Allerdings ist die im Weltgipfeldokument vorgesehene Beschränkung auf internationale Verbrechen zu beachten.[477] Eine Erweiterung des Art. 39 der Charta durch das Weltgipfeldokument kann demnach nur für solche humanitären Notlagen angenommen werden, die durch Völkermord, Verbrechen gegen die Menschlichkeit, Kriegsverbrechen beziehungsweise durch ethnische Säuberungen hervorgerufen wurden.

Des Weiteren scheint es angezeigt, das Weltgipfeldokument so zu verstehen, dass diese erweiterte Auslegung des Art. 39 der Charta nicht auf einer Ausweitung des Begriffs der Friedensbedrohung, sondern auf der Einfügung eines weiteren ungeschriebenen Tatbestandsmerkmals, nämlich der Menschenrechtsverletzungen des in dem Dokument genannten Ausmaßes, beruht. Denn im Dokument ist allein von Genozid, Kriegsverbrechen, ethnischen Säuberungen und Verbrechen gegen die Menschlichkeit die Rede; der Begriff der Friedensbedrohung findet keinerlei Erwähnung.

Wie bereits im Zusammenhang mit der Bedeutung von Generalversammlungsresolutionen für die Entwicklung des Völkergewohnheitsrechts erörtert, kann das Weltgipfeldokument als Generalversammlungsresolution lediglich als Indiz für einen dahinter stehenden Willen der Staaten verstanden werden.[478] Ob ein entsprechender Konsens der Staaten tatsächlich gegeben ist, bedarf näherer Prüfung. Vor allem die Äußerungen der Staaten im Rahmen der Generalversammlungsdebatte sind hierfür heranzuziehen. Dort wurde die *Responsibility to Protect* durch beinahe alle Staaten begrüßt. Etwa äußerte der bulgarische Präsident ausdrücklich: „We endorse the concept of the ‚responsibility to protect'."[479] Ganz ähnlich äußerte sich auch der Präsident Botswanas, in dessen Stellungnahme es heißt:

> „In this day and age we can no longer afford to stand back if a country fails to protect its citizens against grave human rights abuses. In this respect, we embrace the concept of ‚responsibility to protect'."[480]

In diesem Sinne äußerte sich auch der Premierminister Belgiens:

---

476 So auch VERLAGE, S. 230 ff.; vgl. auch RUFFERT/WALTER, Rn. 413; MASSINGHAM, IRRC 91 (2009), S. 803 (824, 830).

477 Siehe zur unterschiedlichen Schwelle des ICISS-Berichts sowie des Weltgipfeldokuments oben S. 36 ff.

478 Siehe oben S. 61 ff.

479 A/60/PV.6, S. 13.

480 A/60/PV.4, S. 18.

> „We are pleased that the concept of ‚responsibility to protect' has finally been recognized."[481]

Und auch die Vertreterin der Europäischen Kommission sowie der Präsident Litauens und der armenische Premierminister begrüßten die Verabschiedung des Konzepts der *Responsibility to Protect*.[482] Lediglich Kuba, Venezuela und Zimbabwe äußerten sich in der Debatte auf dem UN-Weltgipfel negativ bezüglich des Konzepts der *Responsibility to Protect*. Allerdings beriefen sie sich nicht auf eine grundsätzliche Unvereinbarkeit mit der UN-Charta, sondern äußerten vielmehr Bedenken wegen der Gefahr des Missbrauchs des Konzepts. So äußert der kubanische Außenminister, dass das Konzept der *Responsibility to Protect* die Gefahr berge, als „pretext for aggression" eingesetzt zu werden.[483] Der Präsident Zimbabwes sprach von der Notwendigkeit einer sorgfältigen Prüfung „[...] in order to test the motives of their proponents."[484] Ähnlich äußerte sich auch der Präsident Venezuelas, der die *Responsibility to Protect* als „dangerous concepts smacking of imperialism and interventionism" bezeichnete.[485]

Eine direkte Stellungnahme der Staaten hinsichtlich eines erweiterten Verständnisses des Art. 39 UN-Charta ist der Debatte nicht zu entnehmen. Die grundsätzliche Kompetenz des Sicherheitsrates, im Falle massiver Menschenrechtsverletzungen nach Kapitel VII der Charta einzuschreiten, scheint

---

481 A/60/PV.6, S. 37.

482 In der Stellungnahme der Vertreterin der Europäischen Kommission heißt es: „Another important outcome is our recognition of our collective responsibility to protect populations against atrocities. I have always strongly advocated that people must be at the heart of security concerns. The United Nations credibility is therefore much reinforced by adopting that concept", A/60/PV.8, S. 52; die Stellungnahme des Präsidenten Litauens lautet: „For us – who for decades survived by hope of freedom alone – this summit is also about hope. We must make sure that the individual, as the main element of the world community of nations, is placed at the centre of the United Nations as a whole. Mainstreaming human rights into all areas of activities of the United Nations and promoting democracy and the rule of law, as well as the responsibility to protect, must be part and parcel of the United Nations of the twenty-first century", A/60/PV.6, S. 7; der armenischen Premierminister äußerte: „[...] I would like in particular to underline the importance of including, in the outcome document of the summit, the concept of the responsibility to protect populations against genocide, war crimes, ethnic cleansing and crimes against humanity", A/60/PV.7, S. 28.

483 A/60/PV.8, S. 47.

484 A/60/PV.4, S. 20.

485 A/60/PV.6, S. 19.

aber durch die UN-Mitgliedstaaten, wenn auch ohne ausdrückliche Aussprache, akzeptiert worden zu sein.[486] Dies geht unter anderem aus der Stellungnahme des slowakischen Präsidenten hervor:

> „The principle of sovereignty means that responsibility for people lies with each sovereign country and its Government. However, if a particular Government fails to live up to that responsibility, the international community has the obligation to take all necessary steps and use all available and necessary means to prevent a major humanitarian disaster."[487]

Ähnlich lautet die Stellungnahme Neuseelands:

> „At this critical moment in the history of our Organization, we welcome the fact that Member States have agreed that we share a responsibility to protect populations from the most horrific of crimes. The principle of non-intervention cannot be used to shield genocide, war crimes, ethnic cleansing and crimes against humanity."[488]

Noch deutlicher geht die Akzeptanz der Ausweitung des Art. 39 UN-Charta aus der Äußerung des schwedischen Außenministers hervor:

> „The Security Council must be ready to take responsibility if and when a State cannot give its citizens the necessary protection.";[489]

sowie aus dem Beitrag des Außenministers Ruandas:

> „Where a State is unable or unwilling to protect its people, as was the case in Rwanda in 1994, then the responsibility to provide such protection should — and indeed must — shift immediately to the international community. Such action should be taken by the Security Council in a timely and decisive manner in order to save the lives of populations under threat."[490]

Es fällt auf, dass die Staaten in ihren Stellungnahmen nicht auf den Begriff der Friedensbedrohung eingehen, sondern allein auf die Menschenrechtsverletzungen als solche als Anknüpfungspunkt für ein Einschreiten der internationalen Gemeinschaft abstellen.[491] Dies unterstützt den hier vertretenen

---

486 Im Ergebnis ebenso VERLAGE, S. 230 ff.

487 A/60/PV.10, S. 23.

488 A/60/PV.7, S. 46.

489 A/60/PV.10, S. 39.

490 A/60/PV.12, S. 34.

491 Lediglich die Ukraine und Korea stellen im Rahmen der Generalversammlungsdebatte ausdrücklich den Bezug zur Aufrechterhaltung des internationalen Friedens her. So äußerte der Außenminister der Ukraine: „In building this statement around the

Standpunkt, dass sich die Erweiterung des Art. 39 UN-Charta nicht über ein neues Verständnis des Begriffs der Friedensbedrohung vollzogen hat, sondern über die Einfügung eines weiteren ungeschriebenen Tatbestandsmerkmals.[492]

Insgesamt ist das Weltgipfeldokument als Abschluss des Entwicklungsprozesses hinsichtlich des erweiterten Verständnisses des Art. 39 UN-Charta zu verstehen. Dem Dokument liegt ein solches erweitertes Verständnis des Art. 39 der Charta zugrunde. Die Staaten haben nicht nur die *Responsibility to Protect* allgemein begrüßt, sondern bringen in ihren Stellungnahmen auch zum Ausdruck, dass der Sicherheitsrat im Falle humanitärer Notsituationen nach Kapitel VII der Charta einschreiten könne. Zwar wird nicht direkt die Ausweitung des Art. 39 diskutiert, die Vereinbarkeit mit der UN-Charta wird aber von keinem der Staaten bestritten, und zwar auch nicht seitens der Staaten, die sich kritisch gegenüber der *Responsibility to Protect* äußerten. Die gut 150 anwesenden Staats- und Regierungschefs haben daher die Ausweitung des Art. 39 auf dem UN-Weltgipfel zumindest implizit akzeptiert; die übrigen Staaten haben jedenfalls nicht widersprochen und die Ausweitung damit jedenfalls widerspruchslos hingenommen. Ein die Charta ändernder Konsens der UN-Mitgliedstaaten kann damit wohl nicht mehr verneint werden. Im Übrigen spricht vieles dafür, das Weltgipfeldokument und die Stel-

---

words 'credibility' and 'democracy', I cannot but stress the key function of the organization, which is to maintain international peace and security. The memory of Rwanda, Srebrenica or, quite recently, Darfur should lead us to look for urgent remedies. One of these could lie in the 'responsibility to protect' concept, which Ukraine fully endorses. We must not remain passive observers of genocide, crimes against humanity or gross and flagrant violations of human rights, as happened in 1932-1933 when Ukrainians experienced the great famine with devastating effects", A/60/PV.11, S. 18; in der Stellungnahme des Außenministers Koreas heißt es: „Respect for human rights and the rule of law are indispensable for the preservation of peace and cooperation among nations. Mass killings, genocide and other grave infringements of human rights are threats to peace and stability and must not be let pass with impunity. The principle of the 'responsibility to protect', as discussed during the High-level Plenary Meeting, underscores the responsibility of the international community to lend assistance to States in upholding their solemn obligation to protect their citizens. We support the continued deliberations by Member States to reach agreement on the responsibility to protect. This would certainly form the backbone of a preventive mechanism against gross violations of human rights", A/60/PV.12, S. 15.

492 Vgl. hierzu bereits oben S. 117.

lungnahmen der Staatenvertreter dahin gehend zu interpretieren, dass die Änderung der Charta nicht über die Ausweitung des Begriffs der Friedensbedrohung vollzogen wurde, sondern über die Einfügung eines neuen Tatbestandsmerkmals, das ein Einschreiten des Sicherheitsrates im Falle von Menschenrechtsverletzungen des im Weltgipfeldokument genannten Ausmaßes zulässt.

#### *d) Zwischenergebnis*

Die oben gestellte Frage, ob der Sicherheitsrat im Falle humanitärer Notsituationen auf die im VII. Kapitel der Charta vorgesehenen Zwangsmaßnahmen zugreifen kann, ist im Ergebnis zu bejahen.

Zwar hat die Auslegung des Art. 39 UN-Charta gezeigt, dass rein humanitäre Belange nach der ursprünglichen Konzeption der Charta nicht unter den Tatbestand subsumierbar sind und dementsprechend als *ultra vires*-Handlung des Sicherheitsrates keine rechtfertigende Wirkung entfalten würden. Durch die spätere Praxis der UN-Vertragstaaten hat Art. 39 der UN-Charta aber eine Änderung erfahren. Im Gegensatz zum Sicherheitsrat sind die Vertragsstaaten als *Herren der Verträge* zur Änderung der Charta, und zwar auch zur informellen Änderung derselben, befugt. Eine diesbezügliche Änderung deutete sich bereits im Rahmen des Somalia-, Ruanda- sowie des Sudan-Konflikts an. Die Bestätigung der *Responsibility to Protect* auf dem UN-Weltgipfel im Jahr 2005 hat dem erweiterten Verständnis schließlich zum Durchbruch verholfen. Ein solches Verständnis liegt dem Dokument unzweifelhaft zugrunde und wurde durch die Staaten implizit akzeptiert beziehungsweise widerspruchslos hingenommen. Allerdings ist die Beschränkung des Weltgipfeldokuments auf internationale Verbrechen zu beachten. Es spricht außerdem vieles dafür, dass sich die Einbeziehung über ein weiteres, ungeschriebenes Tatbestandsmerkmal vollzogen hat – nämlich die Befugnis, im Falle humanitärer Notsituationen des im Weltgipfeldokument genannten Ausmaßes einzuschreiten –, und nicht über die Ausweitung des Begriffs der Friedensbedrohung.

### *3. Zulässigkeit nicht-militärischer Interventionen außerhalb der Vereinten Nationen – das Rechtsinstitut der Gegenmaßnahme*

Für nicht-militärische Zwangsmaßnahmen zum Schutz humanitärer Belange, die durch Einzelstaaten beziehungsweise Staatengruppen außerhalb der Vereinten Nationen, also unabhängig vom System der kollektiven Sicherheit, durchgeführt werden, kommt als Rechtfertigungsgrund das Mittel der Gegenmaßnahme[493] in Betracht. Ausdrücklich wird das Rechtsinsitut der Gegenmaßnahme im ICISS-Bericht zwar nicht genannt; dies bedeutet aber nicht, dass das Rechtsinstitut nicht vom Konzept der *Responsibility to Protect* erfasst wäre. Dieser Umstand ist vielmehr dem politischen Charakter des Berichts geschuldet.[494]

Die Gegenmaßnahme ist in den Artikeln 22 und 49 ff. des Entwurfs zur Staatenverantwortlichkeit der INTERNATIONAL LAW COMMISSION (ILC) niedergelegt. Der ILC-Entwurf, welcher 2001 durch die Generalversammlung der Vereinten Nationen mittels einer Resolution angenommen wurde,[495] ist als solcher zwar nicht verbindlich,[496] wird aber als weitgehend mit dem Völkergewohnheitsrecht übereinstimmend angesehen.[497] Gemäß Art. 22 des Entwurfs handelt es sich bei einer Gegenmaßnahme um einen an sich völkerrechtswidrigen Akt, der als Reaktion auf eine vorausgegangene Rechtsverletzung eines anderen Staates gerechtfertigt sein kann. Nicht-militärische Zwangsmaßnahmen seitens einzelner Staaten – die wie dargelegt völkerrechtswidrig sein können – könnten über das Rechtsinstitut der Gegenmaßnahme gerechtfertigt werden. Hierfür müssten die Anwendungsvoraussetzungen des Rechtsinstituts erfüllt sein, insbesondere müssten die innerstaatlich begangenen Menschenrechtverletzungen als Anknüpfungspunkt für eine Gegenmaßnahme herangezogen werden können.

### *a) Völkerrechtswidriges Verhalten eines Staates*

Entsprechend Art. 22 des ILC-Entwurfs bedarf es als Grundvoraussetzung für die Anwendung einer Gegenmaßnahme eines vorherigen völkerrechtswidrigen Verhaltens eines anderen Staates. Die Völkerrechtsverletzung kann sich grundsätzlich aus jedem Tun oder Unterlassen des anderen Staates ergeben.[498]

---

493 Der Begriff der Gegenmaßnahme hat sich als neuer Begriff für die inhaltsgleiche Repressalie durchgesetzt, vgl. IPSEN, in: ders. (Hrsg.), § 40 Rn. 55.

494 Vgl. oben S. 26 ff.

495 A/RES/56/83 (2001).

496 Zur Wirkung von Resolutionen der UN-Generalversammlung siehe oben S. 51 ff.

497 Vgl. KEMPEN/HILLGRUBER, Kap. 6 Rn. 60.

498 KEMPEN/HILLGRUBER, Kap. 6 Rn. 63.

An der Völkerrechtswidrigkeit von Handlungen beziehungsweise Unterlassungen eines Staates, welche die Schwelle der *Responsibility to React* überschreiten, besteht kein Zweifel. Bereits im Rahmen der Behandlung der Primärverantwortung der Staaten wurde festgestellt, dass die Staaten über völkerrechtliche Verträge sowie völkergewohnheitsrechtlich zur Einhaltung der (fundamentalen) Menschenrechte verpflichtet sind. Begeht ein Staat selbst Menschenrechtsverletzungen des im Rahmen der *Responsibility to React* relevanten Ausmaßes, oder unterlässt er es, derartige Handlungen Privater trotz bestehender Einschreitungsmöglichkeit zu verhindern, so liegt eine Völkerrechtsverletzung vor.

Schwierigkeiten bereitet eine solche Bewertung allerdings im Falle eines *failed State*. Ein *failed State* wird zwar völkerrechtlich weiterhin als Staat angesehen, charakteristisch für einen solchen gescheiterten Staat ist aber gerade dessen fehlende Handlungsfähigkeit.[499] Schon mangels einer Regierung oder sonstiger Funktionsträger beziehungsweise mangels Handlungsfähigkeit derselben scheidet daher eine zurechenbare Völkerrechtsverletzung als Anknüpfungspunkt für das Rechtsinstitut der Gegenmaßnahme aus.[500] Ebenso kann einem *failed State* nicht zum Vorwurf gemacht werden, dass er seiner Schutzpflicht zur Verhinderung von menschenrechtsbeeinträchtigenden Akten Privater nicht nachkommt. Wie dargestellt setzt der Verstoß gegen die staatliche Schutzpflicht immer die Möglichkeit eines völkerrechtskonformen Verhaltens voraus. Im Falle eines *failed State* ist diese Möglichkeit aufgrund der Handlungsunfähigkeit desselben zu verneinen.[501] Im Übrigen wären Gegenmaßnahmen, welche auf die Erzwingung eines bestimmten Verhaltens gerichtet sind, aufgrund der fehlenden Handlungsfähigkeit des gescheiterten Staates sinnlos.[502] Im Ergebnis scheiden Gegenmaßnahmen im Falle eines *failed State* daher mangels einer zurechenbaren Völkerrechtsverletzung aus. Wie schon im Rahmen der Primärverantwortung der Staaten, die durch einen gescheiterten Staat gerade nicht wahrgenommen werden kann,[503] gezeigt,

---

499 Siehe zum failed State oben S. 79 f.

500 Vgl. LIEBACH, S. 218 ff.; GEIß, S. 251 ff., 286 f.

501 THÜRER, in: BDGVR 34 (1996), S. 9 (31 ff.); LIEBACH, S. 217 f.; SCHRÖDER, S. 86.

502 Allein Maßnahmen, die keine Handlung des failed State erfordern, wie etwa das Einfrieren von Auslandsaktiva, kämen in Betracht, vgl. hierzu HERDEGEN, in: BDGVR 34 (1996), S. 49 (80 f.); SCHRÖDER, S. 200; LIEBACH, S. 220 f.; GEIß, S. 287 f.

503 Siehe oben S. 79 ff.

kommt es im Fall eines *failed State* in besonderem Maße auf eine kollektive Durchsetzung der Menschenrechte durch die Staatengemeinschaft an.

*b) Das Kriterium des Verletztseins*

Das völkerrechtswidrige Verhalten eines Staates allein ist allerdings nicht ausreichend für die Zulässigkeit einer Gegenmaßnahme. Das Rechtsinstitut der Gegenmaßnahme dient nicht der allgemeinen Durchsetzung des Völkerrechts, sondern ist vielmehr als Selbsthilferecht zu verstehen.[504] Es sind daher nur diejenigen Staaten berechtigt Gegenmaßnahmen zu ergreifen, die durch das vorangegangene völkerrechtswidrige Verhalten verletzt worden sind.[505]

Für die Beurteilung des Kriteriums des Verletztseins ist zwischen der Bindungswirkung einer Norm und deren Erfüllungsstruktur zu unterscheiden. Allein die rechtliche Bindung an die verletzte Norm begründet noch kein Verletztsein im Sinne der völkerrechtlichen Verantwortlichkeit. Es ist vielmehr erforderlich, dass die Einhaltung der fraglichen Norm gegenüber dem Staat geschuldet ist, der die Verletzung geltend machen möchte; aus der Erfüllungsstruktur der Norm muss sich ein subjektives Recht des jeweiligen Staates ergeben.[506] Begeht ein Staat Menschenrechtsverletzungen gegenüber seiner eigenen Bevölkerung, ist fraglich, ob andere Staaten überhaupt dadurch verletzt werden. Dies liegt an der bereits dargestellten atypischen Struktur der Menschenrechte. Die auf internationaler Ebene verankerten Menschenrechte regeln nicht einen zwischenstaatlichen Leistungsaustausch, sondern das Verhalten der Staaten gegenüber ihrer eigenen Bevölkerung; es liegt eine innerstaatliche Zielrichtung vor.[507]

*aa) Im völkerrechtlichen Schrifttum verbreitete Ansicht*

Im völkerrechtlichen Schrifttum wird aufgrund dieser innerstaatlichen Zielrichtung die direkte Betroffenheit anderer Staaten und damit auch das Kriterium des Verletztseins verneint.[508] Durch Menschenrechtsverletzungen sei

504 SCHWEISFURTH, Kap. 7 Rn. 94; DAHM/DELBRÜCK/WOFRUM, Bd. I/3, S. 985.

505 Vgl. Art. 42, Art. 49 Abs. 1 ILC-Entwurf zur Staatenverantwortlichkeit.

506 BRYDE, in: BDGVR 33 (1994), S. 165 (179); PAYANDEH, S. 385 f.

507 Siehe oben S. 75 f.

508 HILLGRUBER, in: Tomuschat/Thouvenin (Hrsg.), S. 265 (265, 274); MCCAFFREY, in: Weiler/Cassese/Spinedi (Hrsg.), S. 242 (243 f.); TAMS, S. 198 ff.; FROWEIN, RdC

allein die Bevölkerung des Verletzerstaates betroffen. Ein Verletztsein anderer Staaten käme nur dann in Betracht, wenn neben der Bevölkerung des Verletzerstaates auch Staatsangehörige anderer Staaten von den Menschenrechtsverletzungen betroffen seien. In diesem Falle könne der Staat, dessen Staatsangehörige verletzt worden sind, nach den Grundsätzen des diplomatischen Schutzes Maßnahmen gegen den Verletzerstaat ergreifen.[509] Allerdings versuchen die Vertreter dieser Ansicht, eine mittelbare Betroffenheit der anderen, nicht verletzten Staaten – nach dieser Ansicht *dritten* Staaten – zu begründen. Es werden im Wesentlichen zwei Ansätze vertreten. Zum Teil wird aus dem Konzept der *erga omnes*-Normen eine solche mittelbare Betroffenheit gefolgert. *Erga omnes*-Normen werden als Verpflichtungen gegenüber der Staatengemeinschaft als Ganzer verstanden. Durch den Bruch solcher Normen würde daher die Staatengemeinschaft, als aus diesen subjektiv Berechtigte, verletzt. Da die fundamentalen Menschenrechte, welche durch Verletzungen des der Schwelle der *Responsibility to React* entsprechenden Ausmaßes verletzt würden, den Normen mit *erga omnes*-Charakter zugerechnet werden, würde dies zur Verletzung der Staatengemeinschaft führen. Die Mitglieder der Staatengemeinschaft, das heißt die Einzelstaaten, seien demnach mittelbar als Mitglieder der Gemeinschaft verletzt.[510] Die Vertreter des anderen Ansatzes halten die Menschenrechte auf internationaler Ebene für objektive Verpflichtungen. Demnach ergebe sich aus diesen keine subjektive Berechtigung. Die Einhaltung sei vielmehr aufgrund der gemeinsam errichteten objektiven Ordnung erforderlich. Im Falle einer Verletzung werden die Mitglieder der gemeinsam errichteten objektiven Ordnung nur als mittelbar betroffen angesehen.[511] Angemerkt sei, dass eine eindeutige Zuordnung der diesbezüglichen Beiträge im völkerrechtlichen Schrifttum nicht immer möglich ist. Nach beiden Ansätzen ist aber von einer lediglich mittelbaren Betroffenheit der Einzelstaaten auszugehen. Dies reicht nach dem herkömmlichen System der Gegenmaßnahmen nicht aus; es bedarf für die Anwendung einer Gegenmaßnahme vielmehr einer unmittelbaren Betroffenheit, das heißt eines

---

248 (1994), S. 345 (412); BRYDE, in: BDGVR 33 (1994), S. 165 (167 ff.); HAILBRONNER, AVR 30 (1992), S. 2 (4); PAYANDEH, S. 406 ff.

509 Vgl. KÄLIN/KÜNZLI, S. 210; da Interventionen zum Schutz eigener Staatsangehöriger nicht in den Anwendungsbereich der Responsibility to Protect fallen, sollen diese hier nicht weiter untersucht werden (vgl. oben S. 20).

510 HILLGRUBER, in: Tomuschat/Thouvenin (Hrsg.), S. 265 (272); vgl. auch MERON, S. 235; KÄLIN/KÜNZLI, S. 210.

511 Siehe zur Theorie der objektiven Verpflichtungen gleich noch unten S. 128 ff.

Verletztseins. Für die Zulässigkeit von Gegenmaßnahmen als Reaktion auf Menschenrechtsverletzungen wird daher eine völkergewohnheitsrechtliche Verankerung verlangt.[512] Den Vertretern der hier dargestellten Ansätze geht es um die Begründung einer neuen Norm im Völkergewohnheitsrecht, welche Gegenmaßnahmen durch dritte, nicht unmittelbar verletzte Staaten zulässt.[513] Die Herausbildung einer solchen Norm im Völkergewohnheitsrecht findet jedenfalls bei schwerwiegenden Menschenrechtsverletzungen in zunehmendem Maße Anerkennung.[514]

*bb) Hier vertretener Ansatz – die Gegenseitigkeitstheorie*

Trotz der weiten Verbreitung der unter aa) dargestellten Ansicht soll hier einem anderen Ansatz gefolgt werden. Dieser bedarf zwar noch einer weiter gehenden Untersuchung, als sie hier im Rahmen der Behandlung der *Responsibility to Protect* geleistet werden kann, er soll aber als Anknüpfungspunkt für eine weitere Diskussion dienen. Der Ansatz basiert insbesondere auf einem anderen Verständnis der Erfüllungsstruktur menschenrechtlicher Verpflichtungen. Diese soll im Folgenden zunächst anhand der Menschenrechtsverträge und im Anschluss für völkergewohnheitsrechtlich verankerte Menschenrechte untersucht werden. Im Vordergrund steht hierbei die Frage, ob die auf internationaler Ebene verankerten Menschenrechte gegenseitige Rechte und Pflichten zwischen den Staaten begründen.

*aaa) Erfüllungsstruktur menschenrechtlicher Verträge*

Wie bereits dargestellt kann allein aus der Bindungswirkung an einen Vertrag kein subjektives Recht gefolgert werden. Dies gilt auch für die Verträge zum

---

512 BRYDE, in: BDGVR 33 (1994), S. 165 (178); HILLGRUBER, in: Tomuschat/Thouvenin (Hrsg.), S. 265 (270 ff.); TAMS, S. 207 ff.; FROWEIN, RdC 248 (1994), S. 345 (416 ff.); DZIDA, S. 251 ff.

513 Vgl. RICHTER, in: Klein (Hrsg.), Menschenrechtsschutz, S. 223 (226 f.); HILLGRUBER, in: Tomuschat/Thouvenin (Hrsg.), S. 265 (273, 293); BRYDE, in: BDGVR 33 (1994), S. 165 (178).

514 TAMS, S. 229 ff.; FROWEIN, RdC 248 (1994), S. 345 (422), der zumindest von einer diesbezüglichen Tendenz in der Staatenpraxis ausgeht; siehe auch DERS., Obligations erga omnes, in: Wolfrum (Hrsg.), EPIL Online-Edition, Rn. 12 f.; ebenso BRYDE, in: BDGVR 33 (1994), S. 165 (179 f.); HAILBRONNER, AVR 30 (1992), S. 2 (4); KÄLIN/KÜNZLI, S. 212; PAYANDEH, S. 419; vgl. auch DZIDA, S. 261 ff.

Schutz der Menschenrechte. Die Verletzung einer Vertragsnorm als solche, das heißt der Verstoß gegen den allgemeinen Grundsatz *pacta sunt servanda*, führt nicht automatisch zur Verletzung der anderen Vertragsparteien. Eine Verletzung ist nur dann zu bejahen, wenn die Erfüllungsstruktur des jeweiligen Vertrages den Vertragsparteien subjektive Rechte einräumt, also wenn die Einhaltung der vertraglichen Verpflichtungen gegenüber den fraglichen Vertragsstaaten geschuldet ist.[515]

Im Rahmen eines klassischen bilateralen Vertrages, in dem der Leistungsaustausch zwischen zwei Staaten geregelt ist, wie etwa bei einem Vertrag über die gegenseitige Einräumung von Handelspräferenzen, ist die Beurteilung der jeweiligen Erfüllungsstruktur in der Regel einfach zu ermitteln. Grundsätzlich hat jeder Vertragspartner ein Recht gegenüber dem anderen, die versprochene Leistung zu fordern, und die andere Partei ist zur Leistung verpflichtet. Kommt ein Vertragsstaat seiner Verpflichtung nicht nach, ist der andere als subjektiv Berechtigter in seinen Rechten verletzt. Schwieriger ist die Beurteilung der Erfüllungsstruktur im Rahmen multilateraler Verträge mit einer Vielzahl von Vertragspartnern. Man könnte annehmen, dass Rechte und Pflichten auch hier zwischen allen Vertragspartnern begründet werden. Demnach würde ein Nicht-Nachkommen einer Verpflichtung aus dem Vertrag seitens eines Vertragsstaates die Rechte aller anderen Vertragsstaaten verletzen. Eine solche pauschale Bewertung multilateraler Verträge ist allerdings nicht möglich. Die ersten multilateralen Verträge sind vielmehr als Bündelung bilateraler Rechtsbeziehungen anzusehen.[516] Als Beispiel hierfür ist das Wiener Übereinkommen über diplomatische Beziehungen[517] zu nennen. Hierbei handelt es sich um einen multilateralen Vertrag, die Vertragsbeziehungen werden aber im Wesentlichen auf bilateraler Basis, nämlich zwischen dem jeweiligen Empfangs- und Entsendestaat begründet. Sämtliche Verpflichtungen sind ausdrücklich an den jeweiligen Empfangs- beziehungsweise Entsendestaat gerichtet, wie etwa Art. 22 des Übereinkommens, der den Empfangsstaat zur Einhaltung der Unverletzbarkeit der diplomatischen Mission verpflichtet, oder Art. 41, der die Mitglieder der Mission des Entsendestaates zur Einhaltung der Gesetze des Empfangsstaates ermahnt. Korrespon-

---

515 Vgl. BRYDE, in: BDGVR 33 (1994), S. 165 (184).

516 Vgl. SIMMA, in: Weiler/Cassese/Spinedi (Hrsg.), S. 283 (285); WILDHABER, in: Bernhardt (Hrsg.), EPIL IV, S. 949.

517 Wiener Übereinkommen über diplomatische Beziehungen, 18. April 1961, BGBl. 1964 II, S. 959.

dierend zu diesen Verpflichtungen besteht das Recht des jeweils anderen Staates als subjektiv Berechtigtem, die Einhaltung der Verpflichtungen fordern zu können. Kommt etwa der Empfangsstaat seiner Verpflichtung nicht nach, ist aufgrund dieser bilateralen Ausgestaltung des Vertrages (nur) der jeweilige Entsendestaat in seinen Rechten verletzt, und nicht die übrigen Vertragspartner des Übereinkommens. Im Fall des Wiener Übereinkommens über diplomatische Beziehungen ist die multilaterale Vertragsgrundlage daher als eine Art Abschlusserleichterung anzusehen. Zu einer Multilateralisierung der Vertragsbeziehungen kommt es aufgrund der im Vertrag getroffenen Vereinbarungen aber gerade nicht. Allerdings haben sich auch andere, über diese bloße Abschlusserleichterung hinausgehende multilaterale Verträge herausgebildet.[518] So ist etwa allgemein anerkannt, dass der Atomteststoppvertrag[519] Rechte und Pflichten zwischen allen Vertragsparteien begründet. Kommt ein Staat seiner Verpflichtung nicht nach, sind alle anderen Vertragspartner in ihren Rechten verletzt. Man spricht insofern von einem integralen Vertrag, der Leistungsaustausch erfolgt „[...] nicht paarweise, sondern zwischen sämtlichen Vertragsstaaten gleichzeitig und untrennbar [...]".[520] Als Zwischenergebnis ist daher festzuhalten, dass sich die Rechtsbeziehungen bei multilateralen Verträgen nicht allgemeingültig beurteilen lassen, es kommt vielmehr auf den jeweiligen Vertrag und die darin vorgesehene Erfüllungsstruktur an.[521]

Aufgrund der besonderen innerstaatlichen Zielrichtung und des fehlenden, für völkerrechtliche Verträge aber grundsätzlich typischen Austauschverhältnisses ist die Erfüllungsstruktur von Menschenrechtsverträgen in der Literatur umstritten. Wie bereits angedeutet werden Menschenrechtsverträge aufgrund dieser atypischen Zielrichtung zum Teil als *objektive Verpflichtungen* betrachtet.[522] Demnach begründen Menschenrechtsverträge keine korrelativen Rechte und Pflichten zwischen den Vertragspartnern. Zwar seien die

---

518 Zur Entwicklung und zum Wandel der Struktur multilateraler Verträge siehe WILDHABER, in: Bernhardt (Hrsg.), EPIL IV, S. 949 ff.

519 Vertrag über das Verbot von Kernwaffen in der Atmosphäre, im Weltraum und unter Wasser, 5. August 1963, BGBl. 1964 II, S. 907.

520 SIMMA, Reziprozitätselement, S. 155 f.; siehe auch BEYNIO, S. 56 ff.

521 Siehe zu den unterschiedlichen Erfüllungsstrukturen multilateraler Verträge SIMMA, Reziprozitätselement, S. 153 ff.; GÜNTHER, S. 99 ff.; vgl. auch HANZ, S. 94 f.

522 So etwa KHOL, S. 53 ff.; KÄLIN, in: BDGVR 33 (1994), S. 9 (9 ff.); vgl. auch FITZMAURICE, 2. Bericht zum Recht der Verträge vom 15. März 1957, A/CN.4/107, ILC Yearbook 1957 II, S. 16 (54/Abs. 126).

Vertragsstaaten zur Einhaltung der im Vertrag genannten Rechte verpflichtet, dieser Verpflichtung stehe aber kein subjektives Recht der anderen Vertragspartner gegenüber, auf Grundlage dessen die Einhaltung der Verpflichtung gefordert werden könnte. Die Verpflichtung bestehe vielmehr im Rahmen der durch den Vertrag gemeinsam errichteten objektiven Ordnung.[523] Diese *Theorie der objektiven Verpflichtungen* geht zurück auf die Stellungnahme der britischen Regierung im Rahmen des Gutachtenverfahrens über die Zulässigkeit von Vorbehalten zur Völkermordkonvention vor dem Internationalen Gerichtshof. In der Verhandlung vor dem Gerichtshof führte der Vertreter Großbritanniens aus:

> „[...] in the case of a convention such as the Genocide Convention, [...] there are no obligations under the Convention between the parties. Each party assumes obligations, it is true, but they are not obligations to be executed towards or for the benefit of the other States."[524]

Ähnlich hieß es auch im Schriftsatz der britischen Regierung:

> „[...] the obligations involved are of a general, self-existent, and non-contractual character, and do not consist of something that has to be done specifically towards another country."[525]

Auch von der Europäischen Menschenrechtskommission wurde die Theorie aufgegriffen. In der sog. *Pfunders*-Entscheidung ging die Kommission von der Zulässigkeit einer gegen italienische Gerichtsurteile gerichteten Staatenbeschwerde Österreichs aus, obwohl diese Urteile bereits vor dem österreichischen Beitritt zur Europäischen Menschenrechtskonvention ergangen waren. Argumentativ stützte sich die Kommission hierbei auf die *Theorie der objektiven Verpflichtungen.* In der Entscheidung über die Zulässigkeit der österreichischen Beschwerde führte die Kommission aus, dass es sich bei den aus der Europäischen Menschenrechtskonvention resultierenden Verpflichtungen nicht um gegenseitige Rechte und Pflichten der Staaten handele, son-

---

523 Vgl. dazu SIMMA, Reziprozitätselement, S. 181; DERS./STEINER, in: Kulturstiftung der deutschen Vertriebenen (Hrsg.), S. 31 (67 ff.); HANZ, S. 60 f.

524 Reservations to the Convention on the Prevention and Punishment of the Crime of Genocide, Statement by Sir Hartley Shawcross, ICJ Pleadings, Oral Arguments, Documents (Gutachten vom 28. Mai 1951), S. 385 (387 f.).

525 Reservations to the Convention on the Prevention and Punishment of the Crime of Genocide, Written Statement of the Government of the United Kingdom, ICJ Pleadings, Oral Arguments, Documents (Gutachten vom 28. Mai 1951), S. 48 (65/Abs. 25).

dern vielmehr um Verpflichtungen objektiven Charakters. Die Verpflichtungen bestünden daher nicht gegenüber den anderen Vertragsstaaten, sondern im Rahmen der gemeinsam errichteten objektiven Ordnung. Da es nicht um die Durchsetzung gegenseitiger Rechte und Pflichten, sondern um die Durchsetzung der gemeinschaftlichen Ordnung ginge, sei es unerheblich, dass der Beitritt Österreichs erst nach dem gerügten Verhalten erfolgt sei.[526] Gestützt wird die *Theorie der objektiven Verpflichtungen* insbesondere auf das fehlende Interesse, welches die Staaten am Schutz der Einwohner fremder Staaten hätten. Dieses Interesse sei vielmehr als ein Gemeinschaftsinteresse anzusehen, das nicht den Einzelstaaten zugeordnet werden könne.[527]

Den Vertretern der *Theorie der objektiven Verpflichtungen* ist zu widersprechen. Die Untragbarkeit der Theorie ergibt sich aus einer einfachen Überlegung: Es gilt im Völkerrecht als allgemein anerkannt, dass es keine Verpflichtung eines Rechtssubjektes geben kann, der nicht ein subjektives Recht eines anderen Rechtssubjekts zur Einforderung derselben gegenübersteht. Objektive Verpflichtungen sind im Völkerrecht damit von vornherein ausgeschlossen.[528] Für die Beurteilung der Erfüllungsstruktur bleiben daher nur zwei Möglichkeiten: Entweder begründen Menschenrechtsverträge Verpflichtungen gegenüber allen Vertragsstaaten, oder Menschenrechtsverträge begründen keinerlei Verpflichtungen. Eine Verpflichtung gegenüber der internationalen Gemeinschaft ist aufgrund der mangelnden Rechtssubjektivität der Gemeinschaft ausgeschlossen.[529] Und auch die Annahme, dass eine Verpflichtung allein gegenüber den Individuen bestünde, scheidet aus. Denn wie bereits dargestellt würde es sich, soweit den Individuen überhaupt eigene Rechte aus Verträgen zum Schutz der Menschenrechte erwachsen, hierbei nur um eine zusätzliche Rechtsposition neben der der Staaten handeln.[530] Will man den Menschenrechtsverträgen daher nicht ihre verpflichtende Wirkung absprechen, bleibt nur die Möglichkeit, die Vertragsstaaten als subjektiv Be-

---

526 Kommissions-Entscheidung Nr. 788/60, YBECHR 4 (1961), S. 116 (138 ff.); siehe dazu auch WALTER, H., Europäische Menschenrechtsordnung, S. 49 ff.

527 Vgl. KHOL, S. 53; ANNACKER, S. 62, 64 f.; BRYDE, in: BDGVR 33 (1994), S. 165 (168).

528 So auch HANZ, S. 79 ff.; SIMMA/STEINER, in: Kulturstiftung der deutschen Vertriebenen (Hrsg.), S. 31 (72 f.); vgl. auch GÜNTHER, S. 96; BARBOZA, in: Essays in Memory of Oscar Schachter, S. 7 (19 f.).

529 Siehe oben S. 82 ff.; vgl. auch GÜNTHER, S. 186, 224 f.

530 Siehe oben S. 75 f.

rechtigte anzusehen.[531] Dies entspricht der *Gegenseitigkeitstheorie*,[532] nach der auch Menschenrechtsverträge gegenseitige Rechte und Pflichten zwischen den Staaten begründen. Es wird zwar nicht, wie bei gewöhnlichen völkerrechtlichen Verträgen, der Austausch einer Leistung auf zwischenstaatlicher Ebene vereinbart, es fehlt aber auch nicht gänzlich an einem Leistungsaustausch. Die Staaten verpflichten sich gegenüber einander zur Einhaltung der im Vertrag niedergelegten Menschenrechte. Die Leistung ist daher in der Einhaltung der Menschenrechte zu sehen. Der Umstand, dass innerstaatliche Handlungspflichten begründet werden, ändert aber nichts an der zwischenstaatlichen Erfüllungsstruktur. Es ist nicht ersichtlich, weshalb den Vertragsstaaten hier das subjektive Recht, die Einhaltung der Verpflichtungen von den anderen Vertragsstaaten fordern zu können, versagt werden sollte.

Menschenrechtsverträge sind auch nicht, wie etwa das oben angeführte Wiener Übereinkommen über diplomatische Beziehungen, bilateral ausgestaltet. Anknüpfungspunkt ist gerade nicht die Staatsangehörigkeit des Individuums; es geht nicht um die Begründung eines Rechtsverhältnisses zwischen Verletzer- und Heimatstaat. Der Menschenrechtsschutz zeichnet sich gerade dadurch aus, dass dieser über das auf bilateralen Rechtsbeziehungen basierende Fremdenrecht hinausgeht.[533] Im Rahmen menschenrechtlicher Verträge ist daher von einer Multilateralisierung der Rechtsbeziehungen auszugehen. Die Ausgestaltung der menschenrechtlichen Verpflichtungen als gegenseitige Rechte und Pflichten der Staaten geht auch aus den Formulierungen der Menschenrechtsverträge hervor. Beispielhaft sei hier der Internationale Pakt für bürgerliche und politische Rechte aufgeführt. Zwar sind die einzelnen im dritten Teil des Paktes genannten Menschenrechte aus der Sicht der begünstigten Individuen formuliert und deuten damit nicht auf eine Verpflichtung der Staaten hin.[534] Die Ausgestaltung als Staatenverpflichtungen ergibt sich aber aus dem zweiten Teil des Paktes. In Art. 2 Abs. 1 heißt es:

---

531 Vgl. auch SIMMA/STEINER, in: Kulturstiftung der deutschen Vertriebenen (Hrsg.), S. 31 (72 f.).

532 So WALTER, H., Europäische Menschenrechtsordnung, S. 50 ff.; SIMMA, Reziprozitätselement, S. 182 ff.; DERS., in: Schreuer (Hrsg.), S. 129 (139 ff.); DERS., in: FS Schlochauer, S. 635 (641 ff.); DERS., RdC 250 (1994), S. 217 (370 ff.); DERS./STEINER, in: Kulturstiftung der deutschen Vertriebenen (Hrsg.), S. 31 (70 ff.); HANZ, S. 60 ff.; vgl. auch WESCHKE, S. 69 ff.; DINSTEIN, AVR 30 (1992), S. 16 (18).

533 Siehe zum Fremdenrecht KEMPEN/HILLGRUBER, Kap. 10 Rn. 4.

534 Vgl. etwa Art. 6 Abs. 1 IPBPR: „Jeder Mensch hat ein angeborenes Recht auf Leben".

> „Jeder Vertragsstaat verpflichtet sich, die in diesem Pakt anerkannten Rechte zu achten und sie allen in seinem Gebiet befindlichen und seiner Herrschaftsgewalt unterstehenden Personen [...] zu gewährleisten."

Zudem kann aus Art. 4 Abs. 3 des Paktes die Erfüllungspflicht gegenüber den übrigen Vertragsstaaten abgeleitet werden. Soweit ein Vertragsstaat die sich aus dem Pakt ergebenden Verpflichtungen aufgrund einer Notstandssituation aussetzen möchte, muss er dies, entsprechend der genannten Norm, den übrigen Vertragsstaaten mitteilen. Auch die übrigen Menschenrechtsverträge sind dementsprechend ausgestaltet, teilweise sind hier sogar die einzelnen Garantien als Staatsverpflichtungen formuliert.[535]

Auch das Argument der Vertreter der *Theorie der objektiven Verpflichtungen* hinsichtlich des fehlenden subjektiven Interesses der Staaten an der Einhaltung der Menschenrechte durch die anderen Staaten vermag nicht zu überzeugen. Zwar handelt es sich bei dem hinter den Menschenrechtsverträgen stehenden Interesse um ein Allgemeininteresse oder auch Gemeinschaftsinteresse, dies führt aber nicht zur Änderung der rechtlichen Struktur der menschenrechtlichen Verpflichtungen. Wie WALTER zutreffend festgestellt hat, kann „[j]edes Interesse – auch ein altruistisches – [...] den Willen zur Begründung subjektiver Rechte motivieren."[536]

Im Falle eines Verstoßes gegen einen Menschenrechtsvertrag könnte die Verletzung der anderen Vertragsstaaten daher nur dann verneint werden, wenn für eine Verletzung ein materieller Schaden erforderlich wäre.[537] Es entspricht aber gerade der herrschenden Ansicht im völkerrechtlichen Schrifttum, dass ein materieller Schaden nicht erforderlich ist. Allein die Verletzung eines subjektiven Rechts begründet einen Schaden im juristischen Sinne.[538]

535 Vgl. Teil 3 des IPWSKR, Art. 1 der Völkermordkonvention, Art. 2 Abs. 1 der UN-Folterkonvention (Übereinkommen gegen Folter und andere grausame, unmenschliche oder erniedrigende Behandlung oder Strafe, 10. Dezember 1984, BGBl. 1990 II, S. 246).

536 WALTER, H., Europäische Menschenrechtsordnung, S. 86; vgl. hierzu auch GÜNTHER, S. 90 ff.

537 SIMMA, in: Schreuer (Hrsg.), S. 129 (150); vgl. auch DERS./STEINER, in: Kulturstiftung der deutschen Vertriebenen (Hrsg.), S. 31 (93).

538 SIMMA/STEINER, in: Kulturstiftung der deutschen Vertriebenen (Hrsg.), S. 31 (93); HANZ, S. 105 (m. w. N.); so auch AGO, 2. Bericht zur Staatenverantwortlichkeit vom 20. April 1970, A/CN.4/233, ILC Yearbook 1970 II, S. 177 (195/Abs. 54): „Every breach of an engagement *vis-à-vis* another State and every impairment of a subjective right of that State in itself constitutes a damage, material or moral, to that State".

Dieses Verständnis entspricht auch dem des ILC-Entwurfs zur Staatenverantwortlichkeit, der das Erfordernis eines materiellen Schadens ebenfalls nicht nennt.

Die „Erfindung“[539] der *Theorie der objektiven Verpflichtungen* scheint auf der Sorge vor den Folgen unilateraler Reaktionen und dem sich aus einer solchen Reaktionsmöglichkeit ergebenden Missbrauchsrisiko zu gründen.[540] Solche Befürchtungen allein vermögen aber weder ein Recht zu begründen noch zu negieren. Eine solche Befürchtung kann nur dann Einfluss auf die Rechtslage erlangen, wenn diese auf die Praxis und Rechtsüberzeugung der Staaten durchschlägt, das heißt wenn die Staaten aufgrund solcher Bedenken von der Unzulässigkeit von Gegenmaßnahmen bei Menschenrechtsverletzungen ausgehen und dies durch eine entsprechende Praxis zum Ausdruck bringen. Eine solche Praxis und Rechtsüberzeugung ist nicht erkennbar.[541] Zwar reagieren Staaten bisher nur sehr zurückhaltend auf Menschenrechtsverletzungen anderer Staaten, dies ist aber nicht mit einer gegen ein solches Recht sprechenden Rechtsüberzeugung der Staaten zu erklären, sondern vielmehr als soziologische Erfahrungstatsache zu begreifen. Grundsätzlich handeln die Staaten nur, wenn sie selbst in besonderer Weise betroffen sind.[542] Im Übrigen mögen sonstige politische Erwägungen hinter der Untätigkeit stehen. Aus diesem Grund wird etwa auch von dem Instrument der Staatenbeschwerde, das in Art. 33 der Europäischen Menschenrechtskonvention und Art. 41 des Internationalen Paktes für bürgerliche und politische Rechte enthalten ist, kaum beziehungsweise kein Gebrauch gemacht, obwohl deren Zulässigkeit unstreitig ist.[543] Insgesamt zeigt sich hier, dass der Schutz der Menschenrechte noch nicht so tief im Bewusstsein der Staaten verankert ist, als dass sie bereit wären, Maßnahmen zu ihrer Durchsetzung anzuwenden. Auf die grundsätzliche Zulässigkeit dieser Mittel hat dies jedoch keinen Einfluss.

Zum Schluss sei noch darauf hingewiesen, dass mittlerweile auch der Europäische Gerichtshof für Menschenrechte von der Auffassung der Europä-

539 SIMMA/STEINER, in: Kulturstiftung der deutschen Vertriebenen (Hrsg.), S. 31 (75/Fn. 189).

540 So auch SIMMA/STEINER, in: Kulturstiftung der deutschen Vertriebenen (Hrsg.), S. 31 (75/Fn. 189); GÜNTHER, S. 187; in diese Richtung deutende Bedenken äußernd etwa AKEHURST, BYIL 44 (1970), S. 1 (15 f.); zustimmend FROWEIN, in: FS Mosler, S. 241 (258).

541 Vgl. hierzu noch unten S. 141.

542 WENGLER, Völkerrecht, S. 579; vgl. auch MOHR, S. 74 f.

543 Vgl. SIMMA, Reziprozitätselement, S. 200 ff.

ischen Menschenrechtskommission abgewichen ist; im Urteil zum Fall *Ireland v. United Kingdom* brachte er zum Ausdruck, dass die Europäische Menschenrechtskonvention neben den objektiven Verpflichtungen auch subjektive gegenseitige Rechte und Pflichten der Staaten enthalte.[544]

Als Zwischenergebnis ist daher festzuhalten, dass die vertraglich verankerten Menschenrechte trotz ihrer innerstaatlichen Zielrichtung gegenseitige Rechte und Pflichten begründen, und zwar gleichzeitig und untrennbar zwischen allen Vertragsparteien. Aufgrund dieser Erfüllungsstruktur der Menschenrechtsverträge ist auch die Bezeichnung als *erga omnes* beziehungsweise *erga omnes partes* gerechtfertigt. Diese ergibt sich aber nicht, wie teilweise angenommen wird, aus der besonderen Wichtigkeit bestimmter Menschenrechte, sondern allein aus der vertraglich vorgesehenen Erfüllungsstruktur. Die Betrachtung von Menschenrechten als Normen mit *erga omnes*- beziehungsweise *erga omnes partes*-Charakter ist daher für alle Menschenrechte und nicht nur für bestimmte, besonders wichtige angezeigt.[545] Im Falle des Bruchs eines Menschenrechtsvertrages durch eine Vertragspartei werden aufgrund der dargestellten Erfüllungsstruktur alle anderen Vertragsparteien in ihren Rechten verletzt. Es gibt daher keine anderen, dritten Staaten, wie dies von der herrschenden Lehre postuliert wird. Das Kriterium des Verletztseins als Voraussetzung für die Anwendbarkeit von Gegenmaßnahmen ist nach dem hier vertretenen Ansatz zu bejahen. Gegenmaßnahmen als Reaktion auf den Bruch eines Menschenrechtsvertrages sind daher, ohne dass es hierfür auf eine neue Norm des Völkergewohnheitsrechts ankommt, grundsätzlich zulässig.[546] Auf die weiteren Voraussetzungen wird gleich noch einzugehen sein.[547]

---

544 EGMR, Urteil vom 18. Januar 1978, Publications of the European Court of Human Rights, Series A, Bd. 25, S. 90 Abs. 239; siehe dazu auch HANZ, S. 65 f.

545 So auch GÜNTHER, S. 115, 117; zum diesbezüglichen Theorienstreit, auf den an dieser Stelle nicht weiter eingegangen werden kann, siehe PAYANDEH, S. 391 ff.; PAULUS, S. 381 ff. Insgesamt zeichnet sich hier ein von der vorherrschenden Meinung abweichendes Verständnis des erga omnes-Konzepts ab, welches noch weiterer Untersuchung und Darlegung bedarf. Für den Zweck dieser Arbeit soll jedoch der Hinweis auf das abweichendeVerständnis genügen.

546 SIMMA/STEINER, in: Kulturstiftung der deutschen Vertriebenen (Hrsg.), S. 31 (93); SIMMA, in: Schreuer (Hrsg.), S. 129 (150); HANZ, S. 157; vgl. auch DE HOOGH, S. 246; KEMPEN/HILLGRUBER, Kap. 2 Rn. 66.

547 Siehe unten S. 143 f.

*bbb) Erfüllungsstruktur völkergewohnheitsrechtlich verankerter Menschenrechte*

Noch umstrittener als bei Menschenrechtsverträgen ist die Frage nach der subjektiven Berechtigung aus völkergewohnheitsrechtlich verankerten Menschenrechten. Als Grundvoraussetzung für das Verletztsein ist, wie auch bei den völkerrechtlichen Verträgen, die Bindung an den jeweiligen Rechtssatz erforderlich. Diese Bindungswirkung allein genügt aber auch hier nicht. Wie dargestellt handelt es sich bei der Gegenmaßnahme nicht um ein Instrument zur Durchsetzung jeglicher Rechtssätze des Völkerrechts, sondern um ein Selbsthilferecht. Neben der Bindung an den Rechtssatz bedarf es daher auch hier einer subjektiven Berechtigung. Hierfür ist allein die Erfüllungsstruktur der Norm entscheidend. Weshalb die Erfüllungsstruktur der völkergewohnheitsrechtlich verankerten Menschenrechte anders ausgestaltet sein sollte als bei Menschenrechtsverträgen, ist allerdings nicht ersichtlich. Und auch hier gilt, dass, soweit die völkergewohnheitsrechtlich verankerten Menschenrechte als verbindliche Verpflichtungen der Staaten ausgestaltet sein sollen, der Verpflichtung ein aus dieser Berechtigter gegenüberstehen muss.[548] Hierfür kommen nur die ebenfalls an die fragliche Norm des Völkergewohnheitsrechts gebundenen Staaten in Betracht. Auch die sich aus dem Völkergewohnheitsrecht ergebenden Menschenrechte erzeugen daher gegenseitige Rechte und Pflichten aller durch diese gebundenen Staaten.[549] Hieraus folgt, dass im Falle von Verstößen gegen im Völkergewohnheitsrecht verankerte Menschenrechte alle Staaten, die ebenfalls an diese gebunden sind, als verletzt anzusehen sind. Soweit es sich um zwingende Normen handelt, sind daher alle anderen Staaten als verletzt anzusehen.[550] Auch die Verletzung völkergewohnheitsrechtlich verankerter Menschenrechte führt daher grundsätzlich zur Zulässigkeit von Gegenmaßnahmen, und zwar ohne dass hierfür eine rechtsbegründende Praxis und Rechtsüberzeugung erforderlich wäre. Gegen die Gefahren, welche aus dieser Reaktionsmöglichkeit erwachsen können, kann auch hier wieder nur eingewandt werden, dass eine solche Gefahr an sich unerheblich ist, sofern diese nicht zu einem rechtsderogierenden Völkergewohnheitsrecht geführt hat.[551]

---

548 Vgl. zu diesem allgemeinen Grundsatz oben S. 130.

549 So auch HANZ, S. 126 ff.; vgl. auch KEMPEN/HILLGRUBER, Kap. 2 Rn. 66.

550 HANZ, S. 157; vgl. auch ACHERMANN, S. 210 f., 217; DE HOOGH, S. 246 f.

551 Vgl. dazu oben S. 133.

*cc) Ansatz der ILC im Entwurf zur Staatenverantwortlichkeit*

Nicht unerwähnt darf bleiben, dass der ILC-Entwurf zur Staatenverantwortlichkeit eine andere als die hier vertretene Lösung vorsieht. Es wird ein der *Theorie der objektiven Verpflichtungen* angenäherter Lösungsansatz stipuliert, der dem Ansatz des völkerrechtlichen Schrifttums entspricht. Der ILC-Entwurf in seiner Endfassung, der im Dezember 2001 durch die UN-Generalversammlung verabschiedet wurde, geht auf eine lange Entstehungsgeschichte zurück, die bereits 1955 begann. Der Entwurf basiert insbesondere auf vorbereitenden Entwürfen und Berichten der durch die ILC eingesetzten Sonderberichterstatter.[552] Die Arbeiten fanden 1996 einen ersten Abschluss mit dem Entwurf der ersten Lesung.[553] In der zweiten Lesung wurde dieser Entwurf in mehreren Schritten weiterentwickelt und mündete schließlich in der Endfassung von 2001.[554] Das hier erörterte Problem der Ergreifung von Gegenmaßnahmen bei schweren Menschenrechtsverletzungen zählt zu einem der umstrittensten Punkte der Staatenverantwortlichkeit und wurde in den beiden genannten Entwürfen unterschiedlich behandelt. Beide Entwurfsfassungen sollen im Folgenden kurz dargestellt werden. Sodann soll auf die Vereinbarkeit der Entwürfe mit dem hier vertretenen Ansatz sowie die rechtlichen Auswirkungen der sich hieraus ergebenden Unvereinbarkeit eingegangen werden.

*aaa) Darstellung der verschiedenen Entwürfe*

Wesentlich für den Entwurf der ersten Lesung ist die Unterscheidung zwischen *international Crimes* und *international Delicts* (Art. 19 des Entwurfs von 1996). Während einfache Rechtsbrüche als Delikte bezeichnet werden (Art. 19 Abs. 1, 4), gelten als Verbrechen die Verletzungen solcher Verpflichtungen, welche für den Schutz der fundamentalen Interessen der internationalen Gemeinschaft so wesentlich sind, dass deren Bruch durch die Gemeinschaft als Verbrechen behandelt wird (Art. 19 Abs. 2). Als Beispiele hierfür werden in Art. 19 Abs. 3 des Entwurfs unter anderem schwerwiegen-

552 Vgl. hierzu die Darstellung der allgemeinen Arbeitsweise der ILC, unter http://www.un.org/law/ilc/index.htm (introduction/method of work) (zuletzt besucht 07.2010).

553 Entwurf der ersten Lesung von 1996, abgedruckt, in: ILC Yearbook 1996 II (Part Two), S. 58 ff.

554 Siehe zur Entstehungsgeschichte CRAWFORD, S. 1 ff.

de Verstöße gegen Menschenrechte genannt. Art. 40 des Entwurfs bestimmt, welche Staaten als verletzt anzusehen sind. Entsprechend Absatz 2 lit. e (iii) sind Staaten unter anderem dann als verletzt anzusehen, wenn es sich bei der verletzten Norm um eine solche zum Schutz der Menschenrechte handelt und der jeweilige Staat ebenfalls vertraglich oder gewohnheitsrechtlich an diese Norm gebunden ist. Zusätzlich bestimmt Absatz 3, dass im Falle eines internationalen Verbrechens alle anderen Staaten als verletzt anzusehen sind. Da entsprechend Art. 47 des Entwurfs alle verletzten Staaten zur Ergreifung von Gegenmaßnahmen berechtigt sind, wären im Fall von massiven Menschenrechtsverletzungen alle Staaten zur Ergreifung von Gegenmaßnahmen berechtigt. Dies ergibt sich entweder über die Einordnung als internationales Verbrechen gemäß Art. 19 Abs. 2, 3 i. V. m. Art. 40 Abs. 3, oder im Falle von Verstößen gegen Normen zum Schutz der Menschenrechte aus Art. 40 Abs. 2 lit. e (iii).

Aufgrund der Kritik zahlreicher Staaten wurde der Begriff des internationalen Verbrechens im Zuge der zweiten Lesung gestrichen.[555] Hierfür wurde in Art. 40 Abs. 1 des Entwurfs von 2001 die Kategorie „serious breach by a State of an obligation arising under a peremptory norm of general international law“ eingeführt. Und auch die Regelung über die Bestimmung der verletzten Staaten wurde in der zweiten Lesung erheblich verändert. Gemäß Art. 42 sind im Falle von Verpflichtungen, die gegenüber einer Gruppe von Staaten oder gegenüber der gesamten internationalen Gemeinschaft bestehen, grundsätzlich nur diejenigen Staaten als verletzt anzusehen, die speziell betroffen sind (lit. b (i)). Alle Staaten der Gruppe beziehungsweise der Gemeinschaft sind nur dann als verletzt anzusehen, wenn es sich um eine Verpflichtung im Sinne eines integralen Vertrages[556] handelt (lit. b (ii)). Andere, das heißt nicht verletzte Staaten können, soweit ein Gemeinschaftsinteresse der Gruppe, der sie angehören, oder der internationalen Gemeinschaft betroffen ist,[557] lediglich auf die in Art. 48 Abs. 2 des Entwurfs genannten Geltungsmachungsmöglichkeiten zurückgreifen. Demnach kann etwa die Beendigung der völkerrechtswidrigen Handlung oder die Zusage der Nichtwiederholung

---

555 Dazu CRAWFORD, S. 17 ff., 35 ff.

556 Vgl. ILC-Kommentar zur Staatenverantwortlichkeit (abgedruckt, in: ILC Yearbook 2001 II (Part Two), S. 30), Art. 42 Abs. 5; zum integralen Vertrag siehe bereits oben S. 128.

557 Der ILC-Kommentar zur Staatenverantwortlichkeit spricht hier von „obligations erga omnes partes“ bzw. „obligations erga omnes“, Art. 48 Abs. 6, 9.

einer solchen Handlung verlangt werden. Die Möglichkeit der Anwendung von Gegenmaßnahmen ist in Art. 48 nicht erwähnt. Allerdings wird mit Art. 54 die Möglichkeit einer dahin gehenden Rechtsänderung offen gehalten. In Art. 54 des Entwurfs heißt es:

> „This Chapter does not prejudice the right of any State, entitled under article 48, paragraph 1 to invoke the responsibility of another State, to take lawful measures against that State to ensure cessation of the breach [....]".

Als Kompromiss wurde das Wort „countermeasures" durch „lawful measures" ersetzt; so wurde zumindest die weitere Entwicklungsmöglichkeit hin zum Recht der Ergreifung von Gegenmaßnahmen seitens anderer, nicht verletzter Staaten offen gehalten.[558] Im Vergleich zum Zwischenentwurf der zweiten Lesung, dem vorläufigen Entwurf von 2000,[559] stellt dies allerdings eine deutliche Zurücknahme dar. Dort waren Gegenmaßnahmen anderer, nicht verletzter Staaten für schwerwiegende Verletzungen von im Kollektivinteresse bestehenden Normen ausdrücklich vorgesehen.[560]

#### *bbb) Bewertung der Entwürfe im Hinblick auf die Vereinbarkeit mit dem hier vertretenen Ansatz*

Der Entwurf der ersten Lesung kann noch als mit der hier dargestellten Lösung im Einklang stehend gesehen werden. Zwar ist die Differenzierung zwischen internationalen Delikten und Verbrechen nur schwer mit dem hier vertretenen Völkerrechtsverständnis vereinbar, aber auch unabhängig von dieser Differenzierung sieht der Entwurf von 1996 die Möglichkeit der Ergreifung von Gegenmaßnahmen bei Verletzung von Menschenrechtsverpflichtungen seitens der ebenfalls an diese Normen gebundenen Staaten vor, und zwar unabhängig von der Schwere der jeweiligen Verletzung.[561] Anders sieht die Bewertung des Endentwurfs aus; dieser entspricht nicht dem hier vertretenen Lösungsansatz. Gleiches gilt auch für den Zwischenentwurf der zweiten Lesung von 2000, obwohl in diesem Gegenmaßnahmen bei schwerwiegenden Menschenrechtsverletzungen noch ausdrücklich vorgesehen waren. In beiden Entwürfen der zweiten Lesung wird zwischen verletzten Staaten und dritten

558 Vgl. ILC-Kommentar zur Staatenverantwortlichkeit, Art. 54 Abs. 7.

559 Vorläufiger Entwurf der zweiten Lesung von 2000, abgedruckt, in: ILC Yearbook 2000 II (Part Two), S. 65 ff.

560 Dazu CRAWFORD, S. 54 f.

561 Vgl. hierzu oben Art. 47 i. V. m. 40 Abs. 2 lit. e (iii).

Staaten (*other States*) unterschieden. Als verletzt werden bei multilateralen Verpflichtungen grundsätzlich nur diejenigen Staaten angesehen, welche besonders betroffen sind. Ein Hinweis, dass es auf die jeweilige Erfüllungsstruktur der Verpflichtung ankäme, wird nicht gegeben. Und auch die Begründung für die Zulässigkeit von Gegenmaßnahmen im Zwischenentwurf von 2000 beziehungsweise das Offenlassen der Zulässigkeit von Gegenmaßnahmen im Endentwurf von 2001 zeigt, dass sich dahinter der Ansatz der *Theorie der objektiven Verpflichtungen* verbirgt. Hierbei geht es nicht um das Kriterium des Verletztseins, sondern um die Frage der Zulässigkeit von Gegenmaßnahmen seitens dritter, das heißt gerade nicht verletzter Staaten. Dementsprechend geht auch aus dem Kommentar der ILC hervor, dass für die Bejahung der Zulässigkeit eine ausreichende rechtsbegründende Praxis erforderlich wäre.[562] Nach der hier vertretenen Ansicht bedarf es einer solchen Praxis gerade nicht, da bereits das Kriterium des Verletztseins bejaht wird und es sich damit um eine *gewöhnliche* Gegenmaßnahme handelt.

*ccc) Rechtliche Auswirkungen der Unvereinbarkeit*

Aufgrund dieses offensichtlichen Widerspruchs muss gefragt werden, welche Auswirkungen der ILC-Entwurf auf die geltende Völkerrechtslage hat, beziehungsweise ob die hier dargelegte Theorie vor diesem Hintergrund überhaupt haltbar ist. Der Entwurf wird zwar als mit dem geltenden Völkergewohnheitsrecht weitgehend übereinstimmend angesehen,[563] diese Annahme beruht aber in der Regel auf keiner näheren Prüfung. Die Unvereinbarkeit des Entwurfs mit dem hier vertretenen Ansatz kann daher nicht ohne Weiteres gegen letzteren eingewandt werden. Der ILC-Entwurf selbst stellt gerade keine eigene Rechtsquelle des Völkerrechts dar, sondern ist als Rechtserkenntnisquelle einzustufen.[564] Allerdings waren auch die Staaten an den Entwürfen zur Staatenverantwortlichkeit beteiligt, zum einen allgemein im Rahmen des ILC-Verfahrens[565] und zum anderen über die Verabschiedung des Entwurfs

562 Siehe ILC-Kommentar zur Staatenverantwortlichkeit, Art. 54 Abs. 3 ff.

563 Vgl. oben S. 122.

564 Vgl. oben S. 46.

565 Insbesondere ist hier die Möglichkeit der Staaten zu nennen, nach Abschluss der ersten Lesung Stellungnahmen zum ersten Entwurf in die ILC einzubringen, vgl. die Darstellung der allgemeinen Arbeitsweise der ILC, unter http://www.un.org/law/ilc/index.htm (introduction/method of work) (zuletzt besucht 07.2010).

in der Generalversammlung. Die diesbezüglichen Stellungnahmen der Regierungen sind daher zu beachten und könnten möglicherweise Anhaltspunkt für ein der hier vertretenen Lösung widersprechendes Völkergewohnheitsrecht sein.[566] Zwei Aspekte sind zu hinterfragen. Erstens, ob die Verengung des Kriteriums des Verletztseins, also der Wandel von Art. 40 der Fassung der ersten Lesung zu Art. 42 der Endfassung des Entwurfs, als Ausdruck der Rechtsüberzeugung der Staaten hinsichtlich der *Theorie der objektiven Verpflichtungen* aufzufassen ist; und zweitens, ob aus dem Endentwurf auf die Unzulässigkeit von Gegenmaßnahmen im Falle von Menschenrechtsverletzungen geschlossen werden kann.

Zunächst zum ersten Aspekt: Soweit die Verengung des Begriffs des Verletztseins im Entwurf von 2001, nach welchem andere Staaten durch Menschenrechtsverletzungen grundsätzlich nicht mehr als verletzt anzusehen sind, Ausdruck des allgemeinen Verständnisses der Staaten hinsichtlich der *Theorie der objektiven Verpflichtungen* ist, wäre der hier vertretene auf der *Gegenseitigkeitstheorie* basierende Ansatz nicht mehr haltbar. Zu den Beweggründen für die Änderung nahm Sonderberichterstatter CRAWFORD in seinem dritten Bericht zur Staatenverantwortlichkeit Stellung. Hieraus geht die Kritik zahlreicher Staaten an der weiten Fassung des Art. 40 des Entwurfs von 1996 hervor. Allerdings impliziert die Kritik nicht einen Wandel hin zu Art. 42 der Endfassung. Keiner der Staaten ging auf das hinter dem Entwurf stehende Menschenrechtsverständnis ein; weder wurde die *Theorie der objektiven Verpflichtungen* ausdrücklich als richtig bestätigt, noch wurde die *Gegenseitigkeitstheorie* als falsch verworfen. Die Endfassung des Entwurfs zur Staatenverantwortlichkeit von 2001 ist daher eher als Ausdruck der subjektiven Meinung des Sonderberichterstatters CRAWFORD zu verstehen, denn als Ausdruck der Rechtsüberzeugung der Staaten. Die Vorarbeiten der Sonderberichterstatter sind im Rahmen des ILC-Verfahrens von erheblichem Gewicht, da diese Ausgangspunkt für alle weiteren Arbeiten sind.[567] Damit bieten sie aber auch die Möglichkeit des Einflusses subjektiver Ansichten der Berichterstatter. Die Ansicht CRAWFORDS kommt insbesondere in den Absätzen 86 und 87 seines dritten Berichts zur Staatenverantwortlichkeit zum Ausdruck. Entsprechend der *Theorie der objektiven Verpflichtungen* bestreitet er, dass die Menschenrechte Rechte der Staaten begründen. Die gegen Art. 40

566 Vgl. oben S. 44 f. und 61 ff.

567 Vgl. die Darstellung der allgemeinen Arbeitsweise der ILC, unter http://www.un.org/law/ilc/index.htm (introduction/method of work) (zuletzt besucht 07.2010).

der Fassung von 1996 gewandte Kritik bezog sich insbesondere auf die Vielzahl der in Art. 40 aufgezählten Varianten.[568] Dieser Kritik hätte etwa auch durch eine Abstraktion im hier vertretenen Sinne begegnet werden können. Etwa hätten nur solche Staaten als verletzt bezeichnet werden können, die ein subjektives Recht aus der in Frage stehenden Norm ableiten können. In diesem Sinne äußerten sich sogar einige der Regierungsvertreter.[569] Für eine abschließende Bewertung des hier aufgeworfenen Aspekts bedürfte es einer umfassenden Auseinandersetzung mit den Beweggründen der Staaten für ihre Kritik an Art. 40 der Fassung von 1996. Da diese im Rahmen der Behandlung der *Responsibility to Protect* nicht geleistet werden kann, soll der Hinweis genügen, dass die geäußerte Kritik nicht notwendigerweise gegen die hier vertretene Ansicht spricht.

Und auch der zweite Aspekt, die Ausklammerung der Zulässigkeit von Gegenmaßnahmen im Falle von Menschenrechtsverletzungen in der Endfassung des Entwurfs zur Staatenverantwortlichkeit, spricht nicht grundsätzlich gegen deren Zulässigkeit. Zum einen wurde die Zulässigkeit nicht ausdrücklich verneint, sondern die Frage lediglich offen gelassen. Zum anderen wurde die Frage offen gelassen, da Zweifel bestanden, ob tatsächlich eine ausreichende, rechtsbegründende Praxis für die Zulässigkeit von Gegenmaßnahmen seitens dritter Staaten bestand. Wie bereits erwähnt ist eine solche rechtsbegründende Praxis aber gerade nur unter dem Blickwinkel der *Theorie der objektiven Verpflichtungen* erforderlich. Entsprechend dem hier vertretenen Ansatz bedarf es gerade keiner rechtsbegründenden Praxis, es darf lediglich keine derogierende Praxis bestehen. Dass die Praxis als unzureichend betrachtet beziehungsweise im Kommentar der ILC sogar als „embryonic“[570] bezeichnet wurde, ist daher unschädlich. Dem Entwurf von 2001 ist somit auch keine das Recht zur Anwendung von Gegenmaßnahmen derogierende Praxis zu entnehmen.

Der ILC-Entwurf ist daher hinsichtlich der hier relevanten Aspekte nicht als mit dem geltenden Völkergewohnheitsrecht übereinstimmend anzusehen

---

568 Vgl. hierzu CRAWFORD, 3. Bericht zur Staatenverantwortlichkeit vom 15. März 2000, A/CN.4/507, Abs. 76, abrufbar unter: http://untreaty.un.org/ilc/sessions/52/52docs.htm (zuletzt besucht 07.2010).

569 Vgl. Darstellung bei CRAWFORD, 3. Bericht zur Staatenverantwortlichkeit vom 15. März 2000, A/CN.4/507, Abs. 77 f., abrufbar unter: http://untreaty.un.org/ilc/sessions/52/52docs.htm (zuletzt besucht 07.2010).

570 ILC-Kommentar zur Staatenverantwortlichkeit, Art. 54 Abs. 3.

und spricht damit nicht zwingend gegen die hier vertretene, dem Entwurf zum Teil widersprechende Lösung.

*dd) Zwischenergebnis*

Im völkerrechtlichen Schrifttum überwiegt die Ansicht, dass andere Staaten von Menschenrechtsverstößen, die ein Staat gegenüber seinen Staatsbürgern begeht, nicht verletzt werden. Folglich werden in einem solchen Fall Gegenmaßnahmen nach deren ursprünglicher Konzeption für unzulässig erachtet. Gegenmaßnahmen als Reaktion auf Menschenrechtsverletzungen seien nur zulässig, sofern sich bereits ein diesbezügliches Recht dritter, nicht verletzter Staaten völkergewohnheitsrechtlich etabliert habe. Diesem Ansatz ist zu widersprechen. Durch den Verstoß gegen völkerrechtlich verankerte Menschenrechte werden alle Staaten, die ebenfalls an diese gebunden sind, verletzt. Dies gilt unabhängig von der Rechtsquelle sowohl für vertraglich als auch gewohnheitsrechtlich niedergelegte Menschenrechte; dies ergibt sich aus der Erfüllungsstruktur der Menschenrechte. Trotz deren innerstaatlicher Zielrichtung werden gegenseitige Rechte und Pflichten der Staaten begründet. Das Kriterium des Verletztseins verlangt gerade nicht das Vorliegen eines materiellen Schadens. Der Rechtsbruch allein begründet einen Schaden im juristischen Sinne. Damit werden im Falle von Menschenrechtsverletzungen durch einen Staat alle Staaten, die ebenfalls an die fragliche Norm gebunden sind, in ihren Rechten verletzt. Die grundsätzliche Zulässigkeit von Gegenmaßnahmen als Reaktion auf Menschenrechtsverletzungen ist daher unabhängig von einer rechtsbegründenden Praxis zu bejahen. Der ILC-Entwurf zur Staatenverantwortlichkeit sieht zwar einen anderen, der Ansicht des völkerrechtlichen Schrifttums entsprechenden Ansatz vor, dies spricht aber nicht gegen die Vertretbarkeit des hier postulierten Ansatzes. Der Entwurf ist insofern nicht zwingend als Ausdruck des geltenden Völkergewohnheitsrechts zu verstehen. Angemerkt sei, dass der Ansatz des Schrifttums und der INTERNATIONAL LAW COMMISSION letztendlich aber zum gleichen Ergebnis führt. Denn die völkergewohnheitsrechtliche Verankerung des Rechts dritter Staaten, auf massive Menschenrechtsverletzungen mit Gegenmaßnahmen zu reagieren, erhält immer mehr Zuspruch.

### *c) Sonstige Voraussetzungen für die Anwendung von Gegenmaßnahmen*

Nachdem bereits die wesentlichen Anwendungsvoraussetzungen für Gegenmaßnahmen als Rechtfertigungsgrund für nicht-militärische Interventionen bejaht worden sind, sollen nun noch die sonstigen Voraussetzungen dargestellt werden, soweit diese von Bedeutung für Reaktionen im Sinne der *Responsibility to React* sind.

Zu nennen ist hier zunächst das Erfordernis zur Aufforderung der Einstellung der Völkerrechtsverletzung,[571] im Rahmen der *Responsibility to React* also die Aufforderung zur Beendigung der Menschenrechtsverletzungen. Außerdem müssen vor der Anwendung von Gegenmaßnahmen zunächst die vorhandenen Streitbeilegungsmechanismen bemüht werden.[572] Umstritten ist, ob die teilweise in den Menschenrechtsverträgen vorgesehenen Durchsetzungsinstrumente ebenfalls vor der Anwendung von Gegenmaßnahmen ausgeschöpft werden müssen.[573] Nach wohl überwiegender Ansicht wird eine solche Einschränkung jedoch verneint und der Rückgriff auf das Instrument der Gegenmaßnahme von vornherein für zulässig erachtet.[574] Unstreitig ist jedenfalls, dass es sich bei den in den Menschenrechtsverträgen vorgesehenen Instrumenten in der Regel nicht um solche handelt, die den Rückgriff auf die allgemeinen Durchsetzungsmittel des Völkerrechts ausschließen (*self-contained regime*).[575] Menschenrechtsverträge schließen daher die Anwendung von Gegenmaßnahmen nicht von vornherein aus.[576]

---

571 Art. 52 Abs. 1 des ILC-Entwurfs zur Staatenverantwortlichkeit.

572 Vgl. Art. 50 Abs. 2 lit. a des ILC-Entwurfs zur Staatenverantwortlichkeit.

573 Vgl. SIMMA/STEINER, in: Kulturstiftung der deutschen Vertriebenen (Hrsg.), S. 31 (63 ff.).

574 So etwa KÄLIN/KÜNZLI, S. 210; SIMMA/STEINER, in: Kulturstiftung der deutschen Vertriebenen (Hrsg.), S. 31 (63 ff.); hierfür scheint auch Art. 44 des IBPBR zu sprechen, welcher die Anwendung anderer Streitbeilegungsverfahren ausdrücklich zulässt; vgl. hierzu HANZ, S. 45 ff.

575 KÄLIN/KÜNZLI, S. 210; BRYDE, in: BDGVR 33 (1994), S. 165 (182 f.); ACHERMANN, S. 209.

576 Anderes gilt in der Regel nur dann, wenn die Anwendung der allgemeinen Instrumente des Völkerrechts ausdrücklich ausgeschlossen ist, wie etwa im Rahmen der WTO (vgl. Art. 23 der Vereinbarung über Regeln und Verfahren zur Beilegung von Streitigkeiten, BGBl. 1994 II, S. 1749); ein solcher Ausschluss wird auch für die EMRK diskutiert, allerdings ist die Auslegung des Art. 62 EMRK, welcher den Anknüpfungspunkt hierfür liefert, umstritten, vgl. dazu HANZ, S. 47 f.

Entsprechend Art. 50 Abs. 1 des ILC-Entwurfs zur Staatenverantwortlichkeit müssen außerdem die Grenzen des Rechtsinstituts beachtet werden. Demnach können Verstöße gegen das Gewaltverbot,[577] Menschenrechte, Normen des humanitären Rechts sowie des zwingenden Rechts insgesamt nicht über das Rechtsinstitut der Gegenmaßnahme gerechtfertigt werden. Darüber hinaus ist der in Art. 51 des ILC-Entwurfs niedergelegte Grundsatz der Verhältnismäßigkeit zu beachten. Wie bereits angedeutet ist dieser gerade bei Gegenmaßnahmen als Reaktion auf Menschenrechtsverletzungen zur Verhinderung von Überreaktionen der Staaten von Bedeutung. Denn auch wenn durch Menschenrechtsverletzungen zahlreiche beziehungsweise sogar alle Staaten in ihren Rechten verletzt werden und daher grundsätzlich alle Staaten zur Anwendung von Gegenmaßnahmen berechtigt sind, bedeutet dies nicht, dass sie dies nach freiem Belieben tun können. Der Grundsatz der Verhältnismäßigkeit bezieht sich nicht isoliert auf die Einzelreaktionen der Staaten, sondern auch auf die Reaktionen der übrigen Staaten, die ebenfalls berücksichtigt werden müssen.[578] Aus dem Grundsatz der Verhältnismäßigkeit ergibt sich in diesem Fall ein Koordinierungsgebot, das im Einzelfall zur Unzulässigkeit weiterer Gegenmaßnahmen führen kann.

#### *4. Ergebnis*

Die Vereinbarkeit des im ICISS-Bericht vorgesehenen Rechts der Staaten, im Falle humanitärer Notsituationen mit nicht-militärischen Mitteln zu reagieren, mit dem geltenden Völkerrecht ist im Ergebnis grundsätzlich zu bejahen. Nicht-militärische Interventionen verstoßen zwar nicht mehr gegen das zwischenstaatliche Interventionsverbot. Möglich bleibt aber insbesondere ein Verstoß gegen völkervertragliche Bindungen und damit gegen den Grundsatz *pacta sunt servanda*. In einem solchen Fall kommen zwei Rechtfertigungsmöglichkeiten in Betracht: zum einen über eine Ermächtigung durch den Sicherheitsrat der Vereinten Nationen nach dem VII. Kapitel der Charta, und zum anderen außerhalb des Systems der Vereinten Nationen über das Rechtsinstitut der Gegenmaßnahme.

Zwar hat die Auslegung des Art. 39 UN-Charta gezeigt, dass rein humanitäre Belange nach der ursprünglichen Konzeption der Charta nicht unter den Tatbestand subsumierbar sind und dementsprechend als *ultra vires*-

---

577 Hierzu noch unten S. 197 f.

578 ANNACKER, S. 86 f.

Handlung des Sicherheitsrates keine rechtfertigende Wirkung entfalten würden. Durch die spätere Praxis der UN-Vertragstaaten hat aber Art. 39 der Charta eine Änderung erfahren. Insbesondere die Bestätigung der *Responsibility to Protect* auf dem UN-Weltgipfel im Jahr 2005 hat dem erweiterten Verständnis des Art. 39 UN-Charta zum Durchbruch verholfen. Zu beachten ist allerdings die Beschränkung des Weltgipfeldokuments auf internationale Verbrechen.

Als Anknüpfungspunkt für die Anwendung von Gegenmaßnahmen sind die in der fraglichen Situation begangenen Menschenrechtsverletzungen als völkerrechtswidriges Vorverhalten heranzuziehen. Lediglich im Falle eines *failed State* scheidet die Anwendung des Rechtsinstitutes mangels zurechenbaren völkerrechtswidrigen Verhaltens aus. Zwar ist die Reaktion mittels Gegenmaßnahmen auf Menschenrechtsverletzungen im völkerrechtlichen Schrifttum umstritten; überwiegend werden die Staaten nicht als verletzt angesehen. Die Untersuchung der Erfüllungsstruktur menschenrechtlicher Verpflichtungen hat aber gezeigt, dass die Menschenrechte trotz ihrer innerstaatlichen Zielrichtung gegenseitige Rechte und Pflichten zwischen den Staaten begründen. Das Kriterium des Verletztseins und damit auch die Anwendbarkeit des Rechtsinstituts der Gegenmaßnahme sind daher auch im Falle des Bruchs menschenrechtlicher Verpflichtungen zu bejahen, und zwar ohne dass es hierfür einer rechtsbegründenden Praxis bedürfte. Es sind allerdings die Grenzen des Rechtsinstituts sowie der Grundsatz der Verhältnismäßigkeit zu beachten. Gerade letzterer dient im Falle einer Vielzahl von Staaten, die zur Anwendung von Gegenmaßnahmen berechtigt sind, dazu, Überreaktionen zu verhindern.

### *V. Recht der Staatengemeinschaft zu militärischen Interventionen in humanitären Notsituationen*

Eines der am meisten diskutierten Probleme des Völkerrechts ist die Frage nach der Zulässigkeit des Einsatzes militärischer Gewalt zur Verhinderung massiver Menschenrechtsverletzungen. Diese als humanitäre Intervention bekannte Problematik wird im ICISS-Bericht neben den nicht-militärischen Maßnahmen im Rahmen der *Responsibility to React* behandelt. Dort wird nicht mehr von einer humanitären Intervention, sondern von einer Intervention zum Schutz humanitärer Belange (*Intervention for Humanitarian Pro-*

*tection Purposes)* gesprochen. An der rechtlichen Problematik ändert dies jedoch nichts; es stellt sich nach wie vor die Frage, ob die Anwendung militärischer Gewalt zur Verhinderung humanitärer Notsituationen zulässig ist.

Bezüglich der Terminologie, also der Frage, was unter einer humanitären Intervention zu verstehen ist, herrscht keine Einigkeit. Der Begriff wird sowohl für Interventionen mit als auch ohne Mandat des UN-Sicherheitsrates verwendet sowie für Interventionen zum Schutz fremder als auch zum Schutz eigener Staatsangehöriger. Zum Teil wird auch von humanitären Interventionen im engen und im weiten Sinne beziehungsweise von unilateralen und multilateralen Interventionen gesprochen, wobei auch hier den Bezeichnungen kein einheitliches Begriffsverständnis zugrunde liegt. So werden als unilaterale Interventionen sowohl Interventionen einzelner Staaten als auch Interventionen ohne Sicherheitsratsmandat bezeichnet, im Gegensatz zum Begriff der multilateralen Intervention, der zum Teil für Interventionen durch mehrere Staaten oder auch für Interventionen mit Sicherheitsratsmandat verwendet wird.[579] Als Interventionen zum Schutz humanitärer Belange sollen hier entsprechend dem ICISS-Bericht nur Interventionen zum Schutz der Bevölkerung dritter Staaten, also zum Schutz fremder Staatsangehöriger, verstanden werden. Des Weiteren wird zwischen Interventionen mit und ohne Sicherheitsratsmandat zu differenzieren sein. Auf eine weitere Kategorisierung soll aufgrund des mangelnden Erkenntniswertes und der wohl eher verwirrungsstiftenden Folgen verzichtet werden.

Bevor auf die Zulässigkeit militärischer Interventionen zum Schutz humanitärer Belange im Rahmen des Systems beziehungsweise außerhalb des Systems der Vereinten Nationen, das heißt mit oder ohne Sicherheitsratsmandat, eingegangen wird, soll zunächst das Gewaltverbot als völkerrechtliche Grenze der Anwendung militärischer Gewalt dargestellt werden.

### *1. Das Gewaltverbot als völkerrechtliche Grenze für militärische Interventionen im Sinne der Responsibility to React*

Das sowohl in Art. 2 Abs. 4 der UN-Charta statuierte als auch im zwingenden Völkergewohnheitsrecht verankerte Gewaltverbot[580] verbietet grundsätzlich jede Androhung oder Anwendung von militärischer Gewalt in den zwischenstaatlichen Beziehungen. Das Gewaltverbot stellt damit eine völkerrechtliche

---

579 Vgl. etwa SEEGER, S. 34 ff., 40 ff.; WELLHAUSEN, S. 46 ff.

580 KEMPEN/HILLGRUBER, Kap. 7 Rn. 77; STEIN/VON BUTTLAR, Rn. 773; HOBE, S. 180.

Grenze für die Zulässigkeit militärischer Interventionen zum Schutz humanitärer Belange dar.

Teilweise wird versucht, diese Grenze mittels einer restriktiven Auslegung des Verbotstatbestands zu umgehen. Drei Ansätze aus dem völkerrechtlichen Schrifttum sind hier zu nennen: Es wird etwa vertreten, dass eine Intervention, die lediglich humanitären Zwecken dient und ohne jegliche Annexionsabsicht erfolgt, nicht gegen das Gewaltverbot verstoße, da eine solche nicht gegen die territoriale Unversehrtheit oder die politische Unabhängigkeit eines Staates gerichtet oder sonst mit den Zielen der Vereinten Nationen unvereinbar sei, wie dies der Wortlaut von Art. 2 Abs. 4 UN-Charta verlangt. Ein solches Vorgehen sei vielmehr mit den Zielen der Charta, insbesondere mit dem in Art. 1 Abs. 3, Art. 55, Art. 56 sowie in Abs. 2 der Präambel verankerten Schutz der Menschenrechte, im Einklang.[581] Zwar mag ein solches Verständnis noch unter den Wortlaut des Art. 2 Abs. 4 der Charta zu zwängen sein, die Vertreter dieser Ansicht verkennen aber die übrigen Auslegungsmethoden.[582] Insbesondere der Sinn und Zweck der Charta-Regelungen spricht für ein umfassendes Verständnis des Gewaltverbots. Die Anwendung zwischenstaatlicher Gewalt soll aus den internationalen Beziehungen gänzlich verbannt werden und nur ausnahmsweise, in den ausdrücklich in der Charta vorgesehenen Fällen, zulässig sein. Die Anwendung von Gewalt seitens einzelner Staaten ist nach der Charta allein zur Selbstverteidigung zulässig. Weitere Ausnahmen sind nicht vorgesehen, und zwar auch dann nicht, wenn diese mit den sonstigen Prinzipien der Charta vereinbar sind.[583] Auch die historische Auslegung spricht gegen eine Einschränkung des Gewaltverbots. Aus den Dokumenten zur Entstehungsgeschichte (*travaux préparatoires*) geht hervor, dass der fragliche Zusatz des Art. 2 Abs. 4 der Charta den *Dumbarton Oaks Proposals* erst nachträglich auf der San Francisco-Konferenz auf Vorschlag einiger kleiner Staaten hinzugefügt wurde. Besonders schwerwiegende Rechtsbrüche sollten herausgestellt werden. Eine Einschränkung des Gewaltverbots war gerade nicht beabsichtigt. Seitens des norwegischen Delegierten wurde ausdrücklich vorgebracht, dass der Zusatz als Ein-

---

581 REISMAN/MCDOUGAL, in: Lillich (Hrsg.), S. 167 (177); TESÓN, S. 149 ff.; ABIEW, S. 91 ff.; D'AMATO, AJIL 84 (1990), S. 516 (520).

582 Siehe hierzu bereits oben S. 93.

583 So auch PAUER, S. 138; FISCHER, in: Ipsen (Hrsg.), § 59 Rn. 15; vgl. außerdem oben S. 97 zum Problem der teleologischen Auslegung entgegen ausdrücklichen Vertragsbestimmungen.

schränkung des Gewaltverbots verstanden werden könnte. Dieser Einwand wurde schließlich durch den amerikanischen Delegierten zurückgewiesen, welcher auf die Intention eines umfassenden Verbots verwies.[584] Des Weiteren wird vertreten, dass die Geltung des Gewaltverbots unter dem Vorbehalt der Funktionsfähigkeit des Systems der kollektiven Sicherheit stehe. Soweit dieses nicht funktioniere, also wenn der Sicherheitsrat paralysiert sei, sei das Gewaltverbot suspendiert.[585] Auch ein solches Verständnis findet keinerlei Rückhalt in der UN-Charta.[586] Und auch der Versuch, im Rahmen einer Abwägung zwischen dem effektiven Schutz der Menschenrechte und dem Gewaltverbot Ersterem einen Vorrang einzuräumen,[587] geht fehl. Das Gewaltverbot und die Ausnahmen hierzu sind in der UN-Charta ausdrücklich genannt, für eine Abwägung mit den sonstigen Zielen bleibt kein Raum.[588] Im Übrigen würde auch eine Abwägung nicht weiterhelfen, da sowohl die fundamentalen Menschenrechte als auch das Gewaltverbot dem zwingenden Recht (*ius cogens*) zuzuordnen sind.[589]

An dieser Stelle kommt der Unterschied zwischen den bereits dargestellten unterschiedlichen methodischen Herangehensweisen zum Ausdruck. So handelt es sich bei den Befürwortern der restriktiven Auslegung des Gewaltverbots vorwiegend um amerikanische Völkerrechtler, die ihre Argumentation dem *Policy-Oriented Approach* entsprechend nicht allein auf die ausdrücklichen Regelungen der UN-Charta stützen, sondern auch auf moralische

584 Documents of the UNCIO 6, S. 304, 334 f., 556 ff.; vgl. auch BROWNLIE, Use of Force, S. 265 ff.; KEWENIG, in: Schaumann (Hrsg.), S. 175 (183); RANDELZHOFER, in: Simma (Hrsg.), UN-Charter Commentary, Art. 2 (4), Rn. 35 f., 53; STEIN/VON BUTTLAR, Rn. 776; DEISEROTH, NJW 1999, S. 3084 (3086); CHANDNA, in: Schöbener (Hrsg.), S. 47 (76 ff.); CHARNEY, AJIL 93 (1999), S. 834 (835).

585 JESSUP, S. 170; LILLICH, in: Moore (Hrsg.), S. 229 (238 ff.); vgl. auch TESÓN, S. 157 ff.

586 So auch RANDELZHOFER, in: Simma (Hrsg.), UN-Charter Commentary, Art. 2 (4), Rn. 54; SCHINDLER, in: BDGVR 26 (1986), S. 11 (18 f.); GEYRHALTER, S. 144 f.

587 So HERDEGEN, Völkerrecht, § 34 Rn. 4; TESÓN, S. 166 ff.; vgl. auch PETERS, S. 299 f.

588 RANDELZHOFER, in: Simma (Hrsg.), UN-Charter Commentary, Art. 2 (4), Rn. 55; in diesem Sinne auch SCHMALENBACH, JZ 2005, S. 637 (640); ZIMMER, S. 60; siehe auch SCHÖBENER, KJ 33 (2000), S. 557 (564 ff.), welcher darlegt, dass das Gewaltverbot als Norm und nicht als abwägungsoffenes Prinzip ausgestaltet ist.

589 Hillgruber spricht insofern von einem völkerrechtlichen „Nullsummenspiel", siehe Diskussionsbeitrag HILLGRUBER, in: Klein (Hrsg.), Menschenrechtsschutz, S. 184; siehe auch DERS., JöR 54 (2006), S. 57 (90).

Werte. Nach dem hier vertretenen Ansatz können solche moralischen Erwägungen, die offensichtlich an den Rechtsregeln vorbeiführen, keine Berücksichtigung finden. Das Gewaltverbot kann im Ergebnis nur als umfassend verstanden werden; es verbietet jegliche zwischenstaatliche Gewaltanwendung, unabhängig von Intensität, Dauer und Intention.[590] Dies entspricht auch der Staatenpraxis. Wie noch zu zeigen sein wird, haben sich selbst die Staaten, die aus humanitären Gründen Gewalt gegenüber anderen Staaten angewandt haben, stets um eine Rechtfertigung für ihr Einschreiten bemüht und daher zu einem grundsätzlichen Verstoß gegen den Verbotstatbestand bekannt.[591]

Militärische Interventionen, wie sie im Rahmen der *Responsibility to React* des ICISS-Berichts vorgesehen sind, erfüllen damit den Tatbestand des Gewaltverbots. Sie bedürfen eines Rechtfertigungsgrundes, andernfalls wären sie als völkerrechtswidrig und damit als völkerrechtlich unzulässig anzusehen. Angemerkt sei außerdem, dass der ICISS-Bericht bezüglich der Einordnung der Androhung von Gewalt eine Ungenauigkeit aufweist. Diese wird im Rahmen der *Responsibility to Prevent*, das heißt bei den Maßnahmen ohne Zwangselement, behandelt.[592] Da das Gewaltverbot aber bereits die Androhung von Gewalt erfasst,[593] ist auch diese den Zwangsmaßnahmen zuzuordnen und bedarf damit ebenfalls eines Rechtfertigungsgrundes.

### *2. Zulässigkeit militärischer Interventionen nach der Satzung der Vereinten Nationen*

Wie bei der Behandlung der nicht-militärischen Interventionen soll hier zunächst auf die in der UN-Charta vorgesehenen Rechtfertigungsmöglichkeiten eingegangen werden. Nach der Satzung der Vereinten Nationen bestehen grundsätzlich zwei Rechtfertigungsmöglichkeiten für die Anwendung militärischer Gewalt, das Selbstverteidigungsrecht nach Art. 51 sowie durch den Sicherheitsrat autorisierte Interventionen entsprechend dem VII. Kapitel der

---

590 Ebenso KEWENIG, in: Schaumann (Hrsg.), S. 175 (182 ff.); PAUER, S. 135; BEYERLIN, S. 64 f.

591 Siehe hierzu unten S. 174 ff.

592 Vgl. oben S. 17.

593 Vgl. hierzu FISCHER, in: Ipsen (Hrsg.), § 59 Rn. 19; CHANDNA, in: Schöbener (Hrsg.), S. 47 (92 ff.).

UN-Charta.[594] Für militärische Interventionen im Sinne der *Responsibility to React* ist allein Letzteres von Bedeutung.[595] Die Möglichkeit des Sicherheitsrates, militärische Interventionen zu autorisieren, soll daher im Folgenden behandelt werden. Im Anschluss wird außerdem auf mögliche Alternativlösungen zu einer solchen Mandatierung seitens des Sicherheitsrates im Rahmen des Systems der Vereinten Nationen eingegangen.

*a) Interventionen mit Sicherheitsratsmandat*

Der Sicherheitsrat der Vereinten Nationen kann, soweit nicht-militärische Zwangsmaßnahmen nach Art. 41 UN-Charta unzulänglich sein sollten, gemäß Art. 42 der Charta ein militärisches Vorgehen autorisieren. Ebenso wie Art. 41 setzt die Anordnung militärischer Zwangsmaßnahmen nach Art. 42 die Zugriffsmöglichkeit auf das VII. Kapitel der UN-Charta über die Eröffnungsnorm des Art. 39 voraus. Wie dargestellt kann der Sicherheitsrat im Falle einer humanitären Notsituation – nach Ausweitung des Art. 39 im Wege einer informellen Änderung der UN-Charta – auf das VII. Kapitel der Charta zugreifen.[596] Die Autorisierung militärischer Zwangsmaßnahmen durch den Sicherheitsrat ist daher gemäß Art. 39, 42 UN-Charta grundsätzlich zulässig. Allerdings gilt auch hier die bereits genannte Einschränkung hinsichtlich des Schwellenkriteriums des Weltgipfeldokuments. Eine Autorisierung seitens des Sicherheitsrates ist demnach nur zulässig, wenn die humanitäre Notlage durch eines der im Weltgipfeldokument genannten internationalen Verbrechen, das heißt durch Völkermord, Verbrechen gegen die Menschlichkeit, Kriegsverbrechen oder ethnische Säuberungen, hervorgerufen wurde.

Mangels des Abschlusses der ursprünglich geplanten Sonderabkommen (vgl. Art. 43 UN-Charta), in denen sich die Staaten zur Bereitstellung von

---

594 Daneben besteht außerdem die heute bedeutungslos gewordene Feindstaatklausel nach Art. 53, 107 UN-Charta, welche den Siegermächten des Zweiten Weltkriegs Handlungsfreiheit gegenüber den Kriegsgegnern einräumte.

595 Art. 51 der Charta scheidet von vornherein als Rechtfertigungsgrund für Interventionen zum Schutz humanitärer Belange aus, da es bereits an der hierfür erforderlichen Gefährdung eigener Rechtspositionen fehlt, bzw. für die Anwendung des Selbstverteidigungsrechts im Sinne einer Nothilfe an einer zwischenstaatlichen Gewaltanwendung, vgl. etwa PAUER, S. 140 ff.; zum Versuch der Übertragung des Selbstverteidigungsrechts auf die innerstaatliche Ebene mittels eines Analogieschlusses siehe noch unten S. 200 f.

596 Zu den Einzelheiten siehe oben S. 90 ff.

Truppen hätten verpflichten sollen, ist die Autorisierungslösung zur gängigen Praxis geworden. Hierbei ermächtigt der Sicherheitsrat die jeweiligen Staaten beziehungsweise Staatengruppen, die sich zur Umsetzung bereit erklären, zur Anwendung militärischer Gewalt. Einer solchen Autorisierung seitens des Sicherheitsrates kommt eine rechtfertigende Wirkung zu.[597] Militärische Interventionen zum Schutz humanitärer Belange sind damit, soweit ein Mandat des Sicherheitsrates vorliegt, völkerrechtlich gerechtfertigt.

#### *b) Weitere Rechtfertigungsmöglichkeiten nach der Satzung der Vereinten Nationen – die Frage der rechtlichen Tragfähigkeit von Alternativlösungen zum Sicherheitsrat*

Die Frage nach weiteren Rechtfertigungsmöglichkeiten für die Anwendung militärischer Gewalt, also nach Alternativen zu einer Autorisierung seitens des Sicherheitsrates, wurde bereits in den Anfangsjahren der Vereinten Nationen gestellt. Bedingt durch das Vetorecht[598] der fünf ständigen Mitglieder des Sicherheitsrates kam es gerade durch den Ost-West-Gegensatz zur Paralysierung des Organs. Aber auch nach der Beendigung des Kalten Krieges verhinderten einzelne Sicherheitsratsmitglieder immer wieder die Effektivität des Systems der kollektiven Sicherheit.[599]

Die ICISS nennt in ihrem Bericht neben einem Sicherheitsratsmandat zwei Alternativmöglichkeiten für die *Rechtfertigung* militärischer Interventionen zum Schutz humanitärer Belange: eine Ermächtigung seitens der UN-

---

597 Siehe oben S. 91 f.

598 Ein Vetorecht war in der UN-Charta ursprünglich nicht angelegt. Vielmehr bedurfte es nach Art. 27 Abs. 3 der Charta für alle nicht-verfahrensrechtlichen Fragen der Zustimmung von neun Mitgliedern einschließlich sämtlicher ständiger Mitglieder. Seit dem Korea-Konflikt 1950 hat sich allerdings eine Praxis des Sicherheitsrates herauskristallisiert, nach welcher weder die Stimmenthaltung noch die Abwesenheit eines ständigen Mitglieds das Zustandekommen eines Beschlusses verhindert. Allein die ausdrückliche Verweigerung der Zustimmung, also die Einlegung eines Vetos, kann demnach das Zustandekommen einer Resolution verhindern. Diese Praxis wurde durch die übrigen Mitglieder der Vereinten Nationen gebilligt, es kann daher von einer informellen Änderung der Charta ausgegangen werden (vgl. zur Möglichkeit einer informellen Chartaänderung oben S. 94; zur Akzeptanz der informellen Änderung siehe bereits die Ausführungen des IGH im Namibia-Gutachten oben Fn. 351; siehe außerdem HERDEGEN, Völkerrecht, § 40 Rn. 15).

599 So etwa im Fall des Kosovo-Konflikts 1999, siehe unten S. 183 ff.

Generalversammlung im Sinne des *Uniting for Peace*-Verfahrens sowie ein Eingreifen durch regionale beziehungsweise überregionale Organisationen, das *ex post facto* durch den Sicherheitsrat gebilligt werden könne. Im Folgenden soll die rechtliche Tragfähigkeit dieser Alternativen untersucht werden.

#### *aa) Die Frage der Rechtfertigungsmöglichkeit militärischer Interventionen über eine Resolution der UN-Generalversammlung im Sinne des Uniting for Peace-Verfahrens*

Mitunter wird von der Möglichkeit der Rechtfertigung militärischer Interventionen über eine Resolution der UN-Generalversammlung ausgegangen. Der Sicherheitsrat trage zwar gemäß Art. 24 UN-Charta die Primärverantwortung für die Wahrung des Weltfriedens und der internationalen Sicherheit, nicht aber die alleinige Verantwortung. Vielmehr impliziere Art. 24 der Charta eine Sekundärverantwortung; diese liege bei der Generalversammlung.[600] Soweit der Sicherheitsrat durch die Ausübung des Vetorechts seitens eines der ständigen Mitglieder blockiert werde, sei die Generalversammlung befugt, Zwangsmaßnahmen und insbesondere auch die Anwendung militärischer Gewalt zu empfehlen. Dies ergebe sich auch aus der weiteren Formulierung des Art. 24 UN-Charta; die Verantwortung zur Wahrung des Weltfriedens sei grundsätzlich die Verantwortung der UN-Mitgliedstaaten selbst, sie hätten diese lediglich auf den Sicherheitsrat „übertragen", damit dieser „in ihrem Namen handelt". Wenn der Sicherheitsrat blockiert sei, könne dies nur zur Folge haben, dass die Verantwortung an die Mitgliedstaaten, welche ja gerade in der Generalversammlung vertreten seien, zurückfalle.[601] Ausgangspunkt eines solchen Verständnisses der Charta ist die *Uniting for Peace*-Resolution[602] der Generalversammlung. Im Rahmen des Korea-Krieges 1950, in welchem eine Entscheidung des Sicherheitsrates aufgrund des sowjetischen Vetos unterblieb, erklärte sich die Generalversammlung aufgrund der Funktionsunfähigkeit des Sicherheitsrates für zuständig. Im ersten Absatz des operativen Teils der Resolution heißt es:

> „[...] if the Security Council, because of lack of unanimity of the permanent members, fails to exercise its primary responsibility for the maintenance of inter-

600 ADRASSY, AJIL 50 (1956), S. 563 (564).

601 ADRASSY, AJIL 50 (1956), S. 563 (564, 574); DELBRÜCK, S. 95.

602 A/RES/377 (1950).

national peace and security in any case where there appears to be a threat to the peace, breach of the peace, or act of aggression, the General Assembly shall consider the matter immediately with a view to making appropriate recommendations to Members for collective measures, including in the case of a breach of the peace or act of aggression the use of armed force when necessary, to maintain or restore international peace and security".

Diese Vorgehensweise der Generalversammlung sei außerdem durch den Internationalen Gerichtshof im *Certain Expenses*-Gutachten bestätigt worden.[603]

Abgesehen davon, dass ein solches Vorgehen aufgrund der für die Verabschiedung einer Generalversammlungsresolution erforderlichen Zweidrittel-Mehrheit (Art. 18 Abs. 2 UN-Charta) wohl wenig gewinnbringend wäre,[604] sieht sich die dargestellte Argumentation erheblichen rechtlichen Bedenken ausgesetzt. Insbesondere die rechtlichen Folgen des Empfehlungscharakters, welcher den Resolutionen der Generalversammlung zukommt, werden durch die genannten Autoren unzureichend berücksichtigt, und auch hinsichtlich der Interpretation der *Uniting for Peace*-Resolution sowie des genannten Gutachtens des Internationalen Gerichtshofs sind Einwände zu erheben. Im Folgenden soll zunächst die allgemeine Zuständigkeit der Generalversammlung für die Friedenssicherung sowie deren Einschränkung durch die Tätigkeit des primär zuständigen Sicherheitsrates dargestellt werden. Im Anschluss wird der mögliche Inhalt von Empfehlungen der Generalversammlung und deren Wirkungen erörtert, und schließlich auf die Interpretation der *Uniting for Peace*-Resolution sowie des Gutachtens des Internationalen Gerichtshofs eingegangen.

##### *aaa) Allgemeine Zuständigkeit der Generalversammlung im Bereich der Friedenssicherung*

Gemäß Art. 10 UN-Charta ist die Generalversammlung grundsätzlich befugt, sämtliche Angelegenheiten, die in den Zuständigkeitsbereich der Vereinten Nationen fallen, zu erörtern und Empfehlungen hierzu abzugeben. Art. 11 Abs. 2 Satz 1 bestätigt dies explizit noch einmal für Fragen, welche die Wahrung des Weltfriedens und der internationalen Sicherheit betreffen. Eine allgemeine Zuständigkeit der Generalversammlung für die Friedenssicherung ist

603 So etwa VERLAGE, S. 271.

604 So etwa DELBRÜCK, FW 74 (1999), S. 139 (149 f.).

daher zu bejahen. Beide der genannten Vorschriften verweisen allerdings auf Art. 12 Abs. 1; solange der Sicherheitsrat mit einer Angelegenheit befasst ist, darf die Generalversammlung keine Empfehlungen zur fraglichen Situation abgeben. Die allgemeine Zuständigkeit der Generalversammlung wird damit durch die Tätigkeit des primär zuständigen Sicherheitsrates beschränkt. Es handelt sich hierbei um eine Einschränkung in zeitlicher Hinsicht.

Umstritten ist, wie lange die zeitliche Einschränkung des Art. 12 Abs. 1 die Generalversammlung daran hindert, Empfehlungen auszusprechen. Zum Teil wird vertreten, dass die Sperre so lange wirke, bis die fragliche Angelegenheit formal von der Agenda des Sicherheitsrates gestrichen worden sei.[605] Nach anderer Ansicht entfalle die Sperrwirkung auch dann, wenn sich der Sicherheitsrat faktisch nicht mehr mit einer Sache befasse. Dies sei entsprechend der *Uniting for Peace*-Resolution insbesondere dann der Fall, wenn der Sicherheitsrat aufgrund der Einlegung eines Vetos funktionsunfähig sei.[606] Letzteres erscheint schon deshalb problematisch, weil gerade auch das Nicht-Zustandekommen einer Resolution eine Form der Ausübung der Funktionen des Sicherheitsrates sein kann.[607] Im Korea-Konflikt fand die entsprechende Klausel der *Uniting for Peace*-Resolution keine Anwendung; der Sicherheitsrat strich die Frage von der Agenda, bevor sich die Generalversammlung damit befasste.[608] Die Streitfrage soll hier zunächst offen bleiben.

#### *bbb) Möglicher Inhalt und Wirkung von Empfehlungen der Generalversammlung – Unzulässigkeit der Empfehlung von Zwangsmaßnahmen*

Fraglich ist weiterhin, welchen Inhalt Empfehlungen der Generalversammlung haben können, beziehungsweise genauer, ob die Generalversammlung auch die Anwendung von Zwangsmaßnahmen im Sinne des VII. Kapitels der Charta empfehlen kann. Diesbezügliche Zweifel ergeben sich aus der Formulierung des Art. 11 Abs. 2 Satz 2 der Charta: Soweit eine die Wahrung des Weltfriedens betreffende Frage „Maßnahmen erforderlich" macht, „wird sie von der Generalversammlung vor oder nach der Erörterung an den Sicher-

605 PRÖẞDORF, S. 62 ff.

606 ADRASSY, AJIL 50 (1956), S. 563 (572); SCHAEFER, S. 52 f.; DELBRÜCK, S. 96 f.

607 So BAUER, S. 91; vgl. auch HAILBRONNER/KLEIN, in: Simma (Hrsg.), UN-Charter Commentary, Art. 12 Rn. 12 ff.

608 BINDSCHEDLER-ROBERT, in: Bernhardt (Hrsg.), EPIL III, S. 86 (89).

heitsrat überwiesen". Umstritten ist wiederum, welche Maßnahmen gemeint sind und ob die Verweisung an den Sicherheitsrat zwingend ist. Häufig wird aus Art. 11 Abs. 4, der bestimmt, dass die Regelungen des Art. 11 die Tragweite von Art. 10 nicht einschränken, gefolgert, dass es sich bei Art. 11 Abs. 2 Satz 2 nicht um eine materielle Beschränkung des Inhalts von Empfehlungen der Generalversammlung handele. Art. 11 Abs. 2 Satz 2 sei vielmehr als Verfahrensvorschrift zu verstehen, welche die Möglichkeit aufzeige, die Frage an den Sicherheitsrat zu verweisen. Hiervon könne die Generalversammlung Gebrauch machen, soweit sie den Erlass einer verbindlichen Entscheidung seitens des Sicherheitsrates für erforderlich halte. Sie werde aber nicht daran gehindert, eigenständig Zwangsmaßnahmen unverbindlich zu empfehlen. Demnach werden als Maßnahmen im Sinne des Art. 11 Abs. 2 Satz 2 der Charta nur *bindende* Maßnahmen im Sinne des VII. Kapitels verstanden.[609] Ausdrücklichen Eingang in den Text der Charta habe dies nur deshalb nicht gefunden, weil die Funktionsunfähigkeit des Sicherheitsrates und die Möglichkeit der Empfehlung von Zwangsmaßnahmen auf der Gründungskonferenz nicht bedacht worden seien. Die Empfehlung von Zwangsmaßnahmen sei aber nicht *contra Chartam*, sondern lediglich *praeter Chartam*, und damit nicht als unzulässige Satzungsänderung zu verstehen.[610]

Dass eine solche Annahme fehl geht, ergibt sich vom Standpunkt der Rechtsfolgen aus betrachtet. Der Generalversammlung stehen als Handlungsinstrument allein unverbindliche Empfehlungen zu. Solche kommen keinesfalls einer bindenden Entscheidung des Sicherheitsrates gleich. Wie oben bereits dargestellt entfalten Entscheidungen des Sicherheitsrates gerade aufgrund ihrer Verbindlichkeit eine bindende beziehungsweise rechtfertigende Wirkung.[611] Eine unverbindliche Empfehlung ändert nichts an den völkerrechtlichen Rechten oder Pflichten der Staaten und vermag somit weder eine bindende noch eine rechtfertigende Wirkung zu erzeugen.[612] Hieran kann auch die besagte *Uniting for Peace*-Resolution nichts ändern. Die Empfehlung einer Zwangsmaßnahme ergibt mangels rechtfertigender Wirkung kei-

609 So PRÖßDORF, S. 35 ff., 84 ff.; ADRASSY, AJIL 50 (1956), S. 563 (567 f.); SCHAEFER, S. 50 ff.; DELBRÜCK, S. 92 ff.; HAILBRONNER/KLEIN, in: Simma (Hrsg.), UN-Charter Commentary, Art. 10 Rn. 32 ff., Art. 11 Rn. 31.

610 PRÖßDORF, S. 36 f., 84 f.; SCHAEFER, S. 44, 50 ff.; vgl. auch NOLTE, in: Wolfrum (Hrsg.), Handbuch der Vereinten Nationen, Nr. 130 Rn. 19.

611 Vgl. oben S. 91.

612 Vgl. FROWEIN/KRISCH, in: Simma (Hrsg.), UN-Charter Commentary, Art. 39 Rn. 31; MENK, S. 121, 135.

nen Sinn, beziehungsweise der Begriff würde sogar *ad absurdum* geführt. Beispielsweise würde im Falle der Empfehlung des Abbruchs diplomatischer Beziehungen jegliches Zwangselement verloren gehen. Weder ist der Abbruch völkerrechtlich verboten – einer rechtfertigenden Wirkung bedarf es daher gar nicht –, noch würde die Empfehlung eine Verpflichtung für die übrigen Mitglieder bewirken. Die Umsetzung hinge allein vom Willen der Staaten ab, an welche die Empfehlung adressiert ist. Von einer *Zwangs*maßnahme könnte daher gar nicht mehr gesprochen werden.[613] Abgesehen davon bestehen erhebliche rechtliche Bedenken gegen die Empfehlung von Handlungen, die gegen eine völkerrechtliche Verbotsnorm verstoßen würden. Dies wäre bei der Empfehlung militärischer Gewaltanwendung der Fall. Die Generalversammlung würde den Mitgliedstaaten die Vornahme einer völkerrechtswidrigen Handlung, namentlich einen Verstoß gegen das Gewaltverbot, antragen.[614] Denn soweit in der folgenden Untersuchung keine weitere Ausnahme zum Gewaltverbot nachzuweisen ist, ist die Anwendung militärischer Gewalt ohne Mandat des Sicherheitsrates beziehungsweise ohne das Vorliegen einer Situation, die zur Selbstverteidigung berechtigt, als völkerrechtswidrig anzusehen. Im Übrigen ist es aus den dargestellten Erwägungen auch dem Sicherheitsrat untersagt, die Vornahme von Zwangsmaßnahmen zu empfehlen.[615] Auch hieraus ist ein Verbot der Empfehlung von Zwangsmaßnahmen seitens der Generalversammlung zu folgern. Denn wenn schon das primär zuständige Organ keine Zwangsmaßnahmen empfehlen kann, muss dies erst recht für das sekundär zuständige Organ gelten. Auch das hohe Maß an Autorität, welches einer Resolution der Generalversammlung zukommt, vermag an der gefundenen Bewertung nichts zu ändern. Eine solche Autorität wirkt sich allein auf politischer Ebene aus; eine rechtliche Legalisierung ergibt sich hieraus nicht. MENK spricht insofern von einer „rechtswidrige[n] politische[n] Prämie".[616] Aus der politischen beziehungsweise moralischen Legitimität rechtliche Folgerungen zu ziehen, wie dies etwa VERLAGE tut,[617] ist mit dem hier verfolgten völkerrechtspositivistischen Ansatz unverein-

613 Vgl. KRÖKEL, S. 86 f.

614 Vgl. KELSEN, Recent Trends, S. 971.

615 Vgl. KRÖKEL, S. 82 ff.; BÖHMER, S. 111 ff.

616 MENK, S. 135.

617 Vgl. VERLAGE, S. 271 f.; so auch ADRASSY, AJIL 50 (1956), S. 563 (571, Fn. 28); GEYRHALTER, S. 109 ff.

bar.[618] Das hier gefundene Ergebnis scheint auch der Haltung der ICISS zu entsprechen. So ist im Bericht der Kommission lediglich von einem hohen Maß an Legitimität die Rede, welches eine Resolution im Sinne des *Uniting for Peace*-Verfahrens herbeiführen würde, nicht aber von einer rechtfertigenden Wirkung.[619] Die subsidiäre Kompetenz der Generalversammlung ist daher auf solche Maßnahmen zu beschränken, die keiner Bindungs- beziehungsweise Rechtfertigungswirkung bedürfen, also auf Maßnahmen, die an sich zulässig sind, wie etwa die Einrichtung von Vermittlungskommissionen und die Entsendung von Friedenstruppen.[620]

Selbst diejenigen, die die Kompetenz der Generalversammlung zur Empfehlung von Zwangsmaßnahmen befürworten, geben zu, dass eine solche Möglichkeit nicht auf den Gründungskonferenzen der Vereinten Nationen bedacht wurde.[621] Die Ergänzung der UN-Charta um eine solche Kompetenz wäre entsprechend den bereits angeführten Erwägungen zur Auslegung und (informellen) Änderung der Charta nur möglich, wenn ein dahin gehender Konsens der UN-Mitgliedstaaten bestünde,[622] zumal eine solche Kompetenz den ausdrücklichen Regelungen der Charta widerspricht, insbesondere dem in den Art. 24 Abs. 1, 39 und 42 der Charta verankerten *Gewaltmonopol* des Sicherheitsrates.[623] Auch der Versuch, im Wege einer teleologischen Auslegung das höchste Ziel der Charta, die Menschheit vor „der Geißel des Krieges zu bewahren“,[624] heranzuziehen, um die Kompetenz der Generalversammlung zu begründen,[625] geht fehl. Eine solche Auslegung nach dem *Telos* der Charta vermag über die explizit vorgesehene exklusive Organzuständigkeit des Sicherheitsrates nicht hinwegzuhelfen.[626] Die Ausweitung der sekundären Zuständigkeit der Generalversammlung auf den Erlass von

---

618 Vgl. hierzu bereits oben S. 55 f.

619 Vgl. oben S. 23; siehe hierzu auch MASSINGHAM, IRRC 91 (2009), S. 803 (818 ff.).

620 Letztere erfolgt stets mit Einwilligung des Empfangsstaates und bedarf damit keines weiteren Rechtfertigungsgrundes.

621 Vgl. oben S. 155.

622 Dazu oben S. 94.

623 Zum Gewaltmonopol des Sicherheitsrates vgl. KELSEN, Recent Trends, S. 970 ff.; siehe auch SCHÖBENER, KJ 33 (2000), S. 557 (568 f.), welcher zu Recht auf den Unterschied zwischen dem Begriff des Gewaltmonopols auf internationaler und nationaler Ebene hinweist.

624 Vgl. Präambel Abs. 1 der UN-Charta.

625 So etwa PRÖẞDORF, S. 36 f.; SCHAEFER, S. 50 f.

626 Vgl. zu den Grenzen der teleologischen Auslegung oben S. 97.

Zwangsmaßnahmen wäre nur über eine Änderung der UN-Charta möglich. Angemerkt sei, dass die Änderung der Charta entsprechend den oben stehenden Erwägungen dahin gehend lauten müsste, dass die Generalversammlung Zwangsmaßnahmen mit rechtsverbindlicher Wirkung erlassen kann. Anderes wäre mit dem Charakter von Zwangsmaßnahmen nicht vereinbar. Aus der Praxis der Generalversammlung – als möglicher Ausgangspunkt für einen die Charta ändernden Konsens – lassen sich aber keinerlei Anhaltspunkte für eine solche Änderung erkennen. Auch im unmittelbaren Zusammenhang mit der *Uniting for Peace*-Resolution kam es nicht zur Empfehlung von Zwangsmaßnahmen seitens der Generalversammlung. Die *Uniting for Peace*-Resolution selbst beinhaltete keine konkreten Maßnahmen. Allenfalls könnte die später erlassene Resolution 500 (V) von 1951 so interpretiert werden, dass sie Zwangsmaßnahmen der Generalversammlung enthielt.[627] In der Resolution wurde die Verhängung eines Waffenembargos gegen China und Nordkorea empfohlen. Ein solches ist aber grundsätzlich, das heißt soweit keine besonderen vertraglichen Verpflichtungen bestehen, völkerrechtlich zulässig.[628] Einer Rechtfertigung bedurfte die Empfehlung beziehungsweise die Ausführung der Empfehlung daher nicht. Mangels einer Bindungswirkung von Generalversammlungsresolutionen bewirkte diese Empfehlung auch keine Verpflichtung zur Umsetzung. Es scheint daher verfehlt, diesbezüglich von einer Zwangsmaßnahme der Generalversammlung zu sprechen. Und auch in der späteren, auf die *Uniting for Peace*-Resolution bezogenen Praxis der Generalversammlung kam es nicht zur Empfehlung von Zwangsmaßnahmen.[629] Es wurden lediglich Notstandssondersitzungen entsprechend der *Uniting for Peace*-Resolution einberufen.[630] Eine Praxis der Empfehlung von

---

627 So etwa ARNTZ, S. 126.

628 KAUSCH, in: Bernhardt (Hrsg.), EPIL II, S. 58 (61 f.); vgl. auch oben S. 89 f.

629 WELLHAUSEN, S. 228.

630 Solche Notstandssondersitzungen waren in der Uniting for Peace-Resolution vorgesehen; im Anschluss an den obigen Auszug der Resolution (oben S. 152 f.) heißt es weiter: „If not in session at the time, the General Assembly may meet in emergency special session within twenty-four hours of the request therefore. Such emergency special session shall be called if requested by the Security Council on the vote of any seven members, or by a majority of the Members of the United Nations". Obwohl die Rechtmäßigkeit dieses Teils der Resolution umstritten ist, rief der Sicherheitsrat in der Folgezeit der Resolution zahlreiche Notstandssondersitzungen der Generalversammlung ein: in der Suez-Krise (1956), in der Ungarn-Krise (1956), in der Libanon-Krise (1958), in der Kongo-Krise (1960), zur Erörterung der Situation in Israel

Zwangsmaßnahmen seitens der Generalversammlung ist nicht zu verzeichnen;[631] lediglich bei bereits vorliegender Entscheidung des Sicherheitsrates hat die Generalversammlung vereinzelt Zwangsmaßnahmen empfohlen. Hierbei handelte es sich allerdings um eine bloße politische Intensivierung der Entscheidung des Sicherheitsrates, nicht aber um selbstständige Empfehlungen der Generalversammlung.[632] Eine informelle Änderung der Charta hat daher nicht stattgefunden.

Art. 11 Abs. 2 Satz 2 der Charta kann folglich nur als materielle Sperre für die Empfehlung von Zwangsmaßnahmen im Sinne des VII. Kapitels der Charta verstanden werden,[633] und nicht als bloße Verfahrensvorschrift. Als „Maßnahmen" im Sinne von Art. 11 Abs. 2 Satz 2 sind allgemein die Zwangsmaßnahmen des VII. Kapitels der Charta zu verstehen. Soweit die Generalversammlung solche für notwendig erachtet, muss sie die Angelegenheit an den Sicherheitsrat übergeben; jedenfalls kann sie nicht selbst Zwangsmaßnahmen empfehlen. Ein solches Verständnis widerspricht auch nicht Art. 11 Abs. 4 der Charta. Da wie gezeigt Zwangsmaßnahmen *per se* nicht empfohlen werden können, sind diese auch nicht von Art. 10 erfasst. Die in Art. 11 Abs. 2 Satz 2 der Charta zum Ausdruck kommende materielle Sperre stellt daher keine Einschränkung des Art. 10 der Charta dar. Vom Bestehen eines „Auslegungsdilemmas", wie von einigen Autoren angenommen, kann daher keine Rede sein.[634]

Als Zwischenergebnis bleibt festzuhalten, dass die Empfehlung von Zwangsmaßnahmen beziehungsweise die Empfehlung der Anwendung militärischer Gewalt zum Schutz humanitärer Belange durch die Generalversammlung unzulässig ist. Selbst wenn man dies für zulässig halten würde,

---

(1967) und in Bangladesch (1971), wegen der Militärintervention der UdSSR in Afghanistan (1980) sowie zur Erörterung der Palästinenserfrage (1980, 1982) und wegen der Besetzung Namibias durch Südafrika (1981), siehe dazu STEIN/MORRISSEY, in: Bernhardt (Hrsg.), EPIL IV, S. 1232 (1234 f.).

631 BAUER, S. 92 f.; HAILBRONNER/KLEIN, in: Simma (Hrsg.), UN-Charter Commentary, Art. 10 Rn. 36; STEIN/MORRISSEY, in: Bernhardt (Hrsg.), EPIL IV, S. 1232 (1234 f.); NOLTE, in: Wolfrum (Hrsg.), Handbuch der Vereinten Nationen, Nr. 130 Rn. 21; KÖRBS, S. 545 ff.; PERNICE, S. 138 ff.

632 Vgl. PERNICE, S. 141; KÖRBS, S. 548 f.

633 Ebenso KELSEN, Recent Trends, S. 962 f.; MENK, S. 119; BAUER, S. 89 ff.; vgl. auch ARNTZ, S. 115 ff.; KÖRBS, S. 551 ff.

634 Begriff bei SCHAEFER, S. 49; in diesem Sinne auch KELSEN, Recent Trends, S. 965 ff.; PRÖßDORF, S. 35.

wäre die Empfehlung von Zwangsmaßnahmen widersinnig, da mangels Rechtsverbindlichkeit eine rechtfertigende Wirkung zu verneinen wäre. Die oben angesprochene strittige Frage hinsichtlich der zeitlichen Einschränkung bedarf daher keiner Beantwortung mehr.

#### *ccc) Keine Bestätigung der Zulässigkeit der Empfehlung von Zwangsmaßnahmen seitens der UN-Generalversammlung durch den Internationalen Gerichtshof*

Schließlich sei angemerkt, dass entgegen vereinzelter Darstellungen in der Literatur[635] der Internationale Gerichtshof die Zulässigkeit der Empfehlung von Zwangsmaßnahmen seitens der UN-Generalversammlung nicht bestätigt hat. Im fraglichen Gutachten erkennt der Gerichtshof bloß die sekundäre Zuständigkeit der Generalversammlung im Bereich der Friedenssicherung sowie die grundsätzliche Möglichkeit der Abgabe von Empfehlungen auf diesem Gebiet an.[636] Bezüglich der Frage, ob die Generalversammlung Zwangsmaßnahmen im Sinne des VII. Kapitels der UN-Charta empfehlen kann, bleibt das Gutachten des Gerichtshofs ambivalent.[637] Im Gutachten heißt es bezüglich der Bedeutung des Wortes *Maßnahme* im Sinne des Art. 11 Abs. 2 Satz 2:

> „The word ‚action' must mean such action as is solely within the province of the Security Council. […] The ‚action' which is solely within the province of the Security Council is that which is indicated by the title of Chapter VII of the Charter, namely ‚Action with respect to threats to the peace, breaches of the peace, and acts of aggression'."[638]

Hieraus kann lediglich entnommen werden, dass nur der Sicherheitsrat Maßnahmen im Sinne des VII. Kapitels vornehmen kann; eine dahin gehende Interpretation, wonach die Generalversammlung zumindest *unverbindliche* Maßnahmen im Sinne des VII. Kapitels empfehlen könnte, wirkt konstruiert. Außerdem ging es im Rahmen des Gutachtens nicht um die Frage der Zulässigkeit der Empfehlung von Zwangsmaßnahmen, sondern um die Frage der

---

635 Vgl. oben Fn. 603.

636 IGH, Certain Expenses of the United Nations (Article 17, paragraph 2, of the Charter), Gutachten vom 20. Juli 1962, ICJ Rep. 1962, S. 151 (163 ff.).

637 So auch HAILBRONNER/KLEIN, in: Simma (Hrsg.), UN-Charter Commentary, Art. 10 Rn. 29; KÖRBS, S. 550 f.

638 IGH, Certain Expenses-Gutachten (oben Fn. 636), ICJ Rep. 1962, S. 151 (165).

Zulässigkeit der Aufstellung von – völkerrechtlich ohne weiteres zulässigen – Friedenstruppen durch die Generalversammlung.[639] Allein deshalb liegt es fern, dass sich der Internationale Gerichtshof überhaupt zur Zulässigkeit der Empfehlung von Zwangsmaßnahmen seitens der Generalversammlung äußern wollte.

*ddd) Zwischenergebnis*

Die von der ICISS angetragene Möglichkeit der Empfehlung von Zwangsmaßnahmen seitens der Generalversammlung stellt keine rechtlich tragfähige Alternative zu einer Autorisierung durch den Sicherheitsrat dar. Die Empfehlung von Zwangsmaßnahmen ist weder möglich noch sinnvoll; eine unverbindliche Empfehlung würde nicht die erforderliche rechtfertigende Wirkung entfalten.

*bb) Die Frage der Rechtfertigungsmöglichkeit militärischer Interventionen seitens Regionalorganisationen durch ex post facto-Billigung des Sicherheitsrates*

Als weitere mögliche Alternative zur Rechtfertigung militärischer Interventionen zum Schutz humanitärer Belange nennt der ICISS-Bericht ein Eingreifen seitens regionaler beziehungsweise überregionaler Organisationen, das *ex post facto* durch den Sicherheitsrat gebilligt werden könnte.

*aaa) Keine nachträgliche Autorisierungsmöglichkeit nach der ursprünglichen Konzeption der UN-Charta*

Die UN-Charta sieht im VIII. Kapitel die Einbeziehung von Regionalorganisationen für die Wahrung des Weltfriedens vor. Unter Regionalorganisationen im Sinne der Charta sind internationale Organisationen zu verstehen, die nach dem jeweiligen Gründungsvertrag primär die Friedenssicherung zum Ziel haben beziehungsweise zumindest in einer bestimmten Situation einen konkreten Beitrag zur Friedenssicherung leisten.[640] Der direkte Bezug zu einer bestimmten Region ist nicht erforderlich; *regional* ist vielmehr als allgemeine Abgrenzung gegenüber universellen internationalen Organisationen zu

---

639 Vgl. BAUER, S. 91; MENK, S. 119, Fn. 184.
640 GEYRHALTER, S. 58.

verstehen.[641] Dass die ICISS von regionalen beziehungsweise überregionalen Organisationen spricht, steht daher mit dem Verständnis der Charta im Einklang. Gemäß Art. 52 Abs. 1 steht die UN-Charta regionalen Organisationen nicht entgegen, soweit diese mit den Zielen und Grundsätzen der Vereinten Nationen vereinbar sind. Im Bereich der Streitschlichtung kommt den Regionalorganisationen eine Vorrangstellung gegenüber dem Sicherheitsrat zu (vgl. Art. 52 Abs. 2, 3); der Sicherheitsrat ist lediglich über die friedenssichernden Aktivitäten zu informieren (Art. 54). Im Bereich der Zwangsmaßnahmen zeigt sich ein umgekehrtes Bild. Nach Art. 53 Abs. 1 Satz 1 kann der Sicherheitsrat Regionalorganisationen zur Durchführung von Zwangsmaßnahmen in Anspruch nehmen.[642] Die entscheidende Norm ist im nächsten Satz zu finden; in Art. 53 Abs. 1 Satz 2, Halbsatz 1 heißt es:

> „[...] no enforcement action shall be taken under regional arrangements or by regional agencies without the authorization of the Security Council [...]".

Zwangsmaßnahmen seitens Regionalorganisationen dürfen demnach nicht ohne Sicherheitsratsmandat ergriffen werden. Was genau unter Zwangsmaßnahmen im Sinne des Art. 53 zu verstehen ist, ist umstritten. In jedem Fall zählen aber die hier relevanten militärischen Zwangsmaßnahmen dazu.[643] Von einer nachträglichen Genehmigung seitens des Sicherheitsrates im An-

---

641 FISCHER, in: Ipsen (Hrsg.), § 60 Rn. 32; vgl. auch RUFFERT/WALTER, Rn. 436.

642 Eine Verpflichtung zur Bereitstellung von Truppen seitens der Regionalorganisationen ergibt sich hieraus allerdings nicht. Auch hier muss die Beschränkung des Art. 43 UN-Charta beachtet werden, vgl. hierzu RUFFERT/WALTER, Rn. 451; siehe auch noch unten S. 219 f.

643 Teilweise werden unter Zwangsmaßnahmen im Sinne des Art. 53 alle Maßnahmen des VII. Kapitels verstanden, also auch alle nicht-militärischen Maßnahmen nach Art. 41 (so etwa KELSEN, United Nations, S. 724; AKEHURST, BYIL 42 (1967), S. 175 (185 f.)). Allerdings ergibt die Regelung des Art. 53 Abs. 1 Satz 2 keinen Sinn für Maßnahmen, welche an sich rechtmäßig sind (wie etwa der Abbruch der diplomatischen Beziehungen), bzw. wenn für eine an sich rechtswidrige Maßnahme bereits ein anderer Rechtfertigungsgrund gegeben ist. Hier bedarf es keiner weiteren durch das Sicherheitsratsmandat vermittelten Rechtfertigung; solche Maßnahmen fallen daher nicht unter die Einschränkung des Art. 53 Abs. 1 Satz 2. Dies muss insbesondere deshalb gelten, da nicht ersichtlich ist, wieso Staaten, welche sich zu einer Regionalorganisation zusammengeschlossen haben, weiter gehenden Beschränkungen unterliegen sollten als Einzelstaaten (vgl. FROWEIN, in: FS Bernhardt, S. 57 (66 f.); BAUER, S. 260; WOLFRUM, ZaöRV 53 (1993), S. 576 (581 f.); RUFFERT/WALTER, Rn. 447 f.).

schluss an eine Intervention (*ex post facto*) ist dort nicht die Rede. Dennoch wird teilweise vertreten, dass der Sicherheitsrat Interventionen nachträglich genehmigen könne.[644] Zwar mag der Wortlaut eine solche Auslegung noch zulassen,[645] mit dem Sinn und Zweck des Ermächtigungserfordernisses und dessen Historie ist dies aber nicht in Einklang zu bringen. Das Ermächtigungserfordernis dient der effektiven Kontrolle des Einsatzes militärischer Gewalt durch den Sicherheitsrat. Diese kann nur im Wege einer Zustimmung im Vorfeld der Zwangsmaßnahme gewährleistet werden. Die Möglichkeit einer der Intervention nachfolgenden Genehmigung würde zum einen die Staaten zu illegalen Interventionen – in der Hoffnung auf eine spätere Genehmigung – ermutigen, und zum anderen könnte an der Rechtswidrigkeit im Falle des Ausbleibens einer späteren Genehmigung des Sicherheitsrates nichts geändert werden.[646] Zudem basiert die Bezugnahme auf Regionalorganisationen in der UN-Charta auf einem mühsam ausgehandelten Kompromiss zwischen Universalismus und Regionalismus im Bereich der Friedenssicherung. Grundsätzlich basiert die UN-Charta auf einem universalistischen Konzept der Friedenssicherung; auf Drängen der starken regionalen Strömungen, wie diese vor allem in Lateinamerika und den arabischen Staaten bestanden, konnte aber auch der Regionalismus nicht völlig außer Acht gelassen werden. Zum Ausdruck kommt dieser Kompromiss im Recht zur kollektiven Selbstverteidigung des Art. 51 der Charta. Über dieses können auch Regionalorganisationen auf eigene Initiative zur Friedenssicherung beitragen.[647] Das Zugeständnis von Initiativbefugnissen von Regionalorganisationen im Rahmen des Systems kollektiver Sicherheit – welches mit der Anerkennung einer

---

644 WALTER, C., Regionalorganisationen, S. 293 ff.; VERLAGE, S. 280; GEYRHALTER, S. 85 ff.

645 In den für die Auslegung maßgeblichen authentischen Fassungen (vgl. hierzu oben S. 96) der Charta werden die Begriffe „authorization“, „autorisation“ bzw. „autorisación“ verwendet. Diese können sowohl als vorherige Autorisierung als auch als nachträgliche Genehmigung gedeutet werden (vgl. WALTER, C., Regionalorganisationen, S. 293 f.). Allerdings legt es die Formulierung „shall be taken“ nahe, dass die Autorisierung durch den Sicherheitsrat bereits zum Zeitpunkt der Vornahme der Intervention vorliegen muss.

646 So auch KÖRBS, S. 536 f.; BAUER, S. 266; PERNICE, S. 134 f.

647 Dazu BEYERLIN, in: Wolfrum (Hrsg.), Handbuch der Vereinten Nationen, Nr. 91 Rn. 3; RESS/BRÖMER, in: Simma (Hrsg.), UN-Charter Commentary, Art. 53 Rn. 12; WOLF, in: Bernhardt (Hrsg.), EPIL IV, S. 91 (91 f.); KRISCH, UNYB 3 (1999), S. 59 (88 f.).

nachträglichen Genehmigungsmöglichkeit einhergehen würde – ginge über den gefundenen Kompromiss hinaus und stünde im Widerspruch zum Grundsatz des Universalismus. Das Erfordernis einer der Intervention vorausgehenden Ermächtigung ist nach der UN-Charta daher als unverzichtbar anzusehen.[648]

Auch die zweite von der ICISS erwogene Alternative zu einer der Intervention vorausgehenden Ermächtigung scheidet daher nach der ursprünglichen Konzeption der Vereinten Nationen aus. Ohnehin scheint auch die ICISS nicht von deren rechtlicher Tragfähigkeit ausgegangen zu sein. Die Möglichkeit wird lediglich aufgezeigt, nicht aber als Rechtfertigungsgrund bezeichnet. Im Bericht der ICISS heißt es lediglich: „[...] there may be certain leeway for future action in this regard."[649]

*bbb) Chartaänderung – Einfügung einer nachträglichen Autorisierungsmöglichkeit*

Um die Möglichkeit einer nachträglichen Autorisierung militärischer Interventionen von Regionalorganisationen durch den Sicherheitsrat zu begründen, bedürfte es einer Änderung der UN-Charta beziehungsweise einer weiteren Ausnahme zum Gewaltverbot im Völkergewohnheitsrecht.[650]

Als Präzedenzfälle für eine nachträgliche Genehmigung beziehungsweise für die Annahme einer solchen Möglichkeit werden in der völkerrechtlichen Literatur die diplomatischen und wirtschaftlichen Sanktionen der ORGANIZATION OF AMERICAN STATES gegen die Dominikanische Republik (1960) und Kuba (1962) angeführt. Anknüpfungspunkt hierfür sind die seitens verschiedener Staaten im Rahmen der Sicherheitsratsdebatten geäußerten Forderungen nach einer nachträglichen Genehmigung der Sanktionen durch den Si-

---

648 Vgl. WELLHAUSEN, S. 226 f.; KÖRBS, S. 536 f.; BAUER, S. 268; PERNICE, S. 135; AKEHURST, BYIL 42 (1967), S. 175 (214); KEWENIG, in: Schaumann (Hrsg.), S. 175 (200); BEYERLIN, in: Wolfrum (Hrsg.), Handbuch der Vereinten Nationen, Nr. 91 Rn. 6; FROWEIN, in: FS Bernhardt, S. 57 (65); WOLF, in: Bernhardt (Hrsg.), EPIL IV, S. 91 (95); VON SCHORLEMER, in: Beestermöller/Haspel/Trittmann (Hrsg.), S. 81 (98); HILPOLD, UNYB 10 (2006), S. 35 (52).

649 ICISS-REPORT, Abs. 6.35; vgl. hierzu auch MASSINGHAM, IRRC 91 (2009), S. 803 (818 ff.).

650 Zu Letzterem siehe unten S. 166 ff.

cherheitsrat.[651] Allerdings handelte es sich bei den fraglichen Sanktionen nicht um Zwangsmaßnahmen, sondern um völkerrechtlich zulässige Maßnahmen, die gerade keiner Autorisierung seitens des Sicherheitsrates bedurften.[652] Die Fälle können folglich auch nicht als Präzedenzfälle für eine Rechtfertigung über eine nachträgliche Genehmigung durch den Sicherheitsrat herangezogen werden.

Aus der jüngeren Vergangenheit werden die Interventionen der ECONOMIC COMMUNITY OF WEST AFRICAN STATES (ECOWAS) in Liberia und Sierra Leone als Beispiele für die Möglichkeit einer nachträglichen Genehmigung seitens des Sicherheitsrates genannt. Auch hier ist der Präzedenzcharakter jedoch zu verneinen. Zwar begrüßte der Sicherheitsrat die Interventionen in mehreren Resolutionen; wie noch zu zeigen sein wird, bezog sich dies aber allein auf das Ergebnis und nicht auf den Gewaltansatz an sich, beziehungsweise die Intervention in Sierra Leone wurde aufgrund der Einladung des geflohenen Präsidenten nicht für autorisierungsbedürftig gehalten.[653]

Und auch das Weltgipfeldokument enthält keinen Anhaltspunkt dafür, dass ein für die Änderung der Charta erforderlicher Konsens der Staaten bestünde. VERLAGE versucht dies zwar aus dem „Versprechen" der Staaten auf dem UN-Weltgipfel, im Falle von massiven Menschenrechtsverletzungen handeln zu wollen, herzuleiten, dies basiert aber auf einer eigentümlichen Interpretation des Ergebnisdokuments. Aus der Formulierung „we are prepared" im 139. Absatz meint VERLAGE die Notwendigkeit der Vornahme von Zwangsmaßnahmen durch Regionalorganisationen auch ohne Sicherheits-

651 Zum Fall der Dominikanischen Republik siehe Security Council Official Records, 15. Year, 893th Meeting, 8. September 1960, S. 4 ff., Security Council Official Records, 15. Year, 894th Meeting, 9. September 1960, S. 11 ff.; zum Fall Kuba siehe Security Council Official Records, 16. Year, 994th Meeting, 16. März 1962, S. 10; Security Council Official Records, 17. Year, 1024th Meeting, 24. Oktober 1962, S. 14 ff.

652 In den genannten Debatten im Sicherheitsrat ging es nicht primär um die Frage der nachträglichen Genehmigung, sondern vielmehr darum, ob die vorgenommenen Sanktionen überhaupt Zwangsmaßnahmen im Sinne des Art. 53 Abs. 1 Satz 2 der Charta darstellen, also um das bereits angesprochene Problem der Auslegung des Begriffs der Zwangsmaßnahme in Art. 53 Abs. 1 Satz 2, siehe hierzu oben Fn. 643; vgl. hierzu auch FROWEIN, in: FS Bernhardt, S. 57 (67); KÖRBS, S. 536; AKEHURST, BYIL 42 (1967), S. 175 (217).

653 Siehe unten S. 179 ff.

ratsmandat folgern zu können.[654] Aus dem Wortlaut des Weltgipfeldokuments geht hervor, dass kollektive Maßnahmen nur durch den Sicherheitsrat und im Einklang mit dem VII. Kapitel der Charta durchgeführt werden sollen. Dies solle gegebenenfalls in Kooperation mit Regionalorganisationen geschehen. Hieraus kann aber nicht auf die Möglichkeit eines eigenmächtigen Vorgehens von Regionalorganisationen geschlossen werden. Auch der Zusatz „we are prepared to take collective action" kann eine andere Bewertung nicht rechtfertigen. Der Zusatz wurde vielmehr als weitere Abschwächung der Formulierung hinzugefügt. In den vorherigen Entwürfen hieß es noch „we recognize our shared responsibility to take collective action"; mit der Änderung war lediglich die Abwendung vom Begriff der *Responsibility*, der als Pflicht verstanden werden könnte,[655] gewollt, nicht aber, wie VERLAGE meint, eine Bereitschaft zum Handeln unter allen Umständen.[656] Ein Konsens der Staatengemeinschaft, der Art. 53 Abs. 1 Satz 2 der Charta dahin gehend geändert hat, dass Zwangsmaßnahmen seitens Regionalorganisationen durch eine nachträgliche Genehmigung des Sicherheitsrates gerechtfertigt werden können, kann daher auch nach dem Weltgipfeldokument nur verneint werden.

#### *ccc) Zwischenergebnis*

Es bleibt festzuhalten, dass weder die UN-Charta die Möglichkeit einer nachträglichen Genehmigung seitens des Sicherheitsrates als Rechtfertigungsgrund für militärische Interventionen von Regionalorganisationen zum Schutz humanitärer Belange eröffnet, noch ist ein diesbezüglicher die Charta ändernder Konsens zu verzeichnen. Auch dieser von der ICISS angedeuteten Rechtfertigungsalternative mangelt es daher an rechtlicher Tragfähigkeit.

### *3. Zulässigkeit militärischer Interventionen außerhalb der Satzung der Vereinten Nationen – Interventionen ohne Sicherheitsratsmandat*

Im Folgenden soll die Zulässigkeit militärischer Interventionen zum Schutz humanitärer Belange außerhalb der Satzung der Vereinten Nationen, das heißt ohne Mandat des UN-Sicherheitsrates, untersucht werden. Nach der ursprünglichen Konzeption der Charta der Vereinten Nationen würde eine sol-

---

654 VERLAGE, S. 275 ff.

655 Dazu oben S. 26 ff.

656 Siehe dazu noch unten S. 214 ff.

che Intervention gegen das Gewaltverbot verstoßen und wäre damit als völkerrechtswidrig einzustufen. Gleiches gilt für das Völkergewohnheitsrecht, denn das gewohnheitsrechtlich geltende Gewaltverbot und dessen Ausnahmen sind grundsätzlich als deckungsgleich mit dem Verbot der UN-Charta zu verstehen.[657] Im Folgenden soll zunächst untersucht werden, ob überhaupt und unter welchen Voraussetzungen sich ein solches Interventionsrecht als Ausnahme zum Gewaltverbot im Völkergewohnheitsrecht herausbilden kann. Sodann soll untersucht werden, ob sich eine solche Ausnahme bereits herausgebildet hat.

Vorangestellt sei, dass es für die Begründung einer Ausnahme im Völkergewohnheitsrecht allein auf die Praxis und Rechtsüberzeugung der Völkerrechtssubjekte ankommt. Weder kann die Notwendigkeit des Menschenrechtsschutzes eine solche Ausnahme begründen, noch steht das immer wieder angeführte Missbrauchsargument an sich der Begründung einer solchen Ausnahme entgegen. Keiner der beiden Aspekte hat unmittelbaren Einfluss auf die Rechtsbildung; allenfalls kann den Aspekten ein mittelbarer Einfluss zukommen, sofern diese das Verhalten der Staaten zu beeinflussen vermögen. Auch aus der dargestellten Ausweitung der Kompetenz des Sicherheitsrates im Rahmen des VII. Kapitels der Charta lässt sich das Bestehen einer solchen Ausnahme nicht folgern. Die Befugnisse des Sicherheitsrates sind von denen der Staaten zu unterscheiden.[658]

#### *a) Möglichkeit und Anforderungen an die Begründung einer neuen Ausnahme zum Gewaltverbot im Völkergewohnheitsrecht*

Die Begründung einer neuen Ausnahme zum Gewaltverbot im Völkergewohnheitsrecht bringt drei allgemeine Probleme des Völkerrechts mit sich, die möglicherweise einer solchen Herausbildung im Wege stehen oder zu erhöhten Anforderungen führen könnten. Auf diese soll im Folgenden eingegangen werden.

---

657 Vgl. IGH, Nicaragua-Fall (oben Fn. 223), ICJ Rep. 1986, S. 14 (99, Abs. 188).
658 Vgl. BOTHE/MARTENCZUK, VN 47 (1999), S. 125 (130).

#### *aa) Zielrichtung der opinio iuris bei der Entstehung einer neuen Norm des Völkergewohnheitsrechts*

Bei der Entstehung einer neuen Ausnahme zum Gewaltverbot im Völkergewohnheitsrecht ergibt sich zunächst das theoretische Problem, das sich stets bei der Entstehung neuer Normen des Völkergewohnheitsrechts und insbesondere bei der Entstehung neuen Völkergewohnheitsrechts entgegen bestehendem Recht stellt. Es stellt sich die Frage, worauf die *opinio iuris* gerichtet sein muss. Während bei der das geltende Recht lediglich ausführenden Praxis die Überzeugung auf die Existenz eines Rechtssatzes gerichtet sein muss,[659] kann eine solche Überzeugung bei der Entstehung neuen Völkergewohnheitsrechts gerade noch nicht vorliegen beziehungsweise könnte nur auf einem entsprechenden Irrtum beruhen.[660] Um dieses Problem zu umgehen, wird teilweise vertreten, dass es für die Entstehung von neuem Völkergewohnheitsrecht gar keiner Rechtsüberzeugung bedürfe.[661] Dem kann nicht gefolgt werden; eine Abgrenzung zur Sitte und insbesondere die Unterscheidung zwischen rechtlichen und politischen beziehungsweise moralischen *Normen* würde unmöglich.[662] Es ist vielmehr eine Rechtsüberzeugung in modifizierter Form zu verlangen. Auch hier werden unterschiedliche Ansätze vertreten. So wird etwa behauptet, dass es im Falle der Entstehung neuen Völkergewohnheitsrechts genügen solle, dass sich der jeweilige Staat durch irgendeine Norm zur Handlung berechtigt oder verpflichtet fühlt, wie zum Beispiel durch einen allgemeinen Rechtsgrundsatz oder aus moralischen Gründen.[663] Auch dieser Ansicht kann nicht gefolgt werden, da auch hier die Unterscheidung zwischen rechtlichen und sonstigen *Normen* unterlaufen würde.[664] Sie ist mit dem hier verfolgten rechtspositivistischen Ansatz nicht in Einklang zu bringen. Vielmehr ist der Entwicklungsprozess von völkergewohnheitsrechtlichen Normen mit in die Betrachtung einzubeziehen. So mag zur allmählichen Herausbildung einer neuen Norm des Völkergewohnheitsrechts zunächst ausreichen, dass ein Rechtssetzungs- beziehungsweise Rechtsbegrün-

659 Siehe oben S. 42 f.

660 Siehe zur Problematik KELSEN, General Theory, S. 114; VILLIGER, Rn. 76; VERDROSS/SIMMA, § 563; KUNZ, AJIL 47 (1953), S. 662 (667).

661 Vgl. MENDELSON, RdC 272 (1998), S. 153 (279 ff.).

662 Vgl. oben S. 43.

663 So etwa KELSEN, General Theory, S. 114.

664 So auch KUNZ, AJIL 47 (1953), S. 662 (667); vgl. auch KAMMERHOFER, EJIL 15 (2004), S. 523 (535).

dungsbewusstsein vorliegt. Demnach genügt es, wenn der Staat davon ausgeht, einen Beitrag zu einer in der Entstehung befindlichen Norm zu leisten beziehungsweise mit seiner Handlung den ersten Schritt setzt, um einen solchen Entstehungsprozess in Gang zu bringen.[665] Über das Erfordernis eines solchen Rechtssetzungs- beziehungsweise Rechtsbegründungsbewusstseins wird die Bildung neuen Völkergewohnheitsrechts ermöglicht und zugleich die Trennung zwischen moralischen beziehungsweise politischen *Normen* einerseits und rechtlichen Normen andererseits gewahrt. Eine solche Entwicklung mag durch ein Verhalten des Staates eingeleitet werden, welches dieser aus politischen, moralischen oder sonstigen Erwägungen für notwendig erachtet. Der eigentliche Rechtsentstehungsprozess beginnt aber erst dann, wenn der Staat in dem Bewusstsein handelt, eine rechtliche Norm begründen zu wollen.[666] Als wirklich herausgebildet kann eine Norm allerdings erst dann angesehen werden, wenn sich das Rechtssetzungsbewusstsein zu einer tatsächlichen Rechtsüberzeugung gewandelt hat. Für die Herausbildung eines Rechts zur humanitären Intervention beziehungsweise zur Ingangsetzung eines dahin gehenden Rechtsprozesses bedürfte es daher zumindest einer Praxis der Staaten, die von einem entsprechenden Rechtssetzungs- beziehungsweise Rechtsbegründungsbewusstsein begleitet ist.

#### *bb) Herausbildung einer völkergewohnheitsrechtlichen Ausnahme zu einer Norm mit ius cogens-Charakter*

Aus dem zwingenden Charakter des Gewaltverbots könnten sich zudem erhöhte Anforderungen für die tatsächliche Herausbildung eines Rechts zur Intervention zum Schutz humanitärer Belange ergeben. Gemäß Art. 53 Satz 2 der Wiener Vertragsrechtskonvention können zwingende Normen des Völkerrechts nur durch Normen „derselben Rechtsnatur" geändert werden. Dass das Gewaltverbot dem *ius cogens* zuzuordnen ist, wurde bereits dargestellt.[667] Teilweise wird zwar versucht, den Bereich des Gewaltverbots, welcher durch die humanitäre Intervention betroffen ist, aus dem zwingenden Bereich herauszunehmen, begründet und mittels einer entsprechenden Rechts-

---

665 Ähnlich VERDROSS, ZaöRV 29 (1969), S. 635 (640); DERS./SIMMA, § 563; CASSESE, S. 157 f.; vgl. auch FINK, in: FS Schiedermair, S. 803 (809 f., 814).

666 Vgl. hierzu VERDROSS, ZaöRV 29 (1969), S. 635 (640); THIRLWAY, S. 55 f.

667 Siehe oben S. 146.

grundlage belegt wird dies aber nicht.[668] Lediglich KADELBACH untersucht das Gewaltverbot in seiner Arbeit zum zwingenden Völkerrecht näher und gelangt zu dem Ergebnis, dass mit Bestimmtheit allein das Aggressionsverbot als Teilbereich des Gewaltverbots zum zwingenden Recht gezählt werden könne.[669] Selbst wenn dies zuträfe, müsste aber der fragliche Bereich des Gewaltverbots, der durch die humanitäre Intervention betroffen ist, dem zwingenden Bereich zugeordnet werden. Denn eine humanitäre Intervention ist trotz ehrenhafter Motive als militärischer Akt, welcher grundsätzlich einem bestimmten Staat oder einer bestimmten Gruppe von Staaten zugerechnet werden kann, als Aggression im Sinne des Aggressionsverbots zu verstehen.[670] Für die Herausbildung eines Rechts zur humanitären Intervention müsste dieses daher ebenfalls im zwingenden Recht verankert sein. Das heißt, es müsste von der internationalen Staatengemeinschaft in ihrer Gesamtheit als eine Norm, von der nicht abgewichen werden darf, angenommen und anerkannt werden (vgl. Art. 53 Satz 2 WVK).[671]

*cc) Verhältnis der UN-Charta zum Völkergewohnheitsrecht*

Fraglich ist außerdem, wie sich die Verankerung des Gewaltverbots in der UN-Charta auf die Möglichkeit der Herausbildung einer Ausnahme zu diesem im Gewohnheitsrecht auswirkt. Kann sich zum Gewaltverbot überhaupt eine Ausnahme im Völkergewohnheitsrecht herausbilden, oder stünde dies nicht vielmehr im Widerspruch zur UN-Charta? Würde beziehungsweise kann überhaupt chartawidriges Völkergewohnheitsrecht entstehen? Diese Frage stellt sich, da die Begründung einer neuen Ausnahme im Völkergewohnheitsrecht nicht zwangsläufig mit der Änderung des Gewaltverbots der UN-Charta einhergehen würde. Während es für die Entstehung einer neuen Norm des Völkergewohnheitsrechts grundsätzlich nur einer *ausreichenden*

---

668 VERLAGE, S. 308 ff. (siehe hierzu auch noch unten S. 199); WENZEL, S. 164 f.; vgl. auch BRUHA, in: Wolfrum (Hrsg.), Handbuch der Vereinten Nationen, Nr. 31 Rn. 14 f., welcher allgemein zwischen Kern- und Grauzonenbereich des Gewaltverbots differenziert.

669 KADELBACH, S. 226 ff., insbesondere 233 f.

670 Zum Begriff der Aggression bzw. Angriffshandlung siehe oben S. 94 f.; vgl. auch WALTER, C., Regionalorganisationen, S. 210 f.

671 So auch WELLHAUSEN, S. 233; LIEBACH, S. 172; CHARNEY, AJIL 93 (1999), S. 834 (837); vgl. zum Erfordernis eines doppelten Konsenses oben S. 82 f.

*Verbreitung* bedarf,[672] setzt die informelle Änderung des Gewaltverbots der UN-Charta einen Konsens der UN-Mitgliedstaaten voraus.[673]

Grundsätzlich gelten auch im Verhältnis von Völkergewohnheitsrecht und Vertragsrecht die allgemeinen Kollisionsregeln. Zu nennen ist hier etwa der Grundsatz *lex posterior derogat legi priori*, wonach bei Identität der betroffenen Rechtssubjekte und Gleichrangigkeit der Normen das spätere Recht dem früheren Recht vorgeht.[674] Wäre dieser Grundsatz anwendbar, würde die Begründung einer neuen Ausnahme zum Gewaltverbot im Völkergewohnheitsrecht dem Gewaltverbot der UN-Charta vorgehen; das Gewaltverbot der Charta würde insoweit derogiert.[675] Allerdings begründet Art. 103 UN-Charta eine Vorrangstellung der Charta gegenüber den sonstigen Verpflichtungen der UN-Mitgliedstaaten. Dem trägt auch die Wiener Vertragsrechtskonvention Rechnung. Gemäß Art. 30 Abs. 1 der Konvention gelten die allgemeinen Kollisionsregeln für völkerrechtliche Verträge nur vorbehaltlich des Art. 103 der UN-Charta. Zwar ordnet Art. 103 der Charta die Vorrangstellung grundsätzlich nur gegenüber sonstigen „internationalen Übereinkünften“ der Mitgliedstaaten, also gegenüber sonstigen völkerrechtlichen Verträgen, an. Dass die Norm auch im Verhältnis zum Völkergewohnheitsrecht gelten soll, wird aber nicht bezweifelt.[676] Dies entspricht gerade dem

---

672 Vgl. oben S. 42, was genau hierunter zu verstehen ist, d. h. wie viele Staaten für die Begründung neuen Völkergewohnheitsrechts an der Praxis beteiligt sein müssen, kann zwar nicht zahlenmäßig festgelegt werden („no magic number“), jedenfalls müssen aber nicht alle Staaten beteiligt sein, MENDELSON, RdC 272 (1998), S. 153 (224); HENTSCHEL VON HEINEGG, in: Ipsen (Hrsg.), § 16 Rn. 11.

673 Siehe oben S. 94.

674 Vgl. Art. 30 Abs. 3 WVK; zur Anwendbarkeit des Grundsatzes auch auf das Verhältnis von völkerrechtlichen Verträgen und Völkergewohnheitsrecht siehe VILLIGER, Rn. 311 ff.; CZAPLINSKI/DANILENKO, NYIL 21 (1990), S. 3 (38 ff.); VERDROSS/SIMMA, § 643.

675 Die Möglichkeit einer Derogation der UN-Charta durch späteres Völkergewohnheitsrecht annehmend etwa GEYRHALTER, S. 150; KUNSCHAK, SAYIL 31 (2006), S. 195 (203 f.); vgl. auch KEWENIG, in: Schaumann (Hrsg.), S. 175 (204), welcher von der Möglichkeit der Abweichung des Völkergewohnheitsrechts von der UN-Charta ausgeht; ebenso BOTHE, in: FS Dau, S. 13 (15); LIEBACH, S. 172.

676 BERNHARDT, in: Simma (Hrsg.), UN-Charter Commentary, Art. 103 Rn. 21; KÖCK, in: FS Zemanek, S. 69 (92); CHARNEY, AJIL 93 (1999), S. 834 (837); vgl. auch WELLHAUSEN, S. 236.

Sinn und Zweck der Regelung, die der UN-Charta einen Vorrang gegenüber allen sonstigen Verpflichtungen einräumen soll.[677]

Über die konkreten Folgen der Vorrangstellung lässt sich Art. 103 UN-Charta nichts entnehmen. Man könnte die der Charta widersprechenden Verpflichtungen etwa für nichtig halten oder lediglich von einem Anwendungsvorrang der Charta ausgehen.[678] Nach beiden Ansichten ist es ausgeschlossen, dass der Charta widersprechendes Recht entsteht. Ein solches der Charta widersprechendes Recht wäre entweder als unanwendbar oder sogar als nichtig zu bewerten. Die Begründung eines Rechts zur humanitären Intervention im Völkergewohnheitsrecht ist daher nur mit einer damit einhergehenden zumindest informellen Änderung der UN-Charta möglich.[679] Es bedürfte daher eines Konsenses aller UN-Mitgliedstaaten. Ergänzend zu den erhöhten Anforderungen an die Entstehung eines Rechts zur humanitären Intervention, die sich bereits aus dem zwingenden Charakter des Gewaltverbots ergeben, dürften sich hieraus aber wohl keine weiteren Anforderungen ergeben.

*dd) Zwischenergebnis*

Als Ergebnis lässt sich festhalten, dass die Begründung eines Rechts zur humanitären Intervention im Völkergewohnheitsrecht möglich ist. Um einen dahin gehenden Rechtsprozess in Gang zu setzen, würde zunächst ein Rechtssetzungs- beziehungsweise Rechtsbegründungsbewusstsein genügen. Für die tatsächliche Herausbildung bedürfte es allerdings einer Praxis der Staaten, die von einer wirklichen Rechtsüberzeugung hinsichtlich der Zulässigkeit humanitärer Interventionen begleitet ist. Aufgrund des zwingenden Charakters des Gewaltverbots beziehungsweise aufgrund der Verankerung des Gewaltverbots in der UN-Charta sind aber erhöhte Anforderungen an die Entstehung eines solchen Rechts zu stellen; es bedürfte eines Konsenses der Staatengemeinschaft.

---

677 Vgl. BERNHARDT, in: Simma (Hrsg.), UN-Charter Commentary, Art. 103 Rn. 2.

678 So etwa CZAPLINSKI/DANILENKO, NYIL 21 (1990), S. 3 (16); VERDROSS/SIMMA, § 641; SCISO, ÖZöRV 38 (1987/1988), S. 161 (174 f.).

679 Vgl. CHARNEY, AJIL 93 (1999), S. 834 (837).

*b) Rechtsstand vor der Responsibility to Protect*

Zunächst soll der Rechtsstand vor der *Responsibility to Protect* dargestellt werden. Hierzu sind bereits zahlreiche Arbeiten erschienen, auf welche im Folgenden zurückgegriffen wird.

*aa) Interventionen vor der Gründung der Vereinten Nationen*

Schon vor der Gründung der Vereinten Nationen beriefen sich die Staaten häufig auf das Rechtsinstitut der humanitären Intervention.[680] Bereits damals war das Rechtsinstitut umstritten, insbesondere weil humanitäre Motive häufig nur vorgeschoben wurden, um machtpolitische Bestrebungen zu verdecken.[681] Ob ein Recht zur humanitären Intervention vor 1945 bestand, kann hier jedoch offen bleiben. Denn selbst wenn dies der Fall gewesen sein sollte, wäre es mit Inkrafttreten des umfassenden Gewaltverbots der UN-Charta, in welcher die Anwendung zwischenstaatlicher Gewalt abschließend geregelt ist, derogiert worden.[682] Im Übrigen wurde dieses Recht unter einem anderen Ausgangspunkt diskutiert. Die Gewaltanwendung an sich war nicht verboten, sondern gerade entsprechend dem *ius ad bellum* zulässig. Es ging daher nicht um die Frage einer Rechtfertigung im rechtlichen Sinne, sondern um eine Begründung auf moralischer beziehungsweise politischer Ebene. Allein deshalb verbietet sich eine Übertragung auf die Zeit des umfassenden Gewaltverbots nach 1945.[683]

---

680 Zu nennen sind hier etwa die Intervention Frankreichs, Großbritanniens und Russlands im Osmanischen Reich (1827 – 30), die Intervention Frankreichs in Syrien (1860), die Intervention der europäischen Mächte im Libanon (1860 – 1861), die Intervention der europäischen Mächte auf dem Balkan (1875 – 1878) sowie die Intervention der USA auf Kuba (1898), dargestellt etwa bei PAUER, S. 44 ff.; SEEGER, S. 54 ff.

681 PAUER, S. 75; BROWNLIE, Use of Force, S. 338 f.; vgl. auch BEYERLIN, S. 63 f.

682 So auch WELLHAUSEN, S. 233; WALTER, C., Regionalorganisationen, S. 247; DELBRÜCK, FW 74 (1999), S. 139 (150); PAUER, S. 145; LIEBACH, S. 171 f.; DANISH INSTITUTE-BERICHT, S. 81; CHARNEY, AJIL 93 (1999), S. 834 (836).

683 Vgl. HILPOLD, EJIL 12 (2001), S. 437 (443).

### *bb) Interventionen während des Kalten Krieges (1945 – 1989)*

In der frühen Phase nach dem Inkrafttreten der UN-Charta gab es zahlreiche Interventionen, welche im Schrifttum unter dem Aspekt der humanitären Intervention erörtert werden. Zu nennen sind hier die Intervention der USA in der Dominikanischen Republik (1965), die Interventionen Indiens in Ost-Pakistan (1971), Vietnams in Kambodscha (1978/1979), Tansanias in Uganda (1978/1979) und die französische Intervention in Zentralafrika (1979). In den meisten der genannten Fälle kann man davon ausgehen, dass Menschenrechtsverletzungen derart massiven Ausmaßes vorlagen, dass diese dem Schwellenkriterium der *Responsibility to Protect* entsprochen hätten. Etwa beendete die Intervention Vietnams in Kambodscha die Herrschaft des Regimes der ROTEN KHMER unter der Führung POL POTS, das die Eliminierung ganzer Bevölkerungsteile zu verantworten hatte.[684] Das gleiche gilt für die Intervention Tansanias in Uganda, welche die Schreckensherrschaft IDI AMINS beendete, der zwischen 100.000 und 300.000 Menschen zum Opfer gefallen waren.[685]

Die Interventionen können aber nur dann als Präzedenzfälle für die Entstehung eines Rechts zur humanitären Intervention angesehen werden, wenn diese von einer entsprechenden Rechtsüberzeugung der Intervenienten begleitet waren.[686] Gerade bei einem Recht zur humanitären Intervention, welches überhaupt nur über einen Verstoß gegen das Gewaltverbot entstehen kann, ist die Feststellung der Rechtsüberzeugung von großer Bedeutung. In diesem Zusammenhang stellte etwa KUNZ fest:

> „Repeated violations of international law may have occurred, without changing the conviction that they constitute violations, but they may also have been committed with the *opinio juris* of creating new international law.“[687]

Ähnlich äußerte sich auch der Internationale Gerichtshof im *Nicaragua*-Urteil, in dem er außerdem auf die Akzeptanz der übrigen Staaten abstellte:

> „Reliance by a State on a novel right or an unprecedented exception to the principle might, if shared in principle by other States, tend towards a modification of customary international law.“[688]

---

684 WELLHAUSEN, S. 171 f.; LIEBACH, S. 176 f.

685 WELLHAUSEN, S. 174 f.

686 Siehe hierzu bereits oben S. 42 f.

687 KUNZ, AJIL 47 (1953), S. 662 (668).

688 IGH, Nicaragua-Fall (oben Fn. 223), ICJ Rep. 1986, S. 14 (109, Abs. 207).

Dementsprechend ist zu unterscheiden zwischen solcher Praxis, die von einer entsprechenden Rechtsüberzeugung begleitet ist und auf Akzeptanz in der Staatengemeinschaft trifft, und solcher, bei der dies nicht zutrifft. Während im ersten Fall der Rechtsbruch als dem Völkerrecht systemimmanent anzusehen und vielmehr als Schritt hin zur Entwicklung einer neuen Rechtslage denn als Bruch der alten anzusehen ist, liegt im zweiten Fall ein einfacher Rechtsbruch vor, der die geltende Rechtslage nicht ändert, sondern sogar noch bestätigt. Damit neues Recht im Völkergewohnheitsrecht entsteht beziehungsweise ein dahin gehender Entstehungsprozess in Gang gesetzt wird, bedarf es entsprechend den obigen Erörterungen zunächst und zumindest eines Rechtssetzungs- beziehungsweise Rechtsbegründungsbewusstseins.[689] Die intervenierenden Staaten müssten daher – in Abgrenzung zu rein politischen oder moralischen Erfordernissen – jedenfalls mit der Überzeugung gehandelt haben, ein Recht zur humanitären Intervention schaffen zu wollen. Besonders deutlich brachte dies auch das DANISH INSTITUTE OF INTERNATIONAL AFFAIRS in seinem Bericht zur humanitären Intervention zum Ausdruck:

> „[...] interventions which are justified on moral or political grounds only, or which are met with criticism by the international community, serve to confirm the general prohibition on the use of force in international law, rather than to erode it."[690]

Für das Vorliegen einer solchen rechtlichen Überzeugung spricht zwar grundsätzlich eine Vermutung,[691] ob diese aber bei der Entstehung neuen Rechts entgegen der bestehenden Rechtslage einschlägig ist, erscheint fraglich. In diesem Fall kann nicht ohne Weiteres davon ausgegangen werden, dass der Staat seine Handlungen entsprechend der Rechtslage vornimmt. Es muss vielmehr untersucht werden, worauf die Staaten ihre Handlung gestützt haben. Hierfür ist in erster Linie auf die Äußerungen der Staaten abzustellen. Soweit der intervenierende Staat auf einen anderen Rechtfertigungsgrund als die humanitäre Intervention abstellt, ist davon auszugehen, dass dieser das Vorliegen eines entsprechenden Rechtssetzungs- beziehungsweise Rechtsbegründungsbewusstseins selbst widerlegt hat.[692] Stützt sich der Staat auf das

---

689 Siehe oben S. 168 f.

690 DANISH INSTITUTE-BERICHT, S. 87.

691 Vgl. oben S. 43 f.

692 Vgl. IGH, Nicaragua-Fall (oben Fn. 223), ICJ Rep. 1986, S. 14 (109/Abs. 207 f.); siehe auch CHARNEY, AJIL 93 (1999), S. 834 (836), welcher für das Vorliegen einer

Rechtsinstitut der humanitären Intervention, bleibt zu fragen, ob dies der tatsächliche Beweggrund war, beziehungsweise soweit nur allgemein humanitäre Belange als Grund für die Intervention genannt werden, bleibt zu fragen, ob es sich hierbei um eine rechtlich motivierte Äußerung handelt.

Unter diesen Gesichtspunkten scheint es fraglich, ob ein entsprechendes Rechtsbewusstsein in den dargestellten Fällen vorlag. Die USA beriefen sich zur Rechtfertigung ihrer Intervention in der Dominikanischen Republik gleich auf mehrere Rechtfertigungsgründe: neben der humanitären Intervention auf eine Intervention zum Schutz eigener Staatsbürger, auf das Rechtsinstitut der Intervention auf Einladung sowie auf die Sicherung des Selbstbestimmungsrechts der dominikanischen Bevölkerung vor der Machtübernahme seitens eines kommunistischen Regimes.[693] Es herrscht jedoch weitgehend Einigkeit, dass allein Letzteres, das heißt die Verhinderung der Machtübernahme durch eine pro-kommunistische Partei, die USA zum Einschreiten veranlasste.[694] Das Rechtsinstitut der humanitären Intervention wurde in diesem Fall daher lediglich vorgeschoben. Im Übrigen wurde die Intervention durch die internationale Gemeinschaft verurteilt.[695] Indien führte zur Rechtfertigung der Intervention in Ost-Pakistan zwar humanitäre Belange an, berief sich aber nicht auf das Rechtsinstitut der humanitären Intervention, sondern allein auf das Recht zur Selbstverteidigung wegen der der Intervention vorausgegangenen pakistanischen Luftangriffe auf Ziele in Indien.[696] Als eigentliche Gründe für die Intervention werden die Belastung durch die von Pakistan ausgehenden Flüchtlingsströme sowie die Absicht Indiens, Pakistan zu schwächen, angenommen.[697] Um die Gewährleistung eines menschenrechtlichen Mindeststandards ging es Indien nicht. Und auch diese Intervention wurde durch die Staatengemeinschaft überwiegend verurteilt.[698] Auch Vietnam stellte für die Rechtfertigung der Intervention in Kambodscha nicht

---

entsprechenden Rechtsüberzeugung die Bezeichnung einer Intervention als humanitäre Intervention durch die intervenierenden Staaten für notwendig erachtet; so auch Krisch, UNYB 3 (1999), S. 59 (62 f.).

693 Murphy, S. 95 f.; Liebach, S. 200; vgl. auch Pauer, S. 157 f.

694 Pauer, S. 159; Zimmer, S. 73; Murphy, S. 97; Liebach, S. 200; vgl. auch Pape, S. 95; Seeger, S. 268.

695 Pauer, S. 160; Murphy, S. 96; Liebach, S. 200 f.; Seeger, S. 268.

696 Liebach, S. 174; Pape, S. 96; Wellhausen, S. 168 f.; Murphy, S. 98 f.; Beyerlin, S. 62; Pauer, S. 162 f.; Danish Institute-Bericht, S. 88; Seeger, S. 268.

697 Liebach, S. 174; Pape, S. 96.

698 Murphy, S. 99 f.; Wellhausen, S. 169 f.; Liebach, S. 174 f.

auf das Rechtsinstitut der humanitären Intervention ab. Zwar äußert Vietnam Erleichterung über die Beendigung der Schreckensherrschaft, als Rechtfertigung wurde aber allein auf das Recht zur Selbstverteidigung als Reaktion auf vorausgegangene Grenzverletzungen verwiesen.[699] Als eigentlicher Grund wird zum Teil das Vormachtstreben Vietnams in Südostasien angeführt.[700] Der Präzedenzcharakter der Intervention Vietnams scheidet daher ebenfalls aus, zumal auch diese Intervention durch die Staatengemeinschaft verurteilt wurde.[701] Auch Tansania stützt die Intervention in Uganda und die anschließende Besetzung des Landes allein auf das Recht zur Selbstverteidigung. Anlass für die Intervention seien die vorausgegangenen Grenzverletzungen seitens Ugandas gewesen.[702] Ein Recht zur humanitären Intervention wurde nicht vorgebracht.[703] Von der internationalen Gemeinschaft wurde die Intervention weitgehend stillschweigend hingenommen, obwohl das Selbstverteidigungsrecht die vollständige Besetzung eines Landes wohl kaum zu rechtfertigen vermag. Dies mag zum einen in der geringen weltpolitischen Bedeutung Ugandas und zum anderen im willkommenen Ende des Regimes begründet sein,[704] nicht aber in der Anerkennung eines Rechts zur humanitären Intervention. Die Intervention Frankreichs in Zentralafrika wird zum Teil als bestes Beispiel für eine humanitäre Intervention bezeichnet.[705] Zwar wurde die Intervention von der Staatengemeinschaft weitgehend positiv aufgenommen,[706] einer solchen Bewertung muss aber dennoch widersprochen werden. Frankreich bestritt zunächst jegliche Beteiligung am Sturz des zentralafrikanischen Staatsoberhauptes; eine offizielle Begründung liegt folglich nicht vor. Als wirklicher Grund der Intervention wird teilweise das Eigeninteresse Frankreichs am Handel mit der ehemaligen Kolonie angeführt;[707] nach anderer Ansicht sei der Wille, einem geplanten Umsturz seitens Kubas und der

---

699 WELLHAUSEN, S. 174; ZIMMER, S. 73; MURPHY, S. 103 f.

700 LIEBACH, S. 177; PAUER, S. 167; PAPE, S. 97 f.

701 MURPHY, S. 104; WELLHAUSEN, S. 174; LIEBACH, S. 177; DANISH INSTITUTE-BERICHT, S. 88 f.

702 PAUER, S. 171; ZIMMER, S. 72; WELLHAUSEN, S. 177; FRANCK, S. 145.

703 DANISH INSTITUTE-BERICHT, S. 89; LIEBACH, S. 178.

704 WELLHAUSEN, S. 177; FRANCK, S. 144 f.; PAPE, S. 98.

705 So etwa MURPHY, S. 108.

706 PAUER, S. 176; DANISH INSTITUTE-BERICHT, S. 89; MURPHY, S. 107 f.; WELLHAUSEN, S. 178 f.

707 WELLHAUSEN, S. 178 f.

Sowjetunion zuvorzukommen, ausschlaggebend gewesen.[708] Welche dieser Ansichten zutreffend ist, kann offen bleiben; nach beiden Ansichten scheidet die Intervention als Präzedenzfall für die Entstehung eines Rechts zur humanitären Intervention aus. Im Schrifttum werden zum Teil noch weitere Fälle möglicher humanitärer Interventionen angeführt, diese scheiden jedoch ebenfalls als Präzedenzfälle aus.[709]

Als Ergebnis kann daher nur festgestellt werden, dass in keinem der genannten Fälle die Intervention von einer für die Begründung eines Rechts zur humanitären Intervention erforderlichen Rechtsüberzeugung oder einem diesbezüglichen Rechtssetzungs- beziehungsweise Rechtsbegründungsbewusstsein begleitet wurde. Keiner der Staaten berief sich allein auf das Rechtsinstitut der humanitären Intervention. Lediglich die USA stützten sich für ihre Intervention in der Dominikanischen Republik auf das Rechtsinstitut der humanitären Intervention, dies allerdings nur kumulativ mit weiteren Rechtfertigungsansätzen. Ansonsten beriefen sich die Staaten vor allem auf das Recht zur Selbstverteidigung, beziehungsweise im Falle Frankreichs wurde gar keine Begründung gegeben. Die wirkliche Motivation der Staaten lag vor allem in machtpolitischen Erwägungen oder sonstigen Eigeninteressen. Jedenfalls diente keine der Interventionen allein oder wenigstens überwiegend humanitären Zwecken. Außerdem wurden die Interventionen von einem Großteil der Staatengemeinschaft verurteilt. Mangels entsprechender Rechtsüberzeugung leisten die frühen Interventionen unter dem Regime der UN-Charta daher keinen Beitrag für die Begründung eines Rechts zur humanitären Intervention,

---

708 LIEBACH, S. 180.

709 Etwa die Intervention Belgiens und der Vereinigten Staaten im Kongo (1964), bei welcher zwar auch kongolesische Staatsangehörige gerettet wurden; es handelte sich hierbei aber primär um eine Intervention zum Schutz eigener Staatsangehöriger; die Intervention der Türkei auf Zypern (1974), welche nicht durch humanitäre Belange sondern allein durch machtpolitische Erwägungen motiviert war; die Intervention Indonesiens in Ost-Timor (1975), in welcher humanitäre Belange ebenfalls nur vorgeschoben waren; die Intervention Syriens im Libanon (1976), welche allein den syrischen Machtinteressen diente; sowie die Interventionen der USA in Nicaragua (1981), Grenada (1983) und Panama (1989/1990), welche nicht humanitär motiviert, sondern vielmehr gegen kommunistische Regimes gerichtet waren bzw. im Falle Panamas der Durchsetzung demokratischer Strukturen diente; siehe hierzu LIEBACH, S. 175 f., 180 ff., 201 ff.; MURPHY, S. 92 ff., 100 ff., 108 ff.; PAPE, S. 95 ff., 99 ff.

sondern sind vielmehr als Rechtsbrüche zu qualifizieren, welche die umfassende Geltung des Gewaltverbots noch bestätigen.[710]

*cc) Interventionen nach dem Ende des Kalten Krieges (ab 1990)*

Möglicherweise tragen die Interventionen nach dem Ende des Kalten Krieges zur Begründung eines Rechts zur humanitären Intervention bei. Zu nennen sind hier die Interventionen der ECOWAS-Staaten in Liberia und Sierra Leone (1990 – 1992 bzw. 1997), die Intervention der USA, Großbritanniens und Frankreichs im Irak (1991 – 1993) sowie die Intervention der NATO-Staaten im Kosovo (1999). Auch hier soll dem Vorliegen einer für die Begründung eines Rechts zur humanitären Intervention erforderlichen Rechtsüberzeugung beziehungsweise eines Rechtssetzungs- beziehungsweise Rechtsbegründungsbewusstseins nachgegangen werden.

*aaa) ECOWAS-Intervention in Liberia*

Die ECOWAS-Staaten beriefen sich in ihrer offiziellen Begründung für die Intervention in den liberianischen Bürgerkrieg, in welchem es zu massiven Menschenrechtsverletzungen gegenüber der Zivilbevölkerung gekommen war,[711] auf mehrere Rechtfertigungsgründe. Neben der Rettung eigener und fremder Staatsbürger wurde die Wiederherstellung demokratischer Strukturen genannt, in einer Stellungnahme der ECOWAS vom 9. August 1990 heißt es:

> „[…] ECOWAS […] is going to Liberia first and foremost to stop the senseless killing of innocent civilian nationals and foreigners, and to help the Liberian people to restore their democratic institutions.“[712]

In späteren Erklärungen wurde außerdem auf den völligen Zusammenbruch der staatlichen Ordnung Liberias, auf die allgemeine Sicherheitslage in der Region und auf die Gefahr von Flüchtlingsströmen verwiesen.[713]

---

710 In diesem Sinne auch BEYERLIN, in: Bernhardt (Hrsg.), EPIL II, S. 926 (928); vgl. auch BOTHE, in: Vitzthum (Hrsg.), Abschnitt 8 Rn. 22; KUNSCHAK, SAYIL 31 (2006), S. 195 (203); DANISH INSTITUTE-BERICHT, S. 88; vgl. auch MURPHY, S. 143; LIEBACH, S. 192 f.; GRAY, S. 33 f.; CHARNEY, AJIL 93 (1999), S. 834 (836).

711 Siehe zu den Hintergründen NOLTE, ZaöRV 53 (1993), S. 603 (605 ff.); ZIMMER, S. 74; LIEBACH, S. 207 f.

712 Abgedruckt bei NOLTE, ZaöRV 53 (1993), S. 603 (618).

In der Literatur wird teilweise angenommen, dass das Vorgehen der ECOWAS als Intervention auf Einladung zulässig war.[714] Dagegen sprechen aber zwei Aspekte, zum einen, dass eine wirksame Einladung nicht vorlag,[715] und zum anderen, dass sich selbst die ECOWAS-Staaten auf eine solche nicht beriefen.[716] Aber auch den Stimmen in der Literatur, welche die ECOWAS-Intervention als Präzedenzfall einer humanitären Intervention bezeichnen, muss widersprochen werden.[717] Die ECOWAS-Staaten haben sich jedenfalls nicht ausdrücklich auf die humanitäre Intervention als Rechtsinstitut gestützt, sondern allgemein auf humanitäre Belange. Ob die Durchsetzung dieser Belange als rechtlich zulässig angesehen wurde oder vielmehr als rein politische Notwendigkeit, bleibt unklar. Zudem haben sich die Staaten nicht nur auf den humanitären Aspekt gestützt, sondern diesen nur kumulativ mit weiteren Rechtfertigungsmöglichkeiten vorgebracht. Außerdem wird zum Teil geäußert, dass Nigeria als Staat, der das größte Militärkontingent beisteuerte, möglicherweise nicht aufgrund der genannten humanitären Erwägungen handelte, sondern diese vielmehr vorschob, um machtpolitische Interessen durchzusetzen.[718] Damit kann die ECOWAS-Intervention in Liberia jedenfalls nicht als eindeutiger Präzedenzfall einer humanitären Intervention herangezogen werden.

Auch die überwiegend positive Reaktion der Staatengemeinschaft vermag an dieser Bewertung nichts zu ändern. Zum Beleg der positiven Reaktion der Staatengemeinschaft werden vor allem die Sicherheitsratsresolutionen 788 vom 19. November 1992, 813 vom 26. März 1993, 856 vom 10. August 1993 und 866 vom 22. September 1993 herangezogen.[719] In den Resolutionen wird

---

713 GEYRHALTER, S. 80 f.; LIEBACH, S. 209 ff.; NOLTE, ZaöRV 53 (1993), S. 603 (618 f.).

714 NOLTE, ZaöRV 53 (1993), S. 603 (621 ff.).

715 Zu dem Zeitpunkt, als de jure Präsident DOE die ECOWAS um Hilfe ersuchte, kontrollierte er de facto nur noch Teile der Hauptstadt Monrovia, zudem handelte es sich um ein sehr verhaltenes Hilfegesuchen, siehe hierzu GEYRHALTER, S. 81 ff.; WALTER, C., Regionalorganisationen, S. 237 ff., 297; LEVITT, TempleICLJ 12 (1998), S. 333 (348 ff.).

716 LIEBACH, S. 210 f.; LEVITT, TempleICLJ 12 (1998), S. 333 (350).

717 So etwa KREß, S. 265; LEVITT, WisILJ 24 (2006), S. 785 (797 f.); DERS., TempleICLJ 12 (1998), S. 333 (350 f.); wohl auch LIEBACH, S. 210 ff.

718 LIEBACH, S. 211.

719 Vgl. etwa LIEBACH, S. 211 f.; DANISH INSTITUTE-BERICHT, S. 90.

allerdings nur das Ergebnis der Intervention begrüßt,[720] der Gewalteinsatz wird mit keinem Wort erwähnt. Außerdem wird in den Resolutionen auf das VIII. Kapitel der Charta verwiesen; hierin könnte ein impliziter Hinweis auf das Erfordernis einer Mandatierung seitens des Sicherheitsrates gesehen werden.[721] Auffällig ist, dass das Erfordernis eines Sicherheitsratsmandats auch in den Debatten des Sicherheitsrates nicht diskutiert wurde.[722] Hieraus eine Anerkenntnis des Rechts zur humanitären Intervention zu folgern, das ein solches Mandat überflüssig machen würde, erscheint aber vorschnell.[723] Die ausgebliebene Verurteilung der Gewaltanwendung sowie das Ausschweigen hinsichtlich des Erfordernisses eines Mandats sind vielmehr mit den weltpolitischen Prioritäten der Staaten zu erklären, die zu diesem Zeitpunkt ihre Aufmerksamkeit auf den Irak-Kuwait-Konflikt richteten. Es scheint den Staaten daher nur recht gewesen zu sein, dass sich die westafrikanischen Staaten selbst des Konflikts in Liberia annahmen.[724]

Im Ergebnis spricht vieles dafür, die Intervention der ECOWAS-Staaten in Liberia mangels entsprechender Rechtsüberzeugung nicht als Präzedenzfall für ein Recht zur humanitären Intervention heranzuziehen; jedenfalls kann die Intervention nicht als eindeutiger Fall einer humanitären Intervention behandelt werden.

*bbb) ECOWAS-Intervention in Sierra Leone*

Die ECOWAS-Intervention in Sierra Leone erfolgte als Reaktion auf einen Militärputsch, durch welchen der demokratisch gewählte Präsident abgesetzt wurde, und in dessen Folge sich die humanitäre Lage massiv verschlechterte. Der geflohene Präsident Sierra Leones bat umgehend nach dem Militärputsch die ECOWAS um Unterstützung bei der Wiedereinsetzung seiner Regierung, notfalls auch mittels militärischer Gewalt. Zunächst begannen Nigeria, Ghana

---

720 Vgl. Abs. 8 der Präambel und Abs. 1 des operativen Teils der Resolution 788 (1992); Abs. 8 der Präambel und Abs. 2 des operativen Teils der Resolution 813 (1993); Abs. 2 der Präambel und Abs. 6 des operativen Teils der Resolution 856 (1993); Abs. 7 der Präambel der Resolution 866 (1993).

721 Siehe Abs. 6 der Präambel der Resolution 788 (1992); Abs. 10 der Präambel der Resolution 813 (1993); zum Erfordernis eines Sicherheitsratsmandats für militärische Interventionen durch Regionalorganisationen siehe oben S. 161 ff.

722 Dazu NOLTE, S. 417 f., mit Verweis auf die entsprechende Debatte.

723 Vgl. auch LIEBACH, S. 214; NOLTE, S. 418.

724 So etwa LIEBACH, S. 214; FRANCK, S. 158 f.

und Guinea eine Militäraktion gegen den neuen Machthaber des Landes. Da dieser nicht zur Aufgabe gezwungen werden konnte, verhängte die ECOWAS schließlich ein Embargo, für dessen Einhaltung die Friedenstruppe der ECOWAS, notfalls auch mittels Waffengewalt, sorgen sollte. Kurz darauf wurde sowohl das Embargo als auch die Durchsetzung durch die ECOWAS-Friedenstruppe vom Sicherheitsrat mit Resolution 1132 vom 8. Oktober 1997 bestätigt. Eine nachträgliche Genehmigung der Intervention kann hierin jedoch nicht gesehen werden; die Intervention wurde vielmehr als Intervention auf Einladung bewertet.[725] Schließlich konnte der neue Machthaber zur Aufgabe gezwungen und so dem gewählten Präsidenten wieder an die Macht verholfen werden.[726] Als Rechtfertigungsgrund für das gewaltsame Vorgehen wurde neben dem Rechtsinstitut der Intervention auf Einladung das Selbstverteidigungsrecht vorgebracht, eigentlich ging es aber wohl um die Wiederherstellung der demokratischen Verhältnisse.[727] Jedenfalls war die Intervention nicht zur Durchsetzung humanitärer Standards bestimmt.[728] Als Präzedenzfall für eine humanitäre Intervention scheidet die ECOWAS-Intervention in Sierra Leone daher ebenfalls aus.

*ccc) Intervention der USA, Großbritanniens und Frankreichs im Irak*

Die Hintergründe, welche zur Intervention der USA, Großbritanniens und Frankreich im Irak führten, wurden bereits im Rahmen der Behandlung des Friedensbegriffs dargestellt.[729] Der Sicherheitsrat verurteilte in Resolution 688 vom 5. April 1991 die durch die gewaltsame Unterdrückung der im Irak lebenden Minderheiten entstandene Situation, bezeichnete diese als Bedrohung des Friedens und forderte die irakische Regierung zur sofortigen Einstellung der Unterdrückungshandlungen auf. Wie bereits dargestellt ist der Zwangscharakter dieser Aufforderung streitig; eine Autorisierung zur Anwendung militärischer Gewalt kann in der Resolution aber keinesfalls gesehen werden. Dennoch wandten die genannten Staaten schließlich Gewalt

---

725 Vgl. NOLTE, S. 429 f.

726 Siehe zu den Hintergründen NOLTE, S. 422 ff.; LIEBACH, S. 186; LEVITT, TempleICLJ 12 (1998), S. 333 (364 ff.).

727 NOWROT/SCHABACKER, AUILR 14 (1998), S. 321 (376); LIEBACH, S. 186 f.; vgl. auch LEVITT, TempleICLJ 12 (1998), S. 333 (369 ff.).

728 NOWROT/SCHABACKER, AUILR 14 (1998), S. 321 (376); LIEBACH, S. 186 f.

729 Siehe oben S. 104.

an,[730] und beriefen sie zur Begründung vor allem auf die genannte Resolution des Sicherheitsrates.[731] Die humanitäre Notlage selbst diente nicht als Rechtfertigungsgrund, sondern vielmehr als Motiv.[732] Teilweise wird zwar vorgebracht, dass sich Großbritannien im weiteren Verlauf der Diskussion doch noch auf das Rechtsinstitut der humanitären Intervention berief,[733] der Bezug zur Resolution 688 wurde jedoch nie aufgegeben.[734] Eine eindeutige Rechtsüberzeugung hinsichtlich eines Rechts zur humanitären Intervention ist daher nicht erkennbar.

Ein ähnliches Bild zeigt sich auch in den Reaktionen der übrigen Staaten. Die Intervention wurde aufgrund der humanitären Zielsetzung von der Staatengemeinschaft größtenteils begrüßt. Es wurde jedoch stets versucht, die Intervention auf die Resolution 688 des Sicherheitsrates zu stützen. Es ist daher davon auszugehen, dass auch die übrigen Staaten keinen Präzedenzfall für die Begründung eines Rechts zur humanitären Intervention schaffen wollten.[735] Auch die Intervention im Irak kann daher nicht als Ausgangspunkt für die Entstehung eines solchen Rechts herangezogen werden.

*ddd) NATO-Intervention im Kosovo*

Die größte Aufmerksamkeit fand die Intervention der NATO im Kosovo, in der damaligen Bundesrepublik Jugoslawien (Serbien und Montenegro). In dem schon länger währenden Konflikt zwischen Serbien und der Albanischen Befreiungsorganisation kam es Ende der Neunzigerjahre zunehmend zu gewaltsamen Auseinandersetzungen. In mehreren Resolutionen bezeichnete der Sicherheitsrat der Vereinten Nationen die Situation als Gefährdung des Frie-

---

730 Siehe hierzu LIEBACH, S. 184 f.; DANISH INSTITUTE-BERICHT, S. 90 f.

731 FRANCK, S. 154; LIEBACH, S. 185; DANISH INSTITUTE-BERICHT, S. 92; WELLHAUSEN, S. 181.

732 WELLHAUSEN, S. 181.

733 So etwa KREẞ, S. 266; GRAY, S. 36 f.; vgl. auch SEEGER, S. 278 ff.

734 Vgl. etwa die Stellungnahme des britischen Auswärtigen Amts: „We believe that international intervention *without* the invitation of the government of the country concerned can be justified in cases of extreme humanitarian need. This is why we were prepared to commit British forces to Operation Haven, mounted by the Coalition in response to the refugee crisis involving the Iraqi Kurds. The deployment of these forces was entirely consistent with the objectives of SCR 688“, UK Materials on International Law, abgedruckt in: BYIL 63 (1992), S. 615 (826 f.).

735 WELLHAUSEN, S. 181 f.

dens und der Sicherheit in der Region, er verhängte unter anderem ein Waffenembargo und forderte einen sofortigen Waffenstillstand sowie Verhandlungen zur Erreichung einer politischen Lösung des Konflikts.[736] Außerdem wurde mit weiteren, möglicherweise auch militärischen Maßnahmen gedroht;[737] die Verhängung solcher Maßnahmen scheiterte letztendlich aber am Widerstand Russlands. Mit Resolution 1203 forderte der Sicherheitsrat am 24. Oktober 1998 die jugoslawische Regierung unter der Führung von SLOBODAN MILOŠEVIĆ zum wiederholten Male auf, sich an ausgehandelte Abkommen zu halten. Nach der weiteren Verschärfung der Kampfhandlungen serbischer Milizen und Massakern an der albanischen Zivilbevölkerung beschlossen die NATO-Staaten ein militärisches Vorgehen. Die Intervention dauerte vom 24. März bis zum 10. Juni 1999 und führte schließlich zu einem Übereinkommen, in dem Belgrad den Autonomiestatus des Kosovo akzeptierte. Dieses Ergebnis der NATO-Intervention wurde durch den Sicherheitsrat in Resolution 1244 vom 10. Juni 1999 begrüßt, außerdem wurden die Aufstellung einer internationalen Schutztruppe sowie die Errichtung einer Übergangsverwaltung angeordnet.[738]

Die NATO-Staaten führten als Begründung für ihr Vorgehen vor allem die humanitäre Notlage an. Teilweise wird hieraus die für die Begründung eines Rechts zur humanitären Intervention erforderliche Rechtsüberzeugung gefolgert.[739] Eine solche Bewertung erscheint bei Einbeziehung sämtlicher Äußerungen der NATO-Staaten aber fraglich. Die humanitäre Motivation

---

736 S/RES/1160 vom 31. März 1998; S/RES/1199 vom 23. September 1998.

737 In Abs. 16 der Sicherheitsratsresolution 1199 vom 23. September 1998 heißt es: „[…] should the concrete measures demanded in this resolution and resolution 1160 (1998) not be taken, to consider further action and additional measures to maintain or restore peace and stability in the region“.

738 Insgesamt dazu WELLHAUSEN, S. 182 ff.; LIEBACH, S. 188 f.; DANISH INSTITUTE-BERICHT, S. 92; KRISCH, UNYB 3 (1999), S. 59 (79 ff.).

739 So etwa CASSESE, EJIL 10 (1999), S. 791 (791, 797 f.); siehe auch DERS., EJIL 10 (1999), S. 23 (29), wobei dieser lediglich vom Vorliegen einer opinio necessitatis ausgeht und diese für die Rechtsbegründung als ausreichend erachtet. Gegen diese Ansicht lassen sich daher schon methodische Einwände erheben (siehe zum Erfordernis der opinio iuris oben S. 42 f.). Ähnlich auch FINK, in: FS Schiedermair, S. 803 (803, 817), welcher davon ausgeht, dass die NATO-Staaten ihre Intervention auf das Rechtsinstitut der humanitären Intervention gestützt haben, und die Entstehung neuen Völkergewohnheitsrechts lediglich wegen der ablehnenden Haltung anderer Staaten verneint.

wurde seitens der NATO-Staaten zwar stets betont, hierbei scheint es sich aber eher um eine politische beziehungsweise moralische als um eine rechtliche Argumentation gehandelt zu haben.[740] Zudem beriefen sich die Staaten nicht allein auf die humanitären Erwägungen, sondern stellten stets auch auf die der Intervention vorausgegangenen Resolutionen des Sicherheitsrates ab.[741] Allein Belgien berief sich in dem durch Jugoslawien eingeleiteten Verfahren vor dem Internationalen Gerichtshof ausdrücklich auf das Rechtsinstitut der humanitären Intervention, allerdings auch hier nicht ohne den Hinweis auf die Resolution des Sicherheitsrates. In der mündlichen Verhandlung äußerte der Vertreter Belgiens, dass die Sicherheitsratsresolution eine unbestreitbare Grundlage für die militärische Intervention liefere („provide an unchallengeable basis for the armed intervention").[742] Die Staaten betonten zudem den Ausnahmecharakter der Intervention. Etwa äußerte der deutsche Außenminister KINKEL, dass durch die Intervention kein Präzedenzfall für ein neues Rechtsinstitut geschaffen werden solle. In einer Stellungnahme KINKELS vor dem deutschen Bundestag heißt es:

> „Die Bundesregierung teilt diese Rechtsauffassung mit allen anderen 15 NATO-Partnern. Mit ihrem Beschluß hat die NATO kein neues Rechtsinstrument geschaffen und auch nicht schaffen wollen, das eine Generalvollmacht der NATO für Interventionen begründen könnte. Der Beschluß der NATO darf nicht zum Präzedenzfall werden. Wir dürfen nicht auf eine schiefe Bahn kommen, was das Gewaltmonopol des Sicherheitsrates anbelangt."[743]

Im Ergebnis lässt sich daher den Stellungnahmen der NATO-Staaten nicht die für die Rechtsentstehung erforderliche Rechtsüberzeugung oder das für die Ingangsetzung eines solchen Rechtsentstehungsprozesses erforderliche Rechtssetzungs- beziehungsweise Rechtsbegründungsbewusstsein entnehmen. Aus der Gesamtschau der Stellungnahmen ist vielmehr Gegenteiliges zu

740 So auch KRISCH, UNYB 3 (1999), S. 59 (81); GRAY, S. 40; vgl. auch BRUNNÉE, in: FS Mensah, S. 35 (43).

741 Vgl. die Stellungnahme der NATO-Staaten in den Sitzungen des Sicherheitsrates vom 24. und 26. März 1999: USA, S/PV.3988, S. 4 f., S/PV.3989, S. 4 f.; Kanada, S/PV.3988, S. 5 f.; Slowenien, S/PV.3988, S. 6 f.; Frankreich, S/PV.3988, S. 8 f., S/PV.3989, S. 7; Niederlande, S/PV.3989, S. 4; Großbritannien, S/PV.3989, S. 6 f.

742 Stellungnahme der belgischen Regierung in der mündlichen Verhandlung vom 10. Mai 1999, CR 1999/15, S. 11, abrufbar unter: http://www.icj-cij.org/docket/index.php?p1=3&p2=3&k=d6&case=105&code=ybe&p3=2 (zuletzt besucht 07.2010).

743 Rede vor dem deutschen Bundestag am 16. Oktober 1998, Plenarprotokoll 13/248 vom 16.10.1998.

folgern, nämlich dass ein solches Recht weder bestand noch entstehen sollte. Die NATO-Staaten haben sich nicht nur nicht auf das Rechtsinstitut der humanitären Intervention berufen und damit implizit das Bestehen eines solchen verneint, sondern sich sogar durch die Betonung des Ausnahmecharakters der Intervention explizit gegen die Entstehung eines solchen Rechts gewandt. Die Intervention stellt daher mangels entsprechender Rechtsüberzeugung keine relevante Praxis für die Entstehung eines Rechts zur humanitären Intervention dar.[744]

Teilweise wird hiergegen eingewandt, dass die Intervention durch die Staatengemeinschaft überwiegend begrüßt worden sei. Festgemacht wird dies vor allem an der Sicherheitsratsresolution 1244.[745] In der Resolution wird aber lediglich die durch die Intervention gefundene politische Lösung begrüßt, der Gewalteinsatz wird nicht erwähnt. Allein schon aufgrund der zu diesem Zeitpunkt immer noch ablehnenden Haltung Russlands gegenüber dem NATO-Einsatz kann daher weder davon ausgegangen werden, dass Resolution 1244 den Gewalteinsatz gutgeheißen hätte, noch dass der Sicherheitsrat mit der Resolution die Intervention nachträglich genehmigen wollte.[746] Als Beleg der positiven Reaktion der Staatengemeinschaft wird außerdem häufig vorgebracht, dass der durch Russland initiierte Resolutionsentwurf,[747] der eine Verurteilung des NATO-Einsatzes vorsah, im Sicherheitsrat mit drei zu zwölf Gegenstimmen[748] scheiterte.[749] Auch hieraus kann nicht gefolgert werden, dass die Staaten ein Recht zur humanitären Intervention befürworteten. Wie dargestellt sind die Entscheidungen der Staaten gerade im UN-Sicherheitsrat häufig politisch motiviert.[750] Von einer solchen politischen beziehungsweise moralischen Motivation der Staaten ist in diesem Fall

744 Ebenso CHARNEY, AJIL 93 (1999), S. 834 (836 f.); FRANCK, AJIL 93 (1999), S. 857 (859); HOBE, in: FS Schiedermair, S. 819 (830 f.); BOTHE/MARTENCZUK, VN 47 (1999), S. 125 (130 f.); LIEBACH, S. 194 f.

745 FRANCK, in: Holzgrefe/Keohane (Hrsg.), S. 204 (225); vgl. auch AMERASINGHE, IOLR 3 (2006), S. 7 (37 f.); SEEGER, S. 330, 316 f.

746 So auch HOBE, in: FS Schiedermair, S. 819 (831); CHARNEY, AJIL 93 (1999), S. 834 (835).

747 S/1999/328 vom 26. März 1999.

748 Siehe S/PV.3989, S. 6, dagegen stimmten: Argentinien, Bahrain, Brasilien, Kanada, Frankreich, Gabun, Gambia, Malaysia, Niederlande, Slowenien, Großbritannien und die Vereinigten Staaten; dafür stimmten: China, Russland und Namibia.

749 So etwa AMERASINGHE, IOLR 3 (2006), S. 7 (36).

750 Vgl. oben S. 68.

auszugehen; insbesondere wollten die Staaten nicht den Eindruck erwecken, dass sie die Unterdrückungshandlungen Serbiens billigten.[751] Insgesamt lassen sich aus der teilweise stillschweigenden Hinnahme der Intervention durch die Staatengemeinschaft keine rechtlichen Schlussfolgerungen bezüglich eines Rechts zur humanitären Intervention ziehen; die unterlassene Verurteilung ist nicht gleichzusetzen mit der Anerkennung eines Rechts zur humanitären Intervention.[752] Im Übrigen wurde die Intervention im Sicherheitsrat und in der Generalversammlung durch zahlreiche Staaten ausdrücklich verurteilt.[753] Besonders deutlich brachte dies der Vertreter Indiens in einer Debatte im Sicherheitsrat zum Ausdruck. In seiner Stellungnahme heißt es:

> „No country, group of countries or regional arrangement, no matter how powerful, can arrogate to itself the right to take arbitrary and unilateral military action against others. That would be a return to anarchy, where might is right. Among the barrage of justifications that we have heard, we have been told that the attacks are meant to prevent violations of human rights. Even if that were to be so, it does not justify unprovoked military aggression."[754]

Außerdem wurde die Intervention durch die Mitgliedstaaten der Rio-Gruppe sowie durch die Bewegung der Blockfreien Staaten kritisiert.[755] Damit scheidet die Begründung eines Rechts zur humanitären Intervention auch aufgrund der zahlreichen Gegenstimmen in der Staatenwelt aus. Im Ergebnis leistet daher auch die NATO-Intervention im Kosovo keinen Beitrag zur Entstehung eines Rechts zur humanitären Intervention, auch hier fehlt es an der für die Ingangsetzung eines diesbezüglichen Entstehungsprozesses erforderlichen Rechtsüberzeugung sowie an einer entsprechenden Akzeptanz der internationalen Gemeinschaft.

---

751 KRISCH, UNYB 3 (1999), S. 59 (84); NOLTE, ZaöRV 59 (1999), S. 941 (946); LIEBACH, S. 191.

752 Vgl. etwa WELLHAUSEN, S. 217.

753 Vgl. die Stellungnahmen der Staaten im UN-Sicherheitsrat S/PV.3988 (24. März 1999), S/PV.3989 (26. März 1999), S/PV.4011 (10. Juni 1999), in welchen folgende Staaten die NATO-Intervention ausdrücklich verurteilten: Russland (S/PV.3988, S. 2 ff., 13, S/PV.3989, S. 5 f.), China (S/PV.3988, 12 f., S/PV.3989, S. 9), Namibia (S/PV.3988, S. 10), Indien (S/PV.3988, S. 15 f., S/PV.3989, S. 15 f.), Weißrussland (S/PV.3988, S. 15, S/PV.3989, S. 12) und Kuba (S/PV.3989, S. 12 ff.).

754 S/PV.3988, S. 15 f.

755 S/1999/347 vom 26. März 1999; S/1999/451 vom 21. April 1999.

### *dd) Gesamtbewertung der Interventionen*

Bestätigt wird das gefundene Ergebnis durch zwei Erklärungen der Gruppe der 77. Sowohl im Rahmen der Erklärung des jährlichen Treffens der Minister am 24. September 1999 als auch im Abschlussdokument des Gipfeltreffens vom 10. bis 14. April 2000 wandten sich die Staaten der Gruppe der 77 ausdrücklich gegen ein Recht zur humanitären Intervention. Im 54. Absatz des Abschlussdokuments des Gipfeltreffens heißt es:

> „We reject the so-called ‚right' of humanitarian intervention, which has no legal basis in the United Nations Charter or in the general principles of international law."[756]

Hierin ist ein Akt der Staatenpraxis im Sinne von Verbalpraxis zu sehen,[757] in welchem die Rechtsüberzeugung der Staaten unmittelbar zum Ausdruck kommt. Die 132 Mitgliedstaaten, die die Gruppe der 77 zu diesem Zeitpunkt repräsentierte, also zwei Drittel der Staaten der Staatengemeinschaft, haben damit einen eindeutigen Beitrag gegen die Entstehung eines Rechts zur humanitären Intervention im Völkergewohnheitsrecht geleistet. Es kann daher folgender Schlussfolgerung BROWNLIES, die dieser im Zusammenhang mit den genannten Erklärungen der Gruppe der 77 gezogen hat, zugestimmt werden:

> „Those international lawyers who espouse the right of humanitarian intervention [...] tend to ignore the practice of states [...]",[758] „[...] the partisans of humanitarian intervention either ignore the conditions for the formation of new principles of customary law or, on occasion, propose that the requirement of opinio juris be relaxed."[759]

---

756 Declaration of the South Summit of the Group of 77, 10. – 14. April 2000 (abrufbar unter: http://www.g77.org/doc/docs/summitfinaldocs_english.pdf (zuletzt besucht 07.2010)); ähnlich lautet auch der 69. Absatz der Erklärung zum Ministertreffen: „The Ministers stressed the need to maintain clear distinctions between humanitarian assistance and other activities of the United Nations. They rejected the so-called right of humanitarian intervention, which had no basis in the UN Charter or in international law", Declaration on the occasion of the Twenty-third Annual Ministerial Meeting of the Group of 77, 24. September 1999 (abrufbar unter: http://www.g77.org/doc/Decl1999.html (zuletzt besucht 07.2010)).

757 Siehe dazu oben S. 44 f.

758 BROWNLIE, International Law, S. 744.

759 BROWNLIE, International Law, S. 745.

Entsprechend der Aussage BROWNLIES weichen die Vertreter einer solchen Behauptung von den hier dargestellten Voraussetzungen zur Begründung des Völkergewohnheitsrechts ab. So folgen die Befürworter eines Rechts zur humanitären Intervention auch nicht dem hier vertretenen völkerrechtspositivistischen Ansatz. Zu nennen ist in diesem Zusammenhang insbesondere TOMUSCHAT, der sich ausdrücklich gegen das traditionelle Völkerrechtsverständnis stellt und über eine Güterabwägung zugunsten der Menschenrechte die Zulässigkeit humanitärer Interventionen annimmt,[760] oder auch GREENWOOD, der von der Zulässigkeit humanitärer Interventionen ausgeht, ohne aber die Staatenpraxis und insbesondere das Vorliegen der erforderlichen Rechtsüberzeugung näher zu untersuchen,[761] sowie HERDEGEN, welcher die Zulässigkeit humanitärer Interventionen über die in der Völkerrechtsordnung verankerten Werte begründet, zugleich aber den entgegenstehenden Willen eines großen Teils der Staaten anerkennt. Argumentativ stützt er sich hierbei auf den Wandel der Methoden der Rechtsgewinnung, welcher insbesondere eine Zurückdrängung des Konsenserfordernisses mit sich bringe.[762] Gleiches gilt für die Autoren, welche die Zulässigkeit humanitärer Interventionen bereits vor dem Kosovo-Einsatz der NATO bejahten, wie etwa TESÓN, der ausdrücklich für eine moralisch-philosophische Theorie des internationalen Rechts eintritt und nicht zwischen rechtlicher und moralischer Überzeugung differenziert und so zur Zulässigkeit humanitärer Interventionen gelangt,[763] oder REISMAN, der bereits 1973 dazu aufrief, den Schutz der Menschen über alle anderen Erwägungen und damit auch über das Gewaltverbot zu stellen.[764]

Nach dem hier vertretenen völkerrechtspositivistischen Ansatz ist die Folgerung eines Rechts zur humanitären Intervention aus den dargestellten Fällen nicht vertretbar. Mangels einer entsprechenden Rechtsüberzeugung beziehungsweise eines Rechtssetzungs- oder Rechtsbegründungsbewusstseins leisten die angeführten Fallbeispiele keinen Beitrag zur Entstehung eines Rechts zur humanitären Intervention. Es kann allenfalls denjenigen Vertretern in der Literatur zugestimmt werden, welche die durchgeführten Inter-

760 TOMUSCHAT, FW 74 (1999), S. 33 (34).

761 GREENWOOD, ICLQ 49 (2000), S. 926 (929 ff.).

762 HERDEGEN, Völkerrecht, § 34 Rn. 25 ff.; DERS., in: FS Tomuschat, S. 899 (902 f.); DERS., ZaöRV 64 (2004), S. 571 (575 f.).

763 TESÓN, S. 313 ff.

764 REISMAN/MCDOUGAL, in: Lillich (Hrsg.), S. 167 (167 ff.).

ventionen zum Schutz humanitärer Belange als politisch beziehungsweise moralisch *gerechtfertigt*, aber als völkerrechtlich unzulässig bezeichnen.[765] Zu beachten ist hierbei jedoch, dass damit keine Vermischung der Ebenen zwischen Recht und Moral suggeriert werden soll.[766] Aus einer solchen Bewertung kann gerade keine rechtliche Zulässigkeit beziehungsweise auch keine dahin gehende Entwicklung gefolgert werden, im Gegenteil. Soweit lediglich von einer moralischen Zulässigkeit einer Intervention ausgegangen wird, kann hierin kein Beitrag zur Rechtsentwicklung gesehen werden. Nur wenn aufgrund der Anerkenntnis einer moralischen Notwendigkeit ein Wandel hin zu einer Rechtsüberzeugung beziehungsweise zunächst zu einem Rechtssetzungs- beziehungsweise Rechtsbegründungsbewusstsein erfolgt, kann die Intervention als ein dem Völkerrecht systemimmanenter Bruch angesehen werden, welcher zur Änderung der Rechtslage führen kann. Im Übrigen mag zwar eine Sanktionierung durch die internationale Gemeinschaft unterbleiben, ein Rechtsbruch, der die geltende Rechtslage, das heißt das Gewaltverbot und die Unzulässigkeit humanitärer Interventionen, bestätigt, kann aber nicht bestritten werden.[767]

*ee) Zwischenergebnis*

Nach dem Stand des Völkergewohnheitsrechts vor den Entwicklungen im Zusammenhang mit der *Responsibility to Protect* bestand kein Recht zur humanitären Intervention. Weder konnte ein möglicherweise vor der UN-Charta etabliertes Recht zur humanitären Intervention über 1945 hinaus von Bestand sein, noch hat die Praxis der Staaten vor beziehungsweise nach dem Kalten Krieg einem solchen Recht zum Durchbruch verholfen. Mangels einer entsprechenden Rechtsüberzeugung haben die dargestellten Fälle nicht zur Entstehung eines Rechts zur humanitären Intervention beigetragen. Auf die erhöhten Anforderungen hinsichtlich der Verbreitung der Staatenpraxis, welche sich aus dem *ius cogens*-Charakter des Gewaltverbots und der Verankerung

765 So etwa CASSESE, EJIL 10 (1999), S. 23 (25); siehe auch den DANISH INSTITUTE-BERICHT, S. 95; vgl. außerdem den KOSOVO-BERICHT der INDEPENDENT INTERNATIONAL COMMISSION ON KOSOVO, S. 4, 176, nach welchem die Intervention der NATO im Kosovo völkerrechtswidrig, aber legitim, da von außerrechtlichen Verhaltensnormen gedeckt, gewesen sei; vgl. auch SIMMA, EJIL 10 (1999), S. 1 (6 ff.).

766 Kritisch gegenüber den Vertretern eines solchen „moralischen Exzeptionalismus" HINSCH/JANSSEN, S. 237 ff.

767 Siehe hierzu bereits oben S. 174 f.; vgl. auch ZEMANEK, UNYB 4 (2000), S. 1 (39).

in der UN-Charta ergeben, kommt es daher nicht mehr an. Eine völkergewohnheitsrechtliche Rechtfertigung militärischer Interventionen zum Schutz humanitärer Belange ohne Mandat des UN-Sicherheitsrates scheidet nach dem Rechtsstand vor der *Responsibility to Protect* aus; auch die Bewertung einer solchen Intervention als moralisch *gerechtfertig* vermag hieran nichts zu ändern.

#### *c) Die Frage der Neubewertung der Rechtslage aufgrund der Responsibility to Protect*

Fraglich ist, ob durch die Entwicklungen im Zusammenhang mit der *Responsibility to Protect* die Rechtslage bezüglich der humanitären Intervention ohne Sicherheitsratsmandat neu zu bewerten ist. Teilweise finden sich Stimmen in der Literatur, welche die *Responsibility to Protect* zumindest als Schritt hin zur Etablierung eines solchen Rechts sehen.[768] Ob diese Sichtweise dem Konzept der *Responsibility to Protect* entspricht, soll im Folgenden untersucht werden.

##### *aa) Roundtable-Diskussionen*

Bereits während der im Zusammenhang mit der Erstellung des ICISS-Berichts abgehaltenen *Roundtable*-Diskussionen[769] zeichnete sich ab, dass ein Ergebnis, welches militärische Interventionen zum Schutz humanitärer Belange ohne ein Mandat des Sicherheitsrates vorsehen würde, keine universelle Zustimmung finden würde.

Im Rahmen der Diskussionsrunde in London am 3. Februar 2001 wurde ausdrücklich betont, dass ein allgemeines Recht zur humanitären Intervention nicht von allen Staaten akzeptiert würde.[770] In Kairo, am 21. Mai 2001, wurde zwar die Reformbedürftigkeit des Sicherheitsrates diskutiert, es herrschte aber Einigkeit darüber, dass die Anwendung von Gewalt nur in Überein-

---

768 So etwa BANNON, YLJ 115 (2006), S. 1157 (1158, 1161 ff.); nicht ganz eindeutig HOBE, S. 356 f.; vgl. auch SHAW, S. 1158, Fn. 206, welcher die Dokumente zur Responsibility to Protect hinsichtlich eines solchen Rechts für mehrdeutig hält; vgl. auch STAHN, AJIL 101 (2007), S. 99 (120), welcher im Weltgipfeldokument jedenfalls einen Spielraum für die Entwicklung eines solchen Rechts sieht.

769 Zur Arbeitsweise der Kommission siehe oben S. 13 f.

770 ICISS-ERGÄNZUNGSBAND, S. 359.

stimmung mit der UN-Charta, also mit Sicherheitsratsmandat zulässig sei.[771] Zu diesem Ergebnis gelangte auch die erste der in Paris durchgeführten Diskussionsrunden vom 23. Mai 2001, welche sich aus Vertretern der französischen Regierung und des Parlaments zusammensetzte.[772] Und auch die Teilnehmer der *Roundtable*-Diskussion in Neu-Delhi am 10. Juni 2001 favorisierten eine solche Lösung,[773] ebenso wie die Teilnehmer der Diskussionsrunde in Peking am 14. Juni 2001. In der Zusammenfassung der Sitzung in Peking heißt es:

> „Without the authorization of the UN, military coercion by any single state or a group of states, even with the target of protecting human rights, constitutes a breach of the UN Charter and is not legitimate."[774]

Im Rahmen der Diskussion in Ottawa am 15. Januar 2001 wurde das Thema der richtigen Instanz für die Autorisierung militärischer Interventionen zwar nicht ausdrücklich angesprochen, das Erfordernis einer Mandatierung seitens des UN-Sicherheitsrates lag der Diskussion aber als Ausgangsposition zugrunde.[775] In Santiago, am 4. Mai 2001, betonten die Teilnehmer der Diskussion, dass der Sicherheitsrat die beste Instanz zur Autorisierung humanitärer Interventionen sei.[776] Lediglich in Genf, am 31. Januar 2001, wurden Alternativen zu einer Mandatierung seitens des Sicherheitsrates genannt. In der Zusammenfassung der Diskussionsrunde heißt es:

> „[...] *intervention needs to be decided upon multilaterally*. However, this does not mean that only the Security Council can authorize military intervention on human rights grounds generally, nor can it be presented as an absolute obstacle to intervention."[777]

Als Alternative wurde konkret die Möglichkeit der Ermächtigung seitens der Generalversammlung im Sinne des *Uniting for Peace*-Verfahrens genannt.[778] Und auch in Washington D.C., am 2. Mai 2001, betonen einige Teilnehmer der Diskussionsrunde die Möglichkeit, notfalls auch ohne Sicherheitsrats-

771 ICISS-ERGÄNZUNGSBAND, S. 376.
772 ICISS-ERGÄNZUNGSBAND, S. 379, 381.
773 ICISS-ERGÄNZUNGSBAND, S. 389.
774 ICISS-ERGÄNZUNGSBAND, S. 393.
775 Vgl. ICISS-ERGÄNZUNGSBAND, S. 351.
776 ICISS-ERGÄNZUNGSBAND, S. 373.
777 ICISS-ERGÄNZUNGSBAND, S. 356.
778 ICISS-ERGÄNZUNGSBAND, S. 357.

mandat zu intervenieren.[779] Dennoch zeichnete sich im Rahmen der Diskussionen ab, dass ein Mandat seitens des Sicherheitsrates von der Mehrheit der Teilnehmer als Voraussetzung für eine militärische Intervention angesehen wurde.

### *bb) Die Responsibility to Protect behandelnde Berichte*

Das im Rahmen der *Roundtable*-Diskussionen gefundene Ergebnis fand schließlich auch Niederschlag im Bericht der ICISS. In ihrem Bericht brachte die Kommission zum Ausdruck, dass sie den Sicherheitsrat für das geeignetste Organ zur Autorisierung humanitärer Interventionen halte. Zwar nennt die Kommission in ihrem Bericht auch zwei Alternativmöglichkeiten für eine Autorisierung, nämlich eine Ermächtigung durch die Generalversammlung und das Eingreifen durch Regionalorganisationen, welches *ex post facto* durch den Sicherheitsrat genehmigt werden könnte. Gleichzeitig lässt sie aber erkennen, dass es sich hierbei nicht um im geltenden Recht verankerte Rechtfertigungsalternativen handelt.[780] Noch deutlicher ergibt sich das Erfordernis einer Sicherheitsratsresolution aus dem HIGH-LEVEL PANEL-Bericht sowie aus dem ANNAN-Bericht. Beide Berichte bestätigen das Konzept der *Responsibility to Protect*, zugleich wird aber betont, dass die Autorisierung militärischer Maßnahmen allein dem Sicherheitsrat obliegt. In den Berichten heißt es:

> „The task is not to find alternatives to the Security Council as a source of authority but to make it work better.“[781]

Und auch im Bericht BAN KI-MOONS wird das Erfordernis eines Sicherheitsratsmandats für militärische Interventionen bestätigt.[782] In keinem der die *Responsibility to Protect* behandelnden Dokumente findet sich die Ansicht bestätigt, dass die *Responsibility to Protect* einen Beitrag zur Begründung eines Rechts zur humanitären Intervention ohne Sicherheitsratsmandat leistet. In dem Bericht des amtierenden UN-Generalsekretärs heißt es wörtlich:

> „It should also be emphasized that actions under paragraphs 138 and 139 of the Summit Outcome are to be undertaken only in conformity with the provisions,

---

779 ICISS-ERGÄNZUNGSBAND, S. 367.

780 Siehe hierzu bereits oben S. 157, 164.

781 HIGH-LEVEL PANEL-BERICHT, Abs. 198; ANNAN-BERICHT, Abs. 126; vgl. auch oben S. 31.

782 Siehe oben S. 34 f.

purposes and principles of the Charter of the United Nations. In that regard, the responsibility to protect does not alter, indeed it reinforces, the legal obligations of Member States to refrain from the use of force except in conformity with the Charter."[783]

#### *cc) UN-Weltgipfel – Bestätigung des Erfordernisses eines Sicherheitsratsmandats in dreifacher Hinsicht*

Auch die Verabschiedung der *Responsibility to Protect* auf dem UN-Weltgipfel spricht für das Erfordernis eines Sicherheitsratsmandats. Zwar wurde die Passage der *Responsibility to Protect* im Weltgipfeldokument schließlich positiv von den anwesenden Staaten angenommen,[784] allerdings erfolgte diese Annahme unter der Prämisse, dass für militärische Maßnahmen im Sinne der *Responsibility to Protect* immer ein Mandat des Sicherheitsrates erforderlich sein sollte. Dies ergibt sich zum einen aus dem Dokument selbst, welches gerade das Erfordernis eines Sicherheitsratsmandats zum Ausdruck bringt,[785] und zum anderen aus den Äußerungen der Staats- und Regierungschefs auf dem Gipfel. So bezeichnete etwa der Premierminister Kanadas die *Responsibility to Protect* ausdrücklich als Leitlinie für den Sicherheitsrat der Vereinten Nationen und verneinte die Zulässigkeit unilateraler Interventionen:

> „Clearly, we need expanded guidelines for Security Council action. The responsibility to protect is one such guideline. It seeks rules to protect the innocent against appalling assaults on their life and on their dignity. *It does not bless unilateral action. To the contrary, it stands for clear, multilaterally agreed criteria* concerning what the international community should do when civilians are at risk."[786]

In ähnlicher Weise betonte auch der Premierminister Mauritius' die kollektive Dimension der *Responsibility to Protect*:

> „Mauritius equally endorses the principle of the ‚responsibility to protect' as a *norm of collective action* in cases of genocide, war crimes, ethnic cleansing and crimes against humanity."[787]

---

783 BAN KI-MOON-BERICHT, Abs. 3.

784 Vgl. bereits oben S. 117 ff.

785 Siehe oben S. 32 f.; vgl. auch MASSINGHAM, IRRC 91 (2009), S. 803 (825, 930 f.).

786 A/60/PV.7, S. 26 (Hervorhebung v. Verf.).

787 A/60/PV.5, S. 37 (Hervorhebung v. Verf.).

Und auch die Vertreterin der Europäischen Kommission hob den kollektiven Charakter der *Responsibility to Protect* hervor:

> „Another important outcome is our recognition of our *collective responsibility* to protect populations against atrocities. I have always strongly advocated that people must be at the heart of security concerns. The United Nations credibility is therefore much reinforced by adopting that concept.“[788]

In diese Richtung deutet auch die Stellungnahme des Präsidenten Litauens, der die Verankerung der *Responsibility to Protect* im Rahmen der Vereinten Nationen betonte:

> „For us – who for decades survived by hope of freedom alone – this summit is also about hope. We must make sure that the individual, as the main element of the world community of nations, is placed at the centre of the United Nations as a whole. Mainstreaming human rights into all areas of activities of the United Nations and promoting democracy and the rule of law, as well as the responsibility to protect, must be part and parcel of the United Nations of the twenty-first century.“[789]

In den Stellungnahmen der Staaten findet sich damit der Inhalt des Weltgipfeldokuments bestätigt, sodass davon ausgegangen werden kann, dass der Inhalt des Dokuments der Rechtsüberzeugung der Staaten entspricht. Die Staaten haben auf dem UN-Weltgipfel damit zwar die *Responsibility to Protect* bestätigt, diese Bestätigung bezog sich aber gerade nicht auf humanitäre Interventionen ohne Sicherheitsratsmandat, sondern ist im Gegenteil gerade als Bestätigung des Erfordernisses eines Sicherheitsratsmandats anzusehen.

Zudem ist das Weltgipfeldokument Praxis und Ausdruck der Rechtsüberzeugung der UN-Generalversammlung und damit als Beitrag der Vereinten Nationen als internationale Organisation zur Entwicklung des Völkergewohnheitsrechts anzusehen.[790] Außerdem wurde das Konzept der *Responsibility to Protect* in der Form, in der es im Weltgipfeldokument niedergelegt ist, durch den Sicherheitsrat bestätigt; auch über die dargestellten Resolutionen des Sicherheitsrates kommt damit eine für die Entwicklung des Völkergewohnheitsrechts relevante Praxis und Rechtsüberzeugung der Vereinten Nationen zum Ausdruck.[791] Insgesamt wurde damit über das Weltgipfeldo-

788 A/60/PV.8, S. 52 (Hervorhebung v. Verf.).
789 A/60/PV.6, S. 7.
790 Vgl. oben S. 57 ff.
791 Vgl. oben S. 67.

kument die Rechtslage zur humanitären Intervention, also das Erfordernis eines Sicherheitsratsmandats für militärische Interventionen zum Schutz humanitärer Belange, in dreifacher Hinsicht bestätigt, nämlich durch die Staaten auf dem UN-Weltgipfel, durch die UN-Generalversammlung im Weltgipfeldokument und durch den UN-Sicherheitsrat über die das Weltgipfeldokument bestätigenden Resolutionen.

#### *dd) Debatte in der UN-Generalversammlung anlässlich des Berichts Ban Ki-moons*

Die Ansicht der Staaten, dass das Konzept der *Responsibility to Protect* keine Änderung der UN-Charta hinsichtlich des Erfordernisses eines Sicherheitsratsmandats für militärische Interventionen mit sich bringe, zeigt sich auch in der Debatte der UN-Generalversammlung anlässlich der Veröffentlichung des BAN KI-MOON-Berichts im Jahr 2009 bestätigt. Dies brachte etwa der Vertreter Neuseelands zum Ausdruck. In seiner Stellungnahme heißt es:

> „[...] there is also no basis for arguing that the concept might modify Charter provisions prohibiting the use of force.“[792]

Und auch der Vertreter Koreas sprach das Erfordernis eines Sicherheitsratsmandats ausdrücklich an:

> „R2P is distinctly different from humanitarian intervention, since it is based on collective action in accordance with the United Nations Charter, not on unilateral action.“[793]

In ähnlicher Weise äußerte sich auch der Vertreter Liechtensteins, welcher bezüglich der Anwendung kollektiver Zwangsmaßnahmen ausführte:

> „[...] they have to be undertaken in accordance with Chapter VII of the Charter and thus authorized by the Security Council [...] therefore clearly excludes from the application of R2P any form of unilateral action taken in contravention of the Charter.“[794]

---

792 A/63/PV.97, 23. Juli 2009, S. 25.

793 A/63/PV.97, 23. Juli 2009, S. 19.

794 A/63/PV.97, 23. Juli 2009, S. 22; vgl. auch die Stellungnahmen der weiteren Staaten im Rahmen der Debatten A/63/PV.97, 23. Juli 2009, S. 2 ff., A/63/PV.98, 24. Juli 2009, S. 1 ff., A/63/PV.99, 24. Juli 2009, S. 1 ff., A/63/PV.100, 28. Juli 2009, S. 2 ff., A/63/PV.101, 28. Juli 2009, S. 1 ff.

*ee) Zwischenergebnis*

Die Ansicht, welche die Entwicklungen im Zusammenhang mit der *Responsibility to Protect* als Beitrag zur Etablierung eines Rechts zur humanitären Intervention ohne Sicherheitsratsmandat versteht, ist nicht tragfähig; ein solches Verständnis entspricht dem Konzept der *Responsibility to Protect* nicht.[795] Sowohl aus den Diskussionen im Zusammenhang mit der Erstellung des ICISS-Berichts als auch aus den Berichten, welche die *Responsibility to Protect* behandeln, sowie aus dem Weltgipfeldokument und den Äußerungen der Staaten auf dem UN-Weltgipfel und in der Generalversammlungsdebatte anlässlich des Berichts BAN KI-MOONS im Jahr 2009 ergibt sich die Bestätigung des Erfordernisses eines Sicherheitsratsmandats. Im Ergebnis kann die *Responsibility to Protect* nicht als Grundlage für eine Neubewertung der Rechtslage herangezogen werden, sondern ist vielmehr als Bestätigung der *alten* Rechtslage zu bewerten, und zwar in dreifacher Hinsicht, nämlich durch die Staaten, durch die UN-Generalversammlung und durch den UN-Sicherheitsrat.[796]

*d) Weitere Rechtfertigungskonstruktionen*

Neben der Verankerung des Rechts zur humanitären Intervention im Völkergewohnheitsrecht sind noch weitere Konstruktionen für die Rechtfertigung militärischer Interventionen zum Schutz humanitärer Belange denkbar. Diese sollen im Folgenden dargestellt werden. Im Ergebnis wird sich allerdings keine dieser möglichen Konstruktionen als rechtlich tragfähig erweisen.

*aa) Rechtsinstitut der Gegenmaßnahme*

Wie oben bereits dargestellt sind Gegenmaßnahmen als Reaktion auf Menschenrechtsverletzungen, die ein Staat gegenüber seiner Bevölkerung begeht, grundsätzlich zulässig. Allerdings sind die in Art. 50 Abs. 1 des ILC-Entwurfs zur Staatenverantwortlichkeit genannten Grenzen zu beachten. Ge-

---

795 Vgl. LUCK, VN 56 (2008), S. 51 (52); ähnlich FRÖHLICH, in: Varwick/Zimmermann (Hrsg.), S. 167 (183).

796 Vgl. auch SCHALLER, APuZ 46 (2008), S. 9 (13); STEIN/VON BUTTLAR, Rn. 823a; VON SCHORLEMER, in: Beestermöller/Haspel/Trittmann (Hrsg.), S. 81 (99, 105 ff.); MOLIER, NILR 53 (2006), S. 37 (50 ff.).

mäß Art. 50 Abs. 1 lit. a stellt das Gewaltverbot eine solche Grenze dar. Die Anwendung von Gewalt kann daher, auch als Reaktion auf massive Menschenrechtsverletzungen, nicht über das Institut der Gegenmaßnahme gerechtfertigt werden. Das in Art. 50 Abs. 1 lit. a des ILC-Entwurfs statuierte Verbot der gewaltsamen Gegenmaßnahme entspricht dem geltenden Völkergewohnheitsrecht;[797] das Verbot der gewaltsamen Gegenmaßnahmen ist gerade als Grund für den Begriffswandel von der Repressalie hin zur Gegenmaßnahme anzusehen – Erstere ist durch die zahlreichen gewaltsamen Repressalien vor dem Beginn der UN-Ära in Verruf geraten.[798] Mit dem Inkrafttreten der UN-Charta wurden das Gewaltverbot und dessen Ausnahmen abschließend geregelt; alle darüber hinausgehenden Rechtfertigungsgründe sind damit hinfällig.[799] Das Rechtsinstrument der Gegenmaßnahme kann daher nicht zur Rechtfertigung von gewaltsamen Interventionen zum Schutz humanitärer Belange herangezogen werden.

*bb) Rechtsinstitut des völkerrechtlichen Notstands*

Teilweise wird versucht, die Rechtfertigung einer Intervention zum Schutz humanitärer Belange über das Rechtsinstitut des völkerrechtlichen Notstands zu begründen.[800] Hierbei handelt es sich um ein Rechtsinstitut zur Rechtfertigung einer Handlung eines Staates, die mit dessen völkerrechtlichen Verpflichtungen nicht im Einklang steht, deren Vornahme aber die einzige Möglichkeit zur Abwendung einer schweren und unmittelbaren Gefahr für ein wesentliches Interesse des Staates darstellte, wobei diese Handlung keine wesentlichen Interessen anderer Staaten ernsthaft beeinträchtigen darf. Die INTERNATIONAL LAW COMMISSION behandelt den Notstand in Art. 25 ihres Entwurfs zur Staatenverantwortlichkeit. Daneben ist Art. 26 zu beachten, der eine Rechtfertigung von Verstößen gegen zwingende Normen des Völker-

797 Vgl. HOBE, S. 245; DANISH INSTITUTE-BERICHT, S. 85; siehe auch die sog. Friendly Relations Declaration der UN-Generalversammlung, A/RES/25/2625 (1970), in der es heißt: „States have a duty to refrain from acts of reprisals involving the use of force“.

798 Vgl. oben Fn. 493.

799 Vgl. oben S. 173.

800 So insbesondere VERLAGE, S. 293 ff.; vgl. auch MOLIER, NILR 53 (2006), S. 37 (52 ff.); TOMUSCHAT, in: Münkler/Malowitz (Hrsg.), S. 65 (82 ff.); IPSEN, FW 74 (1999), S. 19 (22 f.).

rechts ausschließt. Beide Normen werden nach überwiegender Ansicht als völkergewohnheitsrechtlich verankert angesehen.[801]

VERLAGE, der das Rechtsinstitut des völkerrechtlichen Notstands im Falle humanitärer Interventionen für anwendbar hält, setzt sich mit den einzelnen Voraussetzungen umfangreich auseinander. Zunächst leitet er das erforderliche wesentliche Interesse der Staaten am Schutz fremder Staatsangehöriger aus dem Weltgipfeldokument ab[802] und befasst sich sodann mit Art. 26 des ILC-Entwurfs zur Staatenverantwortlichkeit und dem *ius cogens*-Bereich des Gewaltverbots. Diesbezüglich stellt er fest, dass das Gewaltverbot nur aus Angst vor Missbrauch als vollumfänglich dem zwingenden Recht zugehörig angesehen werde. Durch die Verankerung der Interventionskriterien sei das Missbrauchsrisiko eingedämmt und eine solche Bewertung des Gewaltverbots nicht mehr erforderlich.[803] Während Ersteres plausibel ist, scheint die Begründung VERLAGES für die Ablehnung des ius cogens-Charakters des Gewaltverbots fragwürdig. Der zwingende Charakter einer Rechtsnorm kann nicht allein durch die Widerlegung von Gegenargumenten verneint werden. Wie bereits dargestellt fällt auch die Anwendung militärischer Gewalt zum Schutz humanitärer Belange in den *ius cogens*-Bereich des Gewaltverbots.[804] Die Anwendung des Notstands scheitert damit an dem in Art. 26 des ILC-Entwurfs zur Staatenverantwortlichkeit verankerten Grundsatz. Zudem übersieht VERLAGE die weitere Voraussetzung des Rechtsinstituts, nämlich dass durch die fragliche Handlung kein wesentliches Interesse anderer Staaten ernsthaft beeinträchtigt werden darf. Dass militärische Interventionen wesentliche Interessen des betroffenen Staates, nämlich die territoriale Integrität, ernsthaft beeinträchtigen, kann aber wohl kaum bestritten werden.[805]

Im Übrigen kann auch für das Rechtsinstitut des Notstandes nichts anderes gelten, als für das Rechtsinstitut der Gegenmaßnahme. Mit dem Inkrafttreten der UN-Charta und der damit einhergehenden Verankerung des Gewaltverbots und dessen Ausnahmen wurden die übrigen Rechtfertigungsgründe für die Anwendung von Gewalt obsolet. Die Begründung einer weite-

---

801 KEMPEN/HILLGRUBER, Kap. 6 Rn. 66; IGH, Case Concerning the Gabcícovo-Nagymaros Project (Hungary v. Slovakia), Urteil vom 5. September 1997, ICJ Rep. 1997, S. 7 (40/Abs. 51).

802 VERLAGE, S. 297 ff.

803 VERLAGE, S. 308 ff.

804 Vgl. oben S. 169 f.

805 Vgl. DANISH INSTITUTE-BERICHT, S. 85 f.

ren Ausnahme ist grundsätzlich nur über das Völkergewohnheitsrecht möglich. Eine Erstreckung des Notstandes auf Fälle der Anwendung militärischer Gewalt findet aber gerade keinen gewohnheitsrechtlichen Rückhalt.[806] Im Ergebnis kann das Rechtsinstitut des völkerrechtlichen Notstandes als Rechtfertigungsgrund für militärische Interventionen daher ebenfalls nur verneint werden.[807]

*cc) Völkerrechtliches Nothilferecht*

Außerdem wird zum Teil versucht, eine Intervention zum Schutz humanitärer Belange über die Konstruktion eines Nothilferechts zu rechtfertigen. Hierfür wird in analoger Anwendung auf das völkergewohnheitsrechtlich verankerte und in Art. 51 der UN-Charta statuierte Selbstverteidigungsrecht abgestellt oder über die allgemeinen Rechtsgrundsätze des Völkerrechts auf das in den meisten Nationalstaaten verankerte Notwehr- und Nothilferecht verwiesen.[808] Das Selbstverteidigungsrecht umfasst neben der individuellen Selbstverteidigung auch eine kollektive Selbstverteidigungsmöglichkeit im Sinne einer Nothilfemöglichkeit. Im Falle eines bewaffneten Angriffs kann entsprechend Art. 51 UN-Charta nicht nur der betroffene Staat Selbstverteidigung üben, sondern es können diesem auch dritte Staaten mit dessen Einverständnis zur Hilfe kommen.[809] Im Rahmen eines Analogieschlusses wird versucht, dieses Recht auf die innerstaatliche Ebene zu übertragen beziehungsweise das innerstaatliche, nationale Notwehr- und Nothilferecht über die allgemeinen Rechtsgrundsätze auf die internationale Ebene zu heben. Beiden Konstruktionen, die zuweilen auch vermischt werden, ist folgender Gedanke gemein: Individuen, die Opfer von Menschenrechtsverletzungen seien, stehe ein Notwehrrecht zu, daher müsse auch ein Recht zur Nothilfe bestehen, welches über eine oder über beide der genannten Konstruktionen auch Staaten zukommen könne. Daneben wird zum Teil noch ein weiterer Konstruktionsan-

---

806 Vgl. die im Rahmen der Begründung eines allgemeinen Rechts zur humanitären Intervention dargestellten Fälle; keiner der Staaten berief sich auf eine Rechtfertigung über das Rechtsinstitut des völkerrechtlichen Notstandes, oben S. 174 ff.

807 So auch GREEN, Self-Preservation, in: Wolfrum (Hrsg.), EPIL Online-Edition, Rn. 13; vgl. auch ILC-Kommentar zur Staatenverantwortlichkeit, Art. 25 Abs. 21; DANISH INSTITUTE-BERICHT, S. 87.

808 So etwa DOEHRING, Rn. 1014 f.; BLECKMANN, Rn. 1149; DELBRÜCK, FW 74 (1999), S. 139 (152 ff.).

809 RANDELZHOFER, in: Simma (Hrsg.), UN-Charter Commentary, Art. 51 Rn. 37 f.

satz vertreten, wonach auf das Selbstbestimmungsrecht der Völker abgestellt wird. Soweit dieses in Fällen extremer Unterdrückung zu einem Sezessionsrecht erstarke,[810] müsse die Nothilfe im Sinne des Art. 51 UN-Charta seitens dritter Staaten zulässig sein.[811]

Den Konstruktionsansätzen stehen allerdings erhebliche Bedenken entgegen. Sowohl bei der Übertragung des innerstaatlichen Notwehrrechts auf die internationale Ebene als auch bei der Anwendung des internationalen Selbstverteidigungsrechts auf innerstaatlicher Ebene kommt es zu einer unzulässigen Vermischung der Ebenen.[812] Und auch der Ansatz bezüglich des Selbstbestimmungsrechts der Völker kann nicht überzeugen. Die Unterdrückung von Völkern verstößt gerade nicht gegen das in Art. 2 Abs. 4 statuierte Gewaltverbot. Dieses verbietet nur die zwischenstaatliche, nicht aber die innerstaatliche Gewaltanwendung.[813] Zudem verlangt der Tatbestand des Art. 51 der UN-Charta einen Angriff gegen ein Mitglied der Vereinten Nationen; allerdings sind weder Individuen noch Völker Mitglieder der Vereinten Nationen, sondern allein die jeweiligen Staaten (Art. 4 UN-Charta).[814]

Im Übrigen gilt auch hier, dass eine Ausnahme zum Gewaltverbot nur bei gewohnheitsrechtlicher Verankerung wirksam sein kann. Von der Verankerung eines Nothilferechts in der soeben dargestellten Form kann aber keine Rede sein. Damit scheidet auch das Rechtsinstitut der Nothilfe als Rechtfertigungsmöglichkeit für militärische Interventionen zum Schutz humanitärer Belange aus.[815]

---

810 Bereits ein solches Recht an sich ist umstritten, vgl. dazu KEMPEN/HILLGRUBER, Kap. 9 Rn. 21 ff.

811 GEYRHALTER, S. 153 ff.; SCHILLING, AVR 35 (1997), S. 430 (448 ff.); vgl. auch IPSEN, FW 74 (1999), S. 19 (22), welcher diesbezüglich von einer unausweichlichen Entwicklungstendenz spricht.

812 TOMUSCHAT, in: Münkler/Malowitz (Hrsg.), S. 65 (82); siehe auch SCHÖBENER, KJ 33 (2000), S. 557 (575 f.).

813 Vgl. oben S. 146.

814 SCHÖBENER, ZfP 2000, S. 293 (307 f.); WELLHAUSEN, S. 229; KEMPEN/HILLGRUBER, Kap. 9 Rn. 45.

815 So auch WELLHAUSEN, S. 229 ff.; HILPOLD, EJIL 12 (2001), S. 437 (449 f.); BOTHE/MARTENCZUK, VN 47 (1999), S. 125 (129 f.).

### *e) Sonderfall failed State*

Dass ein *failed State* nach dem Kontinuitätsprinzip weiterhin als Staat im völkerrechtlichen Sinne zu betrachten ist, wurde bereits dargestellt. Zwar ist ein solcher faktisch nicht mehr handlungsfähig, die Rechtsfähigkeit gilt aber als fortbestehend.[816] Hieraus folgt auch die Fortgeltung des Gewaltverbots.[817] Der vereinzelt vertretenen Ansicht, nach welcher ein *failed State* nicht mehr als Staat angesehen wird und militärische Interventionen zum Schutz humanitärer Belange mangels Anwendbarkeit des Gewaltverbots für zulässig erachtet werden,[818] ist daher zu widersprechen.

Nach anderer Ansicht wird ein *failed State* zwar entsprechend dem Kontinuitätsprinzip weiterhin als Staat im völkerrechtlichen Sinne behandelt, die Geltung des Gewaltverbots aber eingeschränkt. Der Staat sei lediglich noch eine „formale Hülse".[819] Die Anwendung des Gewaltverbots würde allein dem Schutz der kämpfenden Banden dienen und zu Lasten der Bevölkerung wirken. Eine solche Interpretation entspreche nicht dem modernen Selbstbestimmungsrecht, welches gerade durch das Gewaltverbot geschützt werde. Das Verbot sei daher teleologisch zu reduzieren; Interventionen zum Schutz humanitärer Belange sollen demnach nicht unter den Verbotstatbestand fallen.[820] Schon der Ausgangspunkt dieser Argumentation erweist sich als nicht tragfähig. Das Gewaltverbot dient nämlich nicht nur dem Selbstbestimmungsrecht der Völker, sondern auch und wie in Art. 1 Abs. 1 der UN-Charta niedergelegt der Erhaltung des Weltfriedens und der internationalen Sicherheit.[821] Diese Funktion des Gewaltverbots bleibt auch im Falle eines *failed State* relevant. Zwar ist eine militärische Auseinandersetzung zwischen dem intervenierenden Staat und dem von der Intervention betroffenen Staat aufgrund der faktischen Handlungsunfähigkeit desselben unwahrscheinlich. Es können aber durchaus die Interessen dritter Staaten berührt werden. Die In-

---

816 Siehe oben S. 79 f.

817 THÜRER, in: BDGVR 34 (1996), S. 9 (16 f.); GEIß, S. 123 ff.; EPPING, in: Ipsen (Hrsg.), § 5 Rn. 11 ff.; KEMPEN/HILLGRUBER, Kap. 2 Rn. 9.

818 So BALDUS, in: Erberich/Hörster/Hoffmann/Kingreen/Pünder/Störmer (Hrsg.), S. 259 (269 ff.).

819 HERDEGEN, Völkerrecht, § 34 Rn. 10.

820 HERDEGEN, in: BDGVR 34 (1996), S. 49 (60 f.); DERS., Völkerrecht, § 34 Rn. 10; STEIN/VON BUTTLAR, Rn. 808; MURSWIEK, Der Staat 35 (1996), S. 31 (36 ff.).

821 Vgl. SCHÖBENER, ZfP 2000, S. 293 (301 ff.); WELLHAUSEN, S. 224; LIEBACH, S. 152 f.

tervention könnte daher eine Auseinandersetzung zwischen dem intervenierenden Staat und dritten Staaten hervorrufen und damit eine Friedensgefährdung provozieren.[822] Eine teleologische Reduktion des Gewaltverbots scheidet daher aus.[823] Auch die Staatenpraxis vermag den dargestellten Ansatz nicht zu stützen. Wie dargestellt wurden sämtliche Interventionen in Situationen, in denen man von einem *failed State* sprechen konnte – so etwa die Fälle Somalia, Ruanda und Liberia –, unter dem Aspekt der tatbestandlichen Erfüllung des Gewaltverbots und der Frage einer Rechtfertigung diskutiert.[824]

Auch besteht nicht, wie teilweise behauptet,[825] ein besonderer völkergewohnheitsrechtlicher Rechtfertigungsgrund, der eine humanitäre Intervention im Falle eines *failed State* zulassen würde. LIEBACH untersucht die Fälle gescheiterter Staaten eingehend. Hierbei gelangt er zwar zu dem Ergebnis, dass die Intervention der ECOWAS in Liberia als humanitäre Intervention einzuordnen ist, im Ergebnis verneint aber auch er, mangels weiterer Praxis, das Bestehen eines solchen Rechts.[826] Dass die Einordnung der ECOWAS-Intervention in Liberia als humanitäre Intervention fraglich ist, wurde bereits dargestellt.[827] Aber selbst wenn man die ECOWAS-Intervention in Liberia als Präzedenzfall für eine humanitäre Intervention betrachten würde, wäre das Bestehen eines Rechts zur humanitären Intervention mangels weiterer Praxis im Ergebnis zu verneinen.

Auch den die *Responsibility to Protect* behandelnden Dokumenten ist keine diesbezügliche Differenzierung zwischen Staaten und gescheiterten Staaten zu entnehmen. Sowohl der Fall des unwilligen als auch der des unfähigen Staates wird genannt; eine Differenzierung hinsichtlich der Zulässigkeit militärischer Interventionen ist aber in keinem der Dokumente vorgesehen und wurde auch auf dem UN-Weltgipfel nicht diskutiert.

Als Ergebnis lässt sich daher festhalten, dass im Falle eines *failed State* keine andere Bewertung möglich ist; weder findet das Gewaltverbot keine Anwendung, noch lässt es sich teleologisch reduzieren, und auch die Herausbildung eines völkergewohnheitsrechtlich verankerten Rechts zur humanitären Intervention, speziell für den Fall eines *failed State*, ist zu verneinen.

---

822 EPPING, in: Ipsen (Hrsg.), § 5 Rn. 11; LIEBACH, S. 155 f.

823 So auch WELLHAUSEN, S. 224 f.; LIEBACH, S. 150 ff.

824 So auch KEMPEN/HILLGRUBER, Kap. 2 Rn. 9, Fn. 15.

825 So LEVITT, TempleICLJ 12 (1998), S. 333 (336 f., 351).

826 LIEBACH, S. 197 ff., S. 212 ff.; so auch EPPING, in: Ipsen (Hrsg.), § 5 Rn. 11.

827 Siehe oben S. 179 ff.

#### *f) Art. 4 lit. h des Gründungsvertrages der Afrikanischen Union – die Frage des Bestehens eines regionalen Rechts zur humanitären Intervention*

Im Schrifttum wird häufig auf die Verankerung der *Responsibility to Protect* in der Afrikanischen Union verwiesen. Nach Art. 4 lit. h des Gründungsvertrages der Afrikanischen Union[828] – durch den die Organisation der Afrikanischen Einheit in die Afrikanische Union umgewandelt wurde – bestehe auf regionaler Ebene ein Recht zur Intervention zum Schutz humanitärer Belange, und zwar unabhängig von einer Ermächtigung des UN-Sicherheitsrates.[829] Art. 4 lit. h des Vertrages lautet wie folgt:

> „[…] the right of the Union to intervene in a Member State pursuant to a decision of the Assembly in respect of grave circumstances, namely: war crimes, genocide and crimes against humanity[…]".[830]

Abgesehen davon, dass ein solches Verständnis, das heißt die Gleichsetzung der *Responsibility to Protect* mit einem Recht zu militärischen Interventionen ohne Sicherheitsratsmandat, nicht dem Konzept der *Responsibility to Protect* entspricht, ist fraglich, ob sich aus Art. 4 lit. h des AU-Gründungsvertrages tatsächlich ein Recht zu militärischen Interventionen ohne Sicherheitsratsmandat ableiten lässt – und wenn ja, ob ein solches überhaupt wirksam wäre.

##### *aa) Verankerung eines Rechts zur humanitären Intervention im Gründungsvertrag der Afrikanischen Union*

Die Frage, ob sich aus Art. 4 lit. h des Gründungsvertrages der Afrikanischen Union tatsächlich ein Recht zur humanitären Intervention ohne Sicherheits-

---

828 Constitutive Act of the African Union, 11. Juli 2000, 2158 UNTS, 37733.

829 So etwa Verlage, S. 284 f.; Kunschak, SAYIL 31 (2006), S. 195 (207 f.); Kindiki, AHRLJ 3 (2003), S. 97 (108 ff., 114 f.); Abass/Baderin, NILR 49 (2002), S. 1 (23); wohl auch Kioko, IRRC 85 (2003), S. 807 (820 ff.); Johnstone, JILIR 2 (2005/2006), S. 73 (80); vgl. auch Ruffert/Walter, Rn. 462 f.; Heyns/Baimu/Killander, GYIL 46 (2003), S. 252 (276 f.); Wenzel, S. 141 ff.

830 Im Protokoll zur Erweiterung des Gründungsvertrages ist eine Ausweitung des Art. 4 lit. h um folgende Klausel vorgesehen: „[…] as well as a serious threat to legitimate order to restore peace and stability to the Member State of the Union upon the recommendation of the Peace and Security Council" (abrufbar unter: http://www.africa-union.org/root/au/Documents/Treaties/treaties.htm (zuletzt besucht 07.2010)). Das Protokoll ist bisher nicht in Kraft getreten.

ratsmandat ableiten lässt, kann nicht eindeutig beantwortet werden.[831] Der Gründungsvertrag enthält zwar keinen direkten Hinweis, dass für die Ausübung des Interventionsrechts ein Mandat des Sicherheitsrates der Vereinten Nationen erforderlich sei. Dennoch könnte Art. 4 lit. h des Vertrages so verstanden werden, dass dort lediglich die Ingangsetzung des afrikanischen Sicherheitssystems geregelt, und für die tatsächliche Ausübung ein Mandat des UN-Sicherheitsrates erforderlich ist. Für eine Unterordnung unter das System der Vereinten Nationen spricht vor allem das Protokoll zur Schaffung des PEACE AND SECURITY COUNCIL der Afrikanischen Union.[832] Im fünften Absatz der Präambel des Protokolls wird ausdrücklich auf die Hauptverantwortung des Sicherheitsrates der Vereinten Nationen sowie auf die Einbindung von Regionalorganisationen in das Friedenssicherungssystem der Vereinten Nationen verwiesen. Und auch in Art. 4 des Protokolls befindet sich ein weiterer Hinweis auf die Prinzipien der Vereinten Nationen. Allerdings wird in Art. 16 des Protokolls die Primärverantwortung der Afrikanischen Union für die Friedenswahrung auf dem afrikanischen Kontinent betont; dies spricht wiederum gegen eine Unterordnung unter das System der Vereinten Nationen.[833]

Auch aus der Praxis der Afrikanischen Union lassen sich keine eindeutigen Rückschlüsse ziehen. Relevant ist hier insbesondere das Verhalten der Union im Darfur-Konflikt, mit dem sich die AU-Versammlung erstmals im Juli 2004 befasste. Sie betonte in diesem Zusammenhang die Hauptverantwortung der Afrikanischen Union.[834] In einer späteren Erklärung wurde außerdem die Anwendung weiterer Maßnahmen angedroht.[835] Die AU-Versammlung beließ es aber bei dieser Drohung; zur Anordnung militärischer

---

831 So auch POWELL, S. 18.

832 Der Sicherheitsrat der Afrikanischen Union wurde entsprechend Art. 5 Abs. 2 des Gründungsvertrages durch die Versammlung geschaffen. Er dient vornehmlich als Entscheidungsorgan im Bereich der Prävention, Behandlung und Lösung von Konflikten (vgl. Art. 2 Abs. 1 des Protokolls zur Schaffung des Rates). Das Recht zu Entscheidungen bezüglich der Vornahme von Interventionen verbleibt aber bei der Versammlung der Afrikanischen Union; der Sicherheitsrat kann diese lediglich zur Entscheidungsfindung auffordern (Art. 4 lit. h des Protokolls zur Erweiterung des Gründungsvertrages).

833 Vgl. dazu KINDIKI, AHRLJ 3 (2003), S. 97 (114 f.); BELLAMY, EIA 20 (2006), S. 143 (159); KUNSCHAK, SAYIL 31 (2006), S. 195 (206).

834 Assembly/AU/Dec.54 (III), vom 6. – 8. Juli 2004, Abs. 4.

835 Assembly/AU/Dec.68 (IV), vom 30. – 31. Januar 2005, Abs. 2.

Maßnahmen kam es nicht.[836] Später begrüßte es die Versammlung sogar, dass der Sicherheitsrat der Vereinten Nationen die Verantwortung übernahm.[837] Auch aus den weiteren Einsätzen der Afrikanischen Union in Burundi 2003, Somalia 2007 und auf Anjouan (Komoren) im Jahr 2008 lassen sich keine Rückschlüsse für das Verhältnis der Afrikanischen Union zu den Vereinten Nationen ziehen. Bei dem erstgenannten Einsatz handelte es sich um eine Friedenstruppe, die mit Einwilligung der Regierung Burundis agierte,[838] im Falle Somalias wurde ebenfalls lediglich eine Friedenstruppe eingesetzt, welche zusätzlich durch ein Mandat des UN-Sicherheitsrates gestützt wurde,[839] und die Anwendung militärischer Gewalt auf den Komoren erfolgte in Unterstützung und auf Einladung der Regierungstruppen.[840] Eine Gewaltanwendung durch die Afrikanische Union ohne ein Mandat des Sicherheitsrates der Vereinten Nationen und gegen den Willen des jeweiligen Staates ist bisher nicht zu verzeichnen.

#### *bb) Wirksamkeit eines regional vertraglich niedergelegten Rechts zur humanitären Intervention*

Im Folgenden soll untersucht werden, inwiefern ein im Gründungsvertrag der Afrikanischen Union verankertes Recht zur humanitären Intervention überhaupt wirksam beziehungsweise anwendbar wäre, oder allgemeiner formuliert, inwiefern ein vertraglich niedergelegtes, regionales Recht zur humanitären Intervention überhaupt wirksam beziehungsweise anwendbar sein kann. Dies erscheint unter zwei Gesichtspunkten problematisch, zum einen im Hinblick auf Art. 103 UN-Charta, und zum anderen unter dem Gesichtspunkt des *ius cogens*-Charakters des Gewaltverbots.

---

836 Bei der im Rahmen der Behandlung des Friedensbegriffs genannten im Jahr 2004 eingesetzten Mission der AU (African Union Mission in Sudan) handelte es sich lediglich um eine Beobachtermission, siehe oben S. 112.

837 Assembly/AU/Dec.177 (X), vom 31. Januar – 2. Februar 2008, Abs. 8.

838 POWELL, S. 25 ff.; WENZEL, S. 116 ff.; vgl. auch RECHNER, VJTL 39 (2006), S. 543 (567 f.).

839 Siehe S/RES/1725 vom 6. Dezember 2005.

840 Vgl. etwa AHMED ALI AMIR, African-backed Comoros forces take rebel island, Nachrichten auf Reuters UK vom 25. März 2008, abrufbar unter: http://uk.reuters.com/article/idUKL257236520080325?pageNumber=1&virtualBrandChannel=0 (zuletzt besucht 07.2010).

Es wurde bereits dargestellt, dass der UN-Charta über Art. 103 eine Vorrangstellung gegenüber anderen Verpflichtungen der Mitgliedstaaten zukommt, soweit diese im Widerspruch zur Charta stehen. Der Gründungsvertrag der Afrikanischen Union ist eine Verpflichtung im Sinne des Art. 103 der UN-Charta, und mit Ausnahme der Demokratisch Arabischen Republik Sahara sind alle Mitglieder der Afrikanischen Union auch Mitgliedstaaten der Vereinten Nationen. Soweit ein vertraglich niedergelegtes Recht zur humanitären Intervention – welches in Art. 4 lit. h des AU-Gründungsvertrages statuiert sein könnte – im Widerspruch zur UN-Charta stünde, wäre dieses daher unwirksam beziehungsweise unanwendbar.[841]

Auf den ersten Blick scheint ein solches Recht im Widerspruch zu Art. 2 Abs. 4, also zum Gewaltverbot, zu stehen sowie zum System kollektiver Sicherheit und dem *Gewaltmonopol* des Sicherheitsrates, dem gemäß Art. 53 UN-Charta auch Regionalorganisationen untergeordnet sind.[842] Möglicherweise ist eine solche Folgerung aber zu voreilig. Ein vertraglich vereinbartes Recht zur humanitären Intervention, wie es in Art. 4 lit. h des Gründungsvertrages der Afrikanischen Union statuiert sein könnte, könnte etwa über die Konstruktion der Intervention auf Einladung mit der UN-Charta in Einklang zu bringen sein.

Die einfache Intervention auf Einladung, das heißt eine auf der unmittelbar vor der Intervention erteilten Zustimmung des betroffenen Staates beruhende und von dieser getragene Intervention, ist grundsätzlich zulässig. Eine solche Intervention tangiert das Gewaltverbot nicht. Denn dieses verbietet nur die Gewaltanwendung in den internationalen Beziehungen (vgl. Art. 2 Abs. 4 UN-Charta). Die Anwendung von Gewalt eines Staates auf dem eigenen Hoheitsgebiet berührt das Verbot daher nicht und ist vielmehr als Ausübung der Souveränität eines jeden Staates zu betrachten. Gleiches muss für eine von der Zustimmung des jeweiligen Staates getragene Intervention gelten. Kraft seiner Souveränität muss es einem Staat möglich sein, sich Hilfe durch dritte Staaten zu holen; diese Hilfe kann auch in einer militärischen Unterstützung liegen.[843] In einem solchen Fall fehlt es gerade an dem einer

841 Vgl. zur Wirkung von Art. 103 UN-Charta oben S. 172.

842 Vgl. zu Art. 53 UN-Charta oben S. 161 ff.; zum Begriff des Gewaltmonopols des Sicherheitsrates siehe oben Fn. 623.

843 So auch NOLTE, S. 197 ff.; ZISCHG, S. 153 ff.; vgl. auch FISCHER, in: Ipsen (Hrsg.), § 59 Rn. 16; RAUSCHNING, in: Schaumann (Hrsg.), S. 75 (86 f.); BROWNLIE, Use of

verbotenen Intervention immanenten Zwangselement im Sinne eines willensbeugenden Elements.[844] Mangels Intervention wäre bereits die Erfüllung des Tatbestands des Gewaltverbots zu verneinen.[845] Schwierig wird die Beurteilung der Zulässigkeit einer solchen Intervention nur, wenn sich nicht eindeutig feststellen lässt, ob ein Einverständnis des betroffenen Staates tatsächlich vorliegt beziehungsweise ob dieses von der tatsächlich zuständigen Regierung erteilt wurde. Gerade im Falle von Bürgerkriegen kann es zum Schutz des Selbstbestimmungsrechts der Völker dritten Staaten untersagt sein einzugreifen.[846] Gegen die grundsätzliche Zulässigkeit von Interventionen auf Einladung spricht dies aber nicht; dieses Ergebnis wird auch von einer entsprechenden Staatenpraxis[847] getragen.

Möglicherweise lässt sich das gefundene Ergebnis auch auf ein allgemeines, vertraglich verankertes Interventionsrecht übertragen. Allerdings würde es sich hierbei um ein antizipiertes Einverständnis handeln. Ob eine solche vorweggenommene und von der konkreten Situation losgelöste Zustimmung mit einer konkret erteilten Zustimmung gleichzustellen ist, erscheint fraglich. Bei einer solchen vorweggenommenen Zustimmung ist es gerade möglich, dass es im konkreten Fall an einem Einverständnis des jeweiligen Staates fehlt, die Intervention also ohne den Willen der jeweiligen Regierung durchgeführt würde.[848] Das für die tatbestandliche Erfüllung des Gewaltverbots erforderliche Zwangselement wäre in einem solchen Fall gerade wieder zu bejahen. Auch der Versuch, die Zulässigkeit einer solchen vertraglichen Regelung davon abhängig zu machen, ob im konkreten Interventionsfall das Einverständnis des betroffenen Staates vorliegt,[849] vermag hierüber nicht hinwegzuhelfen; es geht um die Zulässigkeit einer abstrakten Regel. Eine ver-

---

Force, S. 321 ff.; ABASS/BADERIN, NILR 49 (2002), S. 1 (17); KUWALI, IJHRL 3 (2008/2009), S. 55 (68); GEYRHALTER, S. 72.

844 Vgl. hierzu das Certain Expenses-Gutachten des IGH (oben Fn. 636), ICJ Rep. 1962, S. 151 (151 ff.).

845 Vgl. BOTHE/MARTENCZUK, VN 47 (1999), S. 125 (129).

846 Vgl. zur Problematik RAUSCHNING, in: Schaumann (Hrsg.), S. 75 (84 ff.); ZISCHG, S. 56 ff.; NOLTE, S. 221 ff.

847 Hierzu NOLTE, welcher die Staatenpraxis ausführlich untersucht (S. 261 ff.) und in seiner Bewertung zur grundsätzlichen Zulässigkeit von Interventionen auf Einladung gelangt (S. 543 ff.).

848 So auch KUNSCHAK, SAYIL 31 (2006), S. 195 (198); KINDIKI, AHRLJ 3 (2003), S. 97 (110); KIOKO, IRRC 85 (2003), S. 807 (817); vgl. auch WENZEL, S. 160 f.

849 So etwa ABASS/BADERIN, NILR 49 (2002), S. 1 (19 f.).

tragliche Regel, die ein Recht zur humanitären Intervention einräumt, fällt in den Anwendungsbereich des Gewaltverbots. Eine auf dieser Grundlage ausgeführte militärische Intervention lässt sich nach dem gegenwärtigen Stand des Völkerrechts nicht rechtfertigen. Damit ist ein Widerspruch zu den Regelungen der Charta zu bejahen. Entsprechend Art. 103 der Charta wäre ein solches Recht daher als unwirksam beziehungsweise unanwendbar zu betrachten.[850] Im Übrigen wäre ein regionales Recht zur humanitären Intervention auch unter dem Gesichtspunkt des *ius cogens*-Charakters des Gewaltverbots gemäß Art. 53 Satz 1 WVK nichtig.[851] Auf die genaue Wirkung des Art. 103 der UN-Charta kommt es daher auch hier nicht an.

Als Ergebnis bleibt festzuhalten, dass auch auf regionaler Ebene kein Recht zur humanitären Intervention ohne Sicherheitsratsmandat besteht beziehungsweise bestehen kann. Soweit Art. 4 lit. h des Gründungsvertrages der Afrikanischen Union ein Recht zur humanitären Intervention ohne Mandat des UN-Sicherheitsrates normiert, wäre dieses als unwirksam zu betrachten.

#### *4. Ergebnis*

Die im ICISS-Bericht vorgesehenen militärischen Interventionen zum Schutz humanitärer Belange erfüllen den Tatbestand des Gewaltverbots. In der Literatur wird zwar versucht, den Anwendungsbereich des Verbotstatbestands im Falle humanitärer Notlagen zu beschränken; nach dem gegenwärtigen Stand des Völkerrechts ist dieser aber als umfassend zu verstehen. Die Zulässigkeit militärischer Maßnahmen im Sinne der *Responsibility to React* kann folglich nur angenommen werden, soweit eine Rechtfertigung möglich ist. Im Rahmen des Systems der Vereinten Nationen kommt, entsprechend der Ausweitung des Anwendungsbereichs des Art. 39 UN-Charta, eine Autorisierung militärischer Interventionen durch den Sicherheitsrat gemäß dem VII. Kapitel der Charta in Betracht. Weitere Rechtfertigungsmöglichkeiten im Rahmen der Vereinten Nationen scheiden aus. Die durch die ICISS genannten Alternativlösungen zum Sicherheitsrat haben sich als rechtlich nicht tragfähig er-

---

850 Im Ergebnis ebenso GRAY, S. 53; STEIN/VON BUTTLAR, Rn. 429; BOTHE, in: Schaumann (Hrsg.), S. 11 (26); a. A. WENZEL, S. 165 ff., allerdings ohne überzeugende Begründung.

851 Anders WENZEL, S. 164 f., der insofern eine Einschränkung des ius cogens-Bereichs des Gewaltverbots annimmt, vgl. hierzu bereits oben S. 169 f.

wiesen. Weder kann die Generalversammlung der Vereinten Nationen die Anwendung militärischer Gewalt empfehlen, noch käme einer solchen Empfehlung eine rechtfertigende Wirkung zu. Und auch die Möglichkeit einer nachträglichen Genehmigung durch den Sicherheitsrat als Rechtfertigungsgrund für militärische Interventionen von Regionalorganisationen ist nicht mit dem Recht der UN-Charta vereinbar. Außerhalb des Systems der Vereinten Nationen ist zwar theoretisch – wenn auch unter erhöhten Anforderungen – die völkergewohnheitsrechtliche Begründung eines Rechts zu militärischen Interventionen zum Schutz humanitärer Belange möglich. Mangels entsprechender Rechtsüberzeugung, beziehungsweise schon mangels eines für die Ingangsetzung eines solchen Entstehungsprozesses erforderlichen Rechtssetzungs- beziehungsweise Rechtsbegründungsbewusstseins, fehlt es aber an der für die Begründung eines solchen Rechts notwendigen Praxis. Den Stimmen in der Literatur, welche die Entwicklung im Zusammenhang mit der *Responsibility to Protect* als einen Schritt hin zur Entwicklung eines solchen Rechts sehen, ist zu widersprechen. Die Entwicklung im Zusammenhang mit dem Konzept der *Responsibility to Protect* hat nicht zu einer Änderung der Rechtslage geführt, sondern diese, das heißt das Erfordernis eines Sicherheitsratsmandats, noch bestätigt. Ein Recht zu militärischen Interventionen zum Schutz humanitärer Belange ohne eine Autorisierung durch den Sicherheitsrat kann auch nicht auf sonstige Rechtfertigungskonstruktionen gestützt werden. Und auch im Falle eines *failed State* ist die Zulässigkeit humanitärer Interventionen ohne Sicherheitsratsmandat zu verneinen. In Art. 4 lit. h des Gründungsvertrages der Afrikanischen Union könnte zwar ein vom Sicherheitsrat der Vereinten Nationen unabhängiges Recht zu militärischen Interventionen zum Schutz humanitärer Belange gesehen werden, ein solches wäre aber weder mit der UN-Charta noch mit dem mit zwingendem Charakter ausgestatteten Gewaltverbot in Einklang zu bringen. Jedenfalls aus Letzterem würde die Nichtigkeit eines solchen Rechts folgen. Die Zulässigkeit militärischer Interventionen zum Schutz humanitärer Belange kann folglich nur bejaht werden, soweit eine der Intervention vorhergehende Autorisierung seitens des Sicherheitsrates der Vereinten Nationen vorliegt.

### *VI. Pflicht der Staatengemeinschaft zur Vornahme von Handlungen im Sinne der Responsibility to Protect*

Dass die Staaten zur Einhaltung der fundamentalen Menschenrechte verpflichtet sind, wurde bereits bei der Behandlung der Primärverantwortung der Staaten festgestellt.[852] Möglicherweise besteht auch eine Pflicht der Staatengemeinschaft zur Vornahme von Handlungen im Sinne ihrer Sekundärverantwortung. Dass der Begriff der *Responsibility* dies nicht notwendigerweise impliziert, wurde ebenfalls schon erörtert.[853] Dennoch wird der Begriff der *Responsibility* häufig mit dem der Verpflichtung gleichgesetzt. Im Folgenden soll daher das Bestehen einer Verpflichtung der Staatengemeinschaft zur Vornahme von Handlungen im Sinne der Sekundärverantwortung untersucht werden. Wenig hilfreich ist es allerdings allgemein, von einer Pflicht der internationalen Gemeinschaft zu sprechen;[854] mangels Rechtssubjektivität derselben können hieraus keine eindeutigen Schlüsse gezogen werden. Weder wird damit zum Ausdruck gebracht, wen diese Pflicht trifft, noch können daraus bestimmte Handlungsverpflichtungen abgeleitet werden. Wie schon bei den Eingriffsrechten ist auch hier eine Aufspaltung der möglichen Eingriffspflichten vonnöten. Zunächst soll die Pflicht des Sicherheitsrates zur Anordnung von Zwangsmaßnahmen in humanitären Notsituationen sowie die Pflicht der UN-Mitgliedstaaten zur Umsetzung von Sicherheitsratsresolutionen untersucht werden. Sodann soll auf mögliche Handlungspflichten der Staaten außerhalb des Systems der Vereinten Nationen eingegangen werden.

#### *1. Pflicht des Sicherheitsrates zur Anordnung von Zwangsmaßnahmen*

Wie dargestellt ist der Sicherheitsrat im Falle von massiven Menschenrechtsverletzungen zur Anordnung von Zwangsmaßnahmen berechtigt. Menschenrechtsverletzungen im Sinne des Schwellenkriteriums der *Responsibility to React* können unter den Tatbestand des Art. 39 UN-Charta subsumiert werden. Dieses Verständnis von Art. 39 hat sich auf dem UN-Weltgipfel 2005

852 Siehe oben S. 73 f.

853 Siehe oben S. 26 ff.

854 Auf dem UN-Weltgipfel sprachen etwa Monaco und Island von einer solchen allgemeinen Verpflichtung der internationalen Gemeinschaft, siehe A/60/PV.6, S. 2, 32; und auch im völkerrechtlichen Schrifttum sind solche Aussagen zu finden, vgl. oben Fn. 95, 98.

durchgesetzt.[855] Fraglich ist aber, ob der Sicherheitsrat bei derartigen Menschenrechtsverletzungen auch zum Erlass von Zwangsmaßnahmen verpflichtet ist.[856]

### *a) Rechtslage vor der Responsibility to Protect*

Nach der ursprünglichen Konzeption der UN-Charta ist eine Eingriffspflicht des Sicherheitsrates zu verneinen. Gegen eine solche Verpflichtung spricht insbesondere das Vetorecht der ständigen Mitglieder des Sicherheitsrates, das sich bereits 1950 als gängige Praxis herausgebildet hat.[857] Über dieses können die ständigen Mitglieder des Sicherheitsrates jederzeit und nach freiem Belieben das Zustandekommen von Resolutionen verhindern.[858] Schon das Vetorecht wäre daher mit einer Verpflichtung des Rates zum Erlass von Resolutionen unvereinbar.[859] Angemerkt sei, dass auch die nicht-ständigen Mitglieder, von denen gemäß Art. 27 Abs. 3 UN-Charta mindestens vier einer Resolution im Sinne des VII. Kaptitels der Charta zustimmen müssen, frei in ihrer Entscheidung sind.

Eine Verpflichtung zur Zustimmung zu einer Resolution ist weder Art. 27 noch einer anderen Bestimmung der UN-Charta zu entnehmen. Zwar wird in Art. 24 Abs. 1 und 2 der Begriff „Duty" verwendet, eine rechtliche Handlungsverpflichtung wird hiermit aber nicht begründet. Die Norm ist vielmehr als allgemeine Kompetenzzuweisung, das heißt im Sinne einer Handlungsermächtigung, zu verstehen.[860] Und auch aus der Formulierung, dass der Sicherheitsrat bei der Erfüllung seiner Aufgabe im Einklang mit den Zielen und Prinzipien der Charta handeln solle (Art. 24 Abs. 2 Satz 1 UN-Charta), ergibt sich keine Verpflichtung desselben. VERLAGE, der versucht, hierüber eine Handlungsverpflichtung bei schwerwiegenden Menschenrechtsverletzungen

---

855 Siehe oben S. 116 ff.

856 Die Frage, ob der Sicherheitsrat ggf. auch zur Abgabe von Empfehlungen verpflichtet ist, soll hier unberücksichtig bleiben, da dies nicht zu einer Umsetzungsverpflichtung der UN-Mitgliedstaaten führen würde, vgl. DINSTEIN, S. 290.

857 Vgl. oben Fn. 598.

858 Vgl. SIMMA/BRUNNER/KAUL, in: Simma (Hrsg.), UN-Charter Commentary, Art. 27 Rn. 117 ff.; a. A. HERDEGEN, Völkerrecht, § 40 Rn. 16, welcher von einer treuhänderischen Bindung ausgeht, diese allerdings nicht belegt.

859 So auch SCHÖBENER, KJ 33 (2000), S. 557 (570).

860 Vgl. KEMPEN/HILLGRUBER, Kap. 7 Rn. 15; DELBRÜCK, in: Simma (Hrsg.), UN-Charter Commentary, Art. 24 Rn. 33; KELSEN, United Nations, S. 154.

mit dem Argument zu begründen, dass der Menschenrechtsschutz eines der Ziele der UN-Charta sei,[861] verkennt die Zielrichtung der Norm. Mit der Formulierung sollte lediglich eine Beschränkung der Kompetenzen des Sicherheitsrates erreicht werden,[862] nicht aber konkrete Rechte oder Pflichten begründet werden. Dies ergibt sich insbesondere auch aus Art. 24 Abs. 2 Satz 2, der bezüglich der speziellen Befugnisse des Sicherheitsrates auf die folgenden Kapitel verweist. Zudem bestand nach der ursprünglichen Konzeption der Charta noch nicht einmal ein Recht des Sicherheitsrates, im Falle von Menschenrechtsverletzungen einzuschreiten; eine Verpflichtung des Sicherheitsrates kann daher erst recht nicht bestanden haben.[863] Allein deshalb ist der Argumentation VERLAGES zu widersprechen.

Und auch Art. 39 der Charta begründet keine Verpflichtung des Sicherheitsrates zur Anordnung von Zwangsmaßnahmen. Dort wird zwar sowohl hinsichtlich der Feststellung der Tatbestandsmerkmale als auch bezüglich der anzuordnenden Rechtsfolgen das Wort „shall" verwendet, welches grundsätzlich auf eine rechtliche Verpflichtung hindeutet.[864] Hiermit wird der Sicherheitsrat aber nicht zum Erlass von Zwangsmaßnahmen verpflichtet. Dies ergibt sich insbesondere aus dem Umstand, dass dort nicht nur von Zwangsmaßnahmen die Rede ist, sondern auch von einfachen Empfehlung. Schon der Wortlaut steht damit einer Verpflichtung zur Anordnung von Zwangsmaßnahmen entgegen.[865] Zum anderen spricht die spätere Praxis gegen eine solche Annahme, wie die lange Liste der Beispiele des Nichteinschreitens des Sicherheitsrates gerade in Fällen massiver Menschenrechtsverletzungen belegt.[866]

Demnach darf der Sicherheitsrat nur handeln, wenn die Voraussetzungen des Art. 39 der Charta erfüllt sind;[867] er muss dies aber keinesfalls. Es besteht folglich ein unbeschränktes Entschließungsermessen des Sicherheitsrates.[868]

---

861 VERLAGE, S. 235.

862 Vgl. DELBRÜCK, in: Simma (Hrsg.), UN-Charter Commentary, Art. 24 Rn. 33; GOODRICH/HAMBRO/SIMSON, S. 205 ff.

863 Siehe oben S. 94 ff.

864 Vgl. DINSTEIN, S. 290.

865 Vgl. MENK, S. 63.

866 Vgl. MURPHY, S. 296, der zahlreiche Fälle aufzählt; so auch SCHRÖDER, S. 254.

867 Vgl. die Ausführungen im Rahmen des Friedensbegriffs zum weiten, aber dennoch nicht grenzenlosen Entscheidungsspielraum hinsichtlich der Bestimmung und dem Vorliegen der Tatbestandsmerkmale des Art. 39 UN-Charta, oben S. 91 ff.

868 HERBST, S. 362.

Selbst wenn die Voraussetzungen für ein Einschreiten in unzweifelhafter Weise vorliegen, und sogar dann, wenn der Sicherheitsrat bereits das Vorliegen der Voraussetzungen des Art. 39 der Charta festgestellt hat, muss er keine Zwangsmaßnahmen gemäß Art. 41 oder 42 anordnen.[869] Entsprechend der herrschenden Lehre ist daher das Bestehen einer Pflicht des Sicherheitsrates zur Anordnung von Zwangsmaßnahmen nach der Rechtslage vor der *Responsibility to Protect* abzulehnen.[870]

*b) Keine Änderung der Rechtslage aufgrund der Responsibility to Protect*

Auch die Entwicklung im Zusammenhang mit der *Responsibility to Protect* hat nicht zur Begründung einer Handlungsverpflichtung des Sicherheitsrates in humanitären Notsituationen geführt. Darauf deutet zwar der Bericht der ICISS hin. Die Kommission schlug in diesem vor, dass sich die ständigen Mitglieder des Sicherheitsrates einem Verhaltenskodex unterwerfen sollten, der sie dazu verpflichten würde, im Falle von humanitären Notlagen grundsätzlich nicht von ihrem Vetorecht Gebrauch zu machen.[871] Und auch im Schrifttum finden sich Stimmen, welche aus der Entwicklung im Zusammenhang mit der *Responsibility to Protect* eine Handlungsverpflichtung des Sicherheitsrates folgern, so etwa PETERS, die davon ausgeht, dass der Gebrauch des Vetorechts rechtsmissbräuchlich sein könne. Nach dem Prinzip der Humanität sei der Sicherheitsrat verpflichtet, humanitäre Interventionen zu autorisieren, soweit die engen Voraussetzungen des gerechten Grundes, der rechten Absicht und der Proportionalität erfüllt seien.[872]

Bereits im HIGH-LEVEL PANEL-Bericht findet sich allerdings eine vorsichtigere Formulierung bezüglich der Bindung des Sicherheitsrates. Dort werden zwar auch Kriterien für die Anwendung von Gewalt genannt, die nach Ansicht des PANEL durch die Generalversammlung und den Sicherheitsrat angenommen werden sollten. Von einer Verpflichtung zum Vetoverzicht

869 Vgl. hierzu Sicherheitsratsresolution 688 zum Irak-Konflikt, in welcher zwar eine Bedrohung des Friedens festgestellt wurde, der Sicherheitsrat aber jedenfalls keine eindeutigen Zwangsmaßnahmen anordnete, oben S. 104, 182.

870 Vgl. FROWEIN/KRISCH, in: Simma (Hrsg.), UN-Charter Commentary, Art. 39 Rn. 3; HERBST, S. 362; MURPHY, S. 295 f.; GILL, NYIL 26 (1995), S. 33 (40); MENK, S. 63; SCHRÖDER, S. 254; ENDEMANN, S. 443 ff.

871 Siehe oben S. 22.

872 PETERS, EJIL 20 (2009), S. 513 (540, 544); siehe auch DIES., S. 301; FRÖHLICH, in: Varwick/Zimmermann (Hrsg.), S. 167 (172).

ist aber nicht mehr die Rede. Die Kriterien sollen entsprechend den Absätzen 205 und 208 des HIGH-LEVEL PANEL-Berichts nur als Richtlinien dienen und als Maßstab dafür gelten, wann Gewalt angewandt werden *sollte*.[873] Eine ähnliche Formulierung findet sich auch im Bericht ANNANS, welcher in Absatz 126 lediglich empfiehlt, Kriterien für die Anwendung von Gewalt in Form von Richtlinien anzunehmen. Auch in diesem Bericht ist in Absatz 135 nur davon die Rede, dass der Sicherheitsrat, wenn nötig, Zwangsmaßnahmen anordnen *dürfe*, nicht aber, dass er hierzu auch verpflichtet wäre. Diese Abschwächung der Formulierung der dem ICISS-Bericht folgenden Berichte beruht wohl auf der Erkenntnis, dass eine Einschränkung des Vetorechts in der Praxis nicht zu erreichen wäre.[874]

Dass diese Einschätzung der geringen Erfolgsaussichten zutreffend war, zeigte sich auf dem UN-Weltgipfel. Schon die Aufnahme der sowohl im ICISS-Bericht als auch im HIGH-LEVEL PANEL-Bericht und im ANNAN-Bericht vorgesehenen Kriterien in das Weltgipfeldokument scheiterte. Insbesondere die fünf ständigen Mitglieder des Sicherheitsrates, die ihre Entscheidungsfreiheit gefährdet sahen, stellten sich dagegen.[875] Und auch der Versuch, einen lediglich unverbindlichen Vetoverzicht der ständigen Sicherheitsratsmitglieder im Falle massiver Menschenrechtsverletzungen in das Weltgipfeldokument einzubringen, stieß auf Kritik. Die Verankerung eines solchen unverbindlichen Vetoverzichts wurde mit der Einführung des Absatzes 120 im Entwurf des Weltgipfeldokuments vom 10. August 2005 versucht.[876] Insbesondere die USA wandten sich dagegen. Dies geht aus dem Brief des US-Botschafters bei den Vereinten Nationen, John Bolton, an den Präsiden-

---

873 In Abs. 205 ist von „should“ und gerade nicht von „shall“ die Rede; allein Letzteres würde auf eine Verpflichtung hindeuten.

874 Vgl. etwa Abs. 256 des HIGH-LEVEL PANEL-BERICHTS.

875 Vgl. SCHALLER, APuZ 46 (2008), S. 9 (11 f.); JOHNSTONE, JILIR 2 (2005/2006), S. 73 (88); PACE/DELLER, World Order 36 (2005), S. 15 (28, 31); WHEELER, JILIR 2 (2005/2006), S. 95 (100); BROCK, in: FS Bothe, S. 19 (31); WOLTER, S. 320.

876 Die Passage lautete wie folgt: „We invite the permanent members of the Security Council to refrain from using the veto in cases of genocide, war crimes, ethnic cleansing and crimes against humanity“, der Entwurf ist abrufbar unter: http://www.globalpolicy.org/msummit/millenni/m5outcomedocindex.htm (zuletzt besucht 07.2010).

ten der UN-Generalversammlung vom 30. August 2005 hervor.[877] Im dritten Absatz des Briefes heißt es:

> „[...] we note that the Charter has never been interpreted as creating a legal obligation for Security Council members to support enforcement action in various cases involving serious breaches of international peace. Accordingly, we believe just as strongly that a determination as to what particular measures to adopt in specific cases cannot be predetermined in the abstract but should remain a decision within the purview of the Security Council."

Bestätigt wird dies noch einmal im sechsten Absatz:

> „We do not accept that either the United Nations as a whole, or the Security Council, or individual states, have an obligation to intervene under international law. We also believe that what the United Nations does in a particular situation should depend on the specific circumstances. Accordingly, we should avoid language that focuses on the obligation or responsibility of the international community and instead assert that we are prepared to take action."

Die USA wandten sich damit eindeutig gegen eine Verpflichtung des Sicherheitsrates zum Erlass von Resolutionen und betonten, dass es erforderlich sei, die Umstände des Einzelfalls zu berücksichtigen. Der 120. Absatz des Entwurfs vom 10. August 2005 wurde daraufhin wieder gestrichen.

Zudem wurden die sonstigen Formulierungen des Entwurfs, die auf eine Verpflichtung hindeuten könnten, weiter abgeschwächt. Im Entwurf vom 10. August war im Zusammenhang mit den Maßnahmen ohne Zwangscharakter zunächst noch von einer ausdrücklichen Pflicht der internationalen Gemeinschaft die Rede, in dem Entwurf heißt es:

> „The international community, through the United Nations, also has the obligation [...]".[878]

Die USA schlugen vor, das Wort *Obligation* durch *moral Responsibility* zu ersetzen, demnach lautete der Satz wie folgt:

877 Abrufbar unter: http://www.responsibilitytoprotect.org/files/US_Boltonletter_R2P_30Aug05%5B1%5D.pdf (zuletzt besucht 07.2010).

878 Art. 119 Satz 5 des Entwurfs des Weltgipfeldokuments vom 10. August 2005, siehe oben Fn. 876.

> „The international community, through the United Nations, also has the moral responsibility [...]".[879]

In der durch alle Staaten angenommenen Endfassung setzte sich schließlich der Begriff der *Responsibility* durch:

> „The international community, through the United Nations, also has the responsibility [...]".[880]

Im Zusammenhang mit den Zwangsmaßnahmen nach dem VII. Kapitel der Charta wurde aber, um alle Missverständnisse hinsichtlich des Bestehens einer Handlungsverpflichtung des Sicherheitsrates auszuräumen, folgende Formulierung gewählt:

> „In this context, *we are prepared* to take collective action, in a timely and decisive manner, through the Security Council, in accordance with the Charter, including Chapter VII [...]".[881]

Im Anschluss wird das Erfordernis der Entscheidung im Einzelfall („on a case-by-case basis") betont. Das Weltgipfeldokument spricht damit gegen das Bestehen einer Handlungsverpflichtung des Sicherheitsrates.[882] Es kann auch davon ausgegangen werden, dass hierin die Rechtsansicht der Staaten zum Ausdruck kommt.[883] Hierfür spricht zunächst, dass im Rahmen des *Consensus*-Verfahrens keiner der Staaten der Endfassung widersprochen hat. Dass die Widerspruchserhebung allein aus Opportunität gegenüber den fünf ständigen Sicherheitsratsmitgliedern unterlassen wurde, scheint unwahrscheinlich. Keiner der Staaten hat während des Weltgipfels das Bestehen einer solchen Verpflichtung behauptet. Allein der Vizepräsident Costa Ricas forderte die Aufhebung des Vetorechts der ständigen Mitglieder des Sicherheitsrates für Fälle schwerer Menschenrechtsverletzungen.[884] Der Bericht der ICISS, in welchem eine solche Verpflichtung angelegt war, ist insofern unerheblich, da

---

879 Abs. 118 Satz 5 des Änderungsvorschlags der USA, abrufbar unter: http://www.responsibilitytoprotect.org/files/US_Boltonletter_R2P_30Aug05%5B1%5D.pdf (zuletzt besucht 07.2010).

880 WELTGIPFELDOKUMENT, Abs. 139 Satz 1.

881 WELTGIPFELDOKUMENT, Abs. 139 Satz 2 (Hervorhebung v. Verf.).

882 Vgl. BELLAMY, Preventing Future Kosovos, S. 7 f.; STAHN, AJIL 101 (2007), S. 99 (109, 120); siehe auch WITTIG, IP März 2006, S. 79 (81 f.).

883 Vgl. hierzu die Erörterungen zur Relevanz von Generalversammlungsresolutionen für die Entstehung des Völkergewohnheitsrechts, oben S. 61 ff.

884 Siehe die Debatte in der Generalversammlung vom 16.09.2005, A/60/PV.8, S. 17.

die in diesem zum Ausdruck kommende Ansicht des Expertengremiums keine Entsprechung in der Rechtsüberzeugung der Staaten findet.[885]

Auch die Bestätigung der *Responsibility to Protect* durch den Sicherheitsrat in den bereits dargestellten Resolutionen hat nicht zu einer Selbstbindung desselben und damit auch nicht zu einer Ermessensreduzierung beziehungsweise einer Handlungsverpflichtung in humanitären Notsituationen geführt. Der Sicherheitsrat hat in den fraglichen Resolutionen lediglich die *Responsibility to Protect* in der Form, wie sie im Weltgipfeldokument verabschiedet wurde, bestätigt. Wie dargestellt spricht das Weltgipfeldokument aber gerade gegen das Bestehen einer Handlungsverpflichtung des Sicherheitsrates. Eine solche Verpflichtung kann daher auch nicht aus der Bestätigung der *Responsibility to Protect* in den fraglichen Resolutionen abgeleitet werden.[886]

Als Ergebnis kann festgehalten werden, dass die Entwicklung im Zusammenhang mit der *Responsibility to Protect* nicht zu einer Änderung der Rechtslage geführt hat.[887] Die Entwicklung bestätigt vielmehr, dass eine Handlungsverpflichtung des Sicherheitsrates nicht besteht.

#### *2. Pflicht der Mitgliedstaaten der Vereinten Nationen zur Umsetzung von Sicherheitsratsresolutionen*

Hat der Sicherheitsrat eine Resolution erlassen, die Zwangsmaßnahmen anordnet, bleibt zu fragen, ob die Mitgliedstaaten der Vereinten Nationen zur Umsetzung der Resolution verpflichtet sind. Es ist zu unterscheiden zwischen Resolutionen, die nicht-militärische Zwangsmaßnahmen anordnen, und solchen, die militärische Zwangsmaßnahmen enthalten.

##### *a) Nicht-militärische Zwangsmaßnahmen anordnende Resolutionen*

Bereits bei der Behandlung der Zulässigkeit und Wirkung kollektiver Zwangsmaßnahmen wurde festgestellt, dass die Mitglieder der Vereinten Nationen über Art. 25 und 48 der UN-Charta an die Entscheidungen des Si-

885 Zum Charakter des ICISS-Berichts als bloße Rechtserkenntnisquelle siehe oben S. 48 f.

886 Im Ergebnis ebenso VERLAGE, S. 248 ff.

887 So auch VAN DEN HERIK, in: Henham/Behrens (Hrsg.), S. 75 (92 f.); WHITE, EJIL 20 (2009), S. 545 (547 ff.); vgl. auch JOHNSTONE, JILIR 2 (2005/2006), S. 73 (80 f.); ALVAREZ, in: Alston/MacDonald (Hrsg.), S. 275 (281 ff.).

cherheitsrates gebunden und damit grundsätzlich zur Durchführung der in den Resolutionen enthaltenden Zwangsmaßnahmen verpflichtet sind.[888] In Art. 25 heißt es:

> „The Members of the United Nations agree to accept and carry out the decisions of the Security Council [...]".

Art. 48 ist als Bestätigung dieser Umsetzungsverpflichtung anzusehen sowie als Bestätigung der Möglichkeit des Sicherheitsrates, nur bestimmte Mitglieder zur Umsetzung der Resolution zu verpflichten.[889] Die Staaten, an die eine solche Resolution gerichtet ist, sind daher zur Umsetzung verpflichtet. Ordnet der Sicherheitsrat aufgrund von Menschenrechtsverletzungen im Sinne der *Responsibility to React* beispielsweise ein allgemeines Waffenembargo auf der Grundlage von Art. 39, 41 der UN-Charta an, sind alle UN-Staaten zur Einhaltung dieses Embargos verpflichtet. Hält sich ein Staat nicht an eine solche Verpflichtung, handelt er chartawidrig.

#### *b) Militärische Zwangsmaßnahmen anordnende Resolutionen*

Eine andere Bewertung ist bei Sicherheitsratsresolutionen geboten, die militärische Zwangsmaßnahmen anordnen. Zwar gelten grundsätzlich auch für solche Resolutionen die Art. 25 und 48 der UN-Charta, hier ist aber die Sonderregelung des Art. 43 zu beachten. Über Art. 43 der Charta war der Abschluss von Sonderabkommen vorgesehen, mit welchen eine Verpflichtung der Mitgliedstaaten zur Bereitstellung von Truppen begründet werden sollte. Diese sollten gemäß Art. 47 dem Sicherheitsrat unterstellt und von diesem geführt werden. Bisher ist es weder zum Abschluss solcher Abkommen gekommen, noch ist der Abschluss in naher Zukunft zu erwarten. Dennoch entfaltet Art. 43 eine Sperrwirkung gegenüber den Art. 25 und 48 der Charta. Die Verpflichtung zur Bereitstellung von Truppen ist aufgrund von Art. 43 abhängig von dem Abschluss weiterer Abkommen.[890] Resolutionen, die mi-

---

888 Siehe oben S. 91 f.

889 Vgl. BRYDE/REINISCH, in: Simma (Hrsg.), UN-Charter Commentary, Art. 48 Rn. 1, 3, 5 f.

890 KEMPEN/HILLGRUBER, Kap. 7 Rn. 56; FROWEIN/KRISCH, in: Simma (Hrsg.), UN-Charter Commentary, Art. 42 Rn. 19, Art. 43 Rn. 11; BRYDE/REINISCH, in: Simma (Hrsg.), UN-Charter Commentary, Art. 48 Rn. 3; GOODRICH/HAMBRO/SIMSON, S. 316; DANISH INSTITUTE-BERICHT, S. 58 f.

litärische Zwangsmaßnahmen anordnen, begründen daher lediglich eine rechtfertigende, nicht aber eine verpflichtende Wirkung.

Das Problem fehlender UN-Truppen wird über die Ermächtigungspraxis des Sicherheitsrates gelöst. Hierbei werden Einzelstaaten oder Staatengruppen, die sich zur Durchführung des Militäreinsatzes bereit erklären, durch den Sicherheitsrat ermächtigt und führen diesen dann in der Regel in eigener Befehlsgewalt aus.[891] Zu Schwierigkeiten führt dies, wenn sich kein Staat zur Durchführung des Einsatzes bereit erklärt, wie etwa 1994 in Ruanda. Hierauf wird noch im vierten Kapitel zurückzukommen sein.

Es bleibt daher festzuhalten, dass nur solche Resolutionen des Sicherheitsrates eine Umsetzungspflicht der Mitgliedstaaten begründen, die nichtmilitärische Zwangsmaßnahmen anordnen. Eine Umsetzungspflicht bezüglich Resolutionen, welche militärische Zwangsmaßnahmen anordnen, besteht wegen der Sonderregelung des Art. 43 UN-Charta nicht.

### *3. Handlungspflicht der Staaten außerhalb des Systems der Vereinten Nationen*

Im Folgenden soll untersucht werden, ob eine Handlungspflicht der Staaten unabhängig vom System der Vereinten Nationen, also ohne Sicherheitsratsresolution, besteht. Zunächst soll auf eine Handlungspflicht im Sinne der *Responsibility to React*, also auf eine Handlungspflicht im Falle massiver Menschenrechtsverletzungen, eingegangen werden. Im Anschluss wird zu untersuchen sein, ob eine Verpflichtung zur Handlung im Sinne der beiden anderen Komponenten der *Responsibility to Protect* besteht, also zur Vornahme von Maßnahmen im Sinne der *Responsibility to Prevent* und der *Responsibility to Rebuild.*

#### *a) Handlungspflicht der Staaten im Sinne der Responsibility to React*

Zunächst zur Handlungspflicht der Staaten im Sinne der *Responsibility to React*. Vorangestellt sei, dass die viel diskutierte Frage bezüglich des Bestehens einer Verpflichtung zur Anwendung von Gewalt zum Schutz der Menschenrechte ohne weitere Untersuchung verneint werden kann. Wie dargelegt

---

891 STEIN/VON BUTTLAR, Rn. 862; FROWEIN/KRISCH, in: Simma (Hrsg.), UN-Charter Commentary, Art. 42 Rn. 20 ff.

besteht bereits kein Recht zu einer solchen humanitären Intervention,[892] eine Verpflichtung kann daher erst recht nicht bestehen. Es bleibt daher nur zu untersuchen, ob Menschenrechtsverletzungen des genannten Ausmaßes Staaten zur Vornahme von Handlungen unterhalb der Schwelle des Gewaltverbots verpflichten. In Betracht kommen die Anwendung der bereits behandelten Gegenmaßnahmen sowie sonstiger, an sich völkerrechtlich zulässiger Maßnahmen (sog. Retorsionen). Erst soll untersucht werden, ob sich aus den völkerrechtlichen Verträgen eine Handlungsverpflichtung der Staaten ableiten lässt; insbesondere auf die Völkermordkonvention soll hierbei eingegangen werden. Sodann wird auf die Frage des Bestehens völkergewohnheitsrechtlicher Handlungsverpflichtungen einzugehen sein.

##### *aa) Handlungsverpflichtung aus völkerrechtlichen Verträgen – insbesondere Art. I der Völkermordkonvention*

Als vertragliche Rechtsgrundlage für eine Handlungsverpflichtung der Staaten kommen zunächst allgemein die Menschenrechtsverträge in Betracht. Fraglich ist, ob sich aus diesen eine exterritoriale Schutzpflicht ergibt, welche die Staatengemeinschaft zu Handlungen verpflichtet, soweit ein Staat massive Menschenrechtsverletzungen gegenüber seiner Bevölkerung begeht. Die Frage der exterritorialen Dimension menschenrechtlicher Verträge wurde im völkerrechtlichen Schrifttum jedenfalls aufgeworfen.[893] Unter exterritorialer Dimension ist hierbei die Ausweitung der sich aus den Menschenrechtsverträgen ergebenden Schutzpflicht auf Personen zu verstehen, die der Herrschaftsgewalt anderer Staaten unterstehen.[894] Grundsätzlich werden die Staaten durch Menschenrechtsverträge zur Einhaltung und zum Schutz der vertraglich niedergelegten Rechte nur gegenüber den ihrer Hoheitsmacht unterstehenden Personen verpflichtet. Dies ergibt sich etwa aus Art. 2 Abs. 1 des Internationalen Paktes über bürgerliche und politische Rechte, aus Art. 1 der Europäischen Menschenrechtskonvention sowie aus Art. 2 Abs. 1 der

---

892 Siehe oben S. 166 ff.

893 Vgl. DUPUY, in: Klein (Hrsg.), Duty to Protect, S. 323 ff.

894 Abzugrenzen hiervon ist die Frage der exterritorialen Geltung von Menschenrechtsverträgen, d. h. die Frage der Geltung von Menschenrechtsverträgen in Fällen, in denen ein Staat Hoheitsgewalt auf fremdem Staatsgebiet ausübt, siehe dazu KÜNZLI, S. 113 ff.; KÄLIN/KÜNZLI, S. 142 ff.

UN-Folterkonvention.[895] Für eine Ausweitung des Schutzbereichs bedürfte es einer formellen oder informellen Änderung der Verträge. Hierfür liegen aber keinerlei Anhaltspunkte vor. Eine Schutzverpflichtung gegenüber Personen, die nicht der Herrschaftsgewalt eines Staates unterliegen, lässt sich daher aus den Menschenrechtsverträgen im Allgemeinen nach dem gegenwärtigen Stand des Völkerrechts nicht ableiten.[896]

Möglicherweise ist aber eine solche Verpflichtung der Konvention über die Verhütung und Bestrafung des Völkermordes zu entnehmen. Einen Anhaltspunkt hierfür bietet Art. I der Konvention. In der deutschen Übersetzung heißt es, dass die vertragsschließenden Parteien Völkermord als internationales Verbrechen bestätigen und sich „[...] zu dessen Verhütung und Bestrafung [...] verpflichten." Vor allem eine Pflicht zur Verhütung von Völkermord wäre hier relevant.[897] Fraglich ist allerdings, ob sich aus Art. I der Konvention tatsächlich eine eigenständige Rechtspflicht zur Verhütung von Völkermord ableiten lässt. Hierzu hat sich der Internationale Gerichtshof im Jahr 2007 in seinem Urteil im *Genozid*-Fall[898] geäußert. In dem Verfahren ging es unter anderem um die Verantwortung Serbiens für das Massaker von Srebrenica. Das Urteil sowie mögliche Einwände gegen die in diesem postulierte Verhütungspflicht und die Folgen einer solchen Pflicht sollen im Folgenden dargestellt werden.

##### *aaa) Ableitung einer Verhütungspflicht aus Art. I der Völkermordkonvention durch den Internationalen Gerichtshof*

Der Gerichtshof stellte zunächst fest, dass es sich bei Art. I der Konvention um eine echte Rechtspflicht handelt, und nicht bloß um eine Vorschrift mit präambelartigem Charakter.[899] Die Verpflichtungen zur Verhütung und Bestrafung seien zudem als zwei eigenständige Verpflichtungen zu betrachten, die Pflicht zur Verhütung gehe nicht bereits in der Pflicht zur Bestrafung auf.[900] Bei der Verpflichtung zur Verhütung von Völkermord handelt es sich

895 Siehe hierzu auch KÜNZLI, S. 109; vgl. bereits oben S. 73 ff.

896 Ebenso DUPUY, in: Klein (Hrsg.), Duty to Protect, S. 323 ff.

897 Die Frage der Pflicht zur Bestrafung als dem Völkerstrafrecht zuzuordnende Materie soll hier nicht näher untersucht werden.

898 IGH, Application of the Convention on the Prevention and Punishment of the Crime of Genocide, Urteil vom 26.02.2007, ILM 46 (2007), S. 188.

899 IGH, Genozid-Fall (oben Fn. 898), ILM 46 (2007), S. 188 (231 f./Abs. 164 f.).

900 IGH, Genozid-Fall (oben Fn. 898), ILM 46 (2007), S. 188 (293 f./Abs. 425 ff.).

nach Ansicht des Internationalen Gerichtshofs um eine Verhaltens-, und nicht um eine Erfolgspflicht. In Abs. 430 des Urteil heißt es:

> „[...] the obligation in question is one of conduct and not one of result, in the sense that a State cannot be under an obligation to succeed, whatever the circumstances, in preventing the commission of genocide [...]".

Die Vertragsstaaten seien über Art. I der Konvention dazu verpflichtet, alles in ihrer Macht stehende zu unternehmen, um Völkermorde zu verhindern:

> „the obligation of States parties is rather to employ all means reasonably available to them, so as to prevent genocide so far as possible."

Eine Pflichtverletzung liege demnach vor, wenn der Staat nicht alle ihm möglichen Maßnahmen zur Verhinderung des Völkermordes unternommen habe. In dem Urteil heißt es:

> „[...] manifestly failed to take all measures to prevent genocide which were within its power, and which might have contributed to preventing the genocide."

Die Möglichkeiten zur Verhinderung von Völkermord seien von der Stellung des jeweiligen Staates abhängig; entscheidend seien etwa die geographische Nähe und die politischen Beziehungen. Des Weiteren führte der Gerichtshof aus, dass diese Verpflichtung keiner territorialen Beschränkung unterliege. Eine territoriale Beschränkung gelte entsprechend Art. VI lediglich für die strafrechtliche Verfolgung eines Völkermordes, nicht aber für die Verpflichtung zur Verhütung aus Art. I der Konvention.[901]

#### *bbb) Mögliche Einwände gegen eine Verhütungspflicht aus Art. I der Völkermordkonvention*

Fraglich ist, ob der Interpretation des Art. I der Völkermordkonvention durch den Internationalen Gerichtshof zuzustimmen ist. Gegen die Ableitung einer Verhütungspflicht aus Art. I der Konvention lassen sich zahlreiche Einwände vorbringen. Ausgangspunkt hierfür ist zunächst der Wortlaut des Art. I der Konvention. Zwar ist in der deutschen Übersetzung von einer Verpflichtung die Rede, die für die Auslegung maßgeblichen authentischen Fassungen[902]

---

901 IGH, Genozid-Fall (oben Fn. 898), ILM 46 (2007), S. 188 (228 f., 236/Abs. 154, 183 f.).

902 Vgl. hierzu oben S. 96; gemäß Art. X der Konvention sind dies die chinesische, englische, französische, russische und spanische Fassung.

der Konvention sprechen aber nicht notwendigerweise für ein solches Verständnis. In der englischen Fassung heißt es: „[...] they undertake to prevent and punish." Dies könnte auch so interpretiert werden, dass sich die Vertragsstaaten lediglich vornehmen, Völkermorde zu verhüten und zu bestrafen. Und auch in der französischen und spanischen Fassung bleiben mit den Formulierungen „elles s'engagent à prévenir et à punir" und „ellas se comprometen a prevenir y a sancionar" andere Auslegungsmöglichkeiten wie etwa *engagieren* oder *vereinbaren* möglich. Auch die Entstehungsgeschichte der Konvention könnte als Anhaltspunkt für eine andere Interpretation des Art. I herangezogen werden. Die fragliche Formulierung des späteren Artikel I der Konvention war in den vorhergehenden Entwürfen noch in der Präambel zu finden[903] und sollte zunächst mit dem Zusatz „in accordance with the following articles" in Art. I eingefügt werden.[904] Dies spricht dafür, dass jedenfalls zu Beginn keine Rechtsverpflichtung zur Verhütung von Völkermord vorgesehen war. Zwar stützt sich der Gerichtshof in seinem Urteil darauf, dass die *Pflicht* zur Verhütung letztendlich in Art. I und ohne Zusätze verabschiedet wurde,[905] aber gerade im Zusammenhang mit den Interpretationsmöglichkeiten nach dem Wortlaut der authentischen Fassungen ließe sich die Begründung einer Handlungspflicht verneinen. In Art. I könnte vielmehr eine allgemeine Zielsetzung der Konvention gesehen werden, welcher mit der Stellung im Rahmen der Artikel in besonderer Weise Ausdruck verliehen werden sollte. Zudem legte bereits ROBINSON dar, dass sich die Staaten über Inhalt und Wirkung des Art. I selbst nicht im Klaren waren und den Artikel zum Teil sogar für überflüssig hielten.[906] In diese Richtung deutet auch ein weiteres, auf systematischer Ebene anzusiedelndes Argument. Vergleicht man die Verpflichtung zur Verhütung von Völkermord mit der Verpflichtung zur Bestrafung, dann fällt auf, dass Letztere zwar in Art. I der Konvention genannt ist, aber in den folgenden Artikeln, insbesondere Art. V und VI der Konvention, weiter konkretisiert wird. Hieraus könnte gefolgert werden, dass die allgemein gehaltene Formulierung in Art. I als allgemeine Zielbestimmung allein keine Rechtswirkung entfaltet. Auch der Internationale Gerichtshof hat im Zusammenhang mit der Verpflichtung zur Bestrafung von Völkermord zwar Art. I genannt, sich aber dann allein auf Art. VI der Kon-

---

903 Abdruck der vorhergehenden Entwürfe bei ROBINSON, S. 122 ff.

904 Vgl. IGH, Genozid-Fall (oben Fn. 898), ILM 46 (2007), S. 188 (231/Abs. 164).

905 IGH, Genozid-Fall (oben Fn. 898), ILM 46 (2007), S. 188 (232/Abs. 165).

906 ROBINSON, S. 55.

vention gestützt.[907] Eine Pflicht zur Verhütung von Völkermord bestünde danach nicht, da in den weiteren Artikeln der Konvention eine solche gerade nicht weiter vorgesehen ist; in Art. VIII wird lediglich die Möglichkeit der Anrufung der Vereinten Nationen genannt. Und auch hinsichtlich der territorialen Beschränkung, die der Internationale Gerichtshof nur für Art. VI bezüglich der gerichtlichen Zuständigkeit annimmt, für Art. I der Konvention aber verneint, wäre eine andere Interpretation denkbar. Die Verankerung des Territorialitätsprinzips in Art. VI könnte als Ausdruck eines allgemeinen Prinzips verstanden werden, auf welches sich die Staaten für die Anwendung der Völkermordkonvention geeinigt haben. So ist etwa die Formulierung, dass die Vertragsstaaten sich gegenseitig versprechen, Völkermorde zu verhindern und zu unterbinden, wo immer diese geschehen („to prevent and to repress such acts wherever they may occur"), die noch in der Präambel der ersten Fassung vorgesehen war, in der Endfassung der Konvention nicht mehr zu finden.[908] Soweit sich die Staaten allgemein für eine territoriale Beschränkung entschieden hätten, würde dies auch für die Verhütung von Völkermord gelten. Wenn Art. I eine Rechtspflicht enthalten würde, würde diese für jeden Vertragsstaat daher nur bezüglich des eigenen Staatsgebiets gelten.[909] Bei Völkermorden auf dem Territorium anderer Staaten würde folglich keine Handlungspflicht begründet. Für eine solche Interpretation des Art. I der Konvention spricht auch die Staatenpraxis.[910] Denn ein Verstoß gegen die Verpflichtung wurde – abgesehen von dem geschilderten Fall vor dem Internationalen Gerichtshof – bisher nicht geltend gemacht, obwohl es hierfür mehrfach Anlass gegeben hätte.[911]

Trotz allem ist dem Internationalen Gerichtshof zuzustimmen. Im Ergebnis ist keiner der dargestellten Einwände überzeugend. Insbesondere von einer allgemeinen territorialen Beschränkung der Konvention kann nicht ausgegangen werden. Bei der Einfügung der Beschränkung in Art. VI der Konvention ging es darum, internationale Spannungen zu vermeiden, welche sich aus einer Verpflichtung zur Bestrafung auf Grundlage des Universalitätsprin-

---

907 Vgl. IGH, Genozid-Fall (oben Fn. 898), ILM 46 (2007), S. 188 (297 ff./Abs. 439 ff.).

908 Dazu ROBINSON, S. 31 f.

909 So etwa angedeutet bei VAN DEN HERIK, in: Henham/Behrens (Hrsg.), S. 75 (91).

910 So auch Richter LAUTERPACHT (Separate Opinion), Genozid-Fall, Further Request for the Indication of Provisional Measures, ICJ Rep. 1993, S. 407 (444 f./Abs. 115).

911 Siehe zu den Fällen der Untätigkeit der internationalen Gemeinschaft BEN-NAFTALI, in: Gaeta (Hrsg.), Genocide Convention Commentary, S. 27 (33 f.).

zips ergeben würden. Denn soweit eine fremde Regierung in einen Völkermord verwickelt wäre, stünde beziehungsweise stand, jedenfalls nach der Rechtslage von 1948,[912] die staatliche Immunität beziehungsweise die Immunität der staatlichen Funktionsträger einer Verfolgung entgegen. Zudem wurde die Beschränkung eingefügt, um die Idee internationaler Tribunale nicht zu unterlaufen.[913] Die territoriale Beschränkung der Verpflichtung zur Bestrafung des Art. VI der Konvention bezieht sich daher speziell auf den Aspekt der Strafverfolgung durch nationale Gerichte, spricht aber nicht gegen eine territorial unbeschränkte Pflicht zur Verhütung von Völkermord. Und auch die übrigen Einwände erfordern nicht zwingend ein enges Verständnis des ersten Artikels der Konvention. In Anbetracht des historischen Hintergrundes des Holocaust ging es den Staaten wohl darum, eine umfassende Konvention zu schaffen, die sich gerade auch auf die Verhütung von Völkermorden in anderen Staaten bezog. Selbst wenn sich die Staaten zunächst nicht des vollen Umfangs der Verhütungspflicht bewusst waren, haben sie eine solche jedenfalls mit der Entscheidung des Internationalen Gerichtshofs akzeptiert. Auch die bisher unterbliebene Geltendmachung von Verstößen gegen die Verhütungspflicht spricht nicht gegen das Bestehen einer solchen Pflicht. Im Gegensatz zum Völkergewohnheitsrecht ist die Geltung völkerrechtlicher Verträge grundsätzlich unabhängig von der Praxis der Staaten. Wie noch zu zeigen sein wird, tritt hier vielmehr das allgemeine Problem der Durchsetzung des Völkerrechts zutage.[914] Insofern ist auch den Stimmen in der Literatur zu widersprechen, die Art. I der Konvention vor dem Urteil des Internationalen Gerichtshofs für ein leeres Konzept hielten. Erst durch das Urteil des Gerichtshofs sei eine Pflicht zur Verhütung von Völkermord begründet worden. Dies sei über eine teleologische, an den „Gesetzen der Menschlichkeit" orientierte Auslegung möglich gewesen.[915] Ein weiteres Mal sei hier auf die Trennung von Rechtslage und Rechtsumsetzung, das heißt von *Sollen* und *Sein* verwiesen. Die Verhütungspflicht ist nicht erst aufgrund der Menschenrechtsentwicklung in Art. I hineingelangt, durch den Bewusstseinswandel der Staaten kommt diese vielmehr erst jetzt zum Ausdruck. Es

---

912 Vgl. hierzu und zu den Ansätzen der Aufhebung der Immunität im Falle gravierender Menschenrechtsverletzungen KEMPEN/HILLGRUBER, Kap. 6 Rn. 30 ff.

913 Vgl. ROBINSON, S. 31 f.

914 Dazu noch unten S. 242 f.

915 So etwa RENSMANN, ZaöRV 68 (2008), S. 111 (124 ff.); BEN-NAFTALI, in: Gaeta (Hrsg.), Genocide Convention Commentary, S. 27 (33, 560).

kann insofern von einer mittelbaren Auswirkung der zunehmenden Humanisierung auf das Verhalten der Staaten bei der Rechtsumsetzung gesprochen werden.

Im Ergebnis schlagen die dargestellten Einwände nicht durch. Es ist entsprechend der Entscheidung des Internationalen Gerichtshofs davon auszugehen, dass sich aus Art. I der Konvention eine echte Rechtspflicht zur Verhütung von Völkermord ergibt.[916]

*ccc) Rechtliche Folgen der Verhütungspflicht aus Art. I der Völkermordkonvention*

Entsprechend dem Urteil des Internationalen Gerichtshofs im *Genozid*-Fall sind nach Art. I der Völkermordkonvention alle der derzeit 141 Vertragsstaaten im Falle eines Völkermords, beziehungsweise sobald sich ein solcher abzeichnet,[917] verpflichtet, die ihnen möglichen Verhütungshandlungen vorzunehmen. Dies gilt sowohl hinsichtlich des eigenen aber auch bezüglich fremder Staatsgebiete.[918] Zu welchen Handlungen Art. I die Staaten konkret verpflichtet, kann abstrakt nicht ermittelt werden. Hierfür kommt es vielmehr auf die Umstände des Einzelfalls und insbesondere auf das Vermögen der jeweiligen Staaten an. Grundsätzlich ist von einer freien Wahl der Mittel auszugehen.[919] Zu beachten ist, dass in jedem Fall nur völkerrechtlich zulässige Mittel in Frage kommen. Bereits der Internationale Gerichtshof stellte dies klar:

---

916 Im Ergebnis ebenso VERLAGE, S. 48 ff.; HERDEGEN, Völkerrecht, § 48 Rn. 1; OELLERS-FRAHM, VN 55 (2007), S. 163 (166 f.); SCHABAS, S. 520 ff., 645; vgl. auch DERS., in: Wolfrum (Hrsg.), EPIL Online-Edition, Rn. 6; VON SCHORLEMER, Policy Paper, S. 3; PAYANDEH, S. 427; HILLGRUBER, in: Tomuschat/Thouvenin (Hrsg.), S. 265 (291 f.).

917 Nach Ansicht des Gerichtshofs besteht die Verhütungspflicht nicht erst, wenn der Völkermord bereits begonnen hat, sondern bereits dann, wenn der Staat erfährt oder hätte erfahren müssen, dass sich ein solches Risiko abzeichnet (IGH, Genozid-Fall (oben Fn. 898), ILM 46 (2007), S. 188 (295/Abs. 431). Dies entspricht den Ausführungen der ICISS bezüglich der Eingriffsschwelle im Sinne der Responsibility to React, vgl. hierzu oben S. 19 f.

918 Vgl. BEN-NAFTALI, in: Gaeta (Hrsg.), Genocide Convention Commentary, S. 27 (37).

919 Vgl. HILLGRUBER, in: Tomuschat/Thouvenin (Hrsg.), S. 265 (291 f.); PAYANDEH, S. 427.

> „The State's capacity to influence must also be assessed by legal criteria, since it is clear that every State may only act within the limits permitted by international law […]".[920]

Art. I der Völkermordkonvention begründet daher insbesondere kein Recht oder gar eine Pflicht zu militärischen Interventionen ohne ein Mandat des Sicherheitsrates.

#### *bb) Völkergewohnheitsrechtliche Pflicht zur Anwendung von Gegenmaßnahmen*

Möglicherweise lässt sich aus dem Völkergewohnheitsrecht eine Verpflichtung der Staaten zur Anwendung von Gegenmaßnahmen herleiten. Dass im Falle massiver Menschenrechtsverletzungen ein Recht zur Anwendung von Gegenmaßnahmen besteht, wurde bereits festgestellt.[921] Für die Begründung einer Verpflichtung bedürfte es einer hinreichend einheitlichen Praxis der Anwendung von Gegenmaßnahmen in Fällen massiver Menschenrechtsverletzungen, die von einer Rechtsüberzeugung, zur Anwendung der Gegenmaßnahmen verpflichtet zu sein, begleitet sein müsste. Wie bereits dargelegt sind die Reaktionen der Staaten auch bei massiven Menschenrechtsverletzungen als sehr zurückhaltend zu bewerten.[922] Von einer einheitlichen Praxis kann daher keine Rede sein. Eine Verpflichtung zur Anwendung von Gegenmaßnahmen ist daher zu verneinen.[923] Angesichts der Zurückhaltung der Staaten sind die zum Teil gegenteiligen Äußerungen in der Literatur[924] nicht haltbar. Auch eine nur im Fall von Völkermord bestehende Pflicht zum Einschreiten im Sinne einer gewohnheitsrechtlichen Geltung des Art. I der Völkermordkonvention ist zu verneinen. Zwar ist die Begründung von Völkergewohnheitsrecht aus völkerrechtlichen Verträgen möglich, es fehlt aber in doppelter Hinsicht eine die gewohnheitsrechtliche Geltung belegenden Pra-

---

920 IGH, Genozid-Fall (oben Fn. 898), ILM 46 (2007), S. 188 (294 f./Abs. 430).

921 Siehe oben S. 121 ff.

922 Vgl. oben S. 133.

923 So auch HILLGRUBER, in: Tomuschat/Thouvenin (Hrsg.), S. 265 (291); KLEIN, in: BDGVR 37 (1998), S. 39 (63); vgl. auch WEISS, Security Dialogue 35 (2004), S. 135 (147).

924 So etwa CHARNEY, AJIL 93 (1999), S. 834 (835), welcher von einer Verpflichtung zur Anwendung von Gegenmaßnahmen bei Verstößen gegen Normen mit erga omnes-Charakter ausgeht.

xis: Die Staaten sind der Verpflichtung des Art. I weder nachgekommen, noch wurde dies durch andere Staaten gerügt.[925]

Auch aus der Entwicklung im Zusammenhang mit der *Responsibility to Protect* lässt sich keine Verpflichtung der Staaten zur Anwendung von Gegenmaßnahmen ableiten. Die ICISS nennt zwar in ihrem Bericht im Rahmen der nicht-militärischen Maßnahmen der *Responsibility to React* zahlreiche mögliche Gegenmaßnahmen; dass der Begriff der *Responsibility* aber nicht zwingend als Rechtspflicht zu interpretieren ist, wurde bereits dargestellt.[926] Im Bericht des HIGH-LEVEL PANEL und des Generalsekretärs sowie im Weltgipfeldokument werden im Zusammenhang mit der *Responsibility to Protect* unilaterale Maßnahmen gar nicht mehr genannt; behandelt wird nur die kollektive Dimension des Konzepts, das heißt die Reaktionsmöglichkeiten im Rahmen der Vereinten Nationen. Hieraus lassen sich daher ebenfalls keine Schlussfolgerungen bezüglich einer Pflicht zur Anwendung unilateraler Gegenmaßnahmen ziehen.[927]

In diesem Zusammenhang darf der ILC-Entwurf zur Staatenverantwortlichkeit nicht unerwähnt bleiben. Art. 41 des Entwurfs verpflichtet die Staaten dazu, Zustände, die aus schwerwiegenden Verletzungen zwingender Normen des Völkerrechts hervorgegangen sind, nicht anzuerkennen sowie gemeinsam solche Zustände zu beheben. Aus der letztgenannten Verpflichtung zur Zusammenarbeit könnte man eine der Verhütungspflicht der Völkermordkonvention entsprechende Handlungspflicht folgern. Eine solche würde zwar aufgrund der freien Wahl der Mittel keine konkrete Verpflichtung zur Ergreifung von Gegenmaßnahmen begründen, das Mittel der Gegenmaßnahme könnte aber jedenfalls als eine mögliche Handlungsoption im Rahmen der Handlungsverpflichtung betrachtet werden.[928] Wie bereits dargelegt sind die im ILC-Entwurf enthaltenden Regelungen allerdings nur dann als verbindlich anzusehen, soweit diese geltendes Gewohnheitsrecht zum Ausdruck bringen. Die Frage, ob dies bei der genannten Regelung der Fall ist, wurde von der INTERNATIONAL LAW COMMISSION offen gelassen.[929] Aufgrund der Zurückhaltung der Staaten hinsichtlich des Einschreitens im Falle

---

925 Vgl. oben S. 225.

926 Siehe oben S. 26 ff.

927 Vgl. hierzu auch PAYANDEH, S. 427 ff.

928 Vgl. insgesamt hierzu ILC-Kommentar zur Staatenverantwortlichkeit, Art. 41 Abs. 2 f.; HILLGRUBER, in: Tomuschat/Thouvenin (Hrsg.), S. 265 (292).

929 Siehe ILC-Kommentar zur Staatenverantwortlichkeit, Art. 41 Abs. 3.

von Menschenrechtsverletzungen kann, entgegen vereinzelten Stimmen in der Literatur,[930] von einer Entsprechung im Völkergewohnheitsrecht nicht ausgegangen werden.[931] Auch dem *Sperrmauer*-Gutachten des Internationalen Gerichtshofs kann ein solches Verständnis nicht entnommen werden.[932] Ausdrücklich leitet der Gerichtshof aus dem *erga omnes*-Charakter des Selbstbestimmungsrechts der Völker lediglich eine Verpflichtung der Staaten ab, den Rechtsbruch nicht anzuerkennen und nicht zu unterstützen. Bewusst offen gehalten wurde hingegen die Formulierung hinsichtlich eines aktiven Einschreitens. Im Urteil heißt es:

> „Given the character and the importance of the rights and obligations involved, the Court is of the view that all States are under an *obligation not to recognize* the illegal situation resulting from the construction of the wall in the Occupied Palestinian Territory, including in and around East Jerusalem. They are also under an *obligation not to render aid or assistance* in maintaining the situation created by such construction. *It is also for all States*, while respecting the United Nations Charter and international law, *to see to it* that any impediment, resulting from the construction of the wall, to the exercise by the Palestinian people of its right to self-determination is brought to an end. In addition, all the States parties to the Geneva Convention relative to the Protection of Civilian Persons in Time of War of 12 August 1949 are under an *obligation*, while respecting the United Nations Charter and international law, to ensure compliance by Israel with international humanitarian law as embodied in that Convention."[933]

Sowohl die Formulierung „it is [...] to see to it" als auch der Vergleich zu den vorherigen Sätzen sowie zum nachfolgenden Satz, in welchen ausdrücklich von „obligation" die Rede ist, sprechen gegen die Interpretation der im dritten Satz des obigen Zitats enthaltenden Handlungen zur Beendigung des völkerrechtswidrigen Zustandes als Pflicht. Zum gleichen Ergebnis gelangt man auch anhand der französischen Fassung des Gutachtens.[934]

---

930 Vgl. etwa VON SCHORLEMER, Policy Paper, S. 3.

931 Vgl. HILLGRUBER, in: Tomuschat/Thouvenin (Hrsg.), S. 265 (292); KLEIN, in: BDGVR 37 (1998), S. 39 (63 f.); siehe auch PAYANDEH, S. 427 ff.; RENSMANN, ZaöRV 68 (2008), S. 111 (122); STAHN, AJIL 101 (2007), S. 99 (115 f.).

932 Anders aber RENSMANN, ZaöRV 68 (2008), S. 111 (123).

933 IGH, Sperrmauer-Gutachten (oben Fn. 314), ICJ Rep. 2004, S. 136 (200/Abs. 159) (Hervorhebung v. Verf.).

934 Dort heißt es an gleicher Stelle: „Vu la nature et l'importance des droits et obligations en cause, la Cour est d'avis que tous les Etats sont dans *l'obligation* de ne pas reconnaître la situation illicite découlant de la construction du mur dans le territoire palestinien occupé, y compris à l'intérieur et sur le pourtour de Jérusalem-Est. Ils sont

### *cc) Völkergewohnheitsrechtliche Pflicht zur Anwendung völkerrechtlich zulässiger Maßnahmen – Retorsionen*

Möglicherweise besteht aber eine Verpflichtung zur Anwendung völkerrechtlich zulässiger Maßnahmen. Bei solchen an sich zulässigen Maßnahmen kann man, soweit diese als Reaktion auf einen völkerrechtswidrigen Akt, das heißt im Rahmen der *Responsibility to React* als Reaktion auf massive Menschenrechtsverletzungen, ausgeführt werden, von Retorsionen sprechen. Hierbei handelt es sich um völkerrechtlich zulässige, aber unfreundliche Akte, die als Reaktion auf einen vorangegangen unfreundlichen oder völkerrechtswidrigen Akt ihren unfreundlichen Charakter verlieren.[935] Als Retorsionsmaßnahmen kommen etwa die Einsetzung von Friedenstruppen oder der Abbruch diplomatischer Beziehung in Betracht[936] sowie die im VI. Kapitel der UN-Charta vorgesehenen Maßnahmen der friedlichen Streitbeilegung.

Während das Rechtsinstitut der Retorsion im Rahmen der Behandlung der Eingriffsrechte aufgrund der allgemeinen Zulässigkeit noch ohne Bedeutung für die vorliegende Untersuchung war, erlangt dieses hier im Rahmen einer Handlungsverpflichtung an Gewicht, da, sofern eine entsprechende Handlungsverpflichtung bestünde, ein Unterlassen der geforderten Handlung als völkerrechtswidrig zu bewerten wäre. Für die Bejahung einer entsprechenden Verpflichtung bedürfte es allerdings auch hier einer Verankerung im Völkergewohnheitsrecht. Einer solchen Annahme steht ebenfalls die Zurückhaltung der Staaten, im Falle massiver Menschenrechtsverletzungen einzuschreiten, entgegen. Diese Zurückhaltung ist nicht nur bezüglich der Anwendung von Gegenmaßnahmen zu verzeichnen, sondern auch für sonstige, völkerrechtlich

---

également dans *l'obligation* de ne pas prêter aide ou assistance au maintien de la situation créée par cette construction. *Il appartient par ailleurs à tous les Etats de veiller*, dans le respect de la Charte des Nations Unies et du droit international, à ce qu'il soit mis fin aux entraves, résultant de la construction du mur, à l'exercice par le peuple palestinien de son droit à l'autodétermination. En outre, tous les Etats parties à la convention de Genève relative a la protection des personnes civiles en temps de guerre, du 12 août 1949, ont *l'obligation*, dans le respect de la Charte des Nations Unies et du droit international, de faire respecter par Israël le droit international humanitaire incorporé dans cette convention“ (Hervorhebung v. Verf.).

935 PARTSCH, Retorsion, in: Bernhardt (Hrsg.), EPIL IV, S. 232 (232 f.).

936 Zur grundsätzlichen Völkerrechtskonformität dieser Maßnahmen siehe oben S. 90, 157.

zulässige Maßnahmen.[937] Auch die die *Responsibility to Protect* behandelnden Berichte sind, wie soeben im Rahmen der Verpflichtung zur Anwendung von Gegenmaßnahmen dargestellt, hinsichtlich einer Handlungsverpflichtung nicht ergiebig.

##### *dd) Zwischenergebnis*

Im Falle massiver Menschenrechtsverletzungen ergibt sich aus den Menschenrechtsverträgen keine Handlungspflicht der Staaten; aus Art. I der Völkermordkonvention lässt sich eine solche aber für Fälle des Völkermords ableiten. Nach Art. I der Konvention sind die Vertragsstaaten dazu verpflichtet, alle ihnen möglichen Maßnahmen zur Verhütung von Völkermorden zu ergreifen. Eine hierüber hinausgehende allgemeine Verpflichtung zur Verhütung massiver Menschenrechtsverletzungen ist zu verneinen. Nach dem gegenwärtigen Stand des Völkergewohnheitsrechts besteht weder eine Verpflichtung, Gegenmaßnahmen zu ergreifen, noch Retorsionen anzuwenden.

#### *b) Handlungspflicht der Staaten im Sinne der Responsibility to Prevent und Responsibility to Rebuild*

Entsprechend den Ausführungen zur Retorsion gewinnen auch die *Responsibility to Prevent* und die *Responsibility to Rebuild* im Rahmen der Untersuchung der Handlungsverpflichtung an Bedeutung für die vorliegende Arbeit. Sofern eine Verpflichtung zur Vornahme von Handlungen im Sinne dieser beiden Komponenten der *Responsibility to Protect* bestünde, wäre ein Unterlassen als völkerrechtswidrig zu bewerten. Allerdings scheint die Begründung einer solchen Verpflichtung schwierig. Es fehlt zum einen an einem konkreten Anhaltspunkt im Sinne eines pflichtauslösenden Ereignisses, zum anderen lassen sich keine konkreten Handlungen bestimmen, zu denen ein Staat beziehungsweise die Staatengemeinschaft verpflichtet sein könnten. Während im Rahmen der *Responsibility to React* die vorliegenden beziehungsweise bevorstehenden Menschenrechtsverletzungen als pflichtauslösendes Ereignis dienen, geht es etwa im Falle der *Responsibility to Prevent* um das Bestehen einer allgemeinen Handlungspflicht ohne konkrete Anhaltspunkte. Schon methodisch scheint es fraglich, ob ein solcher schwer greifbarer Ausgangspunkt zur Begründung einer Norm im Völkergewohnheitsrecht

---

937 Vgl. hierzu oben S. 228; siehe auch SCHALLER, SWP-Aktuell 46, Juni 2008, S. 5.

führen kann. Dennoch soll hier kurz auf mögliche Aspekte einer solchen Handlungspflicht eingegangen werden.

Hinsichtlich der Primärverantwortung der Staaten lässt sich eine Verpflichtung zur Verhinderung von Konflikten und zum Wiederaufbau nach Konflikten aus der allgemeinen sich aus den Menschenrechtsverpflichtungen ergebenden und oben bereits dargestellten Schutzpflicht herleiten.[938] Demnach sind auch ohne konkrete Anhaltspunkte Schutzvorkehrungen zur Vermeidung von humanitären Konflikten zu treffen.[939] Und auch im Anschluss an einen Konflikt erwächst hieraus wohl eine Verpflichtung zum Wiederaufbau, um überhaupt die Rahmenbedingung für die Beachtung der Menschenrechte zu schaffen.

Fraglich erscheint aber, ob eine Verpflichtung der Staatengemeinschaft besteht, die Einzelstaaten darin zu unterstützen, ihre Primärverantwortung wahrzunehmen. Die ICISS nennt in ihrem Bericht lediglich zahlreiche mögliche Einzelmaßnahmen, die zur Verhinderung von Konflikten und zum Wiederaufbau nach Konflikten ergriffen werden können.[940] Hierbei scheint auch die Kommission nicht von einer Handlungsverpflichtung der Staatengemeinschaft auszugehen. Angesichts der Zurückhaltung der Staaten selbst in akuten Notlagen kann die Verankerung einer Handlungsverpflichtung im Sinne der *Responsibility to Prevent* und *Responsibility to Rebuild* im Völkergewohnheitsrecht nur verneint werden. Hinsichtlich der *Responsibility to Prevent* prangert bereits die Kommission die Zurückhaltung der Staatengemeinschaft an.[941] Mittlerweile sind zwar zahlreiche Maßnahmen der internationalen Gemeinschaft zu verzeichnen, die den im ICISS-Bericht vorgeschlagenen Maßnahmen entsprechen, zum Beispiel im Bereich der Konfliktprävention die im Jahr 2004 erfolgte Einsetzung eines UN-Sonderberaters für die Verhinderung von Völkermord (SPECIAL ADVISOR FOR THE PREVENTION OF GENOCIDE AND MASS ATROCITIES), dessen Aufgabe unter anderem die Früherkennung von Konflikten ist,[942] sowie im Bereich des Wiederaufbaus die Errichtung der PEACEBUILDING-Kommission als beratendes Organ im System der Vereinten

---

938 Vgl. oben S. 74 f.

939 Vgl. KÄLIN/KÜNZLI, S. 209.

940 Vgl. oben S. 15 ff., 24.

941 Siehe oben S. 15.

942 Vgl. das Mandat des Sonderberaters, abrufbar unter: http://www.un.org/preventgenocide/adviser/mandate.shtml (zuletzt besucht 07.2010).

Nationen[943] und konkret für den Fall Sudan die Einsetzung der COMMISSION OF INQUIRY ON DARFUR zur Aufklärung des Darfur-Konflikts.[944] Dass die Staaten von einer Verpflichtung zur Anwendung solcher Maßnahmen ausgehen, kann aber nicht angenommen werden. Dagegen spricht auch das Weltgipfeldokument. Hinsichtlich der *Responsibility to Prevent* enthält dieses lediglich den allgemeinen Hinweis, dass die Staaten beabsichtigen, bei der Verhinderung des Ausbruchs von Konflikten zu helfen.[945] Die Komponente der *Responsibility to Rebuild* findet keine ausdrückliche Erwähnung.

Als weiterer Anhaltspunkt für die Wahrnehmung der *Responsibility to Prevent* durch die Staatengemeinschaft könnte auch das jüngste Einschreiten in Haiti nach dem Erdbeben im Januar 2010 gewertet werden. Zu beachten ist allerdings, dass es sich im Falle Haitis nach der Konzeption des Weltgipfeldokuments nicht um einen Anwendungsfall der *Responsibility to Protect* handelte; nach diesem ist das Konzept nur im Falle internationaler Verbrechen anwendbar. Nach dem Bericht der ICISS fällt auch die Situation in Haiti in den Anwendungsbereich des Konzepts. Demnach greift die *Responsibility to Protect* in allen Fällen von humanitären Notlagen; lediglich für die Anwendung von Zwangsmaßnahmen werden besondere Anforderungen gestellt.[946] Eine andere Frage ist es allerdings, ob die Bezeichnung der Situation in Haiti als Anwendungsfall der *Responsibility to Protect*, entgegen dem auf dem UN-Weltgipfel geäußerten Konsens der Staaten, politisch sinnvoll wäre.[947] Auch dem Fall Haiti lässt sich aber kein Anhaltspunkt dafür entnehmen, dass die Staaten von einer Rechtspflicht zum Handeln ausgegangen wären, sodass auch dieser Fall jedenfalls nicht zur Begründung einer Rechtspflicht zur Vornahme von Handlungen im Sinne der *Responsibility to Prevent* beigetragen hat.

943 Siehe S/RES/1645, vom 20. Dezember 2005 und A/RES/60/180, vom 30. Dezember 2005.

944 Siehe S/RES/1564, vom 18. September 2004, zum Ergebnisbericht siehe unten Fn. 948.

945 Vgl. oben S. 33; vgl. auch SCHALLER, SWP-Aktuell 46, Juni 2008, S. 4, welcher in diesem Zusammenhang von einer schwachen politischen Forderung spricht.

946 Vgl. oben S. 39.

947 Vgl. hierzu unten S. 246 f.

### *4. Ergebnis*

Verpflichtungen der Staatengemeinschaft zur Vornahme von Handlungen im Sinne der *Responsibility to Protect* bestehen nur in einem sehr begrenzten Umfang. Eine Verpflichtung des Sicherheitsrates zum Erlass von Zwangsmaßnahmen besteht nach wie vor auch im Falle humanitärer Notsituationen nicht. Insbesondere das Vetorecht der ständigen Mitglieder des Sicherheitsrates wäre mit einer solchen Verpflichtung nicht in Einklang zu bringen. Gerade die Verhandlungen zur *Responsibility to Protect* auf dem UN-Weltgipfel haben gezeigt, dass die ständigen Mitglieder des Sicherheitsrates nicht zum Verzicht oder zur Einschränkung ihres Vetorechts bereit sind. Soweit der Sicherheitsrat eine zur Anwendung von Zwangsmaßnahmen autorisierende Resolution erlassen hat, ist bezüglich der Umsetzungspflicht zu unterscheiden zwischen solchen Resolutionen, welche nicht-militärische und welche militärische Maßnahmen anordnen. Nur im ersten Fall kann eine Umsetzungspflicht der UN-Mitgliedstaaten angenommen werden. Für Resolutionen, die militärische Maßnahmen anordnen, scheidet eine Umsetzungspflicht aufgrund der Sonderregelung des Art. 43 der Charta aus. Außerhalb des Systems der Vereinten Nationen besteht allein für die Vertragsstaaten der Völkermordkonvention gemäß dem ersten Artikel der Konvention eine Verpflichtung zur Verhütung von Völkermorden. Im Übrigen kann weder aus menschenrechtlichen Verträgen noch aus dem Völkergewohnheitsrecht eine Verpflichtung zur Vornahme von Handlungen im Sinne der einzelnen Komponenten der *Responsibility to Protect* hergeleitetet werden.

## D. Ergebnis zum dritten Kapitel

Die eingangs gestellte Frage nach der Rechtsverbindlichkeit des Konzepts der *Responsibility to Protect* kann nicht pauschal beantwortet werden. Hierfür fehlt es insbesondere an einer einheitlichen Rechtsgrundlage. Weder der ICISS-Bericht, noch der Bericht des HIGH-LEVEL PANEL oder die Berichte ANNANS und BAN KI-MOONS können als Rechtsgrundlage für das Gesamtkonzept herangezogen werden. Es handelt sich hierbei um Rechtserkenntnisquellen, die einen Beitrag bei der Feststellung des Rechts leisten können, selbst aber keine Rechtsverbindlichkeit begründen. Und auch das Weltgipfeldokument als Resolution der UN-Generalversammlung sowie die die *Respon-*

*sibility to Protect* bestätigenden Resolutionen des UN-Sicherheitsrates begründen keine unmittelbare Verbindlichkeit des Konzepts. Zudem ist das Konzept aufgrund der großen Spannbreite rechtlich schwer zu fassen, sodass eine einheitliche rechtliche Behandlung kaum möglich erscheint. Die Bezeichnung des Konzepts der *Responsibility to Protect* als *emerging Norm* wird diesem folglich nicht gerecht.

Für die Untersuchung der Verankerung des Konzepts in der geltenden Völkerrechtsordnung bietet es sich daher an, dieses in die einzelnen Komponenten aufzuspalten. Hierbei ergeben sich fünf Prüfungspunkte: erstens die Primärverantwortung der Staaten, zweitens die Sekundärverantwortung der Staatengemeinschaft, drittens das Recht der Staatengemeinschaft zu nichtmilitärischen Interventionen in humanitären Notsituationen, viertens das Recht der Staatengemeinschaft zu militärischen Interventionen in humanitären Notsituationen, und fünftens die Pflicht der Staatengemeinschaft zur Vornahme von Handlungen im Sinne der *Responsibility to Protect.* Grundsätzlich können für die Untersuchung nur die klassischen, in Art. 38 des IGH-Statuts aufgezählten Rechtsquellen des Völkerrechts herangezogen werden, also insbesondere die völkerrechtlichen Verträge und das Völkergewohnheitsrecht. Zwar ist Art. 38 des IGH-Statuts nicht als abschließend zu verstehen; bisher haben sich aber keine weiteren Rechtsquellen herausgebildet. Für die Behandlung der *Responsibility to Protect* sind insbesondere das Weltgipfeldokument als Generalversammlungsresolution sowie die Resolutionen des Sicherheitsrates von rechtlicher Relevanz. Diese begründen zwar keine direkte Verbindlichkeit des Konzepts, können aber für die Entwicklung des Völkergewohnheitsrechts von unmittelbarer Bedeutung sein, und zwar in doppelter Hinsicht: Zum einen über die Resolutionen an sich, als Beitrag der Vereinten Nationen für die Entwicklung des Völkergewohnheitsrechts, und zum anderen über das Verhalten der Staaten im Zusammenhang mit den Resolutionen, als Beitrag der Staaten für die Entwicklung des Völkergewohnheitsrechts.

Die Primärverantwortung der Staaten zum Schutz humanitärer Belange ist zu bejahen. Die Staaten sind für den Schutz der ihrer Hoheitsgewalt unterstehenden Personen nicht nur zuständig, sondern sogar dazu verpflichtet. Dies ergibt sich zum einen aus den zahlreichen Verträgen zum Schutz der Menschenrechte als auch aus dem Völkergewohnheitsrecht. Es handelt sich hierbei sowohl um Unterlassens- als auch um Schutzpflichten. Diese gelten grundsätzlich auch im Fall eines *failed State,* welcher rechtlich fortbesteht. Allerdings läuft aufgrund der faktischen Handlungsunfähigkeit solcher Staaten der Schutz der Menschenrechte leer. Insgesamt handelt es sich hinsichtlich der Primärverantwortung der Staaten im Sinne des Konzepts der *Responsibility to Protect* um keine neue völkerrechtliche Regelung, sondern vielmehr um eine Bestätigung der bereits vorher bestehenden Rechtslage. Auch die staatliche Souveränität steht der Primärverantwortung nicht entgegen. Zwar sind Angelegenheiten, die den Schutz der Menschen betreffen, mittlerweile dem Bereich der ausschließlichen staatlichen Zuständigkeit entzogen, dennoch bleiben die Staaten für die Umsetzung zuständig. Die Staaten können lediglich die einzuhaltenden Mindeststandards nicht mehr selbst bestimmen; sie sind insofern an die internationalen Standards gebunden.

Auch besteht eine Sekundärverantwortung der Staatengemeinschaft. Allerdings können unter dem Begriff der Sekundärverantwortung keine konkreten Rechte oder Pflichten der Staatengemeinschaft verstanden werden; dies wäre nur möglich, wenn die Staatengemeinschaft als Subjekt des Völkerrechts zu betrachten wäre. Die Subjektstellung der Staatengemeinschaft lässt sich aber weder über das Konzept der *ius cogens*- noch der *erga omnes*-Normen begründen. Im Übrigen fehlt es der Staatengemeinschaft an jeglicher Organisationsstruktur und damit bereits an der tatsächlichen Voraussetzung dafür, Trägerin von Rechten und Pflichten sein zu können. Der Begriff der Sekundärverantwortung ist nach dem gegenwärtigen Stand des Völkerrechts daher lediglich als allgemeine Zuständigkeit der Staatengemeinschaft zu verstehen, wobei der Begriff der Staatengemeinschaft als Synonym für die Summe der Einzelstaaten steht. Die Sekundärverantwortung besteht in allen völkerrechtlich geregelten Bereichen und damit auch im Bereich des Menschenrechtsschutzes. Die Sekundärverantwortung ist folglich als Gegenstück zum ausschließlichen Zuständigkeitsbereich der Einzelstaaten zu verstehen.

Nicht-militärische Interventionen der Staaten in humanitären Notsituationen können zwar gegen das Völkerrecht verstoßen, insbesondere gegen völkerrechtliche Verträge, eine Rechtfertigung ist aber möglich, und zwar zum einen im Rahmen des Systems der Vereinten Nationen über eine Ermächtigung des Sicherheitsrates nach Art. 39 und 41 der UN-Charta, und zum anderen über das Rechtsinstitut der Gegenmaßnahme. Im Schrifttum ist die Anwendbarkeit des Rechtsinstituts der Gegenmaßnahme als Reaktion auf Menschenrechtsverletzungen zwar umstritten; überwiegend wird die Verletzung anderer Staaten durch die Nichteinhaltung der Menschenrechte eines Staates gegenüber seiner Bevölkerung verneint. Die Untersuchung der Erfüllungsstruktur der menschenrechtlichen Verpflichtungen hat aber gezeigt, dass die Menschenrechte trotz ihrer innerstaatlichen Zielrichtung gegenseitige Rechte und Pflichten zwischen den Staaten begründen. Folglich werden alle ebenfalls an das verletzte Menschenrecht gebundenen Staaten in ihren Rechten verletzt; das Rechtsinstitut ist daher grundsätzlich anwendbar. Allein im Falle eines *failed State* scheidet die Anwendung des Rechtsinstituts mangels zurechenbarer Menschenrechtsverletzung aus.

Das Recht der Staatengemeinschaft, in humanitären Notsituationen mit militärischen Mitteln zu intervenieren, ist am Gewaltverbot zu messen, welches als umfassend zu verstehen ist. Es besteht aber auch hier die Möglichkeit einer Rechtfertigung, allerdings nur über eine entsprechende Autorisierung durch den Sicherheitsrat der Vereinten Nationen gemäß den Art. 39, 42 der UN-Charta im Rahmen des Systems der kollektiven Sicherheit. Die von der ICISS vorgeschlagenen Alternativlösungen zu einer Mandatierung seitens des Sicherheitsrates sind rechtlich nicht tragfähig. Außerhalb des Systems der Vereinten Nationen ist zwar theoretisch – wenn auch unter erhöhten Anforderungen – die Begründung eines Rechts zu militärischen Interventionen zum Schutz humanitärer Belange möglich; bisher hat sich ein solches aber nicht herausgebildet, und zwar auch nicht im Falle eines *failed State* oder auf regionaler Ebene.

Eine Pflicht der Staatengemeinschaft, Handlungen im Sinne der *Responsibility to Protect* vorzunehmen, besteht nur in einem sehr begrenzten Maß. Eine Verpflichtung des Sicherheitsrates zum Erlass von Zwangsmaßnahmen besteht nach wie vor auch im Falle humanitärer Notsituationen nicht. Soweit der Sicherheitsrat eine Resolution erlassen hat, ist zu differenzieren zwischen Resolutionen, welche militärische, und solchen, welche nicht-militärische Zwangsmaßnahmen anordnen. Allein in letzterem Fall besteht eine Umsetzungspflicht der Mitgliedstaaten. Außerhalb des Systems der Vereinten Nationen besteht allein für die Vertragsstaaten der Völkermordkonvention gemäß dem ersten Artikel der Konvention eine Verpflichtung zur Verhütung von Völkermorden. Im Übrigen kann weder aus menschenrechtlichen Verträgen noch aus dem Völkergewohnheitsrecht eine Verpflichtung zur Vornahme von Handlungen im Sinne der einzelnen Komponenten der *Responsibility to Protect* hergeleitet werden.

Insgesamt kann grundsätzlich von einer rechtlichen Verankerung des Konzepts der *Responsibility to Protect* in der geltenden Völkerrechtsordnung ausgegangen werden. Aufgrund des politischen Charakters des Konzepts sind lediglich zwei Einschränkungen zu beachten. Zum einen ist keine Übersetzung des Gedankens der *Sovereignty as Responsibility* in das geltende Rechtssystem möglich. Insbesondere kann nicht davon ausgegangen werden, dass die Souveränität der Staaten durch die Einhaltung der Menschenrechte bedingt sei. Verstöße gegen die internationalen Menschenrechtsstandards seitens eines Staates führen allein zu einem Verstoß gegen das Völkerrecht, nicht aber zum Verlust der Stellung als souveräner Staat. Der Begriff der *Sovereignty as Responsibility* ist vielmehr als politisch-moralischer Begriff und nicht als Rechtsbegriff zu verstehen. Ähnliches gilt bezüglich des Begriffs der Staatengemeinschaft; mangels Völkerrechtssubjektivität derselben kann dieser unter rechtlichen Gesichtspunkten nur als Synonym für die Summe der Einzelstaaten verstanden werden. Als besonders hervorzuhebende Entwicklung im Zusammenhang mit der *Responsibility to Protect* ist die Änderung der Auslegung des Art. 39 UN-Charta zu nennen. Durch die *Responsibility to Protect* ist es zum endgültigen Abschluss der diesbezüglichen Entwicklung, das heißt zur Einbeziehung humanitärer Belange im Sinne des Schwellenkriteriums des Weltgipfeldokuments in Art. 39 UN-Charta, gekommen. Darüber hinaus wurde durch die Entwicklung im Zusammenhang mit der *Responsibility to Protect* die geltende Völkerrechtsordnung nicht modifiziert. Insbesondere ist den Stimmen in der Literatur zu widersprechen, welche diese als einen Schritt hin zur Begründung eines Rechts zur humanitären Intervention sehen. Die Entwicklung im Zusammenhang mit dem Konzept der *Responsibility to Protect* hat nicht zu einer Änderung der Rechtslage geführt, sondern diese, und damit das Erfordernis eines Sicherheitsratsmandats für militärische Interventionen, noch bestätigt.

# 4. Kapitel: Abschließende Bewertung – insbesondere der Nutzen des Konzepts der Responsibility to Protect in der Praxis

Nachdem die Rechtslage anhand der einzelnen Komponenten der *Responsibility to Protect* dargestellt und damit einhergehend die völkerrechtliche Zulässigkeit beziehungsweise Unzulässigkeit einzelner Maßnahmen sowie die Frage des Bestehens von Verpflichtungen zur Vornahme von Handlungen geklärt worden sind, bleibt zu fragen, welchen Nutzen das Konzept für die effektive Durchsetzung der Menschenrechte in der Praxis hat. Feststeht, dass die Staaten nach dem gegenwärtigen Stand des Völkerrechts zur Einhaltung der fundamentalen Menschenrechte gegenüber den ihrer Hoheitsgewalt unterstehenden Personen verpflichtet sind, dass der Sicherheitsrat im Falle massiver Menschenrechtsverletzungen die Mitgliedstaaten zur Anwendung von Zwangsmaßnahmen mit zum Teil verpflichtender Wirkung ermächtigen kann, dass die Einzelstaaten im Falle von Menschenrechtsverletzungen zur Anwendung nicht-militärischer Gegenmaßnahmen berechtigt sind sowie dass die Mitgliedstaaten der Völkermordkonvention im Falle eines drohenden Genozids zur Verhinderung desselben verpflichtet sind.

Als Testfall der *Responsibility to Protect* wird allgemein der Konflikt im Sudan gehandelt. Zwar ist der Konflikt wohl nicht als Völkermord zu bewerten – dies wurde insbesondere durch die INTERNATIONAL COMMISSION OF INQUIRY ON DARFUR verneint[948] –, es kann aber davon ausgegangen werden, dass Verbrechen gegen die Menschlichkeit begangen wurden.[949] Auch nach dem engeren Schwellenkriterium des Weltgipfeldokuments[950] kann daher das Konzept der *Responsibility to Protect* angewandt werden. Ob der Testfall als Erfolg zu bewerten ist, ist nach wie vor umstritten. Teilweise wird das Eingreifen der Afrikanischen Union und der Vereinten Nationen im Sudan als

948 REPORT OF THE INTERNATIONAL COMMISSION OF INQUIRY ON DARFUR TO THE UNITED NATIONS SECRETARY-GENERAL, S. 124 ff. (abrufbar unter: www.un.org/news/dh/sudan/com_inq_darfur.pdf (zuletzt besucht 07.2010)); zum Teil wird das Vorliegen eines Völkermordes aber auch bejaht, vgl. etwa MATTHEWS, Bost Col ICLR 31 (2008), S. 137 (145).

949 So auch die INTERNATIONAL COMMISSION OF INQUIRY ON DARFUR (Fn. 948), S. 53 ff.; vgl. auch VERLAGE, S. 362; siehe zum Konflikt bereits oben S. 111 f.

950 Vgl. hierzu oben S. 36 ff.

konsequente Umsetzung des Konzepts der *Responsibility to Protect* angesehen.[951] Andere Stimmen in der Literatur sind zurückhaltender und bewerten das Eingreifen der internationalen Gemeinschaft lediglich als einen Anfang bei der Umsetzung des Konzepts der *Responsibility to Protect*, halten das Handeln aber insgesamt für verspätet.[952] Von der wohl überwiegenden Ansicht in der Literatur wird der Testfall der *Responsibility to Protect* im Sudan jedoch als fehlgeschlagen bewertet.[953]

Die Frage nach Erfolg oder Scheitern des Testfalls, soll hier im Ergebnis offen bleiben. Anhand des Sudan-Konflikts zeigt sich allerdings die Diskrepanz zwischen rechtlicher Möglichkeit und tatsächlicher Umsetzung. Allein die rechtliche Handlungsmöglichkeit führt nicht zwingend zu einer Umsetzung in der Praxis. Hierbei handelt es sich nicht um eine spezielle Problematik der *Responsibility to Protect*, sondern vielmehr um eine Schwierigkeit des Völkerrechts im Allgemeinen. Genauso wie die Rechtssetzung basiert auch die Rechtsumsetzung beziehungsweise Rechtsdurchsetzung auf dem Willen der Staaten. Dies gilt sowohl für die dezentrale Rechtsdurchsetzung durch die Einzelstaaten – zu nennen sind hier insbesondere das Recht auf Selbstverteidigung sowie das Rechtsinstitut der Gegenmaßnahme –, als auch für die zentrale Rechtsdurchsetzung durch den Sicherheitsrat entsprechend dem VII. Kapitel der UN-Charta. Verstößt ein Staat gegen völkerrechtliche Verpflichtungen – wie etwa die Republik Sudan, der in jedem Fall ein Verstoß gegen die aus den Menschenrechten erwachsende Schutzpflicht zur Last gelegt werden kann –, hängt es vom Willen der internationalen Staatengemeinschaft beziehungsweise genauer gesagt vom Willen der Einzelstaaten und der im Sicherheitsrat vertretenen Staaten ab, ob dieser Verstoß gerügt und sanktioniert wird. Eine den Staaten übergeordnete Rechtsdurchsetzungsinstanz ist dem Völkerrecht, welches auf dem System der Gleichordnung beruht, grundsätzlich fremd. Das Bestehen einer rechtlichen Handlungsmöglichkeit kann daher nur als ein Aspekt auf dem Weg zur effektiven Rechtsdurchsetzung betrachtet werden; hinzukommen muss der politische Wille, diese Durchsetzungsmöglichkeit auch wahrzunehmen. Selbst wenn eine rechtliche Pflicht zum

951 So etwa MATTHEWS, Bost Col ICLR 31 (2008), S. 137 (150 ff.).

952 So etwa SLIM, IA 80 (2004), S. 811 (827); GRAY, S. 55.

953 So DE WAAL, IA 83 (2007), S. 1039 (1054); FEINSTEIN, S. 38 ff.; HAMILTON, HarvHRJ 19 (2006), S. 289 (293 f.); vgl. auch WILLIAMS/BELLAMY, Security Dialogue 36 (2005), S. 27 (27 ff.); PETERS, EJIL 20 (2009), S. 513 (524); REINOLD, FW 84 (2009), S. 101 (108).

Handeln besteht, ist dies noch keine Garantie für eine tatsächliche Rechtsbefolgung oder Rechtsdurchsetzung in der Praxis. Die Untätigkeit der Staatengemeinschaft wäre dann zwar völkerrechtswidrig, faktische Folgen hätte dies aber wiederum nur, wenn andere Staaten dies geltend machen würden. Gerade im Bereich der Menschenrechte, in welchem wohl nur eine Verpflichtung einer Vielzahl von Staaten beziehungsweise aller Staaten in Betracht käme, würde es an einem *Kläger* fehlen. Bestes Beispiel hierfür ist die Völkermordkonvention, die für die Vertragsstaaten bereits eine Verpflichtung zur Verhütung von Völkermorden begründet. Grundsätzlich wären alle Vertragsstaaten befugt, einen Verstoß gegen die Verhütungspflicht der Konvention geltend zu machen, und in der Regel wohl auch zur Anwendung von Gegenmaßnahmen berechtigt.[954] Allerdings wären grundsätzlich auch alle Staaten zur Vornahme von Verhütungshandlungen verpflichtet,[955] sodass die Geltendmachung einer Verletzung aufgrund der Verletzung der Konvention durch alle beziehungsweise eine Vielzahl von Staaten wohl unterbleiben würde.

Das Dilemma einer fehlenden überstaatlichen Durchsetzungsinstanz zeigt sich in seinen verschiedenen Ausgestaltungen insbesondere anhand eines Vergleichs der Konflikte in Ruanda 1994 und im Kosovo 1999. Während in Ruanda der Sicherheitsrat zur Mandatierung einer Intervention grundsätzlich bereit war, scheiterte ein schnelles Vorgehen am fehlenden Willen der Staaten zur Durchführung der Intervention. Im Gegensatz dazu die Krise im Kosovo; hier waren zwar Staaten zur Durchführung einer Intervention bereit, die Autorisierung der Intervention scheiterte jedoch im Sicherheitsrat.

Das Hauptproblem der *Responsibility to Protect* ist daher nicht im gegenwärtigen Stand des Völkerrechts zu sehen, sondern vielmehr am mangelnden politischen Willen der Staaten festzumachen. Bereits die ICISS nannte die Mobilisierung des politischen Willens als wichtigsten Schritt zur Implementierung des Konzepts der *Responsibility to Protect*.[956] Dies geht auch aus Äußerungen im völkerrechtlichen Schrifttum hervor. Hier heißt es etwa:

954 Siehe zur Zulässigkeit von Gegenmaßnahmen als Reaktion auf die Verletzung von Menschenrechtsverträgen oben S. 121 ff.

955 Siehe zur Verhütungspflicht oben S. 222 ff.

956 Siehe oben S. 25.

> „Lack of political will, and limited military capacity may continue to be the most substantial obstacles facing further implementations and enhancement of R2P",[957]

und speziell zum Darfur-Konflikt:

> „The problem in the response to Darfur is not lack of legal authority, but a lack of will."[958]

Es wurden bereits zahlreiche Vorschläge gemacht, wie dem Konzept der *Responsibility to Protect* zur Umsetzung verholfen werden könnte. In diesem Zusammenhang werden zum einen Maßnahmen genannt, die auf das Problem der Handlungsunwilligkeit der Staaten im Sicherheitsrat abzielen, etwa die Einschränkung des Vetorechts der fünf ständigen Mitglieder des Sicherheitsrates durch den Erlass verbindlicher Vorgaben für die Anordnung von Zwangsmaßnahmen.[959] Außerdem wird die Möglichkeit einer Generalermächtigung von Regionalorganisationen durch den Sicherheitsrat erwogen, wonach die Notwendigkeit einer Autorisierung im konkreten Einzelfall umgangen würde.[960] Des Weiteren werden Maßnahmen genannt, wie der Handlungsunwilligkeit der Staaten beigekommen werden könnte; zu nennen ist hier etwa der Vorschlag zur Aufstellung einer UN-Truppe.[961] Allerdings scheint die Umsetzung der Vorschläge entweder aus rechtlichen oder aus faktischen Gründen wenig erfolgversprechend. Gerade auf dem UN-Weltgipfel 2005 wurde deutlich, dass die ständigen Mitglieder des Sicherheitsrates nicht bereit sind, ihr unbeschränktes Vetorecht aufzugeben; insbesondere die Vorschläge, die eine Beschränkung dieser Stellung bedeuten würden, haben daher wenig Aussicht auf Erfolg. Und auch die Bereitstellung von Truppen durch die UN-Mitgliedstaaten scheint unwahrscheinlich, zumal es in den 65 Jahren des Bestehens der Vereinten Nationen trotz der Regelung des Art. 43 der Charta nicht gelungen ist, diesbezügliche Abkommen zu schließen.

Als einzige realisierbare Lösung bleibt daher die Mobilisierung des politischen Willens der Staaten, und zwar durch die Ausübung politischen

---

957 MATTHEWS, Bost Col ICLR 31 (2008), S. 137 (152); siehe auch HAMILTON, HarvHRJ 19 (2006), S. 289 (296); BANDA, S. 39.

958 FEINSTEIN, S. 47.

959 EVANS, Survival 46 (2004), S. 59 (75 ff.); VON SCHORLEMER, in: Beestermöller/Haspel/Trittmann (Hrsg.), S. 81 (110, 112).

960 VERLAGE, S. 398 f.

961 So VON SCHORLEMER, Policy Paper, S. 10.

Drucks. Ohne im Einzelnen auf die Gründe eingehen zu wollen, weshalb die Staaten das Völkerrecht befolgen, kann die internationale öffentliche Meinung und der zu erwartende Prestigeverlust, zu welchem eine Verletzung des Völkerrechts führen kann, jedenfalls als ein Grund für die Rechtsbefolgung angenommen werden.[962] Das Konzept der *Responsibility to Protect*, das wie gezeigt eher als politisches denn als rechtliches Konzept einzuordnen ist, könnte sich hierbei als nützlich erweisen. Insbesondere der Begriff der *Responsibility to Protect* selbst sowie der Begriff der *Sovereignty as Responsibility* und die Betonung der Primärverantwortung der Staaten und der Sekundärverantwortung der Staatengemeinschaft, wie diese im ICISS-Bericht angelegt sind, erscheinen viel besser geeignet, an das Verantwortungsgefühl der Staaten zu appellieren, als etwa die Berufung auf ein Recht zur Ergreifung von Gegenmaßnahmen oder das Recht des Sicherheitsrates, mittels Zwangsmaßnahmen einzugreifen. In diesem Bereich könnte auch den durch die ICISS genannten NGOs und vor allem dem UN-Generalsekretär eine große Bedeutung zukommen, deren Aufgabe es sein sollte, die Aufmerksamkeit auf humanitäre Notsituationen zu lenken und ein Einschreiten seitens der internationalen Gemeinschaft einzufordern. Wie gezeigt ist die moralische Autorität des UN-Generalsekretärs zwar für die Bestimmung der Rechtslage nicht von Bedeutung, für die Erzeugung eines faktischen Handlungsdrucks kann sie aber großes Gewicht erlangen. Auch die im ICISS verankerten Kriterien könnten hierbei als Anknüpfungspunkt dienen. Zwar sind diese nicht rechtlich verbindlich, für die Erzeugung eines Handlungsdrucks könnten sie aber ebenfalls von Nutzen sein. Nicht zuletzt kann auch das durch die Entwicklung im Zusammenhang mit der *Responsibility to Protect* auf dem UN-Weltgipfel erreichte ausdrückliche Bekenntnis der Staaten zur ihrer Schutzverantwortung genutzt werden; zwar hat dies nicht zu einer rechtlichen Bindung der Staaten geführt, eine politische Bindung und damit ein Anknüpfungspunkt für die Ausübung politischen Drucks kann aber sehr wohl bejaht werden. Insbesondere im Bereich der Prävention und des Wiederaufbaus könnten die genannten Mechanismen genutzt werden, um auch unabhängig von einer akuten Notlage die Staaten zur Vornahme der erforderlichen Handlungen zu bewegen. Im Rahmen der Betrachtung des Konzepts der *Responsibility to Protect* aus juristischer Sicht haben die beiden Komponenten zwar kein großes Gewicht erlangt; es darf aber nicht vergessen werden,

962 Vgl. PETERS, S. 10 f.; IPSEN, in: ders. (Hrsg.), § 3 Rn. 12.

dass gerade die Aspekte der Prävention und des Wiederaufbaus die zentralen Punkte des politischen Gesamtkonzepts sind.

Die Aufgabe der ICISS war es, sich mit den rechtlichen, moralischen, operativen und politischen Fragen auseinanderzusetzen, die sich im Falle humanitärer Notlagen auf völkerrechtlicher Ebene ergeben. In rechtlicher Hinsicht ist sie diesem Mandat mit ihrem Bericht zur *Responsibility to Protect* gerecht geworden. Zwar hat weder der Bericht der ICISS noch der Bericht des HIGH-LEVEL PANEL, die Berichte ANNANS und BAN KI-MOONS oder das Weltgipfeldokument eine einheitliche Rechtsgrundlage für das Gesamtkonzept der Schutzverantwortung geschaffen, dennoch können die einzelnen Komponenten des Berichts als im geltenden Recht verankert angesehen werden.

Zum Teil wird das Konzept der *Responsibility to Protect* zwar kritisiert, insbesondere weil es nicht zur Schaffung eines Rechts zur humanitären Intervention ohne Sicherheitsratsmandat beigetragen habe.[963] Eine solche Kritik ist zwar unter praktischen Gesichtspunkten, angesichts der Probleme, die sich aus dem Vetorecht der ständigen Mitglieder des Sicherheitsrates ergeben, verständlich, aus rechtlicher Sicht ist eine solche Kritik aber unberechtigt. Denn ein Recht zur humanitären Intervention ohne ein Mandat des Sicherheitsrates der Vereinten Nationen widerspricht dem Willen der Staaten; dies wurde durch die Entwicklung im Zusammenhang mit der *Responsibility to Protect* noch einmal bestätigt. Über den ausdrücklichen Willen der Staaten konnte sich die ICISS auch als Expertenkommission nicht hinwegsetzen. Aufgabe einer solchen Kommission kann allein die Feststellung des Rechts, nicht aber die Schaffung neuen Rechts sein. Dass die Kommission ihren Bericht entsprechend der geltenden Rechtslage und nicht anhand eigener Wunschvorstellungen ausgestaltet hat, ist gerade einer der Gründe dafür, warum das Konzept der *Responsibility to Protect* weiterhin den völkerrechtlichen Diskurs bestimmt und auch auf staatlicher Ebene Anerkennung gefunden hat. Damit hat die Kommission den Grundstein dafür gelegt, dass das Konzept der *Responsibility to Protect* zur Ausübung eines politischen Handlungsdrucks genutzt werden kann; ohne die allgemeine Akzeptanz der Staaten wäre dies nicht möglich. Aus diesem Grund scheint es auch von besonderer Wichtigkeit, dass Konzept eng, entsprechend dem auf dem UN-Weltgipfel

---

963 LEVITT, MichJIL 25 (2003/2004), 153 (166 ff.); NANDA, DenverJILP 34 (2006), S. 1 (6); VON SCHORLEMER, in: Beestermöller/Haspel/Trittmann (Hrsg.), S. 81 (103 ff.); WHEELER, JILIR 2 (2005/2006), S. 95 (103); BELLAMY, EIA 20 (2006), S. 143 (168).

erreichten Konsens der Staaten auszulegen; soweit das Konzept an Akzeptanz verliert, schwinden auch die Erfolgsaussichten hinsichtlich der politischen Druckausübung.

Im Übrigen haben sich gerade durch die Entwicklungen im Zusammenhang mit der *Responsibility to Protect* ausreichende Mechanismen herausgebildet, um humanitären Notsituationen auf völkerrechtlicher Ebene zu begegnen. Die *Responsibility to Protect* hat nicht nur die Entwicklung hin zu einem zunehmenden Individualschutz im Völkerrecht aufgegriffen, sondern durch den abschließenden Beitrag zur Ausweitung des VII. Kapitels der UN-Charta auf humanitäre Notsituationen auch zur Weiterentwicklung des völkerrechtlichen Individualschutzes beigetragen. Die Ausweitung des Tatbestands des Art. 39 UN-Charta auf massive Menschenrechtsverletzungen beziehungsweise der endgültige Abschluss der diesbezüglichen Entwicklung ist wohl als größtes Verdienst des Konzepts der *Responsibility to Protect* zu bewerten.

Abschließend kann daher festgestellt werden, dass es auf internationaler Ebene nicht mehr an Reaktionsmöglichkeiten zur Verhinderung humanitärer Notlagen fehlt, sondern vielmehr am politischen Willen der Staaten, diese Möglichkeiten wahrzunehmen. Hierbei könnte dem Konzept der *Responsibility to Protect* eine große Bedeutung zukommen; gerade die von der ICISS verwandte politisch-moralische Terminologie scheint geeignet, das Verantwortungsgefühl der Staaten anzusprechen. Ob über das Konzept tatsächlich ein politischer Handlungsdruck erzeugt werden kann, der die Staaten dazu bewegt, im Sinne des Konzepts zu handeln, wird sich in der Praxis zeigen. Die Betrachtung des Konzepts der *Responsibility to Protect* aus juristischer Sicht findet hier jedoch ihr Ende.

# English Summary: Responsibility to Protect – a legal examination

At the UN World Summit in 2005, the heads of state agreed to protect the civil population from genocide, war crimes, ethnic cleansing and crimes against humanity. First, it seems astonishing that the former UN Secretary General KOFI ANNAN called an agreement on such fundamental principles a historic breakthrough. However, this can be explained by the original intention of international law. Originally international law constituted a legal order for interstate relations with the individual human being not appearing at the international level. In principle the focus of contemporary international order still lies on the integrity of each state which is protected by the prohibition of the use of force and the principle of non-intervention. Although gradually the focus on international interest shifted towards the individual being – as can be observed, for example, in the progress of the international protection of human rights and the development of international criminal law – the question remains how humanitarian distress on international level can be resolved. The question is whether under current international law the community of states is entitled or even obliged to intervene in cases of massive violations of human rights or whether the international community is inhibited to do so by international law such as the prohibition of intervention and the prohibition of the use of force. This set of problems is addressed within the concept of the *Responsibility to Protect* which is described in this thesis.

The *Responsibility to Protect* was established by an international commission of experts, the INTERNATIONAL COMMISSION ON INTERVENTION AND STATE SOVEREIGNTY (ICISS). It is a two-stage concept to protect civil populations based on an altered understanding of the concept of state sovereignty. According to the concept the primary *Responsibility to Protect* lies with each state. Only if a state is not willing or not able to protect its population, the responsibility is passed to the international community. Thus the responsibility of the international community is only secondary. Sovereignty is no longer understood as mere *Sovereignty as Control* but encompasses the responsibility of each state towards its own population (*Sovereignty as Responsibility*).

The distinctive feature of the concept is that it does not only comprise singular actions on behalf of the community of states, but a holistic approach. The *Responsibility to Protect* does not only include what was formerly known as humanitarian intervention, i. e. the use of military force in current conflicts. It rather consists of three components: the *Responsibility to Prevent*, the *Responsibility to React* and the *Responsibility to Rebuild.* In order to prevent humanitarian distress the ICISS Report states several non-coercive measures, both root causes prevention efforts and direct prevention efforts. The *Responsibility to React* applies only when preventive efforts have failed and humanitarian distress occurs. The community of states should then react to the conflict situation with adequate coercive means, primarily non-military measures such as embargos. The use of military force shall only be allowed under strict prerequisites. The ICISS Report states large scale loss of life, actual or apprehended, as just cause. Further criteria are: right intention, last resort, proportional means, reasonable prospects, and right authority. The ICISS recommends the Security Council as the most appropriate organ to authorise military interventions. However, as an alternative authority the ICISS suggests a mandate by the General Assembly and the possibility of an *ex post* authorisation by the Security Council if the intervention was conducted by a regional organisation. The third component, the *Responsibility to Rebuild*, aims to avoid another outbreak of the conflict by various rebuilding and compensating measures. As to further details regarding the ICISS and the *Responsibility to Protect* concept which are discussed in the second chapter of the thesis (Chapter 2, Part A. and B.) the ICISS Report and the Background Paper are being referred to.

It should be noted that the concept of *Responsibility to Protect* is a political rather than a legal concept. This is apparent in the different possible interpretations of the term “responsibility”, meaning either competence or obligation, whereas it is not necessarily clear whether this means a moral or a legal obligation (Chapter 2, Part B. II.).

The ICISS published its report titled „The Responsibility to Protect” in December 2001. In the following years the concept of *Responsibility to Protect* was not only confirmed by a further panel of experts, the HIGH-LEVEL PANEL (Report A More Secure World: Our Shared Responsibility, 2004) and by UN Secretaries-General KOFI ANNAN (Report In Larger Freedom: towards development, security and human rights for all, 2005) and BAN KI-MOON (Implementing the Responsibility to Protect, Report of the Secretary-General,

2009), but it was also recognised on state level at the above-mentioned World Summit of 2005. The *Responsibility to Protect* was included in the World Summit Outcome Document which was passed as a General Assembly resolution (A/RES/60/1, paragraph 138, 139). Furthermore the United Nations Security Council confirmed the concept of *Responsibility to Protect* in various resolutions (S/RES/1674 (2006); S/RES 1706 (2006); S/RES/1755 (2007)). It should be noted that the *Responsibility to Protect* is adapted in different ways in the various documents; there is no consistent concept of *Responsibility to Protect*, but rather a conceptual character. The narrowest understanding of the concept is that of the World Summit Outcome Document according to which it is only applicable to international crimes like genocide, war crimes, and crimes against humanity (Chapter 2, D.).

In Chapter 3, which is the main part of the thesis, the political concept of the *Responsibility to Protect* is translated into legal structures and the legal rootage in the current international order is investigated. It should be noted that methodically the thesis is based on the theory of consent. It adheres to a strict distinction between law on the one hand and politics and morality on the other.

Part B of the third chapter deals with the legal relevance of the different documents on the *Responsibility to Protect*, indicating that none of the documents on the *Responsibility to Protect* constitute a legal basis for the overall concept. The ICISS Report, the HIGH-LEVEL PANEL Report as well as the reports by the UN Secretaries-General ANNAN and BAN KI-MOON are mere subsidiary means for determination of international law. The World Summit Outcome Document as a resolution of the General Assembly, and the resolutions of the Security Council, which confirm the concept of the *Responsibility to Protect*, contribute to the development of international customary law in a twofold manner: firstly by the respective resolution – as practice of the United Nations as an international organisation; and secondly by the conduct of states concerning the resolutions – as state practice in a narrow sense.

Part C of the third chapter starts with defining the object of research based on the ICISS Report. The broadness of the concept and the lack of legal basis make it necessary to split up the concept into individual components, which results in the following audit points:

1. Primary responsibility of states
2. Secondary responsibility of the international community

3. Right of the international community to intervene with non-military measures in humanitarian emergencies
4. Right of the international community to intervene with military measures in humanitarian emergencies
5. Duty of the international community to adopt measures in the sense of the *Responsibility to Protect*

*Regarding audit point 1*

There is a primary responsibility of the states for the humanitarian protection. The states do not only have the competence, but even the duty to protect the people within their jurisdiction. This evolves from the numerous contracts on the protection of human rights as well as from international customary law. In this respect the concept of the *Responsibility to Protect* is not a novelty in international law; it rather confirms the existing legal status. However, it is not possible to transfer the idea of *Sovereignty as Responsibility* into the current legal system. In particular it cannot be assumed that the sovereignty of states depends on the compliance with human rights. A state in breach of international human rights standards commits a violation of international law, but does not lose its status as a sovereign state. Thus *Sovereignty as Responsibility* can only be understood as a political or moral rather than a legal term.

*Regarding audit point 2*

There is also a secondary responsibility of the community of states. However, secondary responsibility does not mean actual rights or obligations of the international community. This would only be possible if the community of states was a subject of international law; but this status can be established neither through the concept of *jus cogens* nor through norms of *erga omnes* character. Furthermore, the community of states lacks any organisational structure, hence the factual prerequisite for qualifying as a legal subject with rights and duties. Under current international law, the term of secondary responsibility can merely be translated as a general competence of the community of states. In this context, the community of states is synonymous with the sum of the individual states. This secondary responsibility applies to all areas that are regulated by international law, such as the protection of human rights. Thus the secondary responsibility is forming a counterpart to the sole jurisdiction of the individual states.

*Regarding audit point 3*

There are two options for justifying non-military interventions, firstly through the system of the United Nations via the authorisation by the Security Council under Article 39 and 41 of the UN Charter, and secondly through the legal instrument of countermeasures.

According to the original conception of the UN Charter, the Security Council is not authorised to enact measures under article 39 and 41 in purely humanitarian emergencies. However, the more recent practice of the UN Member States has been effected in a (informal) modification of Art. 39 of the Charter. In particular the confirmation of the *Responsibility to Protect* at the 2005 UN World Summit caused a breakthrough for the extended understanding of Article 39 of the UN Charter; undoubtedly nowadays the international crimes listed in the World Summit Outcome Document can be subsumed under Article 39.

In the literature on international law it is being discussed controversially whether countermeasures are applicable as a reaction on human rights violations; most voices deny that other states are infringed if a state violates human rights of its own population, thus negating the direct applicability of countermeasures. Yet an examination of the structure of human rights obligations has shown that human rights – despite their domestic target – establish rights and obligations between the states. This means that all states, bound by a violated human rights norm, are to be considered infringed in their rights; hence countermeasures are directly applicable. However, the limits of the legal instrument as well as the principle of proportionality must be observed, the latter of which serves to prevent overreactions particularly where a large number of states are entitled to take countermeasures.

*Regarding audit point 4*

The right of the international community to intervene with military means in a humanitarian emergency is to be weighed against the prohibition of the use of force, which is to be understood as comprehensive. Within the system of the United Nations and corresponding to the extended applicability of

Article 39 of the UN Charter, the Security Council may authorise military interventions (Art. 42 UN Charter). Alternatives to a Security Council mandate as suggested by the ICISS are legally unsustainable. Neither can the UN General Assembly recommend the use of military force, nor would such a recommendation lead to legal justification. Also, it is incompatible with the UN Charter to subsequently justify military interventions of regional organisations through a mandate by the Security Council. In theory – and under more demanding requirements – it is possible that outside the system of the United Nations a right of military intervention for humanitarian protection purposes will be established; however, this has not happened so far. For the creation of a new right in international customary law a practise is required that is accompanied by a congruent *opinio juris*, i. e. the subject either has to act in the conviction that the practice is based on a legal rule; or the subject has to act with the intent of creating a new legal norm. The latter is to be seen as the minimum requirement for the initiation of the process of developing rights in international law. In the cases that are discussed in the literature as precedents for a humanitarian intervention, like the Kosovo Intervention of the NATO states, a congruent *opinio juris* is missing. Therefore these cases do not contribute to the development of a right of humanitarian intervention. Above all, the 132 member states of the Group of 77 explicitly condemned the right of humanitarian intervention. According to an understanding of international law based on the theory of consent – as endorsed in this thesis – a right of humanitarian intervention cannot be assumed. Also one must disagree with those who see the development of the *Responsibility to Protect* as a step towards establishing a right of humanitarian intervention. This development cannot be the basis for the re-evaluation of the legal situation regarding humanitarian interventions; in fact, it rather confirms the prerequisite of a Security Council mandate in a three-fold respect: by the states, by the General Assembly, and by the Security Council.

Neither on a regional level has a right of military intervention independent from the UN Security Council been established. Some regard Article 4 lit. h of the Constitutive Act of the African Union as the basis of such a right, but even if such right is seen to be laid down by this article, it would be void due to the priority rule of Article 103 of the UN Charter and the *jus cogens* character of the prohibition of the use of force according to article 53 (1) of the Vienna Convention on the Law of Treaties.

*Regarding audit point 5*

There are only limited duties of the community of states to carry out actions according to the *Responsibility to Protect*. The Security Council is still not obliged to adopt coercive measures even in the event of humanitarian emergencies. Especially the veto power of the permanent members of the Security Council could not be reconciled with such an obligation. The development of the *Responsibility to Protect* at the UN World Summit has shown particularly that the permanent members of the Security Council are not willing to waive their veto power or accept any limitation of it. As far as the Security Council has released a resolution, distinctions must be made between resolutions that mandate military and non-military measures. Only in the latter case the UN member states are obliged to implement the resolution. Outside the system of the United Nations only the member states of the Genocide Convention are obliged to prevent genocide. According to the first article of the Convention the member states must adopt all possible measures to prevent genocide. Incidentally, neither human rights treaties nor international customary law constitute an obligation to adopt measures in the sense of the *Responsibility to Protect*.

Finally, a conclusive evaluation of the concept of *Responsibility to Protect* is given in Chapter 4. The juristic analysis has shown that the states are obliged to observe the fundamental human rights towards all people within their jurisdiction; that in the event of massive violations of human rights the Security Council may empower the member states to adopt coercive measures; that in the event of human rights violations the individual states are entitled to employ non-military countermeasures; and that the member states of the Genocide Convention are obliged to prevent genocide. In principle, this comprises sufficient means to react to humanitarian emergencies on the international level. It remains questionable though of what practical benefit this conclusion is when it comes to enforcing human rights. Particularly with regards to the situation in Sudan one can doubt its actual value. This reveals the discrepancy between legal options for action on the one side and actual implementation on the other. Legal options for action in their own right do not necessarily lead to practical implementation. This is, however, not a deficiency of the *Responsibility to Protect* alone, but it is immanent to international law in general. The international rule of law is *per se* decentralised and lacks a superordinate authority which could enforce the law. Thus the political will of the states is always required in order to enforce international law.

With regards to the protection of human rights the concept of the *Responsibility to Protect* might gain great importance for the mobilisation of political will. The political, moral terminology utilised by the ICISS, especially the term of *Responsibility to Protect* itself as well as the terms of *Sovereignty as Responsibility* and the emphasis on the primary responsibility of the states and the secondary responsibility of the international community, seem much more appropriate to appeal to the sense of responsibility of the states than, for example, claiming a right to take coercive measures. The future will show whether the concept of the *Responsibility to Protect* actually generates political pressure on the states to act according to it. In any case it is crucial to understand the concept in the narrow sense of the World Summit Outcome Document, otherwise the states' consent with the concept – which constitutes the basis for generating political pressure – would be at risk.

# Literaturverzeichnis

Aufsätze in Zeitungen und Festschriften werden mit Autor und Fundstelle, Beiträge in sonstigen Sammelwerken zusätzlich mit Herausgeber zitiert. Nach Artikeln sortierte Kommentare mit mehreren Autoren werden mit Autor, Herausgeber, kommentiertem Gesetz/Vertrag und Artikel zitiert. Lehrbücher und Monographien werden grundsätzlich nur mit Autor zitiert.


ABASS, ADEMOLA/BADERIN, MASHOOD: Towards Effective Collective Security and Human Rights Protection in Africa: An Assessment of the Constitutive Act of the New African Union, Netherlands International Law Review 49 (2002), S. 1.

ABIEW, FRANCIS KOFI: The Evolution of the Doctrine and Practice of Humanitarian Intervention, Den Haag u. a. 1999.

ACHERMANN, ALBERTO: Die völkerrechtliche Verantwortlichkeit fluchtverursachender Staaten: Ein Beitrag zum Zusammenwirken von Flüchtlingsrecht, Menschenrechten, kollektiver Friedenssicherung und Staatenverantwortlichkeit, Baden-Baden 1997.

ADRASSY, JURAJ: Uniting for Peace, American Journal of International Law 50 (1956), S. 563.

AKEHURST, MICHAEL: A Modern Introduction to International Law, 6. Aufl., London u. a. 1988.

–: Custom as a Source of International Law, The British Year Book of International Law 47 (1974/1975), S. 1.

–: Enforcement Action by Regional Agencies, with Special References to the Organization of American States, The British Year Book of International Law 42 (1967), S. 175.

–: Reprisals By Third States, The British Year Book of International Law 44 (1970), S. 1.

ALVAREZ, JOSÉ E.: The Schizophrenias of R2P, in: Philip Alston/Euan MacDonald (Hrsg.), Human Rights, Intervention, and the Use of Force, Oxford u. a., S. 275.

AMERASINGHE, C. F.: The Conundrum of Recourse to Force – To Protect Persons, International Organizations Law Review 3 (2006), S. 7.

ANNACKER, CLAUDIA: Die Durchsetzung von erga omnes Verpflichtungen vor dem Internationalen Gerichtshof, Hamburg 1994.

ARANGIO-RUIZ, GEATANO: The Normative Role of the General Assembly of the United Nations and the Declaration of Principles of Friendly Relations, Recueil de Cours de l'Académie de Droit International de la Haye 137 (1972), S. 419.

DE ARÉCHAGA, EDUARDO JIMÉNEZ: International Law in the Past Third of a Century, Recueil de Cours de l'Académie de Droit International de la Haye 159 (1978), S. 1.

VON ARNAULD, ANDREAS: Souveränität und Responsibility to Protect, Die Friedens-Warte 84 (2009), S. 11.

ARNTZ, JOACHIM: Der Begriff der Friedensbedrohung in Satzung und Praxis der Vereinten Nationen, Berlin 1975.

ASAMOAH, OBED Y.: The Legal Significance of the Declarations of the General Assembly of the United Nations, Den Haag 1966.

ASTON, JURIJ DANIEL: Sekundärgesetzgebung internationaler Organisationen zwischen mitgliedstaatlicher Souveränität und Gemeinschaftsdisziplin, Berlin 2005.

AYOOB, MOHAMMED: Humanitarian Intervention and State Sovereignty, The International Journal of Human Rights 6 (2002), S. 81.

BALDUS, MANFRED: Extraterritoriale Interventionen der Bundeswehr zur Rettung von fremden und deutschen Staatsangehörigen, in: Ingo Erberich/Ansgar Hörster/Michael Hoffmann/Thorsten Kingreen/Hermann Pünder/Rainer Störmer (Hrsg.), Frieden und Recht, Stuttgart u. a. 1998, S. 259.

BANDA, MARIA: The Responsibility to Protect, Moving the Agenda Forward, März 2007, abrufbar unter: http://www.unac.org/en/library/unacresearch/2007R2P_Banda_e.pdf (zuletzt besucht 07.2010).

BANNON, ALICIA L.: The Responsibility to Protect: The U.N. World Summit and the Question of Unilateralism, The Yale Law Journal 115 (2006), S. 1157.

BARBOZA, JULIO: Legal Injury: The Tip of the Iceberg in the Law of State Responsibility?, in: Maurizio Ragazzi (Hrsg.), International Responsibility Today: Essays in Memory of Oscar Schachter, Leiden/Bosten 2005, S. 7.

BASAK, ADAM: Decisions of the United Nations Organs in the Judgments and Opinions of the International Court of Justice, Wroclaw 1969.

BAUER, ANDREAS F.: Effektivität und Legitimität: Die Entwicklung der Friedenssicherung durch Zwang nach Kapitel VII der Charta der Vereinten Nationen unter besonderer Berücksichtigung der neueren Praxis des Sicherheitsrats, Berlin 1996.

BELLAMY, ALEX J.: Preventing Future Kosovos and Future Rwandas: The Responsibility to Protect after the 2005 World Summit, Policy Brief Nr. 1 der Initiative Ethics in a Violent World: What can Institutions do?, Carnegie Council, New York 2006, abrufbar unter: http://www.cceia.org/media/Bellamy_Paper.pdf (zuletzt besucht 07.2010).

–: Whither the Responsibility to Protect?, Humanitarian Intervention and the 2005 World Summit, Ethics and International Affairs 20 (2006), S. 143.

BEN-NAFTALI, ORNA: The Obligations to Prevent and to Punish Genocide, in: Paola Gaeta (Hrsg.), The UN Genocide Convention – A Commentary, Oxford u. a. 2009.

BERNHARDT, RUDOLF: Die Auslegung völkerrechtlicher Verträge insbesondere in der neueren Rechtsprechung internationaler Gerichte, Köln/Berlin 1963.

BERSTERMANN, JOST: Das Einmischungsverbot im Völkerrecht, Frankfurt am Main u. a. 1991.

BEYERLIN, ULRICH: Regionalabkommen, in: Rüdiger Wolfrum (Hrsg.), Handbuch der Vereinten Nationen, 2. Aufl., München 1991, Nr. 91.

–: Die humanitäre Aktion zur Gewährleistung des Mindeststandards in nicht-internationalen Konflikten, Berlin 1975.

–: Humanitarian Intervention, in: Rudolf Bernhardt (Hrsg.), EPIL II, Amsterdam u. a. 1995, S. 926.

BEYNIO, JENS: Die völkerrechtliche Zulässigkeit der Aufrüstung mit Kernwaffen, Frankfurt am Main 2010.

BINDSCHEDLER-ROBERT, DENISE: Korea, in: Rudolf Bernhardt (Hrsg.), EPIL III, Amsterdam u. a. 1997, S. 86.

BLECKMANN, ALBERT: Völkerrecht, Baden-Baden 2001.

BLEICHER, SAMUEL A.: The Legal Significance of Re-Citation of General Assembly Resolutions, American Journal of International Law 63 (1969), S. 444.

BÖHMER, FRIEDERIKE: Die Ermächtigung zu militärischer Gewaltanwendung durch den Sicherheitsrat: Resolution 678 und die Praxis des Sicherheitsrates seit 1990, Baden-Baden 1997.

BOTHE, MICHAEL: Das Gewaltverbot im allgemeinen, in: Wilfried Schaumann (Hrsg.), Völkerrechtliches Gewaltverbot und Friedenssicherung: Berichte - Referate - Diskussionen einer Studientagung der Deutschen Gesellschaft für Völkerrecht, Baden-Baden 1971, S. 11.

–: Legal and Non-Legal Norms – A Meaningful Distinction in International Relations?, Netherlands Yearbook of International Law 11 (1980), S. 65.

–: Kosovo – Anlässe zum völkerrechtlichen Nachdenken, in: Festschrift für Klaus Dau, Knut Ipsen/Christian Raap/Thorsten Stein/Armin A. Steinkamm (Hrsg.), Wehrrecht und Friedenssicherung, Neuwied/Kriftel 1999.

– /MARTENCZUK, BERND: Die NATO und die Vereinten Nationen nach dem Kosovo-Konflikt: Eine völkerrechtliche Standortbestimmung, Vereinte Nationen 47 (1999), S. 125.

BRINKMANN, MATTHIAS: Majoritätsprinzip und Einstimmigkeit in den Vereinten Nationen: Konsequenzen und Grenzen staatlicher Gleichberechtigung in der Generalversammlung, Frankfurt am Main 1978.

BROCK, LOTHAR: Von der "humanitären Intervention" zur "Responsibility to Protect", Kriegserfahrungen und Völkerrechtsentwicklung seit dem Ende des Ost-West-Konfliktes, in: Festschrift für Michael Bothe, Andreas Fischer-Lescano/Hans-Peter Gasser/Thilo Marauhn/Natalino Ronzitti (Hrsg.), Frieden in Freiheit, Baden-Baden 2008, S. 19.

BROWNLIE, IAN: International Law and the Use of Force by States, 2. Aufl., Oxford 1981.

–: Principles of Public International Law, 7. Aufl., Oxford 2008.

BRUHA, THOMAS: Gewaltverbot, in: Rüdiger Wolfrum (Hrsg.), Handbuch der Vereinten Nationen, 2. Aufl., München 1991, Nr. 31.

BRUNNÉE, JUTTA: International Law and Collective Concerns: Reflections on the Responsibility to Protect, in: Festschrift für Thomas A. Mensah, Tafsir Malik Ndiaye/Rüdiger Wolfrum (Hrsg.), Law of the Sea, Environmental Law and Settlement of Disputes, Leiden 2007, S. 35.

BRYDE, BRUN-OTTO: Verpflichtungen Erga Omnes aus Menschenrechten, in: Berichte der Deutschen Gesellschaft für Völkerrecht 33 (1994), S. 165.

BÜNTE, MARCO: Myanmar und die Frage der externen Intervention: Von der „Responsibility to Protect" zum humanitären Dialog, Die Friedens-Warte 84 (2009), S. 125.

CASSESE, ANTONIO: A Follow-Up: Forcible Humanitarian Countermeasures and Opinio Necessitatis, European Journal of International Law 10 (1999), S. 791.

–: Ex iniuria ius oritur: Are We Moving towards International Legitimation of Forcible Humanitarian Countermeasures in the World Community?, European Journal of International Law 10 (1999), S. 23.

–: International Law, 2. Aufl., Oxford 2005.

CASTAÑEDA, JORGE: Legal Effects of United Nations Resolutions, New York/London 1969.

CHANDNA, RAJIV: Der Regelungs- bzw. Anwendungsbereich des universellen Gewaltverbotes gemäß Art. 2 Nr. 4 UN-Charta, in: Burkhard Schöbener (Hrsg.), Junge Rechtswissenschaft: Völker- und Europarecht, Frankfurt am Main 2009, S. 47.

CHARNEY, JONATHAN I.: Anticipatory Humanitarian Intervention in Kosovo, American Journal of International Law 93 (1999), S. 834.

CHENG, BIN: United Nations Resolutions on Outer Space: "Instant" International Customary Law?, Indian Journal of International Law 5 (1965), S. 23.

CONFORTI, BENEDETTO: The Law and Practice of the United Nations, 3. Aufl., Leiden u. a. 2005.

CONRADY, JAN: Wandel der Funktionen des UN-Generalsekretärs, Berlin 2009.

CRAWFORD, JAMES: The International Law Commission's Articles on State Responsibility: Introduction, Text and Commentaries, 2. Aufl., Cambridge u. a. 2003.

CZAPLINSKI, W./DANILENKO, G.: Conflicts of Norms in International Law, Netherlands Yearbook of International Law 21 (1990), S. 3.

D'AMATO, ANTHONY: The Invasion of Panama was a Lawful Response to Tyranny, American Journal of International Law 84 (1990), S. 516.

–: The Concept of Custom in International Law, Ithaca/London 1971.

DAHM, GEORG/DELBRÜCK, JOST/WOLFRUM, RÜDIGER: Völkerrecht, Band I/1, 2. Aufl., Berlin/New York 1989.

–: Völkerrecht, Band I/3, 2. Aufl., Berlin 2002.

DANILENKO, GENNADY M.: The Theory of International Customary Law, German Yearbook of International Law 31 (1988), S. 9.

DAY, GRAHAM/FREEMAN, CHRISTOPHER: Operationalizing the Responsibility to Protect – the Policekeeping Approach, Global Governance 11 (2005), S. 139.

DEBIEL, TOBIAS: Souveränität verpflichtet: Spielregeln für den neuen Interventionismus, Internationale Politik und Gesellschaft 3 (2004), S. 61.

DEISEROTH, DIETER: „Humanitäre Interventionen" und Völkerrecht, Neue Juristische Wochenschrift 1999, S. 3084.

DELBRÜCK, JOST: Effektivität völkerrechtlicher Vertragsregime am Ende des 20. Jahrhunderts, Die Friedens-Warte 74 (1999), S. 139.

–: Die Entwicklung des Verhältnisses von Sicherheitsrat und Vollversammlung der Vereinten Nationen, Kiel 1964.

DELUPIS, INGRID: The Legal Value of Recommendations of International Organisations, in: William E. Butler (Hrsg.), International Law and the International System, Dordrecht u. a. 1987, S. 47.

DENG, FRANCIS M./KIMARO, SADIKIEL/LYONS, TERRENCE/ROTHCHILD, DONALD/ZARTMANN, I. WILLIAM: Sovereignty as Responsibility: Conflict Management in Africa, Washington 1996.

DERPA, ROLF M.: Das Gewaltverbot der Satzung der Vereinten Nationen und die Anwendung militärischer Gewalt, Bad Homburg 1970.

DINSTEIN, YORAM: War, Aggression and Self-Defence, 4. Aufl., Cambridge 2005.

–: The erga omnes Applicability of Human Rights, Archiv des Völkerrechts 30 (1992), S. 16.

DOEHRING, KARL: Völkerrecht, 2. Aufl., Heidelberg 2004.

DUISBERG, CLAUS-JÜRGEN: Das Völkergewohnheitsrecht nach der Rechtsprechung der Internationalen Gerichte, Bonn 1963.

DUPUY, PIERRE-MARIE: Comment on the Paper by Eckart Klein, in: Eckart Klein (Hrsg.), The Duty to Protect and to Ensure Human Rights, Kolloquium 1.-3. Juli 1999, Potsdam, Berlin 2000, S. 319.

DZIDA, BORIS: Zum Recht der Repressalie im heutigen Völkerrecht: Eine Bewertung anläßlich der Diskussion innerhalb der International Law Commission über Countermeasures im Konventionsentwurf zur Staatenverantwortlichkeit, Frankfurt am Main u. a. 1997.

EBOCK, KERSTIN: Der Schutz grundlegender Menschenrechte durch kollektive Zwangsmaßnahmen der Staatengemeinschaft: Vom Interventionsverbot zur Pflicht zur humanitären Intervention?, Frankfurt am Main u. a. 2000.

ELIAS, T. OLAWALE: Modern Sources of International Law, in: Festschrift für Philip C. Jessup, Wolfgang Friedmann/Louis Henkin/Oliver Lissitzyn (Hrsg.), Transnational Law in a Changing Society, New York/London 1972, S. 34.

ENDEMANN, HARALD: Kollektive Zwangsmaßnahmen zur Durchsetzung humanitärer Normen: Ein Beitrag zum Recht der humanitären Interventionen, Frankfurt am Main u. a.1997.

EVANS, GARETH: From Humanitarian Intervention to the Responsibility to Protect, Wisconsin International Law Journal 24 (2006/2007), S. 703.

–: When it is Right to Fight?, Survival 46 (2004), S. 59.

–: The Responsibility to Protect: Rethinking Humanitarian Intervention, American Society of International Law-Proceedings 98 (2004), S. 78.

–: The Responsibility to Protect: Ending Mass Atrocity Crimes Once and for All, Washington D.C. 2008.

FALK, RICHARD A.: On the Quasi-Legislative Competence of the General Assembly, American Journal of International Law 60 (1966), S. 782.

FASSBENDER, BARDO: The United Nations Charter as the Constitution of the International Community, Leiden/Boston 2009.

FASTENRATH, ULRICH: Lücken im Völkerrecht: Zu Rechtscharakter, Quellen, Systemzusammenhang, Methodenlehre und Funktionen des Völkerrechts, Berlin 1991.

FEINSTEIN, LEE: Darfur and Beyond, What Is Needed to Prevent Mass Atrocities, Council on Foreign Relations, Special Report, 2007, abrufbar unter: http://www.cfr.org/publication/12444/darfur_and_beyond.html (zuletzt besucht 07.2010).

FENWICK, DENNIS T.: A Proposed Resolution Providing for the Authorization of Intervention by the United Nations, a Regional Organization, or a Group of States in a State Committing Gross Violations of Human Rights, Virginia Journal of International Law 13 (1972), S. 340.

FINK, UDO: Der Kosovo-Konflikt und die Entstehung von Völkergewohnheitsrecht, in: Festschrift für Hartmut Schiedermair, Dieter Dörr/Udo Fink/Christian Hillgruber/Bernhard Kempen/Dieter Murswiek (Hrsg.), Die Macht des Geistes, Heidelberg 2001, S. 803.

–: Kollektive Friedenssicherung: Kapitel VII UN-Charta in der Praxis des Sicherheitsrats der Vereinten Nationen, Frankfurt am Main 1999.

FRANCK, THOMAS M.: Lessons of Kosovo, American Journal of International Law 93 (1999), S. 857.

–: Recourse to Force: State Action Against Threats and Armed Attacks, Cambridge u. a. 2002.

FREMUTH, MICHAEL/GRIEBEL, JÖRN: On the Security Council as a Legislator: A Blessing or a Curse for the International Community?, Nordic Journal of International Law 76 (2007), S. 339.

FREUDENSCHUß, HELMUT: Article 39 of the UN Charter Revisited: Threats to the Peace and the Recent Practice of the UN Security Council, Austrian Journal of Public and International Law 46 (1993/1994), S. 1.

FRÖHLICH, MANUEL: „Responsibility to Protect" – Zur Herausbildung einer neuen Norm der Friedenssicherung, in: Johannes Varwick/Andreas Zimmermann (Hrsg.), Die Reform der Vereinten Nationen – Bilanz und Perspektiven, Berlin 2006, S. 167.

FROWEIN, JOCHEN A.: Zwangsmaßnahmen von Regionalorganisationen, in: Festschrift für Rudolf Bernhardt, Ulrich Beyerlin/Michael Bothe/Rainer Hofmann/Ernst-Ulrich Petersmann (Hrsg.), Recht zwischen Umbruch und Bewahrung, Berlin u. a. 1995, S. 57.

–: Die Verpflichtungen erga omnes im Völkerrecht und ihre Durchsetzung, in: Festschrift für Hermann Mosler, Rudolf Bernhardt/Wilhelm Karl Geck/Günther Jaenicke/Helmut Steinberger (Hrsg.), Völkerrecht als Rechtsordnung, Internationale Gerichtsbarkeit, Menschenrechte, Berlin u. a. 1983, S. 241.

–: Die Wiederentdeckung des Menschen im Völkerrecht, in: Peter-Christian Müller-Graff/Herbert Roth (Hrsg.), Recht und Rechtswissenschaft: Signaturen und Herausforderungen zum Jahrtausendbeginn, Ringvorlesung der Juristischen Fakultät der Ruprecht-Karls-Universität Heidelberg, Heidelberg 2000, S. 65.

–: Reactions by not Directly Affected States to Breaches of Public International Law, Recueil de Cours de l'Académie de Droit International de la Haye 248 (1994), S. 345.

–: Obligations erga omnes, in: Rüdiger Wolfrum (Hrsg.), EPIL Online-Edition, Oxford 2008.

GADING, HEIKE: Der Schutz grundlegender Menschenrechte durch militärische Maßnahmen des Sicherheitsrates – das Ende staatlicher Souveränität?, Berlin 1996.

GALTUNG, JOHAN: Gewalt, Frieden und Friedensforschung, in: Dieter Senghaas (Hrsg.), Kritische Friedensforschung, Frankfurt am Main 1971, S. 55.

GEIGER, RUDOLF: Die zweite Krise der völkerrechtlichen Rechtsquellenlehre, Österreichische Zeitschrift für öffentliches Recht und Völkerrecht 30 (1979), S. 215.

GEIß, ROBIN: „Failed States“: Die normative Erfassung gescheiterter Staaten, Berlin 2005.

GEYRHALTER, DOROTHEE: Friedenssicherung durch Regionalorganisationen ohne Beschluß des Sicherheitsrates, Münster 2002.

GILL, TERRY D.: Legal and some Political Limitations on the Power of the UN Security Council to Exercise its Enforcement Powers under Chapter VII of the Charter, Netherlands Yearbook of International Law 26 (1995), S. 33.

GOLSONG, HERIBERT: Das Problem der Rechtssetzung durch internationale Organisationen (insbesondere im Rahmen der Vereinten Nationen), in: Berichte der Deutschen Gesellschaft für Völkerrecht 10 (1971), S. 1.

GOODRICH, LELAND M./HAMBRO, EDVARD/SIMSON, ANNE PATRICIA: Charter of the United Nations: Commentary and Documents, 3 Aufl., New York/London 1969.

GRAY, CHRISTINE: International Law and the Use of Force, 3. Aufl., Oxford u. a. 2008.

GREEN, JAMES A.: Self-Preservation, in: Rüdiger Wolfrum (Hrsg.), EPIL Online-Edition, Oxford 2008.

GREENWOOD, CHRISTOPHER: International Law and the NATO Intervention in Kosovo, International and Comparative Law Quarterly 49 (2000), S. 926.

VON GRÜNIGEN, MARIANNE: Die Resolutionen der Generalversammlung der Vereinten Nationen und ihr Einfluss auf die Fortbildung des Völkerrechts, in: Festschrift für Rudolf Bindschedler, Emanuel Diez/Jean Monnier/Jörg P. Müller/Heinrich Reimann /Luzius Wildhaber (Hrsg.), Bern 1980, S. 187.

GÜNTHER, CARSTEN ALEXANDER: Die Klagebefugnis der Staaten in internationalen Streitbeilegungsverfahren, Köln u. a. 1999.

GURADZE, HEINZ: Zur Rechtsnatur normativer Entschließungen der Vollversammlung der Vereinten Nationen, Zeitschrift für Luft- und Weltraumrecht 19 (1970), S. 49.

HAILBRONNER, KAY: Sanctions and Third Parties and the Concept of International Public Order, Archiv des Völkerrechts 30 (1992), S. 2.

HAMILTON, REBECCA J.: The Responsibility to Protect: From Document to Doctrine, But What of Implementation?, Harvard Human Rights Journal 19 (2006), S. 289.

HANZ, MARTIN: Zur völkerrechtlichen Aktivlegitimation zum Schutz der Menschenrechte, München 1985.

HEIDENSTECKER, KARIN: Zur Rechtsverbindlichkeit von Willensakten der Generalversammlung: Die Bestimmung des Rechtscharakters unter Verwendung von Artikel 38 des IGH-Statuts, Vereinte Nationen 27 (1979), S. 205.

HERBST, JOCHEN: Rechtskontrolle des UN-Sicherheitsrates, Frankfurt am Main u. a. 1999.

HERDEGEN, MATTHIAS: Das „konstruktive Völkerrecht" und seine Grenzen: die Dynamik des Völkerrechts als Methodenfrage, in: Festschrift für Christian Tomuschat, Pierre-Marie Dupuy/Bardo Fassbender/Malcolm N. Shaw/Karl-Peter Sommermann (Hrsg.), Völkerrecht als Werteordnung, Common Values in International Law, Kehl 2006, S. 899.

–: Asymmetrien in der Staatenwelt und die Herausforderungen des „konstruktiven Völkerrechts", Zeitschrift für ausländisches öffentliches Recht und Völkerrecht 64 (2004), S. 571.

–: Der Wegfall effektiver Staatsgewalt im Völkerrecht: „The Failed State", in: Berichte der Deutschen Gesellschaft für Völkerrecht 34 (1996), S. 49.

–: Der Sicherheitsrat und die autoritative Konkretisierung des VII. Kapitels der UN-Charta, in: Festschrift für Rudolf Bernhardt, Ulrich Beyerlin/Michael Bothe/Rainer Hofmann/Ernst-Ulrich Petersmann (Hrsg.), Recht zwischen Umbruch und Bewahrung, Berlin u. a. 1995, S. 103.

–: Die Befugnisse des UN-Sicherheitsrates: Aufgeklärter Absolutismus im Völkerrecht?, Heidelberg 1998.

–: Völkerrecht, 9. Aufl., München 2010.

VAN DEN HERIK, LARISSA: The Schism between the Legal and the Social Concept of Genocide in Light of the Responsibility to Protect, in: Ralph Henham/Paul, Behrens (Hrsg.), The Criminal Law of Genocide: International, Comparative and Contextual Aspects, Aldershot u. a. 2007, S. 75.

HEUSEL, WOLFGANG: „Weiches" Völkerrecht: Eine vergleichende Untersuchung typischer Erscheinungsformen, Baden-Baden 1991.

HEYNS, CHRISTOF/BAIMU, EVARIST/KILLANDER, MAGNUS: The African Union, German Yearbook of International Law 46 (2003), S. 252.

HIGGINS, ROSALYN: The Role of Resolutions of International Organizations in the Process of Creating Norms in the International System, in: William E. Butler (Hrsg.), International Law and the International System, Dordrecht u. a. 1987, S. 21.

–: The Development of International Law by the Political Organs of the United Nations, American Society of International Law-Proceedings 59 (1964), S. 116.

HILLGRUBER, CHRISTIAN: Braucht das Völkerrecht eine Völkerrechtswissenschaftstheorie, in: Matthias Jestaedt/Oliver Lepsius (Hrsg.), Rechtswissenschaftstheorie, Tübingen 2008, S. 113.

–: Dispositives Verfassungsrecht, zwingendes Völkerrecht: Verkehrte juristische Welt?, Jahrbuch des öffentlichen Rechts der Gegenwart 54 (2006), S. 57.

–: The Right of Third State to Take Countermeasures, in: Christian Tomuschat/Jean-Marc Thouvenin (Hrsg.), The Fundamental Rules of the International Legal Order: Jus Cogens and Obligations Erga Omnes, Leiden u. a. 2006, S. 265.

–: Diskussionsbeitrag, in: Eckart Klein (Hrsg.), Menschenrechtsschutz durch Gewohnheitsrecht: Kolloquium 26.-28. September 2002, Potsdam, Berlin 2003, S. 184.

HILPOLD, PETER: Humanitarian Intervention: Is there a Need for a Legal Reappraisal?, European Journal of International Law 12 (2001), S. 437.

–: The Duty to Protect and the Reform of the United Nations – A New Step in the Development of International Law?, Max Planck Yearbook of United Nations Law 10 (2006), S. 35.

HINSCH, WILFRIED/JANSSEN, DIETER: Menschenrechte militärisch schützen: Ein Plädoyer für humanitäre Interventionen, München 2006.

HOBE, STEPHAN: NATO-Intervention im Kosovo: Rückkehr zur Lehre vom gerechten Krieg?, in: Festschrift für Hartmut Schiedermair, Dieter Dörr/Udo Fink/Christian Hillgruber/Bernhard Kempen/Dieter Murswiek (Hrsg.), Die Macht des Geistes, Heidelberg 2001, S. 819.

–: Einführung in das Völkerrecht, 9. Aufl., Tübingen/Basel 2008.

HOLSTEIN, ALEXIA: Das Verhältnis des Sicherheitsrates der Vereinten Nationen zu NATO und OSZE, Stuttgart u. a. 1996.

VAN HOOF, GODEFRIDUS J. H.: Rethinking the Sources of International Law, Deventer u. a. 1983.

DE HOOGH, ANDRE: Obligations Erga Omnes and International Crimes: A Theoretical Inquiry in the Implementation and Enforcement of the International Responsibility of States, Den Haag u. a. 1996.

HUBER, WOLFGANG: Friedensforschung – Grundbegriffe und Modelle, in: Georg Picht/Wolfgang Huber (Hrsg.), Was heißt Friedensforschung?, Stuttgart 1971, S. 13.

IPSEN, KNUT: Der Kosovo-Einsatz – Illegal? Gerechtfertigt? Entschuldbar?, Die Friedens-Warte 74 (1999), S 19.

– (HRSG.): Völkerrecht, 5. Aufl., München 2004.

JANSSEN, DIETER: Menschenrechtsschutz in Krisengebieten: Humanitäre Interventionen nach dem Ende des Kalten Krieges, Frankfurt am Main/New York 2008.

JELLINEK, GEORG: Allgemeine Staatslehre, Vierter Neudruck der 3. Auflage von 1913, Berlin 1922.

JESSUP, PHILIP C.: A Modern Law of Nations: An Introduction, 2. Aufl., New York 1968.

JOHNSTONE, IAN: Discursive Power in the UN Security Council, Journal of International Law and International Relations 2 (2005/2006), S. 73.

KADELBACH, STEFAN: Zwingendes Völkerrecht, Berlin 1992.

KAISER, KARL: Friedensforschung in der Bundesrepublik, Göttingen 1970.

KÄLIN, WALTER: Menschenrechtsverträge als Gewährleistung einer objektiven Ordnung, in: Berichte der Deutschen Gesellschaft für Völkerrecht 33 (1994), S. 9.

–/KÜNZLI, JÖRG: Universeller Menschenrechtsschutz, 2. Aufl., Basel 2008.

KAMMERHOFER, JÖRG: Uncertainty in the Formal Sources of International Law: Customary International Law and some of its Problems, European Journal of International Law 15 (2004), S. 523.

KARL, WOLFRAM: Vertrag und spätere Praxis im Völkerrecht: Zum Einfluß der Praxis auf Inhalt und Bestand völkerrechtlicher Verträge, Berlin u. a. 1983.

KAUSCH, HANS G.: Embargo, in: Rudolf Bernhardt (Hrsg.), EPIL II, Amsterdam u. a. 1995, S. 58.

KELSEN, HANS: Reine Rechtslehre: Einleitung in die Rechtswissenschaftliche Problematik, Leipzig/Wien 1934.

–: Recent Trends in the Law of the United Nations, London 1951.

–: The Law of the United Nations, London 1950.

–: General Theory of Law and State, Cambridge/Massachusetts 1945.

KEMPEN, BERNHARD/HILLGRUBER, CHRISTIAN: Völkerrecht, München 2007.

KEWENIG, WILHELM: Gewaltverbot und noch zulässige Machteinwirkung und Interventionsmittel, in: Wilfried Schaumann (Hrsg.), Völkerrechtliches Gewaltverbot und Friedenssicherung: Berichte - Referate - Diskussionen einer Studientagung der Deutschen Gesellschaft für Völkerrecht, Baden-Baden 1971, S. 175.

KHOL, ANDREAS: Zwischen Staat und Weltstaat: Die internationalen Sicherungsverfahren zum Schutz der Menschenrechte, Wien u. a. 1969.

KINDIKI, KITHURE: The Normative and Institutional Framework of the African Union Relating to the Protection of Human Rights and the Maintenance of International Peace and Security: A Critical Appraisal, African Human Rights Law Journal 3 (2003), S. 97.

KIOKO, BEN: The Right of Intervention under the African Union's Constitutive Act: From Non-Interference to Non-Intervention, International Review of the Red Cross 85 (2003), S. 807.

KISO, JAN OLE: „Responsibility to Protect": Schritte zur Realisierung der neuen internationalen Verantwortung?, in: Stefani Weiss/Joscha Schmierer (Hrsg.), Prekäre Staatlichkeit und Internationale Ordnung, Wiesbaden 2007, S. 297.

KLEIN, ECKART: Gegenmaßnahmen, in: Berichte der Deutschen Gesellschaft für Völkerrecht 37 (1998), S. 39.

–: Bedeutung des Gewohnheitsrechts für den Menschenrechtsschutz, in: Eckart Klein (Hrsg.), Menschenrechtsschutz durch Gewohnheitsrecht: Kolloquium 26. -28. September 2002, Potsdam, Berlin 2003, S. 11.

KÖCK, HERIBERT FRANZ: UN-Satzung und allgemeines Völkerrecht – Zum exemplarischen Charakter von Art. 103 SVN, in: Festschrift für Karl Zemanek, Konrad Ginther/Gerhard Hafner/Winfried Lang/Hanspeter Neuhold/Lilly Sucharipa-Behrmann (Hrsg.), Völkerrecht zwischen normativem Anspruch und politischer Realität, Berlin 1994, S. 69.

KOHRS, RAMONA: Dokumentationssystem, in: Helmut Volger (Hrsg.), Lexikon der Vereinten Nationen, München/Wien 2000, S. 74.

KÖRBS, HARTMUT: Die Friedenssicherung durch die Vereinten Nationen und Regionalorganisationen nach Kapitel VIII der Satzung der Vereinten Nationen, Bochum 1997.

KRATZSCH, SUSANNE: Rechtsquellen des Völkerrechts außerhalb von Artikel 38 Absatz 1 IGH-Statut, 2000.

KREẞ, CLAUS: Gewaltverbot und Selbstverteidigung nach der Satzung der Vereinten Nationen bei staatlicher Verwicklung in Gewaltakte Privater, Berlin 1995.

–: Staat und Individuum in Krieg und Bürgerkrieg – Völkerrecht im Epochenwandel, Neue Juristische Wochenschrift 1999, S. 3077.

KRISCH, NICO: Unilateral Enforcement of the Collective Will: Kosovo, Iraq, and the Security Council, Max Planck Yearbook of United Nations Law 3 (1999), S. 59.

–: Selbstverteidigung und kollektive Sicherheit, Berlin u. a. 2001.

KRÖKEL, MICHAEL: Die Bindungswirkung von Resolutionen des Sicherheitsrates der Vereinten Nationen, Berlin 1977.

KUNSCHAK, MARTIN: The African Union and the Right to Intervention: Is there a Need for UN Security Council Authorisation?, South African Yearbook of International Law 31 (2006), S. 195.

KUNZ, JOSEF L.: The Nature of Customary International Law, American Journal of International Law 47 (1953), S. 662.

KÜNZLI, JÖRG: Zwischen Rigidität und Flexibilität: Der Verpflichtungsgrad internationaler Menschenrechte: Ein Beitrag zum Zusammenspiel von Menschenrechten, humanitärem Völkerrecht und dem Recht der Staatenverantwortlichkeit, Berlin 2001.

KUWALI, DAN: Art. 4(h) + R2P: Towards a Doctrine of Persuasive Prevention to End Mass Atrocity Crimes, Interdisciplinary Journal of Human Rights Law 3 (2008/2009), S. 55.

LAILACH, MARTIN: Die Wahrung des Weltfriedens und der internationalen Sicherheit als Aufgabe des Sicherheitsrates der Vereinten Nationen, Berlin 1998.

LEIẞ, ELISABETH: Interventionen des Sicherheitsrates bei innerstaatlich begangenen Menschenrechtsverletzungen nach Kapitel VII der Charta der Vereinten Nationen: Versuch einer Standardisierung, Frankfurt am Main 2000.

LEVITT, JEREMY: Humanitarian Intervention by Regional Actors in Internal Conflicts: The Case of ECOWAS in Liberia and Sierra Leone, Temple International and Comparative Law Journal 12 (1998), S. 333.

–: The Responsibility to Protect: A Beaver Without a Dam?, Michigan Journal of International Law 25 (2003/2004), S. 153.

–: Pro-Democratic Intervention in Africa, Wisconsin International Law Journal 24 (2006), S. 785.

LIEBACH, INGO: Die unilaterale humanitäre Intervention im „zerfallenen Staat" („failed state"), Köln u. a. 2004.

LILLICH, RICHARD B.: Humanitarian Intervention through the United Nations: Towards the Development of Criteria, Zeitschrift für ausländisches öffentliches Recht und Völkerrecht 53 (1993), S. 557.

–: Humanitarian Intervention: A Reply to Ian Brownlie and a Plea for Constructive Alternatives, in: John Norton Moore (Hrsg.), Law and Civil War in the Modern World, Baltimore/London 1974, S. 229.

LUCK, EDWARD C.: Der verantwortliche Souverän und die Schutzverantwortung: Auf dem Weg von einem Konzept zur Norm, Vereinte Nationen 56 (2008), S. 51.

LUKASHUK, I. I.: Recommendations of International Organisations in the International Normative System, in: William E. Butler (Hrsg.), International Law and the International System, Dordrecht u. a. 1987, S. 31.

MAIR, STEFAN: Intervention und »state failure«: Sind schwache Staaten noch zu retten?, Internationale Politik und Gesellschaft 3 (2004), S. 82.

MARTENCZUK, BERND: The Security Council, the International Court and Judicial Review: What Lessons form Lockerbie?, European Journal of International Law 10 (1999), S. 517.

MASSINGHAM, EVE: Military Intervention for Humanitarian Purposes: Does the Responsibility to Protect Doctrine Advance the Legality of the Use of Force for Humanitarian Ends?, International Review of the Red Cross 91 (2009), S. 803.

MASUCH, CHRISTIAN: Die rechtswissenschaftliche Diskussion der Kosovo-Intervention als Beispiel eines unterschiedlichen Völkerrechtsverständnisses der USA und Kontinentaleuropas, Berlin 2006.

MATTHEWS, MAX W.: Tracking the Emergence of a New International Norm: The Responsibility to Protect and the Crisis in Darfur, Boston College International and Comparative Law Review 31 (2008), S. 137.

MCCAFFREY, STEPHEN C.: Lex Lata or the Continuum of State Responsibility, in: Joseph H. H. Weiler/Antonio Cassese/Marina Spinedi (Hrsg.), International Crimes of State: A Critical Analysis of the ILC's Draft Article 19 on State Responsibility, Berlin/New York 1989, S. 242.

MENDELSON, MAURICE H.: The Formation of Customary International Law, Recueil de Cours de l'Académie de Droit International de la Haye 272 (1998), S. 153.

MENK, THOMAS MICHAEL: Gewalt für den Frieden: Die Idee der kollektiven Sicherheit und die Pathognomie des Krieges im 20. Jahrhundert, Berlin 1992.

MERON, THEODOR: Human Rights and Humanitarian Norms as Customary Law, Oxford 1989.

MOHR, MANFRED: Fragen der Durchsetzung der Völkerrechtsnormen, dargestellt anhand der Antirassismuskonvention von 1965 und der UN-Menschenrechtskonvention von 1966, 1981.

MOLIER, GELIJN: Humanitarian Intervention and the Responsibility to Protect after 9/11, Netherlands International Law Review 53 (2006), S. 37.

MOSLER, HERMANN: The International Society as a Legal Community, Alphen aan den Rijn 1980.

MÜLLER, JÖRG PAUL: Vertrauensschutz im Völkerrecht, Köln/Berlin 1971.

–/COTTIER, THOMAS: Estoppel, in: Rudolf Bernhardt (Hrsg.), EPIL II, Amsterdam u. a. 1995, S. 116.

MURPHY, SEAN D.: Humanitarian Intervention: The United Nations in an Evolving World Order, Philadelphia 1996.

MURSWIEK, DIETRICH: Souveränität und Humanitäre Intervention: Zu einigen neueren Tendenzen im Völkerrecht, Der Staat 35 (1996), S. 31.

NANDA, VED P.: The Global Challenge of Protecting Human Rights: Promising New Developments, Denver Journal of International Law and Policy 34 (2006), S. 1.

NEWMAN, EDWARD: Humanitarian Intervention, Legality and Legitimacy, The International Journal of Human Rights 6 (2002), S. 102.

NOLTE, BARBARA: Uniting for Peace, in: Rüdiger Wolfrum (Hrsg.), Handbuch der Vereinten Nationen, 2. Aufl., München 1991, Nr. 130.

NOLTE, GEORG: Zusammenarbeit der Staaten bei der Friedenssicherung: Steuerung durch Verantwortlichkeit und Haftung, in: Marten Breuer/ Astrid Epiney/Andreas Haratsch/Stefanie Schmahl/Norman Weiß (Hrsg.), Im Dienste des Menschen: Recht, Staat und Staatengemeinschaft, Forschungskolloquium anlässlich der Verabschiedung von Eckart Klein, Berlin 2009, S. 19.

–: Eingreifen auf Einladung: Zur völkerrechtlichen Zulässigkeit des Einsatzes fremder Truppen im internen Konflikt auf Einladung der Regierung, Berlin u. a. 1999.

–: Restoring Peace by Regional Action: International Legal Aspects of the Liberian Conflict, Zeitschrift für ausländisches öffentliches Recht und Völkerrecht 53 (1993), S. 603.

–: Kosovo und Konstitutionalisierung: Zur humanitären Intervention der NATO-Staaten, Zeitschrift für ausländisches öffentliches Recht und Völkerrecht 59 (1999), S. 941.

NOWLAN, JACQUELINE: Der Begriff der Friedensbedrohung bei innerstaatlichen Konflikten in der jüngsten Praxis des Weltsicherheitsrates, in: Festschrift für Georg Bock, Institut für Friedenssicherungsrecht und Humanitäres Völkerrecht (Hrsg.), Beiträge zum humanitären Völkerrecht, zur völkerrechtlichen Friedenssicherung und zum völkerrechtlichen Individualschutz, Bochum 1993, S. 165.

NOWROT, KARSTEN/SCHABACKER, EMILY W.: The Use of Force to Restore Democracy: International Legal Implications of the ECOWAS Intervention in Sierra Leone, The American University International Law Review 14 (1998), S. 321.

ÖBERG, MARKO DIVAC: The Legal Effects of Resolutions of the UN Security Council and General Assembly in the Jurisprudence of the ICJ, European Journal of International Law 16 (2005), S. 879.

OELLERS-FRAHM, KARIN: IGH: Bosnien-Herzegowina gegen Jugoslawien, Vereinte Nationen 55 (2007), S. 163.

OETER, STEFAN: Souveränität – ein überholtes Konzept?, in: Festschrift für Helmut Steinberger, Hans-Joachim Cremer/Thomas Giegerich/Dagmar Richter/Andreas Zimmermann (Hrsg.), Tradition und Weltoffenheit des Rechts, Berlin u. a. 2002, S. 259.

ONUF, NICHOLAS G.: Further Thoughts on a New Source of International Law: Professor D'Amato's "Manifest Intent", American Journal of International Law 65 (1971), S. 774.

PACE, WILLIAM R. DELLER, NICOLE: Preventing Future Genocides: An International Responsibility to Protect, World Order 36 (2005), S. 15.

PALANDT, OTTO (BEGR.): Bürgerliches Gesetzbuch, 68. Aufl., München 2009.

PAPE, MATTHIAS: Humanitäre Intervention: Zur Bedeutung der Menschenrechte in den Vereinten Nationen, Baden-Baden 1997.

PARTSCH, KARL JOSEF: Retorsion, in: Rudolf Bernhardt (Hrsg.), EPIL IV, Amsterdam u. a. 2000, S. 232.

PAUER, ALEXANDER: Die humanitäre Intervention: Militärische und wirtschaftliche Zwangsmassnahmen zur Gewährleistung der Menschenrecht, Basel/Frankfurt am Main 1985.

PAULUS, ANDREAS L.: Die internationale Gemeinschaft im Völkerrecht: Eine Untersuchung zur Entwicklung des Völkerrechts im Zeitalter der Globalisierung, München 2001.

PAYANDEH, MEHRDAD: Internationales Gemeinschaftsrecht: Zur Herausbildung gemeinschaftsrechtlicher Strukturen im Völkerrecht der Globalisierung, Heidelberg u. a. 2010.

PERNICE, RÜDIGER: Die Sicherung des Weltfriedens durch Regionale Organisationen und die Vereinten Nationen: Eine Untersuchung zur Kompetenzverteilung nach Kapitel VIII der UN-Charta, Hamburg 1972.

PETERS, ANNE: Völkerrecht: Allgemeiner Teil, Zürich u. a. 2008.

–: Humanity as the A and Ω of Sovereignty, European Journal of International Law 20 (2009), S. 513.

PICHT, GEORG: Was heißt Friedensforschung, in: Georg Picht/Wolfgang Huber (Hrsg.), Was heißt Friedensforschung?, Stuttgart 1971, S. 13.

POWELL, KRISTIANA: The African Union's Emerging Peace and Security Regime: Opportunities and Challenges for Delivering on The Responsibility to Protect, North-South Institute, Working Paper, Mai 2005, abrufbar unter: http://www.nsi-ins.ca/english/pdf/NSI_AU_R2P_Working_Paper_May_05.pdf (zuletzt besucht 07.2010).

PRÖßDORF, KLAUS: Die „Uniting for Peace" Resolution: Eine Untersuchung der Satzungsmäßigkeit der am 3. November 1950 von der Generalversammlung der Vereinten Nationen gefassten Resolution 377 (V), Hamburg 1960.

RANDELZHOFER, ALBRECHT: Der normative Gehalt des Friedensbegriffs im Völkerrecht der Gegenwart – Möglichkeiten und Grenzen seiner Operationalisierung, in: Jost Delbrück (Hrsg.), Völkerrecht und Kriegsverhütung: Zur Entwicklung des Völkerrechts als Recht friedenssichernden Wandels, Berlin 1979, S. 13.

RAUSCHNING, DIETRICH: Die Geltung des völkerrechtlichen Gewaltverbots in Bürgerkriegssituationen, in: Wilfried Schaumann (Hrsg.), Völkerrechtliches Gewaltverbot und Friedenssicherung: Berichte – Referate – Diskussionen einer Studientagung der Deutschen Gesellschaft für Völkerrecht, Baden-Baden 1971, S. 75.

RECHNER, JONATHAN D.: From the OAU to the AU: A Normative Shift with Implications for Peacekeeping and Conflict Management, or Just a Name Change? Vanderbilt Journal of Transnational Law 39 (2006), S. 543.

REINOLD, THERESA: Sovereignty as responsibility? Die USA, der konditionale Souveränitätsbegriff und das jus ad bellum, Die Friedens-Warte 84 (2009), S. 101.

REISMAN, W. MICHAEL/MCDOUGAL, MYRES S.: Humanitarian Intervention to Protect the Ibos, in: Richard B. Lillich (Hrsg.), Humanitarian Intervention and the United Nations, Charlottesville 1973, S. 167.

RENSMANN, THILO: Werteordnung und Verfassung: Das Grundgesetz im Kontext grenzüberschreitender Konstitutionalisierung, Tübingen 2007.

–: Die Humanisierung des Völkerrechts durch das ius in bello – Von der Martens'schen Klausel zur "Responsibility to Protect" –, Zeitschrift für ausländisches öffentliches Recht und Völkerrecht 68 (2008), S. 111.

RICHTER, DAGMAR: Folgen von Rechtsverletzungen gewohnheitsrechtlicher Menschenrechtsverpflichtungen – Kommentar, in: Eckart Klein (Hrsg.), Menschenrechtsschutz durch Gewohnheitsrecht: Kolloquium 26. -28. September 2002, Potsdam, Berlin 2003, S. 223.

RITTERBAND, CHARLES E.: Universeller Menschenrechtsschutz und völkerrechtliches Interventionsverbot, Bern 1982.

ROBINSON, NEHEMIAH: The Genocide Convention: A Commentary, New York 1960.

RÖLING, BERT V. A.: Einführung in die Wissenschaft von Krieg und Frieden, Neukirchen-Vluyn 1970.

ROSS, ALF: Constitution of the United Nations: Analysis of Structure and Function, Kopenhagen 1950.

RUFFERT, MATTHIAS/WALTER, CHRISTIAN: Institutionalisiertes Völkerrecht: Das Recht der Internationalen Organisationen und seine wichtigsten Anwendungsfelder, München 2009.

SCHABAS, WILLIAM A.: Genocide in International Law: The crimes of crimes, 2. Aufl., Cambridge 2009.

–: Genocide, in: Rüdiger Wolfrum (Hrsg.), EPIL Online-Edition, Oxford 2008.

SCHACHTER, OSCAR: The Development of International Law through the Legal Opinions of the United Nations Secretariat, The British Year Book of International Law 25 (1948), S. 91.

SCHAEFER, MICHAEL: Die Funktionsfähigkeit des Sicherheitsmechanismus der Vereinten Nationen, Berlin u. a. 1981.

SCHALLER, CHRISTIAN: Die völkerrechtliche Dimension der »Responsibility to Protect«, SWP-Aktuell 46, Juni 2008.

–: Gibt es eine „Responsibility to Protect“?, Aus Politik und Zeitgeschichte 46 (2008), S. 9.

SCHEUNER, ULRICH: Naturrechtliche Strömungen im heutigen Völkerrecht, Zeitschrift für ausländisches öffentliches Recht und Völkerrecht 13 (1950/1951), S. 556.

SCHILLING, THEODOR: Zur Rechtfertigung der einseitigen gewaltsamen humanitären Intervention als Repressalie oder als Nothilfe, Archiv des Völkerrechts 35 (1997), S. 430.

–: Die „neue Weltordnung“ und die Souveränität der Mitglieder der Vereinten Nationen, Archiv des Völkerrechts 33 (1995), S. 67.

SCHINDLER, DIETRICH: Die Grenzen des völkerrechtlichen Gewaltverbots, in: Berichte der Deutschen Gesellschaft für Völkerrecht 26 (1986), S. 11.

SCHMALENBACH, KIRSTEN: Recht und Gerechtigkeit im Völkerrecht, Juristenzeitung 2005, S. 637.

SCHMANS, MALTE: Einstimmigkeitsprinzip, Mehrheitsprinzip und Konsensverfahren auf Vertragskonferenzen zur universellen völkerrechtlichen Rechtsetzung, Göttingen 1984.

SCHÖBENER, BURKHARD: Die humanitäre Intervention im Konstitutionalsierungsprozeß der Völkerrechtsordnung, Kritische Justiz 33 (2000), S. 557.

–: Verfassungsstaatliche Verantwortung für eine internationale Friedensordnung, in: Horst Dreier/Hans Forkel/Klaus Laubenthal (Hrsg.), Raum und Recht: Festschrift 600 Jahre Würzburger Juristenfakultät, Berlin 2002, S. 407.

–: Schutz der Menschenrechte mit militärischer Gewalt: die humanitäre Intervention zwischen Völkerrecht und internationaler Politik, Zeitschrift für Politik 47 (2000), S. 293.

VON SCHORLEMER, SABINE: Die Schutzverantwortung als Element des Friedens, Empfehlungen zu ihrer Operationalisierung, Policy Paper 28 der Stiftung und Entwicklung und Frieden, abrufbar unter: http://www.sef-bonn.org/de/archiv/index.php (zuletzt besucht 07.2010).

–: The Responsibility to Protect: Kriterien für militärische Zwangsmaßnahmen im Völkerrecht, in: Gerhard Beestermöller/Michael Haspel/Uwe

Trittmann (Hrsg.), „What we're fighting for..." – Friedensethik in der transatlantischen Debatte, Stuttgart 2006, S. 81.
SCHREUER, CHRISTOPH: Recommendations and the Traditional Sources of International Law, German Yearbook of International Law 20 (1977), S. 103.
SCHRÖDER, HINRICH: Die völkerrechtliche Verantwortlichkeit im Zusammenhang mit failed und failing States, Baden-Baden 2007.
SCHWARZENBERGER, GEORG: International Law and Order, London 1971.
SCHWEISFURTH, THEODOR: Völkerrecht, Tübingen 2006.
SCHWELB, EGON: Neue Etappen der Fortentwicklung des Völkerrechts durch die Vereinten Nationen, Archiv des Völkerrechts 13 (1966/1967), S. 1.
SCISO, ELENA: On Article 103 of the United Nations in the Light of the Vienna Convention on the Law of Treaties, Österreichische Zeitschrift für öffentliches Recht und Völkerrecht 38 (1987/1988), S. 161.
SEEGER, CHRIS: Die unilaterale humanitäre Intervention im System des Völkerrechts, Baden-Baden 2009.
SEIDL-HOHENVELDERN, IGNAZ/LOIBL, GERHARD: Das Recht der Internationalen Organisationen einschließlich der Supranationalen Gemeinschaften, 7. Aufl., Köln u. a. 2000.
SEPÚLVEDA, CÉSAR: Methods and Procedures for the Creation of Legal Norms in the International System of States: An Inquiry into the Progressive Development of International Law in the Present Era, German Yearbook of International Law 33 (1990), S. 432.
SHAW, MALCOM N.: International Law, 6. Aufl., Cambridge 2008.
SIMMA, BRUNO: International Crimes: Injury and Countermeasures, Comment on Part 2 of the ILC Work on State Responsibility, in: Joseph H. H. Weiler/Antonio Cassese/Marina Spinedi (Hrsg.), International Crimes of State: A Critical Analysis of the ILC's Draft Article 19 on State Responsibility, Berlin/New York 1989, S. 283.
–: Das Reziprozitätselement im Zustandekommen völkerrechtlicher Verträge: Gedanken zu einem Bauprinzip der internationalen Rechtsbeziehungen, Berlin 1972.
–: From Bilateralism to Community Interest in International Law, Recueil de Cours de l'Académie de Droit International de la Haye 250 (1994), S. 217.
–: Zur bilateralen Durchsetzung vertraglich verankerter Menschenrechte: Aktivlegitimation und zulässige Mittel nach allgemeinem Völkerrecht, in:

Christoph Schreuer (Hrsg.), Autorität und internationale Ordnung, Aufsätze zum Völkerrecht, Berlin 1979, S. 129.

–: Fragen der zwischenstaatlichen Durchsetzung vertraglich vereinbarter Menschenrecht, in: Festschrift für Hans-Jürgen Schlochauer, Ingo von Münch (Hrsg.), Staatsrecht, Völkerrecht, Europarecht, Berlin/New York 1981, S. 635.

–: Zur völkerrechtlichen Bedeutung von Resolutionen der UN-Generalversammlung, in: Rudolf Bernhardt/Jost Delbrück/Ingo von Münch/Walter Rudolf (Hrsg.), Fünftes deutsch-polnisches Juristen-Kolloquium, Band 2, Die Bedeutung der Resolutionen der Generalversammlung der Vereinten Nationen, Baden-Baden 1981, S. 45.

–: Methodik und Bedeutung der Arbeit der Vereinten Nationen für die Fortentwicklung des Völkerrechts, in: Wilhelm A. Kewenig (Hrsg.), Die Vereinten Nationen im Wandel, Referate und Diskussionen eines Symposiums „Entwicklungslinien der Praxis der Vereinten Nationen in völkerrechtlicher Sicht“, Berlin 1975, S. 79.

–: NATO, the UN and the Use of Force: Legal Aspects, European Journal of International Law 10 (1999), S. 1.

– (Hrsg.): The Charter of the United Nations: A Commentary, 2. Aufl., München 2002.

–/Steiner, Michael: Völkerrechtliche Möglichkeiten der Durchsetzung vertraglich garantierter Menschenrechte für Deutsche gegenüber den Staaten Osteuropas, in: Kulturstiftung der deutschen Vertriebenen (Hrsg.), Menschenrechte für Deutsche in Osteuropa: Ihre völkerrechtliche Durchsetzung, Bonn 1980, S. 31.

Skubiszewski, Krzysztof: Diskussionsbeitrag, in: Wilhelm A. Kewenig (Hrsg.), Die Vereinten Nationen im Wandel, Referate und Diskussionen eines Symposiums „Entwicklungslinien der Praxis der Vereinten Nationen in völkerrechtlicher Sicht“, Berlin 1975, S. 112.

–: Rechtscharakter der Resolutionen der Generalversammlung der Vereinten Nationen, in: Rudolf Bernhardt/Jost Delbrück/Ingo von Münch/Walter Rudolf (Hrsg.), Fünftes deutsch-polnisches Juristen-Kolloquium, Band 2, Die Bedeutung der Resolutionen der Generalversammlung der Vereinten Nationen, Baden-Baden 1981, S. 13.

Slaughter, Anne-Marie: Security, Solidarity, and Sovereignty: The Grand Themes of UN Reform, American Journal of International Law 99 (2005), S. 619.

SLIM, HUGO: Dithering over Darfur? A Preliminary Review of the International Response, International Affairs 80 (2004), S. 811.

SLOAN, BLAINE: United Nations General Assembly Resolutions in our Changing World, New York 1991.

–: General Assembly Resolutions Revisited (Forty Years Later), The British Year Book of International Law 58 (1987), S. 39.

SOHN, LOUIS B.: The Development of the Charter of the United Nations: the Present State, in: Maarten Bos (Hrsg.), The Present State of International Law and other Essays, Deventer 1973, S. 39.

SØRENSEN, MAX (HRSG.): Manual of Public International Law, London u. a. 1968.

STAHN, CARSTEN: Responsibility to Protect: Political Rhetoric or emerging Legal Norm?, American Journal of International Law 101 (2007), S. 99.

STEIN, ANDREAS: Der Sicherheitsrat der Vereinten Nationen und die Rule of Law: Auslegung und Rechtsfortbildung bei humanitären Interventionen auf der Grundlage des Kapitels VII der Charta der Vereinten Nationen, Baden-Baden 1999.

STEIN, ERIC/MORRISSEY, RICHARD C.: Uniting for Peace Resolution, in: Rudolf Bernhardt (Hrsg.), EPIL IV, Amsterdam u. a. 2000, S. 1232.

STEIN, TORSTEN/VON BUTTLAR, CHRISTIAN: Völkerrecht, 12. Aufl., Köln/München 2009.

STRAUSS, EKKEHARD: The Emperor's New Clothes?, The United Nations and the Implementation of the Responsibility to Protect, Baden-Baden 2009.

SUY, ERIK: Consensus, in: Rudolf Bernhardt (Hrsg.), EPIL I, Amsterdam u. a. 1992, S. 759.

TAMS, CHRISTIAN J.: Enforcing Obligations Erga Omnes in International Law, Cambridge 2005.

TESÓN, FERNANDO: Humanitarian Intervention: An Inquiry into Law and Morality, 2. Aufl., New York 1997.

THAKUR, RAMESH: Intervention, Sovereignty and the Responsibility to Protect: Experiences from ICISS, Security Dialogue 33 (2002), S. 323.

–: In Defence of The Responsibility to Protect, The International Journal of Human Rights 7 (2003), S. 160.

THIELE, CARMEN: Regeln und Verfahren der Entscheidungsfindung innerhalb von Staaten und Staatenverbindungen: Staats- und kommunalrechtliche sowie europa- und völkerrechtliche Untersuchung, Heidelberg 2008.

THIRLWAY, HUGH W. A.: International Customary Law and Codification: An Examination of the Continuing Role of Custom in the Present Period of Codification of International Law, Leiden 1972.

THÜRER, DANIEL: Der Wegfall effektiver Staatsgewalt im Völkerrecht: „The Failed State“, in: Berichte der Deutschen Gesellschaft für Völkerrecht 34 (1996), S. 9.

–: Soft Law, in: Rudolf Bernhardt (Hrsg.), EPIL IV, Amsterdam u. a. 2000, S. 452.

TOMUSCHAT, CHRISTIAN: Herausforderungen und Perspektiven des internationalen Menschenrechtsschutzes, in: Marten Breuer/Astrid Epiney/Andreas Haratsch/Stefanie Schmahl/Norman Weiß (Hrsg.), Im Dienste des Menschen: Recht, Staat und Staatengemeinschaft, Forschungskolloquium anlässlich der Verabschiedung von Eckart Klein, Berlin 2009, S. 43.

–: Völkerrechtliche Aspekte des Kosovo-Konflikts, Die Friedens-Warte 74 (1999), S. 33.

–: Die internationale Gemeinschaft, Archiv des Völkerrechts 33 (1995), S. 1.

–: Humanitäre Intervention – ein trojanisches Pferd?, in: Herfried Münkler/Karsten Malowitz (Hrsg.), Humanitäre Intervention: Ein Instrument außenpolitischer Konfliktbearbeitung, Wiesbaden 2008, S. 65.

–: Die Charta der wirtschaftlichen Rechte und Pflichten der Staaten: Zur Gestaltungskraft von Deklarationen der UN-Generalversammlung, Zeitschrift für ausländisches öffentliches Recht und Völkerrecht 36 (1976), S. 444.

TRAUTNER, TOBIAS: Die Einmischung in innere Angelegenheiten und die Intervention als eigenständige Verbotstatbestände im Völkerrecht, Frankfurt am Main u. a. 1999.

TUNKIN, GREGORIJ I.: Das Völkerrecht der Gegenwart, Berlin 1963.

VERDROSS, ALFRED: Entstehungsweisen und Geltungsgrund des universellen völkerrechtlichen Gewohnheitsrechts, Zeitschrift für ausländisches öffentliches Recht und Völkerrecht 29 (1969), S. 635.

–/SIMMA, BRUNO: Universelles Völkerrecht: Theorie und Praxis, 3. Aufl., Berlin 1984.

VERLAGE, CHRISTOPHER: Responsibility to Protect: Ein neuer Ansatz im Völkerrecht zur Verhinderung von Völkermord, Kriegsverbrechen und Verbrechen gegen die Menschlichkeit, Tübingen 2009.

VERMEULEN, MATHIAS: Kosovo's Future Status: Opening a Pandora's Box of Secessionist's Claims or a Precedent for the 'Responsibility to Protect'?, Studia Diplomatica 59 (2006), S. 77.

VILLIGER, MARK E.: Customary International Law and Treaties, Dordrecht u. a. 1985.

GRAF VITZTHUM, WOLFGANG (HRSG.): Völkerrecht, 4. Aufl., Berlin 2007.

VOOS, SANDRA: Die Schule von New Haven: Darstellung und Kritik einer amerikanischen Völkerrechtslehre, Berlin 2000.

DE WAAL, ALEX: Darfur and the Failure of the Responsibility to Protect, International Affairs 83 (2007), S. 1039.

WALTER, CHRISTIAN: Vereinte Nationen und Regionalorganisationen: eine Untersuchung zu Kapitel VIII der Satzung der Vereinten Nationen, Berlin u. a. 1996.

WALTER, HANFRIED: Die Europäische Menschenrechtsordnung: Individualrechte, Staatenverpflichtungen und ordre public nach der Europäischen Menschenrechtskonvention, Köln/Berlin 1970.

WEISS, THOMAS G.: The Sunset of Humanitarian Intervention?, The Responsibility to Protect in a Unipolar Era, Security Dialogue 35 (2004), S. 135.

–: Humanitarian Intervention, Ideas in Action, 2. Aufl., Cambridge 2008.

–: R2P after 9/11 and the World Summit, Wisconsin International Law Journal 24 (2006/2007), S. 741.

–: Military-Civilian Interactions: Humanitarian Crises and the Responsibility to Protect, 2. Aufl., Lanham u. a. 2005.

WELLHAUSEN, MALTE: Humanitäre Intervention: Probleme der Anerkennung des Rechtsinstituts unter besonderer Berücksichtigung des Kosovo-Konflikts, Baden-Baden 2002.

WENGLER, WILHELM: Völkerrecht, Band I, Berlin u. a. 1964.

–: Das völkerrechtliche Gewaltverbot: Probleme und Tendenzen, Berlin 1967.

WENZEL, MATTHIAS: Schutzverantwortung im Völkerrecht: Zu Möglichkeiten und Grenzen der ‚Responsibility to Protect'-Konzeption, Hamburg 2010.

WERLE, GERHARD: Völkerstrafrecht, 2. Aufl., Tübingen 2007.

WESCHKE, KATRIN: Internationale Instrumente zur Durchsetzung der Menschenrechte, Berlin 2001.

DE WET, ERIKA: The Chapter VII Powers of the United Nations Security Council, Oxford/Portland 2004.

WHEELER, NICHOLAS J.: A Victory for Common Humanity? The Responsibility to Protect after the 2005 World Summit, Journal of International Law and International Relations 2 (2005/2006), S. 95.

WHITE, EMILY KIDD: Humanity as the A and Ω of Sovereignty: Four Replies to Anne Peters, European Journal of International Law 20 (2009), S. 545.

WILDHABER, LUZIUS: Multilateral Treaties, in: Rudolf Bernhardt (Hrsg.), EPIL IV, Amsterdam u. a. 2000, S. 949.

WILLIAMS, PAUL D./BELLAMY, ALEX J.: The Responsibility to Protect and the Crisis in Darfur, Security Dialogue 36 (2005), S. 27.

WINKELMANN, INGO: Responsibility to Protect, in: Rüdiger Wolfrum (Hrsg.), EPIL Online-Edition, Oxford 2008.

–: „Responsibility to Protect“: Die Verantwortung der Internationalen Gemeinschaft zur Gewährung von Schutz, in: Festschrift für Christian Tomuschat, Pierre-Marie Dupuy /Bardo Fassbender/Malcolm N. Shaw /Karl-Peter Sommermann (Hrsg.), Völkerrecht als Werteordnung, Common Values in International Law, Kehl 2006, S. 449.

WITTIG, PETER: Ein neues System kollektiver Sicherheit?, Die UN zwischen Stillstand und Reform, Internationale Politik März 2006, S. 79.

WOLF, JOACHIM: Regional Arrangements and the UN Charter, in: Rudolf Bernhardt (Hrsg.), EPIL IV, Amsterdam u. a. 2000, S. 91.

WOLFRUM, RÜDIGER: Der Beitrag regionaler Abmachungen zur Friedenssicherung: Möglichkeiten und Grenzen, Zeitschrift für ausländisches öffentliches Recht und Völkerrecht 53 (1993), S. 576.

WOLTER, DETLEV: A United Nations for the 21st Century: From Reaction to Prevention, Towards an Effective and Efficient International Regime for Conflict Prevention and Peacebuilding, Baden-Baden 2007.

ZEMANEK, KARL: What is „State Practice“ and who Makes it?, in: Festschrift für Rudolf Bernhardt, Ulrich Beyerlin/Michael Bothe/Rainer Hofmann/Ernst-Ulrich Petersmann (Hrsg.), Recht zwischen Umbruch und Bewahrung, Berlin u. a. 1995, S. 289.

–: New Trends in the Enforcement of erga omnes Obligations, Max Planck Yearbook of United Nations Law 4 (2000), S. 1.

ZIMMER, GERHARD: Rechtsdurchsetzung (Law Enforcement) zum Schutz humanitärer Gemeinschaftsgüter: Zu Theorie und Praxis der „Intervention“ im zeitgenössischen Völkerrecht, Aachen 1998.

ZISCHG, ROBERT: Nicht-internationaler bewaffneter Konflikt und Völkerrecht: Zur Zulässigkeit der Unterstützung der Konfliktparteien durch dritte Staaten, Baden-Baden 1996.

# Verzeichnis mehrfach zitierter Berichte und sonstiger Dokumente

ANNAN-BERICHT: In larger freedom: towards development, security and human rights for all, Report of the Secretary-General, A/59/2005, 21. März 2005, abrufbar unter: http://www.un.org/largerfreedom (zuletzt besucht 07.2010).

BAN KI-MOON-BERICHT: Implementing the Responsibility to Protect, Report of the Secretary-General, A/63/677, 12. Januar 2009, abrufbar unter: http://www.un.org/Docs/journal/asp/ws.asp?m=A/63/677 (zuletzt besucht 07.2010).

DANISH INSTITUTE-BERICHT: Humanitarian Intervention, Legal and Political Aspects, Danish Institute of International Affairs 1999, 2. Aufl., Kopenhagen 2000.

HIGH-LEVEL PANEL-BERICHT: A more secure world: our shared responsibility, Report of the High-level Panel on Threats, Challenges and Change, A/59/565, Dezember 2004, abrufbar unter: http://www.un.org/secureworld (zuletzt besucht 07.2010).

ICISS-ERGÄNZUNGSBAND: The Responsibility to Protect: Research, Bibliography, Background, Supplementary Volume to the Report of the International Commission on Intervention and State Sovereignty, Ottawa: International Development Research Centre for ICISS, 2001, abrufbar unter: http://www.iciss.ca/consult-en.asp (zuletzt besucht 07.2010).

ICISS-REPORT: The Responsibility to Protect: Report of the International Commission on Intervention and State Sovereignty, Ottawa: International Development Research Centre for ICISS, 2001, abrufbar unter: http://www.iciss.ca/report-en.asp (zuletzt besucht 07.2010).

KOSOVO-BERICHT: The Kosovo Report: Conflict, International Response, Lessons Learned, The Independent International Commission on Kosovo, Oxford u. a. 2000.

WELTGIPFELDOKUMENT: World Summit Outcome, A/RES/60/1, 24. Oktober 2005, abrufbar unter: http://www.un.org/summit2005 (zuletzt besucht 07.2010).

**Kölner Schriften zu Recht und Staat**

Herausgegeben von
Hartmut Schiedermair und Bernhard Kempen

Band 1 Bernhard Kempen: Die deutsch-polnische Grenze nach der Friedensregelung des Zwei-plus-Vier-Vertrages. 1997.

Band 2 Hans-Georg Maaßen: Die Rechtsstellung des Asylbewerbers im Völkerrecht. Überlegungen zu den völkerrechtlichen Rahmenbedingungen einer europäischen Asylrechtsharmonisierung. 1997.

Band 3 Udo Fink: Kollektive Friedenssicherung. Kapitel VII UN-Charta in der Praxis des Sicherheitsrats der Vereinten Nationen. 1999.

Band 4 Stephan Grigolli: Sprachliche Minderheiten in Italien, insbesondere Südtirol, und in Europa. Der Gebrauch der Sprache vor Behörden und Gerichten und die Vergabe öffentlicher Stellen. 1997.

Band 5 Uta Stoy-Schnell: Das Bundesverfassungsgericht und die Corte costituzionale. Ein Vergleich der Verfassungsgerichtsbarkeiten in Deutschland und Italien. 1998.

Band 6 Christian Hillgruber: Die Aufnahme neuer Staaten in die Völkerrechtsgemeinschaft. Das völkerrechtliche Institut der Anerkennung von Neustaaten in der Praxis des 19. und 20. Jahrhunderts. 1998.

Band 7 Jochen Seitz: Planungshoheit und Grundeigentum. Die verfassungsrechtlichen Schranken der städtebaulichen Entwicklungsmaßnahmen. 1999.

Band 8 Jochen Herbst: Rechtskontrolle des UN-Sicherheitsrates. 1999.

Band 9 Kristin Möller: Die Beschaffung naturschutzrechtlicher Ausgleichsflächen im Baurecht. 1999.

Band 10 Klaus Löffelbein: Genehmigungsfreies Bauen und Nachbarrechtsschutz. Die baurechtlichen Anzeige- und Freistellungsverfahren der Länder aus nachbarlicher Sicht. 2000.

Band 11 Patrick Mittmann: Die Rechtsfortbildung durch den Gerichtshof der Europäischen Gemeinschaften und die Rechtsstellung der Mitgliedstaaten der Europäischen Union. 2000.

Band 12 Martin R. Albus: Zur Notwendigkeit eines Internationalen Umweltgerichtshofs. Zugleich eine Analyse der Staatenpraxis zum Internationalen Umwelthaftungsrecht und der Rechtsschutzmöglichkeiten bei grenzüberschreitenden Umweltbeeinträchtigungen. 2000.

Band 13 Irene Baur: Die Haftung der Europäischen Zentralbank. 2001.

Band 14 Tobias R. Ehlen: Zentralisierungsmöglichkeiten der deutschen Börsenaufsicht. 2003.

Band 15 Ulrich Steiner: Wertsicherungsklauseln. Zur Europarechtskonformität des neuen § 2 PaPkG. 2003.

Band 16 Stephanie Vogel: Der Prüfungsumfang des Bundesverfassungsgerichts bei Verfassungsbeschwerden am Beispiel der Kunstfreiheitsrechtsprechung. 2004.

Band 17 Thomas Schmidt: Deutsche Hochschulräte. Begriff, Darstellung und rechtliche Analyse. 2004.

Band 18 Kirsten Schmalenbach: Die Haftung Internationaler Organisationen im Rahmen von Militäreinsätzen und Territorialverwaltungen. 2004.

Band 19 Gunter Warg: Von Verteidigung zu kollektiver Sicherheit. Der Nato-Vertrag *auf Rädern*. 2004.

Band 20 Bernhard Kempen / Yvonne Dorf: Bodenreform 1945–1949. Eine verfassungsrechtliche Neubewertung. 2004.

Band 21 Jeanette Nolte: Die völkerrechtliche Vertragspraxis der EG und die Haftung der Mitgliedstaaten am Beispiel der Fischereipolitik. 2004.

Band 22 Rüdiger Schmid-Kühnhöfer: Die Staatlichkeit von Beihilfen. Mittel- und Transferzurechnung nach Art. 87 Abs. 1 EG-Vertrag. 2004.

Band 23 Florian Schöler: Die Reform des Europäischen Kartellverfahrensrechts durch die Verordnung (EG) Nr. 1/2003. 2004.

Band 24 Christina Maria Pelzer: Die Kompetenzen der EG im Bereich Forschung. Eine Analyse ihrer Reichweite und Grenzen vor dem Hintergrund des Art. 5 Abs. 3 GG. Dargestellt am Beispiel der Gentechnologie. 2004.

Band 25 Nikolaus Vieten: Die verfassungsrechtliche Zulässigkeit der Wiedereinführung einer Vermögensteuer. Zugleich eine Untersuchung des Halbteilungsbeschlusses des Bundesverfassungsgerichts. 2005.

Band 26 Bernhard Kempen (Hrsg.): Die rechtsstaatliche Bewältigung der demokratischen Bodenreform. 2005.

Band 27 Erik Hansalek: Die parlamentarische Kontrolle der Bundesregierung im Bereich der Nachrichtendienste. 2006.

Band 28 Thomas Günther: Zur Zulässigkeit der Errichtung privater Volksschulen als Bekenntnisschulen religiös-ethnischer Minderheiten nach Art. 7 Abs. 5 GG. Am Beispiel einer islamischen Grundschule. 2006.

Band 29 Christian Hoppe: Staatshaftung und Rechtsschutz bei Verletzung grundfreiheitlicher Schutzpflichten. 2006.

Band 30 Julia Schäfer: Die Entscheidung des ECOFIN-Rats über das Vorliegen eines übermäßigen Defizits. Eine Entscheidung zwischen Politik und Recht. 2007.

Band 31 Erika Elisabeth Orth: Ein Grundrecht auf Umweltschutz in Europa? Eine rechtsdogmatische Einordnung des Art. 37 GRC. 2007.

Band 32 Cécile Günther: Die Auslegung des Rechts auf Bildung in der europäischen Grundrechtsordnung. Eine Analyse von Schutzbereich und Reichweite – dargestellt am Beispiel des Art. 14 EU-GRCh (Art. II-74 EuVerf). 2007.

Band 33 Muna A. Yousif: Die extraterritoriale Geltung der Grundrechte bei der Ausübung deutscher Staatsgewalt im Ausland. 2007.

Band 34 Stefanie von Hoff: Die Rolle des US-Supreme Court im Prozess der Verfassungsänderung in den Vereinigten Staaten von Amerika. 2008.

Band 35 Alexander Metz: Das Recht Prominenter am eigenen Bild in Kollision mit Drittinteressen. Insbesondere vor dem Hintergrund des Falles Caroline von Hannover. 2008.

Band 36 Susanne Dyrchs: Das hybride Khmer Rouge-Tribunal. Entstehung, Entwicklung und rechtliche Grundlagen. 2008.

Band 37 Heiko F. Schmitz-Elvenich: Targeted Killing. Die völkerrechtliche Zulässigkeit der gezielten Tötung von Terroristen im Ausland. 2008.

Band 38 Stefania Slavu: Die Osterweiterung der Europäischen Union. Eine Analyse des EU-Beitritts Rumäniens. 2008.

Band 39 Thomas Krings: Der Grundrechtsberechtigte des Grundrechts aus Art. 13 GG. 2009.

Band 40 Zan He: The ICJ´s Practice on Provisional Measures. 2010.

Band 41 Anna Köhler: Private Sicherheits- und Militärunternehmen im bewaffneten Konflikt. Eine völkerrechtliche Bewertung. 2010.

Band 42 Jens Beynio: Die völkerrechtliche Zulässigkeit der Aufrüstung mit Kernwaffen. 2010.

Band 43 Johannes Maria Baumann: Die Rechtsprechung des EuGH zum Vorrang von Gemeinschaftsrecht vor mitgliedstaatlichen Verwaltungsakten und Gerichtsurteilen. 2010.

Band 44 Susanne Koch: Die grenzüberschreitende Wirkung von nationalen Genehmigungen für umweltbeeinträchtigende industrielle Anlagen. 2010.

Band 45 Sebastian Gerlach: Innere Konfliktregelungsmechanismen der Afrikanischen Union vor dem Hintergrund der entsprechenden Bestimmungen der Europäischen Union. 2010.

Band 46 Anne Rausch: *Responsibility to Protect*. Eine juristische Betrachtung. 2011.

www.peterlang.de